시진핑 新시대 왜 한국에 도전인가?

시진핑 新시대
왜
한국에 도전인가?

시진핑 1人 체제는 순항할 것인가?

정덕구·윤영관 외 지음
NEAR재단 편저

21세기북스

시진핑 신新시대:
그의 꿈속에서 한중 간 충돌과 공존의 모순을 읽다

이 책에 대하여

당초 생각했던 이 책의 주제와는 상당히 멀리 왔다. 예정했던 시진핑 3연임 체제는 더 이상 심층 연구의 주제가 아닐 정도로 상황은 급변했다. 시진핑 주석은 지금 다음 20년을 바라보고 중국, 중국인을 아주 새로운 경지로 몰아가려 하고 있는 것이다. 바야흐로 시진핑 시대를 마오毛 시대, 덩鄧 시대와 대등한 중국 근현대사의 한 시대로 내세워 마오쩌둥이나 덩샤오핑과 같은 반열에 오르고 싶은 것이다. 이러한 상황 변화 속에서 NEAR재단은 시진핑 새시대인 향후 20년을 연구 대상 기간Horizon으로 삼고 책을 재구성해야 했다.

이 책은 1인 전체주의·중국 특색 사회주의·중국 중심 세계 전략 속에서 3연임을 넘어 시진핑 신시대를 열어가려는 중국 시진핑 주석의 꿈에 대해 다각도로 분석하고 있다. 무엇보다도 수교 이후 지난 30년간 유지해 온 한중 간의 보완적 생존 관계가 어떻게 변화를 강요받게 될 것인가에 대해 깊이 있게 연구하려 한다. 이 책은 2021년 8월 발간된 『극중지계 Ⅰ: 정치외교안보편』과 『극중지계 Ⅱ: 경제편』의 연장선상에서 바라본 제 Ⅲ권에 해당된다.

　향후 최소 10년 이상 시진핑 시대가 열릴 것이고 중국은 중국 중심주의를 표방하며 더 이상 시장 체제와 국제질서를 존중하지 않을 것이기 때문에 모든 자유 시장경제 국가들에 큰 위협이 될 수밖에 없다.

　우선 중국의 시진핑 장기 집권 체제 아래서 그 체제의 골격인 이념 체계, 세계 전략, 대외 확장, 침투전략으로부터 우리의 주권, 생존권과 정체성을 어떻게 지켜나갈 것인지에 대해 절박감을 가질 수밖에 없는 상황이다.

　특히 한국은 자유 시장 체제를 중심으로 국가를 발전시켜온 나라다. 그리고 덩小平 시대에 중국과 긴밀한 생존 관계를 맺어오며 상호 의존도가 높아져 왔다. 따라서 중국이 시진핑식 중국 특유의 사회주의 체제로 본격 전환될 경우, 두 나라 사이의 생존 관계는 급격한 변화를 피하기 어려울 것이다. 이 과정에서 한국이 겪게 될 충돌과 갈등을 어떻게 극복해낼 것인지가 당면한 중요 과제가 될 것이다. 이 책은 이러한 쟁점 과제들에 대한 분석과 대안을 제시하고 있다.

　또 하나 우리를 구속하는 명제가 있다. 그것은 한중 간 어떠한 국익과 정체성의 충돌 속에서도, 그리고 어떤 전략과 시각의 수정에 있어서도 우리는 중국과 공존의 생존 방정식을 만들고 관리해 나가야 한다는 것이다. 이것은 지정학적 숙명이고 우리의 운명적 경로일 수밖에 없다. 그리고 이것은 한중관계의 모순적이고도 복잡계적인 함수이며, 이 책은 이 딜레마의 함수를 푸는 데 주력하고 있다.

왜 세계는 시진핑 신시대의 꿈을 두려운 눈으로 바라보고 있는가?

지금 세계는 세계 2위, 3위 강대국인 중국과 러시아의 1인 전체주의 체제를 두려운 눈으로 바라보고 있다. 이 두 전체주의 국가가 힘을 합친다면 기존의 세계 질서를 혼란에 빠뜨리고 자유세계를 위험에 빠뜨리기에 충분하다고 보기 때문이다. 더욱이 덩 시대의 연장선상에서 중국의 미래를 전망하고 이를 전제로 중국과의 관계를 설정해 온 자유세계는 큰 충격에 빠지고 있다. 무엇보다도 시진핑 주석은 중국이 세계의 중심이 되어야 하고 당나라, 명나라 시대의 중국의 위치로 돌아가기 위해 기존 세계 질서를 준행하기를 거부하며 인류 운명공동체론을 내세우고 있다. 이에 그의 사고 체계와 세계관을 매우 불안한 눈으로 바라보고 있는 것이다. 그리고 세계는 중국이 팽창주의의 일환으로 펼치고 있는 샤프 외교, 중국식 공공외교가 각국의 각계에 침투되는 과정에서 그 나라 정치사회의 정체성을 크게 흔들고 있는 부분에 대해 강한 거부감과 경각심을 갖게 되었다.

왜 한국은 시진핑 시대를 경계해야 하는가?

시진핑 주석은 지난 40여 년간 중국 정부가 국제사회에 약속했던 정경분리政經分離 원칙을 부정했다. 그동안 한국 기업이 중국의 각지에서 투자를 확대하고 고용을 증대하며 관계를 증진해 온 것은 중국 당국이 미래지향적인 정경분리의 원칙을 기반으로 삼았기 때문이다. 그러나 그는 지금 그 전제 자체를 부정하고 있는 것이다. 이것이 첫 번째 두려움이다. 또한 그동안은 중국에 살며 다양한 활동을 해온 외국인들의 안전이 어느 정도 보장되어왔다. 그러나 지금 중국에선 인간의 기본적 자유와 권리가 보장되지 못한다. 입을 봉하고 집에서 칩거하며 사람들과 자유롭게 만나지 못하고 항상 감시당하며 살게 된다면 누가 중국에서 개인의 꿈을 실현하기 위해 오래 머무를 수 있을까?

이것이 두 번째 고통이다. 아울러 중국은 북한 미사일 공격을 묵인해왔고 대북한 UN 제재를 은연중 위반하여 생존 자원을 공급하고 UN안보리 상임이사국으로서 북한을 철저히 비호해왔다. 지금 북한은 중국의 비호 아래 미사일을 난사하며 한국과 미국, 일본을 위협하고 있다. 이 과정에서 중국은 한국의 안보에 위해 요인으로 등장하고 있는 것이다. 이것이 한국이 중국 시진핑 체제를 거부할 수밖에 없는 세 번째 이유다. 이 모든 것이 우리를 낙담하게 한다.

1992년의 한중수교는 덩샤오핑의 개혁개방 정책을 전제로 양국 간의 공존체제를 추구한 것이다. 따라서 향후 시진핑 시대의 중국에 대한 한국의 입장은 어느 정도 새로운 방향에서 모색되어야 한다. 중국이 다시 폐쇄, 반민주, 반인권의 나라로 이행한다면 한국과의 생존 관계에 있어서 충돌이 불가피하다. 한중 양국 간에 상호 주권과 생존권, 그리고 정체성의 충돌 부분이 현실로 나타날 수 있기 때문이다. 한국 입장에서는 긴장할 수밖에 없는 요인이 많아지는 것이다. 지난 10년의 시진핑 집권 1기와 2기를 살펴보면 1기는 박근혜 대통령 시대와 매치되고, 그 외는 문재인 대통령 시대와 매치된다. 지난 10년간 우리는 시진핑 주석의 숨겨진 꿈을 확실히 이해하지 못했던 것 같다. 중국의 회유와 압박에 끌려다니고, 북한 비핵화에 대한 중국의 역할에 과잉 기대감을 갖고 있었다. 이제 모든 것이 분명해져 가고 있는 이때, 우리는 대한민국과는 점점 더 멀어져 가고 더욱더 달라지는 중국에 대해 인식의 변화를 강요받고 있는 것이다.

이제 시진핑 시대가 열리면 국가 정체성의 거리가 멀어지고 가치의 충돌, 이익의 충돌이 가시화될 수밖에 없다. 더욱이 북핵 문제의 소용돌이 속에서 미중 전략 경쟁이 심화되면서 보다 복잡다기한 문제군에 직면하게 될 것이다. 최근 국제정치 환경의 경색이 세계경제의 침체로까지 확장되고 있고, 시진핑 시대에 들어서며 중국 중심주의, 중화 민족주의 체제가 오래 지속된다면 한중 간 공존체제도 긴장과 경쟁, 그리고 갈등의 분위기 속에서 유지될 수밖에 없을 것이다. 이제 우리는 어떤 분야에서 중국과 협력하고 어떤 것을 거부할 것이며 어떤 분야에서 경쟁할 것인지를 분명히 해야 할 때가 되었다.

변화와 수정을 강요받는 시진핑 체제, 순항할 것인가?

1인 체제를 확립한 시진핑 주석은 자연스럽고 당연한 새시대의 주역이 되기에는 명분과 가치, 역사적 상징성을 갖지 못했다. 그리고 그동안의 업적이 부족하다는 대내외 평가를 받고 있는 듯하다. 그리고 중국 인민의 삶과 세계 속 중국의 위치를 더 나아지게 하는 데도 큰 족적을 남기지 못했다. 더욱이 중국 인민의 생활, 생계, 생존 등 3생生을 편안하게 하지 못했고, 3생과 관련된 기초인프라를 제공하지 못하고 오히려 자유, 권리를 속박하고 통제했다. 따라서 시진핑 주석 3기는 이러한 민생 피폐와 자유의 속박, 통제 속에서 이루어진 것이라는 것을 부인할 수 없다. 우리는 시진핑 주석이 주도하는 중국 공산당 체제는 결국 전체주의 독재체제로 이행할 것이고, 결국 그 체제는 오래가지 못한다는 역사의 교훈을 믿게 될 것이다.

최근 우크라이나 전쟁, 코로나19 방역 봉쇄, 공급망 위기, 급격한 인플레이션, 미 연준의 일방적 통화정책의 여파가 한꺼번에 몰려들고, CHIP4 등 미국의 소다자주의에 의한 공급망 개편 전략 등이 파상적으로 시진핑의 중국을 압박하고 있다. 더욱이 시진핑 경제가 표방하는 제조업 중심 산업 발전 방향, 공동부유, 민영기업의 퇴조, 국유기업 육성 등 국가자본주의, 사회주의적 경제 정책이 중국 민간의 경제활동에 찬물을 끼얹고 있는 실정이다.

 이와 관련하여 중국경제가 2030년경에 미국경제를 추월할 것이라는 전망을 내세우며 국민에게 미국과의 결사 항전을 주문했던 시진핑 주석의 호언은 빛을 잃어가는 모습이다. 미중 간 경제전쟁은 앞으로 어떤 모습으로 진행될 것인지, 중국의 경제력이 미국을 추월할 가능성은 있는지 이것이 또 하나의 논의 대상이다. 실제로 최근 들어 그는 현실적 한계를 느끼고 있는 것으로 볼만한 언행을 보이고 전략수정을 의미하는 표현을 자주 보이고 있다. 이것이 세계 경제침체, 미국 달러 파워의 위력, 중국식 사회주의경제의 한계가 보여주는 결과인지 아니면 스스로 중국 체제의 한계 의식 때문인지가 서서히 드러날 것이다.

 중국 내부에서도 균열의 모습이 나타나고 있다. 중국 정부의 제로 코로나 정책이 계속 강행되어오자, 이것이 학생 등 시민 봉기로 이어지며 체제 부정에까지 이르게 되었다. 이에, 중국 정부는 제로 코로나 정책을 포기하고 봉쇄와 규제를 거의 전면 해제하기에 이르렀다. 그러나 최근 방역 조치 완화 또는 해제로 다시 코로나19가 창궐하고 있는 것이 현실이고 중국이 갖고 있는 취약점 중 하나인 의료 체계의 낙후 문제가 표면에 드러나게 되었다. 이 문제는 시진핑 시대 최대 아킬레스건이 될 것이다. 군함보다 중요한 것이 국민의 생명이고, 의료체계의 근대화는 인민의 생명에 가장 중요한 기초

인프라이기 때문이다. 아프면 병원에 갈 수 있고 배고프면 신선한 음식을 먹으며 위생적인 화장실과 주거 환경 속에서 살 권리를 희구하는 것은 인민들의 당연한 권리이기 때문이다. 이는 앞으로 5년 간 시진핑 정부가 당면할 긴급한 정책 수요가 아닐 수 없다.

트럼프 행정부 이후 현 바이든 행정부에 이르기까지 미국은 전체주의 국가인 중국의 확장을 억제하고 전략 경쟁에서 이기기 위한 승부수를 던져왔다. 더욱이 시진핑 체제가 공고화될수록 미중 간의 충돌과 마찰이 커질 것이고 미래 전망은 먹구름에 휩싸일 것이다. 아직은 시진핑 주석의 최대 관심이 국내 체제의 안정에 있기 때문에 취약할 대로 취약해진 민생을 보호하는 데 집중될 것이다. 국제관계도 미중 관계보다 고립 상태에 빠져들고 있는 중국 외교의 탈출구를 찾는 데 둘 것이다. 따라서 이 책은 흔들리며 출범하고 있는 시진핑 체제의 공고성과 지속가능성에 초점을 맞추고 있다. 특히 시진핑 시대가 본인의 뜻대로 다음 20년 동안 흔들림 없이 존속하려면 시진핑 주석 스스로 무엇을 어떻게 수정해야 하는지에 대한 대안을 모색하고 있다. 그리고 궤도수정 없이 현 체제를 강행할 경우에 나타날 균열 현상의 확대 가능성을 분석하고 있다.

시진핑의 생각, 중국의 길

이제 중국의 길은 오로지 시진핑의 판단과 생각에 따라 결정될 것이다. 그러나 중국 인민의 생각과 욕구 체계의 변화, 그리고 국제

정치환경에 따라 그의 생각과 행동규범은 수정을 받게 될 것이다. 그리고 시진핑 시대는 덩샤오핑 시대 이후 중국이 걸어온 길을 역류하며 진행될 것이다. 그 시진핑 시대가 겪게 될 격동의 세월, 그 시대 중국인들의 고뇌, 시진핑 주의와 맞부딪칠 세계 정치질서 등 파노라마를 정리해보려 노력했다. 이 과정에서 여러 개의 가정법적 전제를 세우며 디테일에 접근했다. 무엇보다도 시진핑 시대에 북한 김정은 체제는 온존할 것인가? 북핵 문제는 어떻게 귀결될 것인가? 시진핑의 마지막 모습은 어떻게 보여질 것인가? 미국과 중국의 쟁패는 결국 어떻게 귀결될 것인가? 시진핑은 앞으로 실패한 푸틴을 어떻게 대할 것인가? 시진핑이 어느 정도 정신을 차리고 나면 대만을 침공할 의지를 갖고 있는가? 이 모든 의문을 풀어보려 심모원려深謀遠慮한 지난 1년 동안 우리는 많은 회한에 빠질 수밖에 없었다.

회한과 감사

그동안 우리는 신시대를 만들어가려는 시진핑의 꿈을 심층 탐구하면서 그 속에서 한중 간 충돌과 공존의 모순적 요소들을 만났다. 이 과정에서 우리는 정보의 한계와 미래의 불확실성, 그리고 중국이 갖는 이중성과 싸워야 했다. 훌륭한 전문가들을 만난 것은 나에게 행운이었다고 생각한다. 그들을 지치게 만들며 수많은 수정을 요구했던 나의 완벽주의는 오히려 나를 심히 지치게 했다. 이 책은 시진핑 시대를 미리 가보고 쓴 것이 아니기 때문에 앞으로 논쟁을 원하는 사람들의 반론과 수정 의견은 크게 환영받을 것이다. 세계도 변하고 중국은 더욱 빨리 변하고, 한국은 이 모든 것의 종속변수일 수밖에 없기 때문이다. 우리는 엄청난 예측오차와 추계오차와 싸워야 했다. 그래도 우리는 예측과 전망을 제시해야 할 의무를 다해야 했다.

그동안 시진핑 신시대 해부에 동참해주신 집필진 여러분께 감사드린다. 그들은 수정에 수정을 거듭한 NEAR재단의 요구를 한 번도 거부한 적 없이 책의 완성도를 높이기 위해 최선을 다했다. 진심으로 감사와 존경의 말씀을 드린다. 이 책을 고품질의 책으로 출판해주신 북이십일 김영곤 대표께 특별히 감사드린다. 그리고 최종 편집 단계에서 희생과 봉사를 기꺼이 감당해주신 국가안보전략 연구원 양갑용 박사께 특별한 감사를 드리고, NEAR재단 변정아 연구부 팀장의 헌신에 감사의 말씀을 드린다. 이에, 집필에 참여하신 귀한 이름을 다음 페이지에 새겨둔다.

정덕구(NEAR재단 이사장)

[이 책 집필에 참여하신 분들]

- **정덕구** NEAR재단 이사장, 전 산업자원부 장관

- **윤영관** 서울대학교 명예교수, 전 외교통상부 장관

- **김흥규** 아주대학교 교수, 미중정책연구소 소장

- **양평섭** 대외경제정책연구원(KIEP) 선임연구위원

- **강준영** 한국외국어대학교 교수

- **주재우** 경희대학교 교수

- **양갑용** 국가안보전략연구원 책임연구위원

- **김인희** 동북아역사재단 한중관계사연구소 소장

- **장영희** 성균중국연구소 연구교수

- **하남석** 서울시립대학교 교수

차례

총론 시진핑 시대의 국제정치: 도전받는 자유주의 국제질서

제1편 중국의 시진핑식 정치체제는 견고한가? 순항할 수 있는가?

제2편 시진핑 체제의 세계관: 시진핑 체제는 세계를 어떻게 보는가?

제3편 시진핑 체제 순항 기본조건: 중국경제의 성장과 개혁은 지속 가능한가?

제4편 시진핑 신시대와 한중관계

시진핑 신시대의 꿈과 전략
그리고 도사리고 있는 함정들

시진핑 신시대를 위한 꿈

2022년 10월 22일, 시진핑 중국 국가주석은 별 저항 없이 중국 공산당 총서기 3연임에 성공하고 예외 없이 자신의 친위 세력만으로 당 지도부를 구성하여 중국은 명실상부한 1인 지배 전체주의 국가가 되었다. 러시아의 푸틴 대통령이 러시아를 전체주의 국가로 몰아가다가 지난해 2월 24일 우크라이나를 침공하며 전 세계적 파장을 키워오던 중이었기 때문에 서방세계는 적지 않은 충격을 받았다. 어느 정도 미리 예상된 일이기는 하나 그 내용은 가히 충격적이었다. 미래 지도자 반열에서 미래를 닦아오던 유능한 차기 지도자들이 완전히 제거되거나 사정권에서 멀리 떨어져 나갔다. 서방세계는 이를 장기 집권의 신호탄으로 여겼고, 결국 대만 침공이 기정사실화되는 것으로 예측했다.

요즘 시진핑 주석은 신시대新時代라는 말을 자주 강조하고 있다. 그것은 무슨 내용을 함축하고 있을까? 중국에선 1949년 중화인민 공화국 건국 이후 시진핑이 집권하기 이전인 2012년 이전까지의 60여 년을 크게 두 개의 30년 시대로 나눈다. 마오쩌둥의 30년과 덩샤오핑의 30년이다. 덩의 30년 세월은 장쩌민과 후진타오 시기를 포함한다. 시진핑이 신시대를 말하는 것은 자신의 시대가 마오의 시대와 덩의 시대에 이어 중국 건국 이후 세 번째 시대라는 것을 의미한다. 그렇다면 시대의 구별을 왜 하는 걸까? 그것은 앞선 시대와 다르다는 뜻에서 출발한다. 마오의 30년은 사회주의 중국의 건설 시대다. 이념이 강조되고 지배했던 시대다.

반면 덩의 30년은 사회주의 중국이 가져온 빈곤에서 탈피해 경제발전을 이루기 위한 개혁개방의 역사다. 이념보다는 실사구시를, 당과 국가 못지 않게 인민의 삶을 중시하는 시대였다. 시진핑 주석이 온전히 덩의 유지를 이어받는 지도자로 만족하기를 바랐다면 신시대라는 말은 하지 않았을 것이다.

시진핑 주석이 자신의 시대를 신시대라고 유난히 강조하는 것은 두 가지 함의를 갖는다. 하나는 시진핑 시대는 덩의 시대와 다르다는 것이다. 흑묘백묘론黑描白描論을 내세우며 개혁개방의 문을 열어젖히고 자본주의의 장점을 흡수하는 데 열중했던 덩샤오핑과는 궤를 달리하겠다는 선언이다. 그래서인가, 시진핑의 치술治術에선 마오의 그림자가 어른거린다. 시진핑이 말하는 신시대의 두 번째 함의는 자신의 집권이 장쩌민이나 후진타오를 거치며 제도로 확립된 것으로 여겼던 최고지도자 10년 집권의 관행을 깨는 것이다. 집권 10년의 세월을 '시기'라고 말한다면, '시대'는 30년 정도는 집권해야 할 수 있는 말이다. 자신이 장기 집권할 것임을 암시한 것으로 봐야 한다. 아니나다를까, 시진핑은 지난해 가을 20차 당대회를 통해 중국 공산당 총서기 3연임에 성공했다.

그러면 앞으로 5년만 더 집권하고 끝날 것으로 보이는가? 그렇지 않아 보인다. 후계 구도가 전혀 보이지 않기 때문이다. 시진핑을 이을 차기 지도자로 주목받던 두 인물 모두 후계 구도의 가시권에서 사라졌다. 첫 번째 인물인 공산주의청년단共青團 파벌의 후춘화胡春華는 지난해 20차 당대회에서 정치국 위원에서 정치국 상무위원으로 승진하기는커녕 중앙위원으로 강등됐다. 앞으로 더는 후계자 운운의 말은 나오지 않게 됐다. 두 번째 인물인 시진핑의 측근 천민얼陳敏爾 충칭시 당서기는 톈진시 당서기로 자리를 옮기며 정치국 위원 자리는 유지했지만 정치국 상무위원으로 오르지 못해 역시 차기 지도자로 운운할 입장이 되지 못한다. 현재 정치국 상무위원에 오른 인물 대부분이 시진핑의 비서 출신이라 이들이 5년 후 시진핑의 자리를 이을 지도자감으로는 거론되지 않는다. 그렇다면 시진핑은 적어도 10년 정도 계속 집권할 것이라는 이야기가 된다. 이렇게 현역에서 20년을 집권한 뒤 또 다른 10년은 아무런 타이틀을 갖지 않고도 절대권력을 휘둘렀던 덩샤오핑의 경우처럼 수렴청정할 가능성이 크다. 중국 공산당은 1987년의 13기 1차 전체 회의에서 중대한 문제가 발생하면 덩샤오핑의 집에 모여 회의를 하고, 덩이 최종 결정권을 가질 수 있도록 의견을 모았다. 이런 당내 비밀에 의해 덩은 1997년, 93세의 일기로 세상을 떠날 때까지 중국의 1인자로 군림할 수 있었다. 시진핑 또한 당주석 제도를 부활해 마오쩌둥 주석과 같은 종신 권력을 누리든지 아니면 덩과 같은 당내 회의를 통해 1인자 자리를 보장받을 가능성이 크다. 정치국 상무위원 전원을 자신의 사람으로 채운 이 마당에 못할 것이 없기 때문이다. 이 경우 시진핑은 30년 이상의 권력을 누릴 수 있다. 그야말로 마오와 덩에 이은 시진핑의 시대라 할 만하다.

마오毛 시대로의 회귀인가, 덩鄧 시대의 수정인가, 아니면 신시대의 시작인가?

우리는 지금 매우 긴 호흡으로 중국을 조심스럽고 예민하게 바라보고 있다. 마오쩌둥毛澤東 시대 말기부터 어떤 과정을 거쳐 덩샤오핑鄧小平 시대로 이어졌으며, 그 후 어떻게 40여 년 동안 중국의 굴기가 이루어졌는지 그 과정을 시대를 거슬러 올라가며 반추해보고 있다. 그리고 시진핑 집권 시대 10년의 모습을 여기에 대입해본다.

우선 두 가지 가정을 세워놓고 중국 공산당의 선택을 정리해보자. 첫 번째, 덩샤오핑의 개혁개방 선택이 중국 공산당의 붕괴를 막기 위한 임시방편으로 불가피하게 이뤄진 것이라는 가정이다. 마오쩌둥 시대 말기에 최악의 수준에 빠져 허덕이던 인민의 삶을 구하려는 순수한 충정에서라기보다는 민중봉기에 의한 공산당 체제의 붕괴를 막기 위한 고육지책이었다는 가정이다. 그 후 40여 년의 개혁개방 성공으로 중국 공산당은 세계를 움직이고 14억 인구의 삶의 질을 향상시키는 데 성공했다. 이때 시진핑이 등장한다.

공산당 체제가 다소 느슨하고 약화됐다는 우려가 대두되는 시점에 등판한 시진핑으로선 인민에 대한 공산당의 리더십을 더욱 공고히 할 필요가 있었다. 절대빈곤은 해소되고 국력은 세계 두 번째로 강해졌다. 그러나 이 나라가 인민의 나라가 아닌 공산당의 나라임을 다시 한 번 조이고 확실히 할 필요가 있었다. 따라서 지난 10년간 시진핑 주석이 일으킨 상황 반전은 중국이 공산당의 나라라는 정체성을 지킨다는 면에서 오히려 자연스러운 것이고 덩샤오핑의 개혁개방 정책과도 정면으로 충돌하지 않는다는 가정이다. 더욱이 단순히 마오쩌둥 시대로 돌아가는 것이라고 하기보다는 사상적으로 마오 시대보다 더 적극적인 중화사상을 세계를 향해 구현하는 것이며 경제 군사 강국으로서 미국을 능가하는 국력을 바탕으로 중국을 세계의 중심에 세우겠다는 야심 찬 도전이라는 해석이다.

두 번째 가정은 시진핑의 장기 집권 및 1인 지배 체제 확립을 통해 마오 시대와 덩 시대를 잇는 별도의 시진핑 시대를 열겠다는 시진핑 개인의 도전이라는 가정이다. 시진핑은 덩샤오핑을 뛰어넘어 마오 시대와 동급의 시진핑 시대를 만들어가려 하고 있는 것이다.

덩이 제시한 흑묘백묘黑猫白猫의 구호는 그 시대의 상황에 따른 중국의 선택이지만 이게 중국이 장구한 세월 동안 추구해야 할 가치와 목표는 아니며, 중국을 미국이 주도하는 자유세계의 일부가 되게 해서는 안 된다는 생각이다. 그리고 중국을 공산당이 통치하는 본연의 중국으로 돌려놓음으로써 정체성을 재확립하겠다는 의지를 내세우는 것이다.

따라서 시진핑 체제는 덩샤오핑 체제와는 완전히 다른 중화민족주의, 사회주의국가 건설을 지향하며 공산당 중심의 권력 구조를 공고히 하고 있다. 이를 위해 정치국을 자기 측근들만으로 구성하여 사실상 1인 지배체제를 확립했다. 이는 마오 시대의 1인 체제로 돌아가려는 것이고 최소 30년 이상의 집권을 통해 마오 시대와 덩 시대의 뒤에 이어지는 시진핑 시대를 엮어가려는 논리다.

우리는 제2 가정이 현재 진행되고 있는 상황 전개에 부합하다 믿고 구체적인 시진핑 시대의 모습을 추정하려고 한다. 깊이 고찰해보면 시진핑은 마오 시대나 덩 시대와 동격인 시진핑 시대의 꿈을 꾸고 있으며, 그 꿈은 마오 시대와 덩 시대와는 확연히 다른 시대를 희구한다.

도전받는 자유주의 국제질서와 전체주의 세력의 극단성

2022년 10월 시진핑 3연임이 확정된 후 새 지도부의 구성까지 일사불란하게 진행된 20차 당대회의 모습을 보며 국제사회는 중국의 미래를 걱정하기 시작했다. 지난해 우크라이나를 침공한 푸틴의 러시아, 또 지난해 하반기 이후 탄도 미사일을 난사해온 북한 김정은 체제, 전체주의 옷으로 갈아입은 시진핑의 중국, 여성 인권 문제로 촉발된 이란의 시위와 집단 처형 모습까지 2022년 세계는 자유 진영보다 전체주의 국가가 극단적인 방식으로 세력을 확대하며 주도했다.

사우디아라비아는 전통적인 친미 국가에서 이탈해 진영을 넘나드는 등 독자 외교의 폭을 넓혀가며 미국에 맞서고 있다. 이렇게 미국, 서유럽, 일본이 주도해 온 세계 자유주의 국제질서는 우크라이나 전쟁, 국제 공급망 위기, 전체주의 시진핑 체제, 북한 김정은의 난폭한 도발 앞에서 속수무책의 취약한 모습을 보이고 있다. 이러한 국제질서의 변화는 아직 상대적 소국인 한국과 한국인에게 심각한 영향을 미칠 수 있다. 한국은 개방적이고 자유주의적인 국제 경제질서 속에서 지난 60여 년간 경이적인 경제적 발전을 이룩해왔고 민주주의와 국제규범의 틀을 전제로 발전해 온 나라이기 때문이다.

시진핑의 중국과 푸틴의 러시아가 쌍두마차로 세계 정치무대에서 미국을 중심으로 한 자유세계의 동맹, 연합체제와 정면충돌할 것인지, 아니면 시간이 흐르면서 양 진영 간 타협의 실마리를 찾을 수 있을지가 중요한 국제정치의 변곡점이 될 것이다. 자유세계를 위협하는 전체주의 국가들의 세력이 확장되고 극단성을 보이고 있는데, 이들이 결집한다면 한국의 미래에 부정적 요소로 작용할 것이다. 더욱이 최초의 한미일-북중러 구도가 갈수록 뚜렷해지는 과정에서 한국의 안보 위험은 더욱 복잡성을 띠게 될 것이 분명해지고 있다.

시진핑 체제는 공고한가, 지속 가능할 것인가?

무엇보다도 우리가 가장 눈여겨보아야 할 부문은 시진핑 체제의 내부 관계일 것이다. 여러 가지 상황 전개를 깊이 들여다보면 시진핑 체제 내부에 여러 갈래의 균열 요소가 커지고 있고 대외 전략은 도처에서 겉돌고 있으며 민생은 점점 심각하게 어려운 국면에 다가가고 있다. 지난 2021년에 발간된 『극중지계 Ⅱ: 경제편』에서는 앞으로 중국이 4개의 함정에 빠질 위험이 있다고 평가했었다. 그 후 1년 반밖에 지나지 않은 이 시점에서 볼 때 중국은 조금 더 그 함정들에 접근하고 있지 않은지 조심스럽게 바라보게 된다.

중진국 함정:

첫 번째는 중진국 함정이다. 『극중지계』 발간 당시 논자들은 당시의 추세대로라면 중국이 중진국 함정을 뛰어넘어 2030년경 미국 경제를 능가할 수도 있을 것이라고 전망했다. 이를 위해 기술혁신, 초우량기업 육성, 분배의 형평성을 계속 추진해야 한다고 제언했었다. 그러나 짧은 시간 만에 그러한 추세에 심각한 제동이 걸리고 있다. 2022년 내내 중국경제에 부정적 요소들이 커지고 중국경제의 확대 균형 요소는 작아져 왔다. 세계경제 침체의 여파, 코로나 방역을 위한 봉쇄 이외에도 반시장적 경제관, 분배 위주 정책 기조, 국유기업 중심 사회주의 경제 전략, 그리고 미국의 소 다자체제 특히 미국 등 4개국의 CHIP 공급망 등 중국의 공급망 조이기 등이 가시화되어왔다. 이러한 추세가 계속된다면 중국경제는 잠재 성장력의 지속적인 하락을 피할 수 없고 수출, 내수 양면에서 위축될 수밖에 없을 것이다. 앞으로 2~3년 내에 중국이 궤도 수정을 할 수 있을 것인지 그것도 그리 기대하기 어려운 분위기다. 따라서 중진국함정을 뛰어넘으려면 중국경제가 보다 세계 시장 체제 속에서 퇴로를 찾고 중국의 새로운 가치사슬 회복에 나서야 할 것이다. 그러나 현재의 상황 전개로 볼 때 중국경제는 지금 중진국 함정에 점점 더 접근하고 있다는 것이 잠정 결론이다.

타키투스의 함정:

두 번째는 타키투스의 함정이다. 타키투스의 함정 논리는 국민의 신뢰 상실로 인해 권력을 빼앗길 수도 있다는 역사적 교훈에서 시작된다. 시진핑 주석은 당을 완전히 장악한 후 권위주의 체제를 유지하고 국가자본주의 체제를 구축하고 있다. 그러나 이러한 선택은 인민의 삶보다 당, 국가를 우선하고 중국식 사회주의를 정착시키는 데 주안점이 있다. 그러면서 인민의 자유를 통제하고 시진핑식 사회주의로 강제 견인하려고 노력하고 있다.

그러나 제3기가 출범한 지 채 몇 달이 지나지 않아 시진핑 주석은 민중봉기에 직면했다. 아무리 강한 리더십을 갖추어도 국민의 삶을 보장하지 않으면 타키투스의 함정에 빠지는 것이고, 이것을 수습하지 못하면 권력을 내려놓을 수밖에 없다. 이는 경제적, 사회적 삶에 있어서 생계, 생활, 생존에 필요한 기본적 자유를 속박하고 국민의 삶의 질을 유지시켜 주지 못할 경우, 결국은 정치적 자유에 대한 요구로 번져나갈 수 있음을 예고하고 있는 것이다. 앞으로 학생 등 민중들의 백지 시위가 진정될 것인지, 아니면 앞으로 그 백지에 무슨 글귀가 쓰일지 예의주시할 대상이다. 과연 시진핑 주석이 타키투스의 함정에 다가가고 있는 중국 공산당 체제를 구하기 위해 인민의 경제 사회적 욕구를 충족시켜주는 방향으로 궤도 수정을 할지 여부는 앞으로 1~2년의 선택에 달려 있다.

킨들버거의 함정:

세 번째는 킨들버거 함정이다. 이는 대외적 신뢰와 연관되어 있다. 시진핑 주석은 인류 운명공동체론을 들고나와 중국의 세계 전략의 사상적 기초로 삼고 있다. 이것을 받아들여 중국과 인류 운명공동체 관계를 맺고 있는 나라는 소수에 불과하다. 반면, 중국은 우크라이나 전쟁을 일으킨 푸틴을 옹호하고 도움으로써 국제사회의 대러시아 제재 효과를 약화시켜 왔다. 소위 모스크바-베이징 탠덤(양두마차)을 이끄는 푸틴과 시진핑은 국제사회에서 신뢰를 잃고 있다. 더욱이 중국이 비록 경제적, 군사적으로 부상하더라도 소프트 파워가 부족한 중국은 국제사회에서 담당해야 할 합당한 역할과 기여를 보여주지 못하고 있다. 앞으로 중국이 진정 글로벌 공공재를 공급하는 책임 있는 역할을 회피하고 자국의 생존을 위해 다른 나라의 희생을 바탕으로 하는 근린 궁핍화에 나선다면 시진핑 체제는 결국 킨들버거 함정에 빠질 것이다. 아마도 지금 중국은 킨들버거 함정에 이미 빠져 있는 상황일 가능성이 크다. 국제사회에서의 리더십은 곤경에 빠진 남을 충분히 도울 수 있는 역량과 의지를 갖고 있는 경우에 만들어지기 때문이다.

투키디데스 함정:

마지막은 투키디데스의 함정이다. 시진핑 시대 중국이 미국의 본격적인 견제, 즉 투키디데스의 함정을 극복하고 안정적인 경제성장을 지속할 수 있을까? 중국이 2020년에 미국 GDP의 70%에 도달했지만 그 이후의 추격 추세는 둔화되고 있다. 지난 2020년 이후 미국이 2% 성장을 지속하고 중국이 6% 성장을 지속하면 미국과 중국의 경제 규모는 2030년에 역전되는 것으로 계산된다. 그러나 중국은 2021년 2.3%, 2022년 3.0%로서 6%에 못 미치고, 앞으로 6% 이상의 성장을 이루기가 쉽지 않을 것이다. 그리고 잠재성장률 자체가 점점 하락할 것으로 전망된다. 미국은 향후 2% 이상 성장력을 회복할 능력이 충분하기 때문에 중국의 미국 GDP 추월은 상당 기간 연기될 전망이다. 문제는 시진핑 주석의 세계관과 경제관에 있다. 중국이 앞으로 폐쇄적 세계관 속에서 고립주의를 자처하고 사회주의 색깔로 경제정책을 코팅해나간다면 중국은 축소되어 불균형적인 경제를 면할 수 없을 전망이다. 이렇게 폐쇄회로 속에서 국가자본을 중심으로 하는 경제사상의 틀을 가지고 디지털 컨버전스 시대에도 제조업에 주력하며 인민의 생활, 생존의 자유를 억압한다면 인민들은 생존을 위해 다른 선택을 할 것이다. 그동안 덩샤오핑 체제에서 미래의 활로를 추구하던 시장경제 참여자들은 중국을 떠날 수밖에 없고, 이미 진행되고 있는 것으로 알려지고 있다. 이렇게 되면 결국 중국은 축소되고 낙후될 수밖에 없을 것이다. 특히 미국의 대중국 압박, 봉쇄가 계속 심화된다면 시진핑 시대 중국은 곤경을 면하기 어려울 것이다. 그렇게 되면 후발주자 중국이 선발주자 미국을 제치고 세계 리더 국가가 되려는 꿈은 점점 멀어져 갈 것이다.

시진핑 시대 30년의 꿈은 실현될 수 있을까? 이 주제의 지휘자는 시진핑 자신이다. 시진핑 주석이 경직되어 스스로의 함정에서 헤어 나오지 못하면 그의 꿈은 점점 멀어져 갈 것이다. 이제 보다 유연한 생각과 자세로 격동하는 세계에서 중국을 이끌고 일부 궤도수정을 결심한다면 시진핑의 꿈은 실현 가능성이 좀 더 높아질 것이다.

시진핑 시대의 꿈 앞에 다가온 새로운 도전들

중국은 코로나19 사태 이후 지난 3년간 과학적인 방역 정책 대신 과도하리만큼 무자비한 봉쇄 조치를 계속 밀어붙였었다. 중국 국민은 인내의 한계를 직접 표출하기 시작했고 학생들의 백지 시위는 전국 대도시로 확산되었다. 그들의 구호에 '중국 공산당 물러가라' '시진핑은 물러가라' 등 공산당 체제와 시진핑 체제를 정면으로 반대하는 목소리가 담기자 시진핑 주석과 지도부는 두려움에 빠지기 시작했다. 더 이상 방치할 경우 다음에는 그 백지에 무엇이 쓰일지 알 수 없는 국면으로 진전될 수 있다는 상황 판단에 이른 것이다.

중국 국민들의 애국주의는 시진핑 체제를 뒷받침하는 중요한 전제 중 하나인데, 방역을 구실로 자유를 통제하고 제한하는 것이 반애국주의로까지 확장될 수 있지 않을까 하는 두려움이 생긴 것이다. 따라서 자유에 대한 국민의 요구를 생계와 생활, 생존을 위한 자유까지는 제한적으로 허용하여, 체제에 대한 도전이나 정치적 자유 요구로 확장되는 것을 사전에 차단하려는 의도가 감지되고 있다. 일차적으로 국내 방역 목적의 통제와 이동 제한을 풀고 해외여행 제한도 완화했다. 2022년 12월 무자비한 방역 통제의 해제와 여행 제한 조치 완화가 전격 시행된 것이다. 이에 따라 그동안 수면 아래 감춰져 있던 코로나 환자들이 전면적으로 드러나며 전 국민 60% 수준의 감염자가 자유롭게 이동하는 상황이 되었다. 중국형 코로나 변이 발생을 우려하고 있는 세계보건기구who는 중국 방역 당국에 연이어 경고의 메시지를 보내고 있다.

시진핑의 생각, 중국 인민의 생각:

지금 시진핑 주석은 무슨 생각에 빠져 있을까? 이제 그의 생각은 세계 전체에 영향을 미치며 끊임없이 뉴스메이커가 될 전망이다. 그는 지금 우크라이나 사태를 어떤 시각에서 바라보고 있을까? 그는 지금도 미국의 침강을 예견하며 중국경제가 2030년대에 이르러 미국경제를 능가할 것이라는 당초의 전망과 꿈을 그대로 갖고 있을 것인가? 2008년 세계금융위기 이후 중국 지도부의 결단으로 4조 위안의 초대형 부양책을 실시해 중국경제를 확장하고 발전시켜왔던 중국의 정책 스타일을 다시 도입할 것인가? 그래서 미증유의 세계경제 침체에서 중국경제를 구해내는 결단을 내릴 것인가? 미국과의 정면 대결보다는 다소 누그러진 경쟁심을 갖고 우회로를 찾으려 할 것인가? 시진핑 주석은 지금 그동안의 상황 오판이나 정책 실패를 인정하고 새로운 방향에서 난국을 돌파할 것인가? 수많은 생각이 그의 머리에 머물고 있을 것이다. 크게 보아 그는 이념형 정치가이지 실사구시형 정책가는 아니다. 일부 궤도를 수정하더라도 시진핑식 통치방식과 시진핑식 사회주의 노선에서 크게 벗어날 가능성은 없을 것 같다. 그렇지만 그가 지금 겪고 있는 국내 상황, 사회불안 요인, 세계경제 침체와 미국 동맹체제의 압박 등 난제들 앞에서 당분간은 일방주의적이고 중국 중심주의적인 꿈을 전면에 내세우기는 어려울 것 같다.

이렇게 시진핑 시대는 입구에서부터 많은 장애를 마주하고 있다. 국제환경도 중국에 꼭 유리하지 않은 것 같고 국내 상황은 폭발성 있는 국민저항에 직면하고 있다. 이 책이 특별히 주목하는 바는 과연 시진핑이 뜻하는 바대로 향후 20년 이상에 걸쳐 시진핑 시대가 열리고 또 시진핑의 꿈이 실현될 수 있겠느냐 하는 데 있다.

우선 나이로 보면 20년 후 시진핑의 나이는 90세에 가까워질 것이다. 건강 이상설을 고려에 넣지 않는다면 덩샤오핑과 같은 길을 걸을 수도 있을 것이다. 또 하나는 진정 시진핑의 꿈이 마오毛 시대 중국의 공산당 체제로 돌아가려는 것인가 하는 점이다. 그것은 현실적으로 불가능한 것 같다. 현재의 중국 국민은 마오 시대의 중국 국민들과는 아주 다른 사람들이다. 그들의 욕구 체계는 아무리 억제를 당한다 하여도 자존의 욕구 단계로 향하고 있고, 열쇠 구멍만으로 세계를 바라보던 마오 시대 중국인의 세계관과는 상상할 수 없을 만큼 세계화되어있는 국민이다. 현재 아무리 차기 지도자감을 키우지 않는다 해도 앞으로 국정 상황이 계속 악화되고 민심이 이반된다면 새 지도자를 어디서든지 찾아내도록 할 것이다. 무엇보다도 시진핑식 중국경제관으로는 확대 균형을 이룰 수 없다. 결국 축소불균형적인 경제구조로 이행될 수밖에 없다. 그리고 앞으로 시진핑식 사회통제방식이 1인당 GDP 2만 달러 시대 국민들의 불만을 잠재울 수 있겠는가? 많은 위험 요소, 장애 요소가 기다리고 있는 다음 20년간 시진핑의 1인 지배 체제는 순탄하게 이어질 것인가?

시진핑 꿈의 실현 가능성에 개인 성향이 미치는 영향

　　무엇보다도 앞으로 시진핑 시대의 중국을 더 정확히 이해하기 위해서는 시진핑 개인의 성향, 인성, 행동규범, 심지어 성장배경, 가족관계 등 인적 요소가 중국의 변화를 예측하는 데 있어서 매우 중요한 요소가 될 것이다. 왜냐하면 이제 시진핑 1인 전체주의 국가로 전환된 지금 공산당 조직이나 국가 시스템보다는 시진핑의 뜻과 의지가 중국의 미래에 더 많은 영향을 미칠 것이기 때문이다. 따라서 우리는 지금 시진핑 체제 그리고 시진핑 시대의 중국에 대한 일말의 불안감을 갖지 않을 수 없다. 상황 변동에 대응한 유연성과 정밀성, 위기 앞에서의 그의 담대함과 선택 성향, 분노 앞에서의 그의 자제력과 조절 능력, 적 앞에서의 그의 태도와 대화법, 고독 앞에서 이를 이기며 스스로 흔들리지 않는 집중력, 인민의 이익과 공산당의 이익, 그리고 시진핑 개인의 이익 중 우선순위 성향, 그리고 최근 조금씩 드러나고 있는 친시진핑 충성파들의 분열과 충성 경쟁 앞에서 분열을 이용하고 유도하는 지도력 등 그의 리더십 패턴이 집중 연구 대상이 될 것이다.

이 책에서 이 분야에 대한 깊은 연구 결과를 내놓기에 아직 이르지만 이미 이에 대한 학계의 연구 결과가 발표되고 있다. 무엇보다 우리는 시진핑의 생각이 지나치게 이념 과잉에 빠져있을 가능성, 인민의 삶을 통제 관리 가능한 대상으로 보는 시각, 그리고 권력 구조 내부에서 사라진 자정 기능 등 제반 요소들이 중국의 미래에 부정적 요소로 자라나며 결국은 대내외 고립 상태에 빠질 가능성을 우려한다. 내부 위험이 외부 위협을 키우고 시진핑 개인의 오판과 실책이 상황을 돌이킬 수 없는 궁지에 몰 수도 있지 않을까 예상해 본다. 서서히 커지고 있는 공산당 내부의 저생산성과 일방주의적 선택 방식이 잘못 가고 있는 길에서 이를 다시 제대로 돌려세우는 힘, 즉 복원력을 상실하게 할 수도 있지 않나 하는 의구심을 키우게 된다. 이것이 이 책이 주목하고 있는 중국 내적 요소 중 하나인 것이다. 이러한 시진핑의 개인 성향이 향후 국제정치 지형, 미중 갈등의 진행 방향, 중국 국내 민심 향배, 심지어 한중관계 현안 문제 해결에도 지대한 영향을 줄 것이다. 그리고 바로 이 점이 이 책이 중국 시진핑 체제를 바라보는 또 하나의 시각이다.

시진핑 시대는 왜 한국에 대한 도전인가

이 같은 시진핑 시대가 한중계에 갖는 함의는 무엇인가? 전혀 새로운 한중관계를 생각해야 한다는 점이다. 왜 그런가? 한중수교는 덩샤오핑의 개혁개방이라는 커다란 그림 속에서 이뤄진 것이다. 그런데 지금 시진핑이 자신의 시대를 덩의 시대와는 다르게 가져가고 있기 때문이다. 크게 경제와 안보로 나눠 보자. 우선 경제와 관련해 중국에 커다란 변화가 일어나고 있다. 덩샤오핑의 개혁개방 정책에 힘입어 비약적으로 성장했던 민영기업이 시진핑 집권 이후 활력을 잃고 있다. 시진핑은 국유기업 위주의 경제 운용을 생각한다. 강한 국유기업 간의 합병을 통해 더 크고 강한 신新국유기업을 탄생시키고 있다. 또 덩샤오핑이 시장경제의 효율을 강조했다면 시진핑은 국가 주도의 독점을 말한다. 다른 하나는 안보다. 덩샤오핑은 경제 발전을 위해 평화로운 외부 환경을 원했고 그런 분위기 조성을 위해 대외적으로 몸을 낮췄다. 어둠 속에서 조용히 힘을 기른다는 '도광양회韜光養晦'가 그것이다. 그러나 시진핑은 이제 그런 시대는 지났다고 말한다. 미국이 쇠퇴하고 중국이 약진하는 '100년에 없을 대변국百年未有之大變局'의 시기를 맞았다고 주장한다. 미국에 태평양의 반을 나누자는 대담한 제안을 내놓는가 하면 세계 각국을 상대로 늑대와 같이 거친 전랑외교戰狼外交를 서슴지 않고 구사한다.

덩샤오핑 시대와 달라진 시진핑 시대의 모습은 한중관계에 변화를 강요한다. 수교 당시 중국은 1989년 천안문天安門 사태의 결과로 빚어진 미국의 제재를 탈피하기 위해 한국과의 경제협력이 절실했다. 그러나 몸집이 커지자 생각이 바뀌기 시작했다. 물론 지금도 한국과의 경제협력이 중요하지만 사드 사태 때 한국에 무차별 경제보복을 가할 정도로 훌쩍 커진 중국의 경제력을 십분 활용해 한국을 압박한다. 안보적으로도 북한 편향으로 경도될 것이다. 미국과의 대결 구도가 격화되며 전략 자산으로서의 북한의 중요성이 강조되고 있다. 2022년 북한의 엄청난 미사일 도발의 뒷배로 중국이 의심을 받을 정도다. 또 중국의 지역 패권 움직임이 가시화되며 서해에 출몰하는 중국 해군의 숫자가 늘었고 중국 공군기들은 수시로 우리의 방공식별구역을 제 집 드나들 듯이 넘나든다.

중국의 고위 외교 당국자는 "소국은 대국을 따라야 한다"며 이웃나라를 겁박한다. 중국의 부상에 따라 한중관계가 수교 당시로부터 30년이 흐른 지금 완전히 달라진 상황에 놓이게 된 것이다. 여기에 이 같은 기조를 이어가는 시진핑 집권이 장기화할 조짐이다. 이는 우리에게 시진핑 집권 3기 이후 장기 집권의 시대를 제대로 연구해야 한다는 커다란 숙제를 던진다. 한마디로 시진핑 시대는 우리에겐 도전의 시대다. 매일 부단히 부딪치는 중국, 그런 중국을 이끄는 시진핑의 집권 3기 이후 장기 집권의 시대가 어떻게 흐를지를 올바로 전망하지 못한다면 한중관계의 미래는 꽤나 암울하다 하겠다.

시진핑의 꿈속에 그려 있는 한국의 모습

누구나 자신의 꿈을 꿀 수 있다. 그러나 시진핑이 꿈꾸는 세상은 우리를 불안하게 만드는 측면이 강하다. 왜냐하면 시진핑은 중국의 1인자가 된 2012년 11월, 자신의 비전으로 '중국몽中國夢'을 제시했다. 중국몽은 시진핑 주석의 설명에 따르면 '중화민족의 위대한 부흥을 실현하는 것'이다. 민족의 부흥을 외치는 것이야 어느 나라도 할 수 있는 일이지만 그러나 시진핑의 외침은 치국治國을 위한 립 서비스에 그치는 것이 아니다. 시진핑은 중국몽 달성을 자신의 장기 집권의 정당성으로 삼는 듯하다. 시진핑의 장기 집권과 중국몽은 마치 달걀이 먼저냐 닭이 먼저냐의 물음과 흡사하다. 장기 집권을 위해 중국몽이란 그럴싸한 비전을 제시하는 것인지, 아니면 중국몽 달성을 위해 장기 집권이 필요하다고 하는 것인지의 문제다. 어찌됐든 문제는 중국몽이 갖는 함의다. 중국몽에서 말하는 '부흥'은 1840년 아편전쟁 이전 세계 최강의 국력을 자랑했던 시대로 돌아가자는 이야기다. 세계 넘버원이 되겠다는 것이라면 현재의 슈퍼파워 미국을 넘어서야 한다. 미중 대결은 피할 수 없다. 그러므로 미국 편에 서 있다고 여기는 한국과의 관계는 갈수록 악화할 수밖에 없는 구조다.

세계 최강이었던 중국은 1840년 아편전쟁 이후 1949년 중화인민공화국이 건국되기까지 약 100년의 세월 동안 제국주의 열강의 침략에 의해 '100년의 치욕百年恥辱'을 겪었다고 중국인들이 늘 말한다. 이 100년의 치욕 기간 중국은 크게 세 곳에 대한 영향력을 잃었다. 1879년에 유구琉球 왕국이 있던 오키나와를 일본이 장기 점령했고, 1884년엔 청불전쟁의 결과 안남安南(베트남)에 대한 영향력을 잃었으며, 1894년에는 청일전쟁에서 패하며 조선에 대한 영향력을 상실했다고 본다. 중국이 세계 최강 미국을 넘기 전에 영향력부터 회복하기 위한 첫 걸음은 그러면 어디에서부터 시작해야 할까? 중국의 영향력이 소실된 곳을 상대로 역순으로 영향력 회복에 나선다면 그 작업은 한반도부터 시작하는 게 맞을 것이다. 시진핑이 집권 초기 박근혜 정부에 들였던 공이 괜한 게 아니다. 또한 시진핑이 트럼프에 했던 "한국은 전통적으로 중국 역사의 일부였다"는 말 역시 우연히 나온 게 아니다.

조선은 과거 중국에 특수한 존재였다. 대외 교류의 전범典範 역할을 조선이 했기 때문이다. 반면 중국은 전통적으로 조선에 각별한 배려를 했다고 생각한다. 무릇 중국과 교류하고자 하는 외국은 조공과 책봉에 있어 모범적인 행태를 보인 조선의 예를 따르기를 중국은 바랐던 것이다. 이 같은 생각은 아직도 현대 중국의 많은 지식인의 뇌리 속에 자리 잡고 있다. 시진핑 또한 예외는 아니다. 한반도는 중국에 각별한 존재다. 남이 아니다. 중국의 품에 있어야 한다고 본다. 그런 중국의 바람을 실현시키기 위해 중국은 다양한 노력을 기울이고 있다. 그렇다면 미국을 넘기 전 지역에서의 패권 장악, 그리고 그러한 지역의 맹주로 부상하기 전 주변국 즉 이웃인 한반도, 그중에서도 한국에 대한 영향력 확보를 위해 중국은 어떤 노력을 기울이고 있는가. 중국 측 입장에선 '노력'일 수 있겠지만 우리네 눈에는 '침투'와 '침입'으로도 비칠 수 있는 중국의 행태를 간략하게 살펴보자.

중국의 한국 침투 공략:

중국의 한국 공략은 전방위적인 것으로 봐야 할 것이다. 고대 역사에서 문화 등 민족의 정체성에 관한 사안부터 현대의 경제와 안보 등 깊고도 넓다. 중국의 한국 공략 목적도 예의 주시해야 한다. 단순히 과거와 같이 한국을 중국의 세력 범위로 편입하고 싶은 것인지, 아니면 대륙에서 활약하다 쓰러진 수많은 민족과도 같이 한韓족을 한漢족 속으로 견인하려는 것인가? 우리는 정신 똑바로 차리고 중국의 말과 행동을 깊이 있게 주시해야 한다. 중국의 동북공정과 문화공정 등 최근 전개되는 중국의 행태를 볼 때 절대로 심상치 않다는 생각을 갖게 되기 때문이다.

당초 중국에서 동북공정이 나왔을 때 중국이 왜 이런 일을 벌이는가하고 의문을 가졌었다. 처음엔 넓은 대륙을 차지한 중화인민공화국이 그 안에 사는 많은 소수민족을 끌어안아야 하는 필요성때문으로 이해했다. '중화민족다원일체론中華民族多元一體論'이라는 이론을 만들어내고 이 논리를 바탕으로 통합작업을 하려는 것으로 이해됐다. 방어적 입장에서 본 것이다. 그러나 이제는 단지 중국 내 다민족을 통합한다는 수세적인 차원이 아니라 동북공정 등 다양한 논리를 이웃나라에까지 확대 적용하려는 공세적인 행보로 나아가는 게 분명해지고 있어, 국제사회의 의심을 사기에 충분한 지경에까지 이르렀다. 더욱이 시진핑 시대 세계 전략의 이념적 기초인 인류 운명공동체론은 허황된 이론처럼 보이지만, 이는 중국의 샤프 외교 등 대외 침투전략의 기초 이론으로 내세우고 있는 것이다.

중국의 한국 공략은 깊고도 넓지만 보다 현실적으로 다가오기도 한다. 한중수교를 가능하게 했던 경제 분야는 중국이 상당히 공을 들이는 영역이다. 경제 부문에서 중국의 대전략은 한국을 경제적으로 중국에 의존시키는 것이라 생각한다. 중국이 한국경제 없이는 살아도 한국이 중국경제 없이는 살지 못하도록 구조를 짜는 것이다. 우리는 그 단면을 지난 2016년 사드 사태 이후 어느 정도 볼 수 있었다. 당시 중국은 한국에 사드 보복을 가하기 위해 한중 교류 품목 전체를 검토한 후 중국에 피해가 가지 않고 한국이 타격을 받을 분야와 품목을 선별해 보복을 가한 것으로 알려진다.

다음은 한국인에 대한 공략이다. 한국의 주요 인사를 중국 쪽으로 견인하는 게 필요하다. 중국은 손자병법의 나라가 아닌가. '지피지기 백전불태知彼知己 百戰不殆' 즉 적을 알고 나를 알면 백 번을 싸워도 위태롭지 않다. 나를 알기 전에 적을 먼저 알 것을 말하고 있다. 한국에 대한 모든 것을 알고 파악하기 위해 모든 수단을 다 동원한다. 그 수단은 전방위적이며 전략은 우리의 상상을 초월할 만큼 다양하고 치밀하게 전개된다.

중국은 어디를 노리는가? 아마도 정계와 재계, 학계, 언론계 등 모든 분야라 해도 과언이 아닐 것이다. 우선 경제계는 기술 분야 가능성이 높다. 반도체 첨단기술이 절실한 중국이 이 분야에서 얼마나 많은 공을 들일지는 삼척동자도 짐작할 수 있을 것이다.

다음은 중국의 정계 침투다. 중국 입장에선 미국의 동맹인 한국을 어떻게 미국과 분리해 중국 쪽으로 끌어당길 수 있나 노심초사한다. 한국의 정치에서 매우 중요한 사람들이 국회의원이다. 중국이 이 분야에 들이는 공은 지대한 것으로 알려졌다.

한국의 학계와 전문가에 대한 중국의 접근 역시 부지기수로 이뤄진다. 이들이 중요 정보에 접근하는 기회가 많고 또 한국 여론에 커다란 영향력을 미치기 때문이다. 학자나 전문가를 포섭하기 위해 크게 두 가지 방법이 이용되는 것으로 보인다. 하나는 학자나 전문가의 열정을 이용하는 방법이다. 학문적으로 또는 전문가 입장에서 중요한 정보를 그에게만 알려주는 방식이다. 다른 하나는 약점이 잡히는 경우다. 별것도 아닌 중국의 청을 들어주다가 그게 약점으로 잡혀 훗날 국가에 씻을 수 없는 죄까지 짓는 우는 범하지 말아야 한다.

시진핑의 선택: 썩어도 준치론과 주제 파악론

과거 역사를 되돌아보면 최고 의사 결정권자가 한 나라의 미래를 열어나가는데 있어 두 가지 판단의 기로에 서게 된다는 것을 알 수 있다. 첫째는 '썩어도 준치론'이고 둘째는 '주제 파악론'이다. 이 둘을 상황에 맞게 어떻게 활용하느냐가 국가의 미래를 좌우한다. 강대국의 흥망성쇠에 있어서 '썩어도 준치론'에 입각할 때 국가의 정신적 기반을 확실히 세운 경우도 많다. 바로 2차 세계 대전 당시 윈스턴 처칠의 대영제국 결사 항전론이 그 성공 사례다. 대영제국의 기치 아래 온 국민을 결사 항전의 정신으로 무장시켜 독일의 침공을 막아낸 것이다. 그러나 국가가 위난에 빠지거나 역경에 이를 때 자신의 현주소를 제대로 파악해야 올바른 판단에 이른다는 교훈도 많다. 1991년 마가렛 대처 총리가 이끌던 영국 보수당 내부에 EU 가입을 위한 마스트리히트조약Mastricht Treaty 가입을 놓고 격론이 일었다. 에드워드 히스 전 수상은 '실업률이 13% 이상 되는 이 나라 국민이 유로피언European이면 어떤가. 굶고 있는 영국 신사들English gentlemen을 보고 있어야만 하나'라고 강변했다. 바로 주제 파악론이다.

그러나 대처 총리는 미국과 연합하여 세계 제2 강국으로 남으려면 유럽연합EU에 가입해 그 일부 국가가 되어서는 안 되고 대영제국의 전통을 이어야 한다는 주장을 했다. 바로 썩어도 준치론이다. 오랜 격론 끝에 영국은 EU에 가입하기 위해 마스트리히트조약에 서명했다. 그러나 EU 공동 통화인 유로화 시스템에는 가입하지 않았다. 썩어도 준치론과 주제 파악론을 둘 다 유지한 현명한 조치였다는 판단이다. 그러나 데이비드 카메론 총리 때 또 한 번의 잘못된 선택으로 영국은 EU에서 탈퇴하고, 영국은 다시 완전한 썩어도 준치론으로 돌아갔다. 그 후 영국은 점점 쇠약해지기 시작했고 존재감이 떨어지고 있다.

영국 이야기에서 시진핑 주석이 얻을 교훈은 무엇일까? 인류 운명공동체론, 미중 전략 경쟁, 국가자본주의, 모스크바–베이징 탠덤, 인민들의 백지 시위, 자본가들의 이탈… 이러한 요소들이 시진핑 시대의 순항에 어떤 영향을 줄 것인가? 정신세계에서 썩어도 준치론에 입각한 중화 민족주의까지는 무방하나 인류 운명공동체론에 입각한 샤프 외교와 개별국가에 대한 침투전략은 중국을 점점 더 고립, 위축시킬 것이다. 국가자본주의를 내세우며 시장 체제를 허물면 중국경제의 잠재 성장력은 지속적으로 하락할 것이다. 앞으로 시진핑 주석이 썩어도 준치론과 주제 파악론을 상황에 맞게 잘 배합한다면 그의 꿈을 실현하는 데 도움이 될 것이다.

한국의 시선은 어디에 집중되어야 할까?

80%에 달하는 한국의 많은 국민들이 중국에 대해 부정적 시각을

갖고 있는 것으로 나타나고 있다. 미세먼지, 코로나19 진앙지, 시진핑의 한국에 대한 복속 의식, 역사·문화적 충돌 등이 그 이유로 등장한다. 그러나 보다 본질적인 문제는 시진핑 시대에 이르러 한중간에 형성된 정체성의 충돌이다. 한중 간에 불가피하게 존재해 온 정체성의 거리는 최근 멀어질 만큼 멀어졌다. 자유민주주의 세력에 정면 도전하고 있는 모스크바-베이징 탠덤의 한 축이 시진핑 주석이기 때문이다. 한국은 자유민주, 시장체제를 생명과 같이 여긴다. 그 생존의 정신적 이유를 전면 부정하는 시진핑 체제에 대해 젊은이들은 머리와 가슴, 온몸으로 거부한다. 앞으로 미래 한중관계의 최대 걸림돌이 아닐 수 없다. 그러나 국가 전체의 생존방정식 차원에서 보면 중국은 한국의 영원한 공존 파트너인 것이다.

최근 윤석열 정부가 발표한 인태전략에서는 중국을 공존의 파트너로서 그 중요성을 강조하고 있다. 이제 우리는 미래를 바라보는 시선을 시진핑 시대 이후의 보다 자유롭고 번영된 중국에 고정시키며 중국에 대한 극도의 부정적 심리를 조정할 필요가 있다. 중국 인민 1인당 GDP 2만 달러, 3만 달러 시대의 중국을 머리에 두고 그들과 어떻게 경쟁하고 어느 부문에서 거부하며 어느 부문에서 협력의 길을 찾을 것인지 고민해야 한다. 중국을 가까운 이웃으로 둔 것은 대한민국의 숙명이고 그들과 잘 지낼 수밖에 없는 것은 운명적 선택이다. 이제 우리에게는 긴 호흡이 필요하다. 시진핑 시대는 유한하기 때문이다. 그리고 시진핑 시대가 향후 20년 이상 존속된다 하더라도 연년세세 변화를 감수해야 할 것이고 시진핑의 뜻대로 영원한 전체주의 국가로 남을 수는 없을 것이다.

중국 시진핑 시대는 잔혹한 겨울일 것이다. 그렇지만 곧 봄이 올 것이고 얼음 또한 녹을 것이다. 우리는 한국의 주권과 생존권, 그리고 정체성을 위협하는 중국의 어떠한 행동에도 결사적으로 거부하고 물리칠 준비를 하면서도 그들과의 공존 질서를 항상 염두에 두어야 한다. 시진핑 시대는 유한하되 중국은 오래오래 우리의 이웃으로 남을 것이기 때문이다.

중국이 한국의 영원한 공존의 파트너로서 성장을 계속하기 바란다. 그러나 최근 중국 상황은 우리의 마음을 심히 어둡게 한다. 과거로 돌아가게 되면 한중관계의 기본 전제가 흔들린다. 중국이 19세기 중국에 대한 환상에 빠지지 않기를 바란다. 더욱이 마오 시대의 실패를 답습하지 않기를 바란다. 중국이 주변 국가를 존중하며 공존의 자세를 갖기를 바란다. 그리고 주변 국가의 융성을 현실감 있게 학습하기를 바란다. 이미 한국은 세계경제, 문화의 주류 세력으로 등장하고 있고 정치적 레버리지도 커지고 있다. 더더구나 시진핑 주석은 한국이 과거 중국의 조공 국가였다는 인식의 세계에서 조속히 벗어나야 한다. 그리고 한국을 대등한 공존 파트너로 존중했으면 좋겠다. 그리고 이것이 중국의 미래지향적 자세여야 할 것이다.

관성의 법칙이 지배하는 한국의 중국 인식:

한국의 많은 정치인, 지식인, 기업인들은 현재의 중국을 후진타오 시대와 같은 중국으로 인식하며 살고 있는 것 같다. 덩 시대에 중국에 진출하여 중국과 깊은 관계를 맺고, 이 편한 상황이 오래 지속될 것이라고 믿으며 밀착해왔던 한국 사람들은 지난 5년간 중국이 어떻게 변해왔는지 앞으로 중국이 어떤 나라가 될 것인지 정확하게 인식하지 못할 수도 있다. 지난 3년간 한중 간의 인적 교류는 극도로 제한되어 왔고 그 사이 중국은 1인 전체주의 국가로 서서히 변화하며 한국을 바라보는 눈도 매우 매서워졌기 때문이다. 그러나 우리에게는 그래도 설마 그 정도까지일까, 하는 일말의 신뢰 의식이 남아있다. 그러나 지난 5년은 중국이 옛 허물을 벗고 새 옷을 갈아입는 시기였다. 우리나라 국민들은 농경민적인 관성의 법칙에 익숙하다. 경천동지의 큰 사변을 겪고 나서야 새로운 인식의 세계에 진입한다. 그 5년 동안 두 나라 사이에는 심각한 단절이 있었다. 그것이 우리의 관성의 법칙, 경로 의존성을 더욱 깊게 한 것이다.

사드THAAD 사태 때 한국 국민은 시진핑 주석의 진면목을 볼 수 있었다. 앞으로 또 어떤 비극적 이벤트가 우리를 놀라게 할지 알 수 없다. 우리 정치인, 지식인, 학자들 중에 중국의 시각에서 중국을 바라보아왔고 중국과 깊은 생존 관계를 맺어왔던 인물들도 있을 것 같다. 이러한 생존 관계가 맺어지면 쉽게 단절하기 어렵다. 대체재를 찾기 어렵기 때문이다. 관성의 흐름에 쫓아가다가 어려움에 빠지는 경우도 있을 것이다. 이제 덩 시대 이후에 형성된 관성의 법칙에서 벗어나야 한다. 냉철한 이성으로 중국을 바라볼 때다. 시진핑식 새시대에 대해 새로운 인식으로 중국을 바라보아야 한다.

정덕구(NEAR재단 이사장)

총론

시진핑 시대의 국제정치:
도전받는 자유주의 국제질서

1장
도전받는 자유주의 국제질서

 2022년 10월 발표된 미국 바이든 행정부의 국가 안보 전략보고서는 러시아는 '야만적인 침략전쟁을 통해 자유롭고 개방된 국제체제에 시급한 위협을 제기'하고 있고, 중국은 '국제질서를 새로 짜려는 의도뿐 아니라 그러한 목표를 달성하기 위한 경제적, 외교적, 군사적, 기술적 힘을 가지고 있는 유일한 경쟁국'이라고 규정했다.[1] 이러한 바이든 행정부의 인식이 보여주듯이, 미국이 주도해왔던 자유주의 국제질서liberal international order가 심각한 도전에 직면하고 있다.

 러시아와 중국 두 도전 세력 중에서도 바이든 행정부는 특히 중국을 중장기적으로 보다 근본적인 위협으로 간주하고 있다.[2] 실제로 현재 진행 중인 자유주의 국제질서에 대한 도전의 근저에는 중국경제력의 급성장과 군사력 증강, 다시 말해 중국의 상대적 권력 상승이 자리잡고 있다. 그리고 향후 시진핑 3기의 미중 관계가 어떤 모습으로 전개될지가 국제정치경제의 흐름 전반에 큰 영향을 미칠 것이다.

따라서 이 장에서는 자유주의 국제질서의 최대 도전 세력인 중국과 러시아, 그중에서도 특히 중국의 시진핑 치하의 국제정세를 중심으로, 최대 국제 현안인 우크라이나 전쟁, 시진핑 집권 이후 최근 10년간의 미중 관계의 전개 과정, 시진핑 3기 시대의 전망, 그리고 미중 대결 관계의 화약고인 대만 문제를 살펴보고자 한다. 그리고 그같은 국제질서의 격변 상황에서 한국이 어떻게 대응해 나가야 할지 생각해볼 것이다. 국제질서의 변화를 정확하게 이해해야 한국의 지혜로운 전략 설정과 이행도 가능할 것이기 때문이다.

자유주의 국제질서는 국제정치 차원에서는 국가간 주권 평등에 기반하여 영토주권과 자결권을 존중하고, 다자주의multilateralism 원칙 준수와 국제기구의 활성화, 그리고 규범에 기반한 국제질서를 핵심 내용으로 담아왔다. 국제경제 차원에서는 시장원리에 기반한 자유로운 상품, 자본, 노동, 기술의 이동을 기본 내용으로 하는 질서였다. 또한 국내정치 차원에서는 인간의 존엄성을 전제로 하여 개인의 자유와 인권을 존중하고, 이를 제도화한 정치 제도로서 민주주의를 받아들이는 것을 기본 내용으로 했다.

최근 학계에서는 이와 같은 자유주의 국제질서의 시작을 언제부터로 보아야 할 것인가, 어떻게 도전받고 있는가, 그리고 그러한 자유주의 질서의 유지는 불가능한가 등에 대한 논쟁이 활발히 진행되어왔다. 예를 들어 시카고대학의 미어샤이머 교수는 자유주의 국제질서는 1991년 냉전 종결 이후 탈냉전 시대에 시작된 것으로 보아야 하며, 그러한 질서를 가능하게 받쳐 주었던 미국의 권력이 상대적으로 쇠퇴했기 때문에 이제 회복 불능의 지경으로 진입했다고 주장한다.[3] 그러나 프린스턴대학의 아이켄베리 교수는 미국 주도의 자유주의 국제질서는 2차 대전 종전 이후 시작되었으며 아직 쇠퇴하지 않았다고 반박한다.[4]

최근 10여 년 동안 세계 도처에서 이러한 자유주의 국제질서가 흔들리고 있는 징후가 더욱 빈번하고 확실하게 나타나고 있다. 예를 들어 2016년은 그러한 의미에서 중요한 해였다. 유럽통합은 전후 자유주의 국제정치경제 질서가 지역적 차원에서 성공적으로 이루어낸 상징적 결과물이라 말할 수 있는데, 영국이 2016년 6월 국민투표로 유럽연합 탈퇴를 결정했다. 11월에는 도널드 트럼프가 미국 대통령으로 당선되었는데 그는 자유주의 국제질서에 대해 냉소적이었다. 미국이 자유주의 국제질서를 유지하는데 리더십을 발휘하는 것을 불필요한 것으로 간주했다.

이러한 트럼프 대통령의 생각에 화답이라도 하듯이 러시아의 푸틴 대통령은 "자유주의는 쓸모없게 되었다"고 선언했다.[5] 급기야 2022년 2월 24일 유엔 안보리의 상임이사국으로 앞장서서 세계평화에 기여해야 할 국가인 러시아가 유엔 헌장에 규정된 영토주권과 자결권 존중의 원칙을 짓밟고 우크라이나를 무력 침공했다. 또한 중국은 2016년 상설중재재판소가 중국의 남중국해 영유권 주장에 대해 패소판결을 내렸음에도 불구하고 이를 무시한 채 실효적인 지배를 추진하고 있다. 이 모두가 규범에 기반한 자유주의 국제질서에 대한 심각한 도전이었다.

국제경제 차원에서도 1991년 이후 탈냉전 초기부터 거세게 몰아치던 신자유주의 세계화의 바람이 역풍을 맞고 있다. 특히 2008년 미국발 세계금융위기 이후 반세계화 경향이 강화되었다. 세계무역은 갈수록 국내정치적 관점에서 보호되고 관리되는 경향이 심화되었고 세계무역기구WTO는 무력화되었다. 이러한 경향은 트럼프 행정부 들어서서 더욱 강화되었다. 트럼프 행정부는 2017년 환태평양경제동반자협정TPP과 파리기후변화협약에서 탈퇴를 결정했고, 2018년 중국산 수입품에 고율 관세를 부과하여 중국과의 무역전쟁에 돌입했다. 그 후 2020년 이래 코로나 감염병의 창궐로 글로벌 공급망 문제가 심각해졌고, 민감한 전략산업 및 첨단산업에서 미중 간에 디커플링 현상이 진행되었다. 첨단기술 측면에서도 글로벌 차원에서의 통합은 약화되고 미중 간에 경쟁이 치열하게 진행되고 있다. 바이든 행정부는 트럼프 행정부의 대중 대결정책 기조를 물려받았을 뿐 아니라, 더욱 체계적이고 조직적으로 이행해나가고 있다.

또한 세계 각국의 국내정치를 보면 민주주의가 지속적으로 약화되고 있는 추세를 보여준다. 영국의 이코노미스트그룹 소속 EIU는 167개국의 민주주의 현황을 60개의 지표를 기준으로 조사했다. 그 조사에 의하면, 2021년 세계의 민주주의 지표는 근래 최악의 상태를 보여주었다. 10점 만점 기준으로 2020년의 5.37에서 2021년에는 5.28로 떨어졌는데 이는 2008년 세계금융위기 이후 가장 크게 떨어진 것이었고 2006년 민주주의 지표를 조사하기 시작한 이래 최악의 점수라고 밝혔다. '완전한 민주주의full democracy 국가'는 167개국 중 21개국으로 전체 국가 수의 12.6%, 전체 세계인구의 6.4%였을 뿐이고, '결함이 있는 민주주의 국가flawed democracies'는 53개국(전체 국가 중 31.7%), 전체 세계인구의 39.3%였다. 세계인구의 절반 이하가 이 두 범주의 민주주의 국가에서 살고 있는 셈이다.[6]

이러한 국제질서의 변화는 한국과 한국인들에게 심각한 영향을 미치고 있다. 한국은 영토, 시장, 인구 규모로 볼 때 상대적 소국으로 외부의 국제상황 변화에 크게 영향받아왔다. 한국은 개방적이고 자유주의적인 국제경제 질서 속에서 지난 60여 년간 경제를 성장시켜 세계 10위 경제력(2020년 기준)으로까지 도약할 수 있었다. 그리고 민주주의와 국제규범을 공유하는 한미안보동맹의 틀 안에서 우여곡절을 겪으며 민주주의도 성장시켜왔다. 그런데 그러한 것들을 가능하게 해준 자유주의 국제질서가 심각한 도전에 직면하고 있는 것이다.

예를 들어 안보는 미국에 의존하고 경제는 중국과 심화시킨다는 기존의 대외정책 프레임워크가 미중 대결의 심화로 중대한 도전에 직면하고 있다. 안보와 경제가 분리되지 않고 맞물려 돌아가는 상황에서 두 영역 모두에서 미중 사이에서 어느 한쪽을 선택하도록 몰리고 있는 것이다. 또한 러시아의 푸틴 대통령이 우크라이나 전쟁에서 핵무기를 사용할 수 있다고 말한 것에 화답이라도 하듯이 북한의 김정은 위원장도 2022년 핵 선제 사용 가능성을 법제화했다. 관리무역, 보호무역의 심화, 안보에 대한 고려가 시장 논리를 지배하고, 디커플링이 시작되고, 공급망이 정치 무기화되는 거대한 흐름이 진행되고 있다. 이러한 흐름은 자유주의 국제질서와 개방경제의 틀 안에서 세계화의 흐름을 타고 성장했던 한국에게 대외전략의 근본적 변화를 요구하고 있다. 그리고 최근 수년간, 한국의 민주주의도 퇴행하고 있는 것 아닌가 의심되는 징후들이 도처에서 감지되고 있다. 이처럼 자유주의 국제질서가 중대한 도전 앞에 흔들리고 있는 것은 한국인들에게 심각한 일이 아닐 수 없다.

2장
중국의 도전 vs. 미국의 분열과 고립주의 외교

1. 중국의 국력 상승

1972년 닉슨 대통령의 중국 방문은 국제정치의 역사에서 분수령적 사건이었다. 한국전쟁에서 적대 국가로 맞싸운 이후 미국은 중국을 국제무대에서 고립시키고 봉쇄했다. 그러나 베트남전쟁에 휘말려 어려움을 겪고 있던 닉슨 행정부는 중국과의 관계 개선이라는 결단을 내렸다. 베트남전쟁에서 철수와 함께 중국과의 관계를 개선하여 국제무대로 끌어내고, 이로써 소련을 견제하는 이이제이以夷制夷 전략을 새로운 세계 전략으로 채택한 것이다. 이러한 새 전략을 미국이 채택한 배경에는 오랫동안 중국을 포용하고 교류협력을 진행하면 공산당 지배하의 중국도 점차 서구화 및 민주화되고, 미국이 주도하는 자유주의 국제질서의 규범을 준수하는 국제사회의 충

실한 구성원이 될 것이라는 기대가 깔려 있었다.[7]

이같은 미중 간의 관계 개선은 실용주의 정치지도자 덩샤오핑에게는 중국의 경제를 발전시킬 절호의 기회를 제공했다. 서방으로부터의 안보 위협이 사라진 상황에서 이제 안심하고 경제에만 매진할 수 있었기 때문이다. '검은 고양이든 흰 고양이든 쥐만 잡으면 되는 것'이었고, 이제 이념이 아니라 실용주의가 중국의 대내외 정책 기조가 되었다. 미국이 주도해서 만든 전후 자유주의 국제질서의 틀에 편승해서 미국과 협력하고 경제를 발전시키는 것이 지상과제였다. 덩샤오핑이 후대 정치지도자들에게 '도광양회韜光養晦'라는 전략 지침을 내려준 것은 이러한 문제의식에서 출발했다. 그리고 장쩌민, 후진타오 주석은 그러한 지침을 충실히 따랐다.

중국 지도부의 그러한 전략은 적중했다. 1990년에 중국의 GDP는 미국 GDP의 6%(명목GDP 기준)에 불과했으나 2000년에는 12%, 2010년에는 41%, 그리고 2020년에는 70%까지 성장했다.[8] 2001년 11월에는 중국이 미국의 도움에 힘입어 WTO에 가입했고, 이를 계기로 막대한 해외투자를 유치하여 고속성장을 이루어냈다. 2010년에는 일본을 제치고 세계 제2위 경제로 성장했다. 그러나 이러한 성장 과정에서 중국이 WTO에 규정된 무역 규범을 제대로 지키지 않는다는 비판이 끊이지 않았다.

과거의 상승 대국들이 그러했듯이 중국은 경제력을 성장시킨 후, 그 경제력에 상응하는 군사력 증강을 추진했다. 예일대학의 폴 케네디 교수는 강대국들의 흥망성쇠 과정을 분석하면서 상승 대국은 경제력이 어느 정도 성장한 후에는 대개 군사력을 강화하여 정치적 위상을 높여왔다는 점을 지적했다.[9] 예를 들어, 1991년에 중국의 국방비는 미국의 국방비의 약 1/20수준이었으나 2020년에는 1/3수준까지 급상승했다.[10]

2. 상승 대국 중국의 도전 시작

국제정치에서 권력의 성장과 쇠퇴라는 권력 주기power cycle 개념에 주목하는 학자들은 중국의 상대적 권력의 확장이 가져올 파장에 주목했다.[11] 국제정치의 역사에서 상승 대국은 새로 상승한 경제력에 상응하는 정치적 군사적 영향력 확장을 원한다. 그러나 기존 대국은 새롭게 상승하는 대국의 정치 군사적 영향력 확장을 견제하려 한다. 그것을 용인하는 경우, 자국 스스로의 영향력이 약화될 것을 우려하기 때문이다. 그 결과 상승 대국과 기존 대국 사이에는 긴장 관계가 형성되고 이러한 긴장 관계를 외교를 통해 해소하지 못하면 1차 대전 때처럼 큰 전쟁이 발발한다.

미국이 주도해 만들고 유지해온 자유주의 국제질서의 틀 안에서 고속성장을 해온 중국도 이러한 역사적 패턴을 따라 공세적 세계 전략으로 전환하기 시작했다. 그러한 전환의 결정적 계기가 되었던 사건이 바로 2008년 세계금융위기였다. 과거의 금융위기와 달리 이 위기는 미국경제력의 상징인 뉴욕의 월가에서 시작되어 전 세계로 확산되었고 미국은 세계 최대의 채무국으로 전락했다. 2008년 9월 중국은 일본을 제치고 최대의 미국재무부증권을 보유하는 채권국이었다.[12]

중국의 정치지도자들은 미국의 그러한 무력한 모습을 목도하고 이제 중국이 국제무대에서 대국으로 나설 때가 되었다고 판단했던 것으로 보인다. 그리고 2009년 이후 중국의 대외정책은 눈에 띄게 공세적으로 바뀌었다. 이제 '도광양회韜光養晦'를 버리고 '분발유위奮發有爲', 즉 떨치고 일어나 할 바를 하는 중국을 추구하기 시작했다. 2009년 12월 초 코펜하겐에서 열린 유엔기후변화협약 당사국총회COP15 협상 과정에서 중국은 몇몇 개도국들의 수장이 되어 미국 주도의 선진국 연대에 대항했다. 그해 달라이라마의 미국 방문, 미국 정부의 대만에 대한 무기판매에 대해서도 과거와 달리 상당히 강도 높게 반발했다. 그리고 2010년경 이래 중국은 남중국해에 대한 영유권 주장을 더욱 강력하게 밀고 나갔다. 이러한 전반적인 공세적 대외정책 기조를 확인하고 더욱 분명하고 강하게 추진해 나간 사람이 시진핑 주석이었다.

3. 미국 국내정치의 혼란과 분열

중국이 이처럼 상승하는 국력을 기반으로 공세 외교로 전환해가고 있을 때 미국은 국내적으로 신자유주의 세계화의 정치적 후유증을 더욱 뚜렷하게 경험하기 시작했다. 신자유주의neo-liberalism는 1970년대의 세계경제의 대혼란기를 경험하면서, 1930년대 대공황 이래 주도적 경제 독트린으로 군림해온 케인즈주의Keynsianism를 대체하는 대안으로 등장한 새 경제 독트린이었다. 프리드리히 하이에크, 밀튼 프리드만 등의 영향을 받아 시장의 합리성을 중시하고 정부의 개입과 규제를 최소화하는 방향으로 1980년대 초부터 경제철학과 정책이 바뀌기 시작했다. 결국, 경제 전반에 대한 정부의 규제완화와 세계경제 차원에서의 통합을 추구했다. 이러한 흐름은 미국의 레이건 대통령, 영국의 대처 총리가 주도하고 서방 국가들이 따라가면서 전 세계로 확산되었다. 1991년 냉전이 종결되면서 이전 사회주의 국가들이 시장경제로 체제 전환을 함으로써 이 같은 세계화의 흐름에 편입되었다. 중국은 이 과정에서 세계의 공장 역할을 하며 급속 성장했다.

그러나 세계화의 심화와 확산은 미국 정치경제에 심각한 파급효과를 미치기 시작했다. 자동차, 철강, 가전 등 전통적 제조업 산업은 임금 경쟁력이 강한 중국이나 다른 개도국으로 주도권이 넘어가고, 미국은 금융과 첨단 IT산업 등이 주도하는 경제로 바뀌어 갔다. 특히 금융부문은 과도한 규제 완화로 제도적 허점이 드러나고 이것이 결국 2008년 금융회사 리먼 브러더스의 도산을 촉발하여 세계 금융위기의 도화선이 되었다. 한편 미국의 전통적 제조업 분야에서 생겨난 실업자들은 적절한 사회안전망의 보호나 직업 재훈련을 통한 재활의 기회를 갖지 못해 정치적 불만이 쌓여갔다. 이들의 불만을 정치적으로 활용하여 대통령에 당선된 사람이 바로 도널드 트럼프였다. 〈그림 1〉은 1980년대 초부터 신자유주의 세계화의 흐름 속에서 어떻게 미국에서 부의 분배가 악화되기 시작했는가를 여실히 드러내 준다.

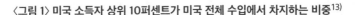

〈그림 1〉 미국 소득자 상위 10퍼센트가 미국 전체 수입에서 차지하는 비중[13]

물론 이러한 경제적 불평등의 심화가 미국 사회 및 정치 분열과 양극화를 설명하는 유일한 변수는 아니다. 그러나 경제적 불평등의 심화는 미국 사회의 이민 문제, 인종 문제 등과 중첩되어 분열을 심화시키는 구조적 동력으로 작동했다. 미국인들은 더 나아가 미국의 미래 방향을 놓고서도 갈라졌다. 중부 러스트벨트rust belt와 농촌 지역의 백인 노동자들은 반세계화, 반이민 정서가 강했고 과거 백인

이 주도하는 제조업 중심의 미국을 원했다. 그러나 동부와 서부 해안의 대도시 중심 지역들에서는 인종적 다양성을 인정하고, 세계화의 흐름이 지속되는 가운데 미국이 금융이나 IT 등 첨단산업 중심으로 나아가기를 원했다. 결국, 미국은 하나가 아닌 두 개의 미국으로 분열되었고 두 진영 간 대립은 심각한 지경에 이르렀다. 이는 2016년과 2020년 두 번의 대선 과정에서 여실히 드러났다.

예를 들어 2020년 11월의 대선 1달 전의 퓨Pew리서치에 의하면, 공화, 민주 양당의 투표등록자 10명 중 8명은 다른 정당과의 차이가 기본적으로 미국의 핵심적 가치에 관한 것이고 10명 중 9명은 다른 정당이 승리하면 미국에 지속적인 해를 끼칠 것이라고 믿었다. 미국 정부가 코로나 위기를 잘 다루었느냐는 질문에 대해서도 미국의 공화당 지지자는 76%가 잘했다고 말했고, 공화당 지지자가 아닌 그룹에서는 29%만이 잘했다고 말해 격차가 47%에 이르러 조사대상 13국 중 최고로 컸다.[14]

4. 오바마 행정부의 소극적 외교

1991년 냉전이 끝나고 클린턴, 조지 W. 부시 두 행정부 기간 동안 미국은 국제 정치무대에서 유일한 초강대국 지위를 차지하여 이른바 일극 체제 시대가 지속되었다. 과거의 적이었던 소련은 사라졌고 그 뒤를 이은 러시아는 약했으며 중국은 아직 협조적이었다.

그러나 역사상 이처럼 한 국가의 권력이 정점에 이르렀을 때, 교만hubris의 오류에 빠져 상대적 쇠퇴의 씨앗을 뿌리기 일쑤였다. 되돌아보았을 때 미국은 그러한 덫에 빠졌던 것으로 보인다.

이러한 실책은 조지 W. 부시 행정부에서 이루어졌다. 2001년 911테러가 그러한 오류에 빠질 적합한 정치적 토양을 제공했으나 그 이전부터 부시 행정부의 핵심인사들은 이른바 신보수주의Neo-conservatism적 세계관에 함몰되어 이념을 강조하고 선악의 관점에서 중요 외교 사안을 판단했다. 그 결과 이라크 전쟁과 아프가니스탄 전쟁이 시작되었다. 그리고 미국은 10여 년에 걸쳐 엄청난 경제적 비용과 인명 피해를 치루고 심각한 외교적 후유증을 겪어야만 했다. 특히 부시 행정부 말기인 2008년에 터진 대형 금융위기가 이라크 전쟁의 후유증과 겹쳐서 미국의 국력과 국제적 위상, 그리고 국민들의 심리에 큰 타격을 가했다.

그 결과 미국의 대외정책에서 고립주의적인 성향이 서서히 강화되었다. 그 이전에도 미국 외교는 베트남 전쟁과 같은 큰 전쟁을 겪은 후에는 고립주의 경향으로 선회하는 경향이 있어 왔다. 물론 오바마 대통령이 명시적으로 고립주의 외교를 표방하지는 않았다. 그러나 그의 외교는 때때로 개입이 꼭 필요한 상황에서까지 발을 빼는 경향을 보여주었다. 예를 들어, 시리아의 바샤르 알-아사드 정권이 2013년 8월 21일 구타Ghouta지역에서 화학무기를 사용했다. 오바마 행정부는 그 전에 이미 알-아사드 정권이 화학무기를 사용하는 경우 무력으로 응징할 것임을 공언했었다. 그러나 알-아사드 정부가 관여했다는 확고한 증거가 없다면서 아무런 군사행동도 취하지 않았다. 그 결과 미국 외교정책에 대한 대외적 신뢰도가 떨어졌으며, 그러한 공백에 파고들어 시리아 및 중동지역에서 더욱더 적극적으로 영향력을 확장해나간 나라가 러시아였다.

이러한 패턴은 남중국해에 대한 영유권을 주장하는 중국에 대해서도 마찬가지였다. 항행의 자유라는 명목으로 가끔 군함을 파견하곤 했지만 중국이 살라미 전술로 남중국해를 실질적으로 지배하는 조치를 취하는 데도 오바마 행정부는 단호한 의지를 보임으로써 그것을 막지 못했다. 예를 들어 미중 정상회담에서 시진핑 주석은 남중국해에 군사시설을 건설하지 않겠다고 오바마 대통령에게 약속했었다.[15] 그러나 중국이 그러한 약속을 위반했을 때 오바마 행정부는 아무런 실질적 조치도 취하지 못했다. 이러한 모습에 동남아 국가들은 실망감을 감추지 못했고 미국의 신뢰성에 대해 의심을 갖기 시작했다. 중국은 바로 그러한 허점을 파고들며 동남아시아 국가들에 대한 영향력을 서서히 강화해나갔다.

5. 트럼프 행정부의 고립주의 외교

트럼프 대통령의 당선은 예측하지 못한 일이었고 전 세계에 큰 충격을 주었다. 그러나 앞에서 설명한 대로 그러한 이단적 정치인의 당선을 위한 정치적 토양은 이미 충분히 조성되고 있었다. 그는 세계화 과정에서 소외된 계층의 분노를 적극적으로 활용해서 당선되었다. 오하이오, 펜실바니아, 위스콘신 등 과거 민주당을 지지했던 지역의 유권자들이 2016년 대선 때 트럼프 지지로 돌아선 것이 트럼프 승리의 큰 이유가 되었다. 중부 농업지대의 유권자들도 여기에 합세했다. 그리하여 반세계화, 반이민 정서는 트럼프 행정부의 정책으로 그대로 반영되었다.

예를 들어 트럼프 대통령은 미국이 자유주의 국제질서를 유지하는데 리더십을 행사하는 것에 대해 부정적이었다, 미국이 그러한 리더십을 발휘하는데 비용이 들뿐더러 미국의 동맹들은 기본적으로 무임승차하며 미국으로부터 이득을 취해 왔다는 것이다.[16] 미국이 추구해야 할 가장 중요한 목표는 오로지 미국의 '경제적 이익'이라는 것이었다. 당연히 나토 등 동맹국들과의 관계는 소원해졌다. 그리고 이전 오바마 정부가 이루어놓은 다자적 합의, 예를 들어 환태평양경제파트너십TPP, 파리기후변화협약, 이란핵협정JCPOA에서 탈퇴했다. 또한 민주주의 동맹국 지도자들보다 오히려 러시아의 푸틴, 브라질의 보우소나로, 북한의 김정은 등 권위주의 독재국 지도자들과 가깝게 지냈다.

무엇보다도 트럼프 행정부는 세계화 과정에서 불공정한 무역 및 경제 관행으로 미국의 부를 가져갔다고 생각하는 중국에 대해 강하게 나서기 시작했다. 결국 2018년 중국산 수입품에 대한 고율 관세 부과로 미중 간의 무역전쟁이 시작되었는데, 이 사건은 미국의 대중 정책이 새로운 국면에 진입하는 이정표가 되었다. 우연히도

2018년은 중국의 시진핑 주석이 헌법에서 연임제한 규정을 없애고 자신의 장기 집권의 길을 열어놓은 해이기도 했다. 이때 이후 미국은 중국에 대해 전면적 대결 전략으로 선회했다.

트럼프 행정부 4년 동안 또 한 가지 주목해야 할 중요한 점은 미국 민주주의가 흔들리는 모습을 더욱 분명히 드러냈다는 점이다. 미국은 세계에서 민주주의를 선도하는 모범국가로서의 위상을 오랫동안 점해왔다. 그러나 공화, 민주 양당 간의 갈등과 대립은 오늘날에 이르러서는 거의 접점을 형성할 수 없는 대결 상태가 되었다. 문제는 트럼프 시대에 이르러 이 현상이 더욱 심해졌을 뿐만 아니라 극단적 우익세력들의 행동도 거칠어졌다는 것이다. 결국 2021년 1월 6일 트럼프 지지자들이 의회에 난입해 폭동을 일으키는 사건이 벌어졌고 트럼프 전 대통령 자신이 이러한 폭동을 사주했다는 의혹을 받고 조사를 받고 있다.

3장
러시아의 우크라이나 침공

　이처럼 전반적으로 약화되어 가던 자유주의 국제질서에 결정적인 타격을 가한 사건이 러시아의 우크라이나 침공이었다. 푸틴 대통령은 2022년 2월 24일 전격적으로 우크라이나에 대한 군사적 공격을 감행했다. 전쟁은 1년이 지난 2023년 2월 현재 언제 끝날지 모른 채 진행되고 있고 푸틴 대통령은 암묵적으로 핵 사용까지 위협했다. 미국을 중심으로 나토 국가들은 이러한 러시아의 우크라이나 침공에 대해 단합해서 우크라이나를 지원하고 러시아에 강력한 경제제재를 가하고 있다.

　이 전쟁은 그동안 미국과 중국을 중심으로 진행되던 민주주의 대 권위주의, 규범에 기반하는 국제질서의 확립을 둘러싼 대결 구도가 인도-태평양을 넘어서서 유럽대륙과 대서양으로 확산되었음을 의미한다. 그 결과 전 세계가 이러한 양자 대결 구도에 어떤 형태로든 휘말리지 않을 수 없게 되었다. 예를 들어 아직도 본격적으로 우크라이나를 강력히 지원하는 나토나 러시아 중, 어느 한 편을 선택하지 않고 중립적 입장을 고수하고 있는 나라들이 있다. 그러나 그러한 국가들마저도 우크라이나 전쟁의 여파, 즉 에너지 가격, 식량 가격의 상승, 인플레이션, 공급망 문제 등의 영향을 받지 않을 수 없게 되었다.

우크라이나 전쟁이 갖는 또 하나의 중요한 의미는 이 전쟁이 어떻게 종결되느냐 하는 문제가 단순히 러시아-우크라이나, 러시아-나토 간의 문제로 끝나지 않고 향후 국제질서가 자유주의 국제질서를 유지하느냐, 아니면 '힘이 정의'가 되는 혼란스러운 홉스적Hobbes 세계로 진입할 것이냐 하는 것을 정하는 결정적 사건이 될 것이라는 점이다. 이는 한국처럼 대국들로 둘러싸인 특수한 지정학적 위치에서, 과거 제국주의적 힘의 논리 앞에 희생되어 35년간 고통을 받은 경험이 있는 국가에게는 대단히 중요한 함의를 갖는다.

또한 세계의 권력정치 지형의 맥락에서 볼 때, 만일 러시아가 패배하게 되면 러시아는 이전보다 훨씬 더 약화되고 실질적으로 중국의 영향권에 복속될 것이다. 그리고 중국과 러시아가 주도하는 권위주의 진영의 세력도 위축될 것이다. 그러나 반대로 러시아가 승리하는 경우, 미국과 나토, 그리고 민주주의 진영은 더욱 심각한 도전에 직면하고 국제정치에서 미국의 리더십은 추락할 것이다. 이처럼 향후 미래 국제질서에 중요한 파장을 미칠 우크라이나 전쟁의 사례를 좀더 자세히 살펴볼 필요가 있다.

1. 푸틴의 의도와 오판

푸틴 대통령은 2005년 4월 25일 러시아 의회에서의 연설을 통해 "소련의 붕괴는 20세기 최대의 지정학적 재앙이었다"고 선언했다.[17] 이 말 속에는 과거 소련 제국, 더 본질적으로는 러시아 제국의 영광을 되찾겠다는 강한 의지가 담겨있다. 그가 2022년 2월 24일 우크라이나에 대한 전면 공격을 결정하기 17년 전에 이미 그러한 결정을 잉태한 씨앗이 자라고 있었던 것이다. 러시아 제국의 영광을 되찾기 위해, 그는 2008년 조지아를, 그리고 2014년에는 크림반도를, 그리고 2022년에는 우크라이나를 침공한 것이다. 만일 그가 우크라이나 공격을 통해 원하는 소기의 목표를 달성한다면, 그는 동구권의 다음 타겟 국가를 찾아 나설 것이다.

그러한 19세기적 제국주의 사고, 자국의 세력권 확장을 위해 이웃 우크라이나의 영토주권과 자결권을 짓밟은 행위는 자유주의 국제질서에 대한 정면 도전이다. 무엇보다도 우크라이나 국민들이 러시아식 권위주의 체제가 아니라 민주주의 체제를 선택했다는 것이 사실 푸틴 대통령에게는 뼈아팠을 것이다. 그는 탈냉전 이후 동구권에 불어 닥친 민주주의를 향한 색깔혁명(2003년 조지아의 장미혁명; 2004년 우크라이나의 오렌지혁명; 2005년 키르기스스탄의 튤립혁명 등)이 급기야 러시아로까지 파급되어 자신의 권력 기반을 약화시키는 것을 막고자 했을 것이다. 결국 푸틴 대통령은 동구권의 민주주의 확산이 러시아의 권위주의 체제에 끼칠 위협을 크게 두려워했던 것으로 판단된다.

한국인의 관점에서 이러한 행위를 어떻게 판단해야 할 것인가? 첫째 한국인의 입장에서는 국제정치에서 세력권 확보를 둘러싼 경쟁, 즉 나토의 동진이 우크라이나 침공을 가져왔다는 현실주의Real-ism 논리를 수긍할 수 없을 것이다. 이것은 국제정치를 철저히 강대국 권력정치의 관점에서 보고 중견국이나 약소국들의 입지를 배제하기 때문이다. 더구나 한국인들은 그러한 힘의 논리를 앞세운 일본 제국주의의 침략에 희생되어 35년간 식민지의 고통을 받았었다. 만일 러시아 푸틴 대통령의 논리를 수긍하는 경우, 한국을 둘러싼 대국들이 미래 어느 시점에 한국을 향해 무력을 행사해 침공하는 것을 합리화해주는 것이 될 것이다. 둘째 한국은 민주주의 국가이다. 국민들이 민주주의 체제를 선택한 것이다. 만일 푸틴 대통령의 논리를 받아들인다면, 향후 어떤 주변 강대국이 한국인들의 민주주의 선택이 못마땅하다고 한국을 침공하는 경우 그것을 미리 용인해주는 것이 될 것이다. 바로 이러한 이유로 규범에 근거한 국제질서는 단순한 구호가 아니라 한국인들에게도 절박한 문제로 다가온다.

그런데 푸틴 대통령은 우크라이나 침공을 결정하는 과정에서 심각한 오판을 했다. 그는 첫째로 우크라이나 국민들의 저항 의지를 오판했다. 침공 2-3일 내에 수도 키우를 점령하고 정권을 교체해서 러시아의 세력권에 우크라이나를 편입시킬 수 있을 것이라고 생각했으나 그 예상은 틀린 것이 되었다. 젤렌스키 대통령을 중심으로 우크라이나 국민들은 강하게 단결하여 러시아군에 대항했다. 둘째, 푸틴 대통령은 유럽의 단합 의지에 대해서도 오판했다. 그는 유럽 국가들이 러시아산 에너지에 크게 의존하고 있기 때문에 강력하게 단결해서 러시아에 경제제재를 가하며 맞서지 못할 것이라고 예측했던 것으로 보인다. 그러나 유럽 국가들은 천연가스 수입중단 등 어려운 상황에서도 러시아에 대한 에너지 의존도를 낮추려고 노력하면서 강력하게 대응하고 있다. 셋째, 푸틴 대통령은 미국의 대응 의지에 대해서도 오판한 것으로 판단된다. 미국은 2014년 러시아가 크림반도를 점령했을 때 경제제재를 가하기는 했지만 강력한 것이 아니었다. 푸틴 대통령은 우크라이나 침공 때에도 과거 크림반도 침공 때의 제재 수준에 그칠 것이라고 판단한 것으로 보인다. 그러나 미국은 이제까지 외국에 대해 가했던 어떤 경제제재보다 훨씬 더 강한 최강 수준의 제재를 부과했고 강력한 첨단 무기를 대량으로 우크라이나에 지원하여 러시아군에 심각한 타격을 가하고 있다. 마지막으로 푸틴 대통령은 러시아 군대의 전쟁 수행 능력에 대해서도 과대평가했던 것으로 보인다. 전문가들은 러시아군의 사기가 대단히 낮고, 명령 지휘체계나 보급체계가 일사불란하지 않으며, 무기나 장비들이 노후화되었다고 진단한다. 특히 부대 구성원 간의 결집도가 우크라이나군에 비해 훨씬 떨어진다고 지적한다.

무엇이 푸틴 대통령으로 하여금 이와 같은 치명적인 오판을 하게 만들었을까? 그것은 모든 독재체제가 갖는 근본적 한계 때문일 것이다. 독재체제에서는 절대적인 권력자에게 정확한 상황과 정보를 보고하는 사람이 없다. 절대권력자가 듣고 좋아할 만한 말만 전하거나 아예 후환이 두려워 입을 닫는 경우가 허다하기 때문이다. 게다가 푸틴 대통령의 정신적 심리적 상태가 과연 정상적인지에 대해 의문을 품는 사람들도 있다.[18]

2. 우크라이나 전쟁의 진행

우크라이나 공격을 시도하기 전, 푸틴 대통령은 속전속결로 2~3일 내에 우크라이나의 수도 키우를 점령하여 젤렌스키 정부를 무너뜨리고 위성 정부를 세울 것을 계획했다고 알려졌다. 그러나 강력한 저항에 부딪히자 공격의 화살을 우크라이나 동부 돈바스 지역에 집중했다. 그러면서 우크라이나 남부 흑해 해안을 공격하여 점령지역을 확대해 나갔다.

터키의 저명한 러시아군사전문가 카사포글루Can Kasapoğlu는 푸틴 대통령의 전략적 의도를 다음과 같이 설명했다. 맨 먼저 헤르손, 멜리토폴, 마리우폴 지역을 점령하여 크림반도까지 연결하는 육로 회랑을 구축하고, 다음 오데사 및 남부해안을 완전히 점령하여 흑해를 내해로 만들고, 이어서 러시아 국경에서 드니퍼강까지의 동부 우크라이나 지역을 전면 장악한 뒤 우크라이나를 피폐한 내륙 완충 국가로 만든다는 것이다. 그런 다음에는 몰도바, 루마니아, 폴란드, 발트 3국을 위협하여 세력권을 확장하는 것이 전략적 목표라고 주장했다.[19]

그러나 그러한 푸틴 대통령의 전략은 현재 달성되지 못하고 있다. 동부 지역과 남부 해안을 상당히 장악했었지만 2022년 9월 이래 우크라이나군의 강력한 공격으로 상당한 점령지역을 잃었다. 11월 초 현재 러시아군 사망자 및 부상자는 10만 명으로 추산되었다.[20] 이는 러시아군의 전투 인력 충원에 상당한 문제를 초래했다.

이와 같은 난관에 봉착한 푸틴 대통령은 강수를 두기 시작했다. 그는 2022년 9월 우크라이나 동부 4지역(루한스크, 도네츠크, 자포리지아, 헤르손)을 러시아 영토로 합병하기 위해 형식적인 위장 주민투표를 치렀다. 동시에 국내적으로는 부분 동원령을 내렸다. 그동안 그는 전쟁이 가져올 수 있는 국내적 반발과 부정적 파급효과를 막기 위해 전쟁이라는 표현 대신 '특별군사작전'이라는 용어를 사용했다. 그리고 주로 러시아의 주변부 지역에서 보수를 지급하고 용병을 모집했다. 그러한 방식으로 전투 인력을 조달하는 것이 한계에 달하자 그는 부분동원령을 발동했는데 국민들의 반대 시위가 도처에서 발생했고 징집 대상자들의 해외 탈출 러시가 시작되었다.[21] 이는 푸틴 대통령이 자신의 국내정치적 지지기반 약화라는 위험을 무릅쓰고 무리한 전쟁을 계속하고 있다는 의미이다.

그러한 와중에 우크라이나군은 2022년 11월 초순에는 남부의 요충지인 헤르손시를 탈환했다. 서방 나토국가들이 제공하는 무기로 러시아군의 보급로를 차단하고 무기고, 지휘본부, 크리미아로 연결하는 2개의 교량을 원거리에서 정밀타격해서 포위된 러시아군이 자진해서 철수하도록 만들었다. 2022년 11월 중순 현재 전세는 우

크라이나군에 유리하게 진행되었다.[22]

3. 러시아의 핵무기 사용 위협

전황이 불리하게 전개되던 시점에서 푸틴 대통령은 중요한 발언을 했다. 그는 2022년 9월 21일 "러시아가 영토주권(우크라이나로부터 새로 병합한 네 지역 포함)을 위협받을 경우 '가용한 모든 수단'을 동원하겠다"면서 핵무기 사용을 위협했다. 이는 세계 군사전략 측면에서 중요한 의미가 있다. 일본 히로시마와 나가사키에 핵폭탄이 투하된 뒤 지난 77년간 한 번도 핵무기는 실제로 사용된 적이 없다. 기본적으로 핵무기는 외부의 침공을 막는 억제수단으로 간주되어 왔던 것이다. 특히 냉전기에는 상호확증파괴MAD의 위험 때문에 핵의 실제 사용은 사실상 생각할 수 없는 것이었다.

냉전이 종식된 1991년 이후에는 미국과 러시아가 핵무기에서 재래식 군사력 증강으로 전략의 중심을 이동했다. 그런데 재래식 군사력 경쟁에서 뒤지자 러시아의 불안감이 증가해온 것이 사실이었다. 그런데 푸틴 대통령이 최초로 핵을 억제 용도가 아니라 전쟁에서 실제로 사용할 가능성을 밝힌 것이다. 우크라이나 전쟁이 불리하게 돌아가자 러시아가 전술핵으로 우크라이나를 먼저 공격하면 나토 국가들이 겁을 먹고 우크라이나 지원을 멈추고 뒤로 물러설 것이라는 계산을 할 가능성이 있는 것이다. 이른바 '확전을 막기 위한 확전Escalate to De-escalate' 전술을 고려하고 있다고 볼 수 있다.

이는 미국과 나토 국가들에게 상당한 딜레마를 제기한다. 우크라이나군이 잘 싸워서 승리의 가능성이 높아지면, 역설적으로 푸틴 대통령의 핵무기 사용 가능성도 높아질 수 있기 때문이다. 그동안 미국의 바이든 대통령은 우크라이나 전쟁에서 기필코 승리하되 전쟁이 3차 대전으로 확산되는 것을 피하고자 신중하게 접근했다. 예를 들어 바이든 대통령은 우크라이나의 젤렌스키 대통령이 러시아의 공습을 피하기 위해 우크라이나 상공에 비행금지구역을 설정하자는 제안을 거부했다. 그리고 우크라이나가 요청하는 장거리 미사일, 예를 들어 에이태큼스 미사일 지원도 거부했다. 이는 나토군대가 우크라이나 전쟁에 직접 휘말려 들어가는 것을 막고자 하는 의도였다.

그러면서 바이든 행정부는 최근까지 지속적으로 러시아 측에 핵을 사용하는 경우 '파국적인 결과'가 초래될 것이라고 경고했다. 설리번 국가안보보좌관은 바이든 행정부가 러시아의 핵 위협을 '치명적으로 심각deadly serious'하게 간주하고 있다고 언급했다.[23] 러시아가 실제로 핵을 사용하는 경우, 미국과 나토가 어떻게 반응할 것이냐 하는 중요한 파급효과가 예상되고 그래서 전 세계가 주목할 것이다. 러시아의 핵 사용에 대해, 나토가 핵으로 보복하지 않고 재래식 전력으로 반격하는 경우에도, 러시아의 재반격으로 위기는 고조될 것이다. 무엇보다도 미국이 과연 동맹이 아닌 우크라이나를 위해 3차 대전, 핵전쟁의 위험을 감수할 것인가가 관건이다. 미국이

제대로 대응하지 못하는 경우, 전 세계에서 미국의 리더십은 심각하게 추락할 것이다.

그 어떤 국가들보다도 중국과 북한이 미국이 어떻게 대응하는지를 깊이 관찰할 것이다. 중국은 향후 대만을 무력으로 통일하려 시도하는 경우, 미국이 어떻게 대응하고 나올 것인가를 예측하는데, 우크라이나 사례가 중요한 시사점을 줄 것이라고 생각할 것이다. 북한의 경우도 미국의 러시아 핵 위협에 대응하는 방식이 북한의 핵 군사전략에 중요한 영향을 미칠 것이다. 북한의 김정은 위원장은 먼저 우크라이나가 핵 보유를 포기했기 때문에 러시아의 공격을 당했다고 생각할 것이다. 그리고 만일 나토가 제대로 대응하지 못하고 러시아가 전쟁에서 핵 사용으로 소기의 목적을 달성하게 된다면 북한의 김정은 위원장은 자신의 핵 개발 전략이 맞았다고 더 확신하게 될 것이다. 북한은 핵미사일 능력의 고도화로 더욱 자신감을 가진 상황에서 앞으로 더욱더 도발적으로 핵 및 재래식 군사위협을 고조시킬 가능성이 높아질 것이다.

4. 버티기 싸움

우크라이나 전쟁의 결과는 결국 나토를 비롯한 유럽 국가들이 러시아가 가하고 있는 에너지 공급의 무기화로 인한 어려움을 얼마나 잘 버텨낼 것이냐, 그리고 러시아는 서방세계가 가하고 있는 강력한 경제제재를 어떻게 견디어 낼 것이냐의 버티기 싸움에 크게 좌우될 것이다.

러시아의 경우 경제제재가 심각한 타격을 주고 있다. 에너지 가격의 상승으로 러시아의 외환보유고가 증가했지만 제재 때문에 외환을 사용해서 필요한 소재, 부품, 기술을 도입할 수 없는 상황이다. 예를 들어 반도체를 비롯한 하이테크 분야 물자를 수입할 수가 없어, 제조업 분야의 공장 작동이나 탱크 및 유도미사일 무기 등을 생산하는데 큰 차질이 발생하고 있다. 러시아에 투자했던 서방 기업들까지 대거 철수하여 일자리가 줄어들고 심각한 경제난을 겪고 있다.

유럽의 나토 국가들은 러시아산 가스 공급의 감소 및 중단으로 에너지난을 겪으면서 상당한 어려움을 겪고 있다. 그러한 어려운 상황이 올 것임을 예측하면서도 독일 국민들의 70%는 우크라이나에 대한 계속적인 지원을 지지했고[24] 세계적으로 50개 이상의 국가들이 우크라이나를 지원하고 있다.[25] 이처럼 양측 모두 어려움을 겪고 있지만, 전반적으로 나토와 유럽 국가들이 러시아보다 상대적으로 유리한 국면에 있는 것으로 보인다. 2022년 EU의 실질 GDP는 3.3% 성장할 것으로 추정되는데 비해,[26] 러시아 정부 통계기관인 Rosstat는 2022년 8-10월 3개월 동안 러시아 경제가 전년 동기 대비 4% 감소했다고 발표했다. 이는 2022년 5-7월 3개월간에도 전년 동기 대비 4.1% 감소한데 이어 경제의 연속적인 마이너스 성장을 기록한 것이다.[27]

5. 중러 관계

시진핑 치하의 중국과 푸틴 치하의 러시아는 모두 권위주의 정치 체제의 국가다. 그리고 국제정치 무대에서 미국의 영향력과 패권적 지위를 약화시키고 다극 체제로 나아간다는 전략적 목표를 공유한다. 러시아의 푸틴 대통령은 2000년대 후반 이후, 그리고 중국의 시진핑 주석은 2012년 말 집권 이후 그러한 목표를 부단히 추구해왔다. 특히 중국은 강력한 경제력을 바탕으로 유럽 국가들과 교류협력을 강화함으로써 유럽을 미국의 영향권으로부터 떼어내기 위해 노력했다. 그러한 중국에게 러시아는 반미연대의 최대 우방이자 미국의 군사 전략적 초점을 중국으로부터 분산시킬 수 있는 도구이며 에너지 자원의 공급자이고 서방의 인권과 민주주의의 이념적 압박에 공동으로 대응할 파트너이기도 하다.

양국은 공유하는 전략적 목표를 달성하기 위해 상호 협력을 강화했다. 러시아의 우크라이나 침공 20일 전인, 2022년 2월 4일에 시진핑 주석과 푸틴 대통령은 베이징에서 정상회담을 갖고 "중러협력에는 제한이 없다"고 발표하면서 전면적 협력 의지를 다졌다.[28] 중국 당국자들은 나토의 동진이 문제의 근원이었다는 푸틴의 주장을 지지하고 러시아의 의사를 반영해서 우크라이나 상황을 '전쟁'으로 부르기를 피해왔다.

푸틴 대통령은 우크라이나 침공 이후 중국의 지원을 원했다. 그러나 중국의 입장에서는 만일 중국이 적극적으로 나서서 러시아를 지원하게 되면 그동안 공을 들여온 유럽이 중국으로부터 멀어지고 다시 미국과의 단합을 강화하는 결과를 초래하게 될 것을 우려한다. 유럽이 중국에서 멀어지는 것은 중국의 기존 세계 전략에 배치된다. 그러나 만일 중국이 우크라이나 전쟁으로 어려움을 겪고 있는 러시아를 내몰라라 하고 방치하면 중국에 대한 러시아의 신뢰와 함께 중러 관계도 약화될 것이다. 중국은 또한 러시아가 패전하여 푸틴의 권위주의 체제가 무너짐으로써 반민주주의, 반미국 연대가 약화되는 것도 원하지 않을 것이다. 이 같은 딜레마를 인식하고 중국은 친러 중립적 입장으로 균형을 잡으면서 소극적으로 러시아를 지원해오고 있다.

그러나 최근 러시아가 우크라이나 전쟁에서 고전을 면치 못하면서 중국의 러시아에 대한 정책이 다소 미묘하면서도 의미있는 변화 징후가 감지되고 있다는 지적도 있다. 예를 들어 시진핑 주석은 2022년 3월 8일 독일과 프랑스 정상들과 비대면 회담을 가졌는데, 사전에 중국이 핵무기 사용을 반대한다는 입장을 발표해달라는 요청을 거부했었다. 그러나 11월 숄츠 독일 총리와의 정상회담에서 그리고 바이든 미국 대통령과의 정상회담에서 '우크라이나에서의 핵무기 사용이나 핵 위협에 반대'하는 것에 합의했다는 것이다. 이는 중국이 러시아에 대해 과거보다 다소 거리를 두는 태도라는 것이다.[29]

4장
시진핑 시대의 미중 관계

1. 시진핑 1, 2기의 중국몽中國夢 외교

앞에서 설명했듯이 역사적으로 경제력이 상승하는 대국은 이어서 군사력과 정치적 영향력의 확장을 추구해왔다. 연평균 10% 수준의 성장을 30년 가까이 지속해온 상승 대국 중국의 경우도 예외가 아니었다. 시진핑 주석은 2012년 11월 18차 당대회에서 총서기로 취임하면서 '중국몽中國夢(중국의 꿈)'을 국가목표로 설정했다. 중국 공산당의 주도 아래 '중국 특색의 사회주의'를 통하여 '중국 민족의 대부흥'을 달성하겠다는 것이다. 내부적으로는 당 창건 100주년이 되는 2021년까지 '소강사회'를 만들고, 중화인민공화국 창건 100주년이 되는 2049년까지 '부강한 사회주의 국가'를 만들겠다는 것이다.

외교전략 측면에서 중국몽은 2008년 세계금융위기 이후 '분발유위奮發有爲'라는 공세적 방향으로 돌아선 중국 외교의 기조를 더욱 강화하는 전략이었다. 물론 중국 지도자들은 한편으로는 중국몽을 달성하기 위해 대외적으로 평화와 안정된 외교 관계를 추구하겠다고 발표했다. 그런 맥락에서 한때 미국과의 관계에서 '신형대국관계'를 주장했다.30) 이는 중국이 미국과 동등한 대국의 위치를 인정받고 중국이 주장하는 핵심이익을 확보하면서 미중 관계를 윈-윈 게임으로 만들겠다는 것이었다. 그러나 미국은 중국이 주장하는 '핵심이익'이라는 개념의 뒤에 숨겨진 중국의 의도를 의심해서 소극적으로 반응했다.

그렇지만 중국의 지도자들은 중국의 의도대로 세계질서를 형성해나가겠다는 의지를 분명히 했다. 시진핑 주석은 BRICS 언론기자단과의 인터뷰에서 이렇게 말했다.

"중국 민족은 애국적이다. 그러나 우리 민족은 동시에 전 세계적 비전과 국제적 시야를 가지고 있는 사람들이다. 중국의 힘이 성장함에 따라 중국의 능력 범위 안에서 중국은 더 많은 국제적 책임과 의무를 담당하고 세계평화와 발전이라는 고귀한 명분을 위해 더 많은 기여를 할 것이다."31)

시진핑 주석은 2014년 11월 중국 공산당 중앙 4차 외사공작영도소조 회의에서 야심적이고 장기적이고 더욱 전략적인 대외정책 방향을 천명함으로써 '도광양회'라는 종래의 대외전략지침과는 확연히 다른 방향으로 갈 것임을 분명히 했다. 중국은 아직도 개도국이지만, 이제 국제질서 안에서 대국으로서의 외교정책을 수행할 수 있을 정도의 힘과 영향력을 갖게 되었다는 것이다.[32] 이는 후진타오 주석이 중국의 대외정책에서 조화harmony를 강조한 것과 비교해 볼 때 근본적인 변화였다.[33]

이 같은 시진핑 외교전략의 기조는 구체적으로 일대일로─帶─路의 추진으로 나타났다. 시진핑 주석은 2013년 9월 카자흐스탄에서 열린 회의에서 '실크로드 경제벨트', 10월 인도네시아 방문시 '해상 실크로드'라는 개념을 내놓았고, 2014년 5월 상하이에서 개최된 아시아교류및신뢰구축회의CICA에서 처음으로 '일대일로'라는 개념을 발표했다. 이는 육상으로 유라시아 대륙, 즉 중앙아시아, 러시아, 유럽대륙을 연결하고 해상으로도 동남아, 남아시아, 중동 및 동아프리카와 유럽을 연결시켜 대규모 경제협력 네트워크를 구축하겠다는 프로젝트였다. 일대일로의 재원조달을 돕기 위한 다자 국제금융기구도 창설했는데 그것이 아시아인프라개발은행AIIB이었다. 2021년 12월 현재 일대일로에 참여하고 있는 국가는 145개국에 이르렀다.[34] 일대일로 프로젝트는 단순한 경제협력 프로젝트가 아니라 유라시아 대륙을 중국 중심으로 통합해내고자 하는 시진핑 1, 2기의 대전략이라고 말할 수 있다.

이처럼 서쪽에서 일대일로를 추진하는 한편, 동쪽인 아시아태평양 지역에서도 세력권 확대를 추구했다. 무엇보다 중국은 태평양으로의 진출을 본격적으로 시도하기 시작했다. 시진핑 주석은 부주석 때를 포함하여 수차례에 걸쳐 "태평양은 넓어서 미국과 중국 두 국가를 다 품어 안을 수 있다"라고 언급했다.[35] 이는 그동안 실질적으로 미 해군이 지배적인 위치를 차지해왔던 태평양에 본격적으로 중국 해군을 진출시키고 세력을 확장하겠다는 의지를 드러낸 것이다. 그러한 태평양 진출의 발판을 마련하기 위해 남중국해에 대한 영유권을 주장하기 시작했다. 이로써 남중국해를 둘러싸고 중국과 분쟁 중에 있는 필리핀, 베트남, 말레이시아 등과 항행의 자유라는 국제법 원칙을 주장하며 이들 국가들을 지원하고 있는 미국이 상호 협력하면서 중국과 대치하고 있는 국면이 지속되고 있다.

시진핑 치하 중국은 또한 아시아대륙에서의 지역 패권적 위치를 다지기 위해 아세안을 비롯한 주변국 외교를 강화했다. 아세안은 북쪽 대륙에 위치하고 있는 캄보디아, 라오스, 미얀마 등 국가들이 중국의 영향권 안에 포섭되거나 친중 성향을 보임으로써 내부 응집력이 약화되고 미중 사이에서 독자적인 통일된 목소리를 내는 것이 힘들어졌다. 또한 중국 해군은 빈번하게 인도양으로 진출하고 전략적 요충지인 아프리카의 지부티에 군사기지를 건설함으로써 인도양을 둘러싸고 중국-인도 간의 전략적 경쟁 관계가 심화하고 있다. 양국 관계는 2020년 라다크 갈완 지역의 국경지대에서 발생한 분쟁으로 인해 악화되었다.

중국은 미국의 영향력에 대항하기 위해 다자외교에도 힘을 기울였다. 먼저 국제기구에서의 영향력 확장에 큰 진전을 거두었다. 특히 미국의 트럼프 행정부가 다자협력과 국제기구를 경시할 때 치밀하게 유엔 등 국제기구 외교를 활발하게 펼쳤다. 그 결과 2020년 현재 중국은 유엔 산하 국제기구 15개 중 4개의 수장을 맡게 되었다. 또한 중국은 미국외교의 텃밭이라고 말할 수 있는 중남미 지역 국가들, 그리고 중동과 아프리카에서 활발한 경제외교를 펼치면서 영향력을 확장했고 미국과 부딪혔다. 2021년 현재 중국의 일대일로 프로젝트에 참여하는 아프리카 국가들만 보면 46개국이 참여하고 있고 여기에 해당되는 인구는 10억, 지구 육지 면적의 20%를 차지하고 있다.[36] 또한 상하이협력기구SCO, BRICS라는 두 다자협력 메커니즘을 강화하고 참여국들과 관계를 긴밀하게 하면서 미국 중심의 민주주의 국가들 간 다자 네트워크에 대치하고 있다.

시진핑 치하의 중국 외교에서 특이한 점은 자신감이다. 예를 들어 중국은 자국의 의도에 반하는 타국의 외교적 행동에 대해 강하게 경제제재를 가해왔다. 2010년 이래 중국은 최소한 9번에 걸쳐 다른 국가들에게 경제제재를 가하면서 영향력을 행사했다.[37] 대표적인 사례 중 하나가 2017년 한국 정부가 미군의 사드미사일 배치를 허락했을 때 그에 대한 경제제재였다. 이러한 제재를 통해 상대 국가들이 중국의 의도대로 따르도록 압력을 행사해왔다. 더 나아가 중국의 외교관들을 통해 공격적이고 위협적인 언어로 상대국에 메시지를 전하는 이른바 전랑戰狼외교도 빈번하게 전개했다.

2. 오바마, 트럼프의 대중국 외교

2008년 세계금융위기 이후 공세적으로 변한 중국의 외교와 영향력 확장에 대해 오바마 대통령은 재균형Rebalancing 전략으로 대응했다. 그는 종래 미국이 유럽과 중동에 치중해왔던 것에 비해 새롭게 아시아태평양 지역의 중요성을 인식하고 미국 외교전략의 우선순위와 군사적 자산의 배치 등을 아시아태평양 지역으로 이전시키고자 했다. 그는 호주를 방문했을 때 호주 의회 연설에서 다음과 같이 밝혔다.

"대통령으로서 본인은 다음과 같은 신중한 전략적 결정을 내렸습니다.—미국은 태평양국가로서 이 지역과 이 지역의 미래를 형성해나가는 데 있어서 핵심적인 원칙들을 지키고 미국의 동맹국 및 우방들과의 긴밀한 파트너십을 유지해감으로써 더욱 광범하고 장기적인 역할을 담당할 것입니다."[38]

오바마 대통령은 기본적으로 일본, 한국, 호주, 필리핀 등 동맹과의 관계를 중시하고 베트남, 싱가포르, 말레이시아, 인도 등과 파트너십을 강화하는 데 주력했다. 특히 탈냉전시대 초입이었던 1990년 초반에 클린턴 행정부가 냉전이 끝났음에도 불구하고 일본과의 동맹을 유지 강화하는 전략으로 중국을 포용하면서 동시에 헤징hedging하기로 했던 전략을 이어받았다.[39] 여기에서 더 나아가 경제 분야에서는 2015년 10월 환태평양경제동반자협정TPP을 체결하여 아시아태평양 지역 국가 12개국을 묶어 지역경제통합을 추진했다.

이처럼 미중 간의 전략적 대치 국면이 서서히 분명해지는 과정 속에서도 오바마 행정부가 종료될 때까지는 미중 간에 정기적 대화 채널을 활용하여 양국 간 현안 문제들을 풀어나가려는 노력이 지속되었다. 예를 들어 2013년 6월 양국 정상회담이 있었고 7월에는 이에 대한 후속 실무협의를 5차 미중전략및경제대화Strategic and Economic Dialogue를 통해 가졌다. 양국 현안 문제에 대해 91개 항목의 합의를 만들어냈지만 이것이 양국 간 기본적인 불신을 해소하지는 못했다. 2015년 6월의 7차 미중전략및경제대화에서도 총 127개 항의 합의가 이루어졌지만 별로 중요한 실질적 진전은 이루어지지 않았다.[40] 그럼에도 불구하고 대중국 포용전략의 기조는 유지되었다.

미국의 대중국 전략이 결정적으로 질적 대전환을 경험하게 된 것은 2017년 트럼프 행정부가 출범하면서부터였다. 트럼프 대통령은 당선자 신분으로 2016년 12월 초 차이잉원 대만 총통과 직접 전화 통화를 가졌는데, 이는 1979년 미중 수교 이후 처음 있는 일이었다. 이로써 캠페인 때의 중국에 대한 강성 비판 기조가 당선 이후에는 약화될 것이라는 기대는 무너졌다. 트럼프-차이잉원 통화는 트럼프 행정부 4년간의 대중국 대결 기조의 예고편인 셈이었다.

2017년 백악관이 발간한 국가안보전략National Security Strategy보고서는 중국을 본격적인 경쟁국이자 미국의 안보에 도전하는 도전국, 그리고 국제질서를 바꾸고 전 지구적으로 영향력을 확대하려는 수정주의 세력으로 규정했다.[41] 이 보고서에서 설명하고 있는 '자유롭고 개방된 인도태평양'은 2018년 초 이후 트럼프 행정부의 대중 견제전략의 기본적인 개념으로 자리 잡았다.

2018년에는 중국 수입품에 대해 고율 관세를 부과해서 중국과의 무역전쟁이 시작되었다. 트럼프 대통령은 대선 캠페인 과정에서 중국이 미국의 제조업 약화의 원인이라면서 불공정 무역관행을 비판하고 미중 경제관계를 미국에 유리하도록 바꾸겠다고 약속한 바가 있었다.[42] 트럼프 행정부의 4차에 걸친 관세부과로 중국산 제품에 대한 평균 관세율은 2018년 3.1%에서 2020년 21%까지 상승했다.[43]

2020년 1월에는 수년간의 협상 끝에 '1단계 무역협정'이 타결되어 미중 관계가 호전되지 않을까 하는 기대가 있었다. 그러나 트럼프 대통령은 코로나 팬데믹이 전 세계로 확산되고 미국도 큰 어려움을 겪게 되자 중국을 집중 비판했고 미중 관계는 계속 악화되었다. 트럼프 대통령은 2020년에 모든 정부 부처가 중국에 대해 전면적인 공격적 조치들을 취하도록 했는데, 그 결과 최소한 10개 정부 부처가 210개의 중국 관련 조치들을 취했다.[44] 이는 미국이 수십 년에 걸쳐 중국을 자유주의 질서로 끌어안으려 했던 노력과 그에 기반했던 '미중 관계를 망치로 내려친 것'이나 다름없었다.[45]

트럼프 행정부의 대중국 대결 전략은 기본적으로 미국우선주의와 고립주의적 외교정책의 철학 위에서 형성되었다. 따라서 중국에 대한 압박은 동맹이나 미국에 우호적인 국가들과의 연대가 없이 철저히 미국 단독의 일방적인 압박에 의존했다.

3. 바이든의 체계적인 대중국 대결외교

바이든 행정부도 트럼프 행정부의 대중 대결전략의 기조를 계승했다. 이제 더 이상 중국을 포용을 통해 변화시키려는 것이 아니라 중국을 때리고 압박하겠다는 점에서 기본 방향이 동일하다고 말할수 있다.[46] 그러나 방법론적 관점에서 볼 때 바이든 행정부의 대중국 정책은 트럼프 행정부의 정책보다 훨씬 더 전략적이고 체계적이다.

블링켄 국무장관은 2022년 5월 행한 연설에서 미국의 대중국 전략을 '투자하고, 연합하고, 경쟁하는 것invest, align, and compete'이라고 설명했다. 먼저 미국 국내에 투자를 강화하여 미국의 국력을 키우고, 해외의 동맹 및 우호 국가들과 연합하여 중국과 경쟁하겠다는 것이다.[47] 여기에서 바이든 행정부와 트럼프 행정부 간에 대중국 정책의 근본적인 차이가 드러난다. 바이든 행정부는 트럼프 행정부가 고립주의 성향 때문에 하지 못했던 방식, 즉 국제적 연대를 형성해 중국을 압박하는 전략을 추구하고 있는 것이다. 미국이 중국에 대해 가지고 있는 가장 중요한 강점이 바로 수많은 국가들과 맺고 있는 동맹 네트워크라는 것을 바이든 팀은 인식하고 그것을 최대한 적극적이고 효율적으로 활용하려는 것이다. 물론 이 과정에서 바이든 대통령은 동맹국들과의 관계를 강화하고 안보에 대한 공약 실행을 보장해 동맹국들의 우려를 불식시키려 노력하고 있다.

이러한 국제적 연대를 추구하는 중심 전략이 인도태평양 전략이다. 인도태평양 전략의 핵심 메커니즘은 미국, 일본, 호주, 인도를 연결하는 쿼드QUAD라고 말할 수 있다. 쿼드는 트럼프 행정부 때는 대중국 군사연합체의 성격이 강했다. 그러나 바이든 행정부는 이러한 군사적 측면을 약화시키고 인도태평양 지역에서의 기후변화, 팬데믹 문제 등과 관련하여 국제적 공공재 제공을 위한 협력연대의 성격을 강화하여 인도태평양 지역의 다른 국가들의 협조를 유도했다. 미국은 쿼드에 그치지 않고 더 많은 다양한 소다자네트워크들을 만들었고 이들을 중국에 대결하는 수단으로 사용하고 있다. 먼저 군사적 측면에서 미국, 호주, 영국을 묶는 AUKUS가 있다. 2022년 호주의 핵추진 잠수함 건설 프로젝트에 대한 미국의 지원과 함께 태평양에서 증가하는 중국의 영향력에 대한 견제가 목표였다. 바이든 행정부는 트럼프 행정부와 달리, 동맹인 한국과 일본에 대한 공약을 강화하면서 한일 간의 관계 개선과 한미일 3각 협력체제를 공고히 하기 위해 외교적 노력을 기울였다.

바이든 행정부는 우크라이나 전쟁 시작 이후 인도태평양 지역과 나토와의 연계를 강화하고 있다. 예를 들어 2022년 7월 스페인 마드리드에서 열린 나토 정상회담에 인도태평양 지역의 아시아태평양 4국(Asia-Pacific 4, 한국, 일본, 호주, 뉴질랜드) 정상이 초대되었다. 나토의 향후 10년 간의 초점은 '가장 직접적인 위협most direct threat'인 러시아가 되겠지만 '체제적인 도전systemic challenge'인 중국 문제에도 관여하겠다는 것이다.[48] 러시아의 우크라이나 침공에도 불구하고 중러 관계를 긴밀한 준동맹 관계로 가져가고 지난 수년간 아시아와 유럽에서 합동훈련을 해온 중국과 러시아에 대해 아시아와 유럽이 함께 연대하는 것이 중요하다는 문제의식이 깔려있다.[49]

이러한 다자네트워크 형성을 통한 국제적 연대의 추구는 경제적 차원에서도 진행되었다. 예를 들어, 과거 미국이 탈퇴한 환태평양 경제파트너십협정TPP을 대신할 새로운 협력 메커니즘을 구축했는데 그것이 인도태평양경제프레임워크IPEF이다. 중국을 압박하는데 아태지역국가들과 함께 연대해서 공동 행동을 하는 것을 의도하고 있다. 최근에는 앞으로 가장 중요한 전략산업인 반도체 산업 분야에서 미국, 일본, 대만, 한국 4국 간에 협력하는 것을 목표로 반도체동맹Chip 4을 추진하고 있다. 이처럼 바이든 행정부의 대중 대결전략은, 지역별, 분야별로 통합적이고 다차원적이다.

4. 시진핑 3기 시대의 전망

앞에서 설명한 대로 미국 내에서는 민주당과 공화당이 상호 경쟁하듯 중국 때리기를 하고 있다. 이 상황에서 키신저나 와이스와[50] 같은 온건론자의 목소리는 바이든 행정부의 대중국 정책 결정에 별로 반영되지 않고 있다. 이러한 추세가 시진핑 3기 내에 바뀔 전망은 별로 보이지 않는다. 외교, 군사, 경제, 기술, 이념 5개 분야에서 미중 간에 진행되고 있는 경쟁과 대결이 완화되고 협력이 모색될 가능성도 별로 보이지 않는다.

예를 들어 외교 분야에서는 일대일로 대 인도태평양 전략의 대결 구도가 시진핑 3기에도 지속될 것이다. 미국은 최근 중러 간의 협력 강화에 대해 인도태평양과 나토, 즉 유럽 지역 간의 연대를 더욱 강화해감으로써 대응할 전망이다. 군사 분야에서도 대만 문제와 관련하여 미국의 정치지도자들은 강경하게 대응하고 있고 이것이 바뀔 전망은 당분간 보이지 않는다. 미국은 중국, 러시아 등 외부의 적에 대해 더욱 효율적으로 대처하기 위해 통합억제integrated deterrence의 방향으로 군사전략을 업그레이드하고 있다.[51] 경제 분야에서도 미국 기업들이 중국을 떠나 미국에 되돌아오는 리쇼어링 추세가 강화되고, 인도태평양경제프레임워크IPEF와 같은 대중 견제 정책을 본격화하고 있다. 기술 분야에서는 반도체, AI, 배터리, 자동차 등 전략산업 분야에서 중국 봉쇄 및 압박을 동맹 및 파트너들과 함께 추진하고 있다. 특히 우려스러운 것은 이념 분야에서의 대결, 즉 민주주의 대 권위주의라는 대결 구도가 갈수록 강화되고 있다는 점이다. 미중 관계에서 이념적 대결 구도가 강화되면 선과 악의 관점에서 상대 국가를 파악하기 때문에 전반적 양국 관계를 실용적 관점에서 유연하게 풀어내기가 힘들어지고 더욱 경직된 방향으로 몰고 갈 수 있기 때문이다.

중국 내부의 사정도 비슷하다. 미중 간의 협력보다는 공세적 대결 의지가 더욱 강하고 이것은 시진핑 3기 동안의 미중 관계가 더욱 어려워질 것을 의미한다. 2022년 10월 중국 공산당 20차 대회의 결과도 그 같은 방향을 가리키고 있다. 시진핑 주석의 개회식 보고가 그러한 내용을 담고 있다. 먼저 외교, 안보, 국방 관련해서 시진핑 주석은 다음 사항들을 언급했다.

첫째 시진핑 주석은 안보라는 말을 70여 번 반복했는데 이는 미국과의 전략 경쟁을 지속할 것임을 의미한다. 이를 위해 미국 주도 국제질서를 약화시키고 중국의 대외적 영향력을 확대하는 외교를 펼쳐나갈 것이다. 세계 저개발 국가들과의 관계 강화를 언급한 것도 미국 주도 국제질서의 기반을 약화하면서 중국의 영향력을 국제사회 저변으로부터 확산시키겠다는 의지를 드러낸다. 군사 분야와 관련해서 "우리는 군사훈련, 전쟁 준비태세를 총체적으로 강화할 필요가 있고, 국방기술을 업그레이드해서 중국 군대가 승리할 수 있는 능력을 개선해야" 한다고 말했다. 이러한 발언들은 시진핑 주석이 기존의 적극적 공세 외교를 지속해나갈 것임을 시사하고 있다.

둘째로 대만과 관련해서는 "대만은 중국의 문제이고 중국인에 의해 해결되어야 하고… 진심과 최선을 다해 평화통일을 이루기 위해 노력할 것이며… 그러나 무력사용을 포기한다고 약속하지 않을 것이고… 모든 필요한 조치를 취할 것"이라고 발언했다. 이처럼 대만의 무력통일 가능성을 배제하지 않은 것은 향후 대만 문제가 미중 간의 최대 외교 안보 군사 현안으로 남게 될 것임을 의미한다. 그리고 시진핑 3기 동안 대만의 무력통일에 대비한 군사력 및 전투태세 강화 노력이 지속될 것이고 대만 무력통일 시도와 이로 인한 미중 간 군사적 충돌 가능성이 상당히 존재할 것이다. 중국의 대만에 대한 무력통일 시도는 지금의 우크라이나 전쟁이 그러하듯 국제질서에서 미국의 리더십이 시험받는 결정적 계기가 될 것이고 한국 및 일본을 포함한 동아시아 국제질서에도 심각한 파장을 불러 올 것이다.

셋째, 시진핑 주석은 홍콩 문제에 대해 국가안전법의 시행으로 혼란에서 질서를 되찾았다고 발언했는데 이는 서방세계의 인권, 정치적 자유 및 규범 기반 국제질서 주장과 이를 홍콩 등 중국에 적용하려 압박하는 것에 대해 강하게 대응하고 나올 것이며, 앞으로도 중국식 권위주의 모델을 강화해 나갈 것임을 의미한다. 이는 민주주의 가치 및 자유주의 국제질서를 중시하는 미국의 바이든 행정부와 계속 부딪치게 될 것임을 시사한다. 즉 이념적 차원에서의 미중 갈등은 지속될 것이며, 이는 시진핑 3기 동안에도 미중 관계를 더욱 경직시키고 근본적으로 화해 국면으로 진입하기 힘들게 만들 것이다.

넷째로 경제 분야와 관련해서 시진핑 주석은 시진핑 1, 2기 때에 시장의 역할을 줄이고 국가의 역할을 강화하는 방향으로 선회했다. 생산성이 높은 민간기업들보다는 국유기업을 중시하고 지원을 증가시켰다. 이러한 정책은 3기에도 지속될 것이다. 그는 당대회 보고에서 공급망 문제와 관련하여 '중국의 공급망이 더욱 자립적이고 자결적이 되어야' 한다면서 기존의 쌍순환 전략과 국내 소비, 그리고 중국의 자체적 기술 발전을 중시했다. 이제 미중 간의 긴밀한 경제적 상호의존 속에서 중국경제발전을 추구하기보다는 자립적이고 독자적인 방식으로 경제를 운용하는데 중점을 두겠다는 것이다. 이처럼 미중 간의 경제 분야에서의 대결과 대립 구도는 3기에서도 지속될 가능성이 높다. 시진핑 주석의 보고에서 안보, 인민, 사회주의, 군사, 현대화, 발전, 안전, 투쟁 등의 단어는 자주 보이는데 시장이라는 단어는 거의 보이지 않는다.

시진핑 주석은 지난 1기, 2기 10년간 중국 정치, 외교, 경제 세 가지 분야에서 근본적인 변화를 가져 왔다. 이러한 변화는 시진핑 3기의 앞길을 예측하는데 중요한 변수가 될 것이다. 첫째 정치권력 구조 면에서 집단지도체제를 폐기하고 일인 지배체제를 수립했다. 마오쩌둥 시대의 내부적 혼란을 경험한 덩샤오핑이 그러한 일들이 반복되지 않도록 하기 위해 만든 것이 집단지도체제였다. 내부적 논의 과정을 통해 일인 독주로 인한 부작용을 막자는 것이었다. 그런데 그 집단지도체제를 폐기하고 시진핑 일인 지배체제를 강화했다. 예를 들어 새로 임명된 정치국 상무위원 6명 모두가 시진핑 주석의 최측근들이었다. 이는 최고 정책 결정 과정에서 견제와 균형의 메커니즘이 약화되었다는 것을 의미한다. 마치 푸틴 대통령의 독재체제가 우크라이나 침공 결정 과정에서 여러 가지 오판의 원인이 되었던 것처럼 중국의 최고지도자도 오판과 잘못된 결정을 내리게 될 가능성이 커진 것이다. 시진핑 3기 동안 국내 정책이나 외교와 관련하여 정책 결정이 잘못된 방향으로 갈 확률이 높아졌다고 볼 수 있다.

둘째로 시진핑 주석은 중국몽을 내세우며 도광양회 전략을 버리고 중국 외교를 공세적인 방향으로 전환시켰다. 이로써 이른바 패권경쟁과 거기에 따르는 리스크들을 시간적으로 더욱 앞당기는 상황이 되어버렸다. 그 결과 앞에서 살펴보았듯이 미중 관계와 국제정치 전반의 방향을 대결과 경쟁의 방향으로 바꾸어 버렸다. 시진핑 주석의 권력 집중을 고려할 때 미중 대결이 초래할 위험이 3기에는 더 커질 것이다. 물론 시진핑 주석이 국내의 수많은 도전과제들을 해결해야 되는 상황에 처해 있기 때문에 숨쉴 공간이 필요하고 그래서 대미 관계에서 안전한 방향으로 신중하게 대처하여 미중 간의 긴장을 낮추려 할 것이라는 다소 낙관적 견해도 존재한다.[52]

예를 들어 2022년 11월 발리에서의 미중 정상회담에서 양 정상이 정례적 소통 채널의 중요성에 합의하고 그러한 맥락에서 양국 외교장관이 2023년 초에 만나기로 합의한 것은 바람직하다. 바이든 대통령은 정상회담에서 신냉전을 원치 않고, 중국과 경쟁은 계속할 것이나 그것이 충돌로 비화되어서는 안되며, 미국의 '하나의 중국' 정책은 변하지 않았다고 말했다. 그리고 양국 정상은 우크라이나에서의 핵 사용이나 핵 사용 위협에 반대하는 것에도 합의했다.[53] 이러한 소통과 합의는 미중 관계가 더욱 악화되는 것에 제동을 거는 데 도움이 될 것이다. 그러나 이같은 미중 정상회담의 긍정적인 톤에도 불구하고 미중 관계는 경제, 군사, 이념, 기술 등 전반적인 분야에서 이미 구조적으로 대결 구도가 확고하게 자리 잡았다. 그 때문에, 갈등과 긴장이 위험한 수위로 치닫지 않게 관리하는 차원에서 의미가 있을 뿐, 미중 관계를 2018년 이전의 포용과 협력 기조로 되돌리기는 힘들 것이다. 무엇보다 미중 관계의 핵심적 본질은 국제질서의 현상 유지를 원하는 미국과 국제질서의 현상 변경을 추구하는 중국이 부딪치는 패권 대결이기 때문이다. 특히 최근 십여 년 동안 중국이 권위주의 모델을 적극적으로 전 세계로 확산하고 이 때문에 미중 간에 이념적 대결 성격이 강화되는 것이 근본적 화해를 어렵게 할 것이다.

마지막으로 시진핑 주석은 중국경제의 운용과 관련하여 시장 메커니즘을 소홀히 하거나 때로는 압박하면서 국가와 이데올로기의 역할을 강조해왔다. 이는 그가 이념적 통제를 경제적 효율성보다 더 중요하게 평가하고 있음을 의미한다. 다음 절에서 살펴보듯이 그러한 변화가 초래할 결과는 중국경제에 부정적이고 중장기적으로 경제의 활력은 약화될 것이다. 국가가 시장을 압박했을 때 어떤 결과가 나왔는지는 이미 30여 년 전 사회주의 체제의 붕괴로 판정이 난 바 있다. 그런데 시진핑 주석은 그러한 역사의 흐름을 거슬러 거꾸로 가고 있다. 그 결과 초래될 경제 저성장은 정치적 자유를 요구하지 않는 대신 잘살게 해주겠다는 중국 공산당 정부와 중국 국민들 간의 암묵적인 계약의 이행을 힘들게 만들 것이다. 결국 시진핑 주석과 공산당 정부의 정치적 정당성이 약화되고 사회적 불안정과 정치적 불만이 증가할 가능성이 높다.

이러한 중국 내부의 흐름은 언뜻 미중 경쟁에서 미국이 유리한 국면에 처해있는 것처럼 보이게 만든다. 그러나 미국이 이러한 유리한 상황을 제대로 활용하여 중국과의 전략적 경쟁에서 승리할 수 있을 것인가는 별개의 문제이다. 미국의 국내정치가 중요한 변수이기 때문이다. 무엇보다 미국 내부의 정치적 분열이 심각하고 이것이 미국의 대중 정책에 중요한 영향을 미칠 것이다. 위에서 설명했듯 바이든 행정부는 '국내에 투자하고 동맹 및 파트너들과 연합하고 중국과 경쟁하겠다'는 대외 전략이다.

그런데 그 바이든 행정부가 2024년 대선에서 패배하고, 트럼프의 강한 영향력 아래 있는 공화당이 승리한다면, 그래서 고립주의 외교 노선이 다시 강화되고 바이든 행정부가 애써 구축한 국제적 연대가 흐트러진다면, 미국이 과연 중국과의 전략 경쟁에서 승리할 수 있을지 의문이다. 그 경우, 자유주의 국제질서는 리더십을 잃게 되어 치명적인 타격을 입을 것이고 권위주의 세력이 확장되면서 규범 기반 국제질서도 약화될 것이다. 단순히 미국뿐만 아니라 전 세계가 더욱 혼란스럽고 어두운 방향으로 치달을 것이다.

5. 시진핑 3기의 고민: 꿈中國夢과 현실의 격차

시진핑 3기의 초입인 2023년 초의 시점에서 볼 때 중국 시진핑 정부는 큰 딜레마에 봉착해있다. 앞에서 살펴본 것처럼 중국몽 달성의 꿈은 야심적이다. 그리고 그 야심적인 꿈에 박차를 가할 것임을 2022년 11월 20차 당대회에서 밝혔다. 그러나 그러한 꿈을 받쳐

줄 경제적 역량이 서서히 약화되고 있다. 여기에는 시진핑 주석이 어찌할 수 없었던 인구감소와 같은 구조적인 원인과 다른 국제환경적 요인들도 작동했다. 그러나 중국몽 추진을 위한 시진핑 주석의 전략과 정책, 즉 도광양회를 버리고 유소작위 전략을 추진한 것 자체가 가장 큰 원인이었다고 볼 수 있다.

첫째, 인구감소의 문제다. 중국 정부는 2023년 1월 10일 중국의 인구가 2022년 85만 명 감소했다고 발표했다. 이는 1960년대 초, 마오의 대약진운동으로 대규모의 아사자가 발생한 이후 처음 있는 일이다. 중국은 부유한 나라가 되기 이전에 이미 노인들의 나라가 되어가고 있다. 중국의 노동인구 감소는 이미 수년 전부터 시작되었고 2050년 중엽에는 7억 명 수준으로 감소할 것으로 예측된다. 중국의 인구를 안정적으로 유지하려면 출산율이 2.1은 되어야 하는데 현재 출산율은 1.18에 그치고 있다.[54] 인구감소는 대부분 경제의 쇠퇴로 연결되는데 인구성장률이 1% 감소하면 경제성장률도 대충 1% 감소한다고 한다.[55] 이러한 인구감소 문제는 시진핑 정부도 인식하고 있었고 이 때문에 2016년에는 두 자녀까지, 그리고 2021년에는 세 자녀까지 허용했다. 그러면서 사회복지 강화에도 힘을 기울였다. 그러나 중국의 많은 젊은 부모들은 사회적, 경제적으로 아이를 둘 이상 낳아 기를 환경이 안 되어 있다고 생각하고 기껏 한 자녀 정도를 가지는 데 그치고 있다.

일부에서는 인구감소로 인한 중국 쇠퇴론에 대해 노동자 훈련을 개선하여 생산성을 증가시키고 전 산업에 걸친 이노베이션과 자동화의 증가로 대처할 수 있을 것이라고 주장한다. 그러나 그것이 가능하려면 시진핑 정부가 더 많은 투자를 이 부문에 하기 위해 군사력 근대화, 국방력 강화, 그리고 국내정치 안정을 위해 치안에 투자하는 재원을 돌려야 될 것이다. 결국 중국몽과 유소작위를 꿈꾸는 한 인구감소의 보완책을 실시하기 힘든 선택의 딜레마에 부딪쳐 있다.[56]

또한 중국의 인구감소 문제는 중요한 국제정치적 함의를 가지고 있다. 벡클리 교수는 인구감소가 가하는 경제적 압박 때문에 중국의 국력은 향후 수십 년 약화될 것이며 이는 중국 지도자들로 하여금 국력이 더 이상 약화되기 전에 해외에서 모험을 하도록 만들 수 있다며 우려한다.[57]

둘째, 경제의 저성장 문제다. 인구감소뿐만 아니라 여러 가지 요인들이 중국경제의 저성장을 초래할 것이다. 단기적으로는 제로 코로나 정책을 3년간 추진한 결과 중국경제는 심각한 충격을 받았다. 서방 국가들은 대부분 코로나 때문에 격리와 봉쇄를 했지만, 곧바로 풀어주어 경제를 회복시키고자 했다. 그러나 시진핑 정부는 3년간 이 정책을 엄격하게 추진했다. 여기에는 중국산 백신에 자존심을 건 백신 민족주의 때문에 외국산 백신의 도입을 거부하여 중국인들의 면역력을 약화시킨 권위주의적 통치 스타일이 작동했다. 그 결과 불가피한 최소한의 침체보다 훨씬 더 큰 타격을 겪어야 했고, 중국 국민들의 대규모 시위사태에 직면했다. 결국 중국 정부는 코로나의 확산에 대한 충분한 대비책도 없이 2022년 12월 갑작스럽게 제로 코로나 정책을 폐기했고 그 후유증이 컸다.

그러나 이보다 중장기적인 구조적 문제, 즉 대규모 부채문제가 중국경제에 더 큰 잠재적 불안요인으로 작동하고 있다. 중국은 2001년 세계무역기구에 가입한 후 6년간 연평균 12%의 고속 성장을 달성했다. 그러나 2008년 세계금융위기 상황에서 미국과 유럽에서의 중국상품에 대한 수요가 감소하자 중국의 중앙과 지방 정부는 부채를 동원해 도로, 고속철도, 항구, 공항 등 인프라 투자 붐을 일으켜 일자리를 만들었고, 위기 이후에도 10% 가까운 성장을 유지했다. 그러나 해가 지나면서 부채는 눈더미처럼 쌓여갔다. GDP 대비 부채 비율은 2008년 140%에서 2021년에는 286%까지 증가했다.[58] 이 과정에서 과잉투자가 초래되어 수많은 새로 건설한 인프라 시설 등의 채산성이 맞지 않게 되었다. 부동산 시장에서도 개발업자들이 채무불이행 상태에 빠졌고, 2022년 말 현재 중국의 빈 아파트들은 프랑스 전체 인구를 수용할 수 있을 정도였다.[59] 이러한 부채누적은 재정압박을 낳아 중국 정부가 원하는 기술 발전을 위한 장기적 투자 재원조달이나 최소한의 복지를 위한 사회안전망 투자를 제약하고 있다.

이러한 상황에서 하나의 돌파구는 이제까지 성공을 가져왔던 1990-2000년대의 투자 주도 경제모델을 소비 주도 경제모델로 바꾸는 것이다. 실제로 중국 정부는 내수 증대를 위한 노력을 기울여 왔다. 시진핑 정부가 2020년 이래 추진한 '쌍순환' 경제전략도 내수 증대에 기반하고 있다. 그러나 국내 소비는 그렇게 크게 진작되지 못했다. 사회안전망이 제대로 갖춰지지 않은 상황에서 미래에 불안을 느낀 중국인들이 소비보다 저축에 힘쓰고 있는 것이다.

시진핑 주석은 이러한 상황에서 경제 영역과 기업에 대한 이데올로기와 공산당의 통제를 강화해왔다. 중국 국민들이 함께 잘살게 하겠다는 공동부유共同富裕 정책을 추진했고 금융과 IT분야 거대 기업들을 국가의 통제 아래 두고자 했다. 알리바바의 마윈 회장에 대한 통제는 대표적인 사례였다. 이는 그나마 생산성이 높았던 민간부문 대기업들의 투자 의지와 활력을 약화시켰다. 부동산 버블이 꺼지고 코로나 상황과 겹치면서, 그리고 위축된 투자 분위기로 실업이 증가하고 있다. 특히 청년실업 문제가 전례 없을 정도로 심각하다.

그렇다면 해외 부문은 어떤가? 지금 국제환경은 중국경제에 가히 최악이라고 말할 수 있을 정도로 나쁘다. 이는 기본적으로 시진핑 주석이 중국몽을 내세워 공세 외교를 펼친 점, 그리고 그로 인해 미중 관계가 악화된 점이 결정적 원인이라고 말할 수 있다. 앞에서 설명한 대로 2018년 이후 미국이 대결정책으로 선회하면서 전면적인 대중국 포위 전선이 형성되고 있다. 이는 어찌 보면 1차 세계대전 직전의 유럽 국제정치에서도 일어났던 세계 역사 전개의 한 패턴이라고 볼 수 있다.[60] 상승 대국의 경제력 성장이 공세적 외교를 낳고(도광양회의 폐기), 이는 주변국의 불안감을 고조시키고, 그 결과 주변국들이 연합하여 포위 및 견제로 나아가는 패권경쟁 주기의 현대판인 것이다. 현재 미국은 쿼드QUAD, 인도태평양경제프레임워크IPEF, 반도체동맹Chip 4, 인도태평양-나토의 연계 등으로 대중국 포위망을 구축해왔다. 그러한 결과, 예를 들어 타이밍이 중요한 반도체 산업 분야에서 바이든 행정부의 철저한 대 중국 반도체 기술유출 통제로 인해 중국의 기술 발전은 지체될 가능성이 상당히 높아졌다.

시진핑 정부는 이를 어떻게 돌파할 것인가? 2022년 10월 20차 당대회 이후 시진핑 정부는 당대회에서 발표한 전략 기조와 다소 다른 톤의 정책들을 내놓고 있다. 갑작스럽게 제로-코로나 정책을 폐기하고 대기업에 대한 규제를 완화하겠다며 친기업적 발언들을 내놓았다. 이러한 조치들은 단기적으로 어느 정도 경기 회복에 도움을 줄 것이다. 2022년의 3% 경제성장률이 5-6% 내외 수준까지는 회복될 수 있을 것이다. 그러나 앞에서 설명한 난관들 때문에 중장기적으로 그 이상의 고속 성장은 힘들 것이다.

중국경제가 중장기적으로 개선되기 위해서는 무엇보다 시진핑 주석이 추진하고 있는 대전략의 근본적 변화가 불가피하다. 한마디로 시진핑 주석은 덩샤오핑의 전략지침인 도광양회를 너무 일찍 버렸다.[61] 이제 다시 유턴하여 도광양회로 돌아가야만 할 상황이다. 다시 말해 중국 정부는 미국 및 주변국들과 근본적인 관계 개선을 추구하여 이들의 경계심과 국제적 포위망을 풀게 해야 한다. 미중 관계의 근본적 개선 없이 현재의 대결 구도가 지속되면 미국, 유럽, 일본 등 서방 진영의 기업들은 중국에 대한 의존도를 낮추기 위해 다변화 전략을 추진하면서 계속 중국을 이탈할 것이다. 이는 중국경제의 고용감소와 전반적인 기업 분위기의 침체로 연결될 것이다. 그렇기에 2022년 11월 발리 미중 정상회담에서 시진핑 주석이 발언의 톤을 바꾼 것은 바람직했다. 2023년에 예정된 양국 외교장 관 회담에서도 관계 개선을 위한 방안들을 모색하고 무엇보다도 대만해협을 둘러싼 양국간 군사적 긴장을 해소하고 우발적인 군사 충돌을 막을 안전장치를 논의하는 것이 중요할 것이다.

미중 관계의 개선을 위해서는 그동안 추구해온 중국 주도의 대안질서와 영향권을 형성하여 미국 주도의 자유주의 국제질서에 대해 도전하겠다는 야망을 접어야 할 것이다. 그리고 대만 문제에 대해서도 미국이 하나의 중국 정책을 확고하게 보장한다는 전제하에, 중국도 시진핑 임기 내에 대만을 통일하겠다는 의지를 접고 대만해협에서의 현상 유지 정책을 받아들여야 할 것이다.

국내적으로도 개혁이 필요하다. 시진핑 주석은 일종의 악순환의 위험에 노출되어있다. 권위주의적 통치가 견제세력을 무력화하고 사회 전반에 대한 책임성을 약화시키면, 최고 정치지도자가 잘못된 정책을 선택할 가능성이 높아지고, 그 잘못된 정책의 결과로 사회적 반발이 심화되고, 이를 억누르기 위해 권위주의 통치를 다시 강화하는 악순환의 덫이 작동하고 있다.[62] 따라서 이러한 덫에서 벗어나기 위해서는 충성스런 반대자loyal opponents 그룹을 포용해야 할 것이다.

문화혁명의 재앙적 결과에 대한 반성이 작용하여 덩샤오핑은 안보와 경제 중 경제에 전념했고, 시장 기제를 적극 활용하며 개혁개방을 시도했다. 그리고 미국에 대해 적극적인 협력으로 우호 관계를 유지했다. 그러나 시진핑은 20차 당대회에서 천명했듯이 안보와 경제 중 안보에 전념하고, 시장 메커니즘을 누르고 당과 이념을 강조하고 있으며, 미국에 대해 대결적 방향으로 나아가고 있다. 이로 인해 지금 중국경제의 기반이 약화되고, 중국이 평화롭게 대국들과 공존하며 번영할 가능성을 낮추고 있다. 다시 말해 유소작위에서 도광양회로 회귀하면서 경제의 내실을 충실히 쌓아가지 않으면 중국이 당면한 경제적 난관을 극복하기 힘들 것이고 대외적으로 무력 충돌 가능성도 높아질 것이다. 중국은 그야말로 세기적 선택의 결정적 국면에 처해 있다.

5장
대만 위기: 미중 군사 대결의 화약고

1. 대만 위기와 미중의 전략 경쟁

시진핑 주석은 중국몽을 달성하는 데 있어서 핵심적인 사항이 대만 통일이라고 생각하고 자신의 임기 중에 이 목표를 달성하겠다고 공언했다. 물론 1949년 중국 공산당 정부의 수립 이후 모든 중국의 지도자들은 대만의 통일을 외쳐왔다. 그러나 실제로 그것을 실천할 수 있는 능력을 갖추기 시작한 것은 시진핑 시대에 이르러서다. 앞에서 설명했듯이 중국의 경제력 상승의 결과 군사력도 급속도로 증강시킬 수 있었기 때문이다. 전 세계적 차원에서 미국의 군사력은 중국의 군사력에 비해 압도적 우위에 있지만, 동아시아-서태평양 지역만을 중심으로 보면, 중국이 이곳에 군사력을 집중시키고 있기 때문에 오히려 중국이 유리한 상황으로 변화했다. 게다가 미국은 본토 및 해외 군사기지와 대만과의 거리가 먼 데 비해 중국은 아주 근접해 있기 때문에 군사 전술적으로도 중국이 유리하다. 예를 들어 대만에서 무력 충돌시 미군이 도착하기 전에 속전속결로 공격하고 상황을 종료시키는 것을 시도할 수도 있는 것이다.

중국의 군사력 강화를 반영하듯 중국 군부는 시진핑 2기에 들어서서 대만 근해, 특히 대만이 지정한 항공식별구역에 대해 전투기의 출격 횟수를 급격히 증가시켜왔고 이는 미국의 경계심을 자극했다. 전 인도태평양사령관 필립 데이빗슨 제독은 2021년 3월 시진핑 주석이 향후 6년 이내에 대만 장악을 시도할 것이라고 미국 상원청문회에서 발언했다.[63] 중국의 지도자들은 특히 대만 사람들, 그중에서도 대다수 젊은이들 간에 중국과의 통일에 대해 부정적인 시각이 늘어나고 있음에 주목하고 시간이 그들의 편이 아니라고 생각한다. 대만 시민들은 중국 당국이 2019년 홍콩의 시위를 무력으로 진압하고 보안법을 제정하여 민주주의를 억압한 것을 목도하고, 중국이 주장하는 일국양제―國兩制의 약속은 신뢰할 수 없다고 생각한다. 이것이 최근 대만인들의 마음이 중국에서 급속하게 멀어지게 하는 중요한 요인 중 하나다. 이같은 상황들이 중국 공산당의 핵심 지도자들을 조급하게 만드는 측면이 있다.

오랫동안 대만 문제에 대한 미국의 정책은 대만에서의 무력충돌시 개입 여부에 대하여 부정도 긍정도 하지 않는 전략적 모호성이었다. 그렇게 함으로써 중국이 대만을 무력으로 통일을 시도하지 못하게 견제하고 다른 한편으로 대만이 독립을 선포하는 것을 막아서 현상 유지를 하려는 것이었다. 그런데 미국의 정치지도자들은 갈수록 공세적이 되어가는 중국, 특히 시진핑 주석이 무력통일 가능성을 배제하지 않겠다는 발언에 대해 더욱 불안감을 느끼고 있다. 무엇보다 2022년 2월 러시아의 우크라이나 무력 침공 이후, 시진핑 주석이 푸틴 대통령처럼 오판하여 대만을 침공하지는 않을까 하는 우려 때문에 미국뿐 아니라 전 세계의 이목이 대만 문제에 집중되었다.

예를 들어 바이든 대통령은 전통적인 미국의 전략적 모호성 정책에도 불구하고 4번에 걸쳐 중국이 대만을 무력 침공하는 경우, 미국이 군사적으로 개입하겠다고 발언했다. 매번 그런 발언이 있을 때마다 그 직후 백악관은 미국의 대만 정책은 변한 것이 없다고 밝혔다. 그럼에도 불구하고 반복되는 바이든 대통령의 이같은 발언은 중국의 지도자들에게 오판하지 말라는 강력한 메시지를 보내기 위한 것으로 보인다. 미국외교협회 리처드 하스 회장은 이제 미국이 전략적 모호성의 정책을 버리고 중국의 대만 침공 시에 군사적으로 개입할 것이라는 것을 명백하게 밝히는 방향으로 가야 한다고 주장했다.[64] 더 우려스러운 것은 대만의 독립에 대해 과거에는 미국이 말리는 모양새였다면 이제 미국 정치지도자들이 '대만의 독립은 대만인들 자신들이 결정할 일이다'라는 발언들을 내놓고 있는 부분이다.[65] 이는 중국과 대만 간의 충돌 가능성을 완화시키는 것이 아니라 오히려 더 자극할 수 있기 때문에 우려스럽다.

2022년 8월 초 낸시 펠로시 미국 하원의장의 대만 방문도 그러한 메시지를 중국에게 보내려는 의도가 깔려 있다고 볼 수 있다. 시진핑 주석은 이에 대응해 대만 주변 6개 해역에서 강도 높은 군사훈련을 함으로써 대만해협의 위기가 상당히 고조되었다. 이 훈련은 중국군 당국이 가지고 있는 대만 통일의 여러 가지 시나리오 중 하나인 봉쇄 시나리오였을 가능성이 높다. 즉 중국은 펠로시 하원의장의 방문을 계기로 대만 봉쇄의 실전연습을 펼친 셈이다. 대만은 거의 모든 생필품을 해상로를 통한 수입에 의존하고 있는데 전력발전소를 돌릴 수 있는 LPG가스 비축량은 11일분에 불과한 것으로 알려져 있다.[66]

전쟁은 당사국 최고 정책 결정자들이 하겠다고 의도해서 발생하는 경우도 있겠지만, 그것 못지않게 자주 오판, 오해, 과잉반응 등으로 의도하지 않았는데 발생하는 경우가 많다. 이러한 가능성을 막기 위해서는 양측에 소통 채널이 있고 게임의 룰 같은 것이 있어서 상대방의 행동을 어느 정도 예측가능하게 해야 한다. 미소 냉전 시대만 하더라도 이러한 소통 채널이나 일종의 게임의 룰이 있어서 상대방의 행동을 어느 정도 예측할 수 있었다. 그것으로 냉전이 열전으로 바뀌는 것을 막을 수 있었다. 그러나 지금의 미중 관계에서는 소통 채널도, 게임의 룰도 없다.

미중 관계가 소통 부재로 오해와 오판으로 인한 의도치 않은 충돌의 위험이 얼마나 생각보다 심각한 것인지를 보여주는 이례적인 사건이 있었다. 마크 밀리 미국 합참의장은 미국 대선을 나흘 앞둔 2020년 10월 30일 중국 합참의장인 리쭤청 장군에게 전화를 걸어 미국은 중국을 공격할 의도가 없음을 밝혔다. 그가 전화를 건 이유는 '미국이 중국을 공격할 준비를 하고 있다'고 중국이 믿고 있음을 암시하는 정보를 접했었기 때문이라는 것이다. 밀리 합참의장은 중국을 안심시켜 전쟁을 막아야겠다고 판단했다는 것이다.[67] 이처럼 전반적으로 위태로운 상황에서, 미·중은 펠로시 의장의 대만 방문을 놓고 마주 보고 달리는 기차처럼 기싸움을 했다.

대만 문제가 심각한 근본 이유는 중국과 미국에게 결코 양보할 수 없는 이해관계가 걸려있기 때문이다. 앞에서 언급한 대로 중국의 시진핑 주석은 대만 통일을 공언했고 이것에 자신의 정치생명을 걸다시피 했다. 또한 중국의 입장에서 중국이 아시아에서 지역 패권으로 자리매김하는데 있어서 필수적인 것이 대만 통일이다. 대만을 통일해서 점령하게 되면 미국의 동맹인 일본과 한국을 사실상 중국 해군이 지배하는 바다로 둘러싸고 고립시킬 수 있게 된다. 이는 그만큼 미국의 영향력을 아시아에서 약화시킬 수 있음을 의미한다. 또한 일본열도-대만-필리핀-보르네오를 연결하는 제1도련선 위에 태평양 진출을 위한 강력한 발판을 마련할 수 있을 것이다. 아시아에서 이처럼 지배적인 영향력을 행사하게 되면 중국은 그야말로 국제정치 전반에서 패권적인 위치에까지 근접하게 될 것이다.[68] 뿐만아니라 중국 국내에서 시진핑 주석과 공산당의 위상이 크게 강화될 것이다. 중국의 권위주의 모델에 대한 대안적 정치체제로 번영했던 민주주의 대만이라는 존재도 사라지게 될 것이다.

미국의 입장에서도 대만을 양보하기가 힘든 이유가 많다. 무엇보다도 미국이 중국의 대만에 대한 무력통일을 막을 의지나 능력이 없는 것으로 전 세계에 비추어진다면, 이는 자유주의 국제질서를 주도해온 미국의 지도력에 치명적인 타격이 될 것이다. 인도태평양 지역에서의 미국의 동맹네트워크, 즉 한국, 일본, 호주와 아세안 국가들은 중국으로부터의 군사적, 경제적 위협에 훨씬 취약하게 될 것이고, 이들 중 일부는 중국 쪽으로 넘어가거나 핵무기를 개발하려 할 수도 있을 것이다. 이는 결국 전 세계적으로 2차 대전 이후 유지되어오던 미국의 국제정치에서의 우월적 지위가 공식적으로 종언을 고하게 되는 것을 의미한다. 서태평양은 중국의 바다가 될 것이고 미국의 동맹인 한국과 일본으로 통하는 무역항로도 중국에 의해 통제될 것이다. 그리고 아세안도 중국 세력권에 본격적으로 편입될 것이다.[69] 그런 의미에서 대만은 중국의 세계패권 도전이 성공할 것이냐, 아니면 미국이 계속 국제정치에서 주도권을 유지하며 리더십을 발휘할 것이냐의 결정적 승부처가 될 것이다. 그렇기에 미국도 중국도 절박하고, 대만 상황은 더욱 위험해지고 있다.

물론 이것이 대만에서의 무력 충돌이 임박했다는 것을 의미하는 것은 아닐 수도 있다. 예를 들어 최근 미국의 싱크탱크인 CSIS가 개최한 토론회에서 전문가들의 의견도 나뉘었다. 향후 2년 내에 대만에서의 무력 충돌 가능성에 대한 질문에 대해 가능하다는 측은 무엇보다도 구조적 측면에서 대만해협을 둘러싸고 유지되어왔던 현상 유지의 기반이 현저히 약화되었다는 점을 강조한다. 군사적 균형 면에서 현상 변경을 원하는 중국에게 유리하게 바뀌었고, 대만 문제의 안정에 기여해 온 기둥이었던 1972년 상해코뮤니케의 구조적 기반, 즉 '하나의 중국', 그리고 자신들이 '중국인'이라는 대만인들의 정체성이 사라지고 있다는 점을 구조적 불안요인으로 들고 있다. 또한 미중 간에 전략 경쟁이 치열해지면서 미국 정계 내에서 양당 간에 경쟁적으로 대만을 대중국 압박카드로 활용하는 측면이 문제를 더욱 어렵게 만들고 있다는 것이다.[70]

그러나 다른 한편에서는 시진핑 주석의 궁극적인 목적은 자신과 공산당의 권력 기반을 강화하는 것이고 그런 맥락에서 그가 국내적 도전을 우선적으로 극복하기 위해, 냉철하게 대만 문제를 다룰 것이라고 주장한다. 시진핑 주석은 무력사용 가능성을 배제하지는 않았지만 오랫 동안 대만의 평화통일을 정책 기조로 삼아왔다는 점, 43년간 지역전쟁에 참여하지 않았던 중국군이 현대의 하이테크 전쟁에서 승리할 능력이 없다는 점을 인식하고 있고, 우크라이나 전쟁을 시작한 푸틴에 대한 서방의 강력한 대응에서도 교훈을 얻었을 것이라고 주장했다.[71]

2. 대만 위기와 한국

펠로시 의장의 대만 방문으로 위기가 조성되었을 때에 주한미군 기지에서 U-2S 고고도정찰기가 대만 쪽을 향해 비행했고, 중국이 서해와 인근 보하이 해상에서 군사 훈련을 실시했다. 이는 대만 위기가 주한미군의 존재를 통해 한반도에 중요한 파장을 미쳐올 것이라는 점을 보여준다.

미국은 동맹국인 한국이 보다 적극적으로 대만 문제와 관련하여 협력해주기를 원해왔다. 그러한 미국 측의 외교적 노력이 반영되어 최초로 2021년 5월 문재인-바이든 한미정상 합의문에, 그리고 1년 후 윤석열-바이든 정상회담 합의문에도 '대만해협에 있어서의 평화와 안정의 중요성'에 대한 언급이 포함되었다.

중국에 비해 지리적으로 대만으로부터 멀리 떨어진 미국의 입장에서는 동아시아의 대만과 가까운 지역에 위치한 자국의 동맹국들을 어떻게 최대한 동원하여 대만에서의 긴급사태 발생시 대응할 것이냐가 대단히 중요한 문제일 것이다. 반면 중국은 미국의 동맹들까지 개입하게 된다면 동시에 여러 국가들을 상대로 싸워야 하는 전선의 확대가 예상될 것이기에 상당한 부담을 갖게 될 것이다.

2021년 5월 미국 의회청문회에서 폴 라카메라 주한미군사령관은 주한미군을 지역 범위의 작전계획에 통합시킬 것임을 밝혔다. 12월에도 한미 군사 당국 간에 작전계획Operational Plan 5015를 업데이트할 것으로 합의했는데 라카메라 주한미군사령관은 동일한 의지를 드러냈다. 이 경우 주한미군이 중국의 군사적 타깃이 될 가능성, 바꿔 말해 한국이 대만 문제에 말려 들어갈 가능성이 높아질 것이다.[72)]

대만 문제에 대해 일본의 경우는 적극적으로 미국과 협력하고 있다. 그것은 대만이 중국에 의해 통일되는 경우 동중국해 문제, 즉 일본이 실효적으로 지배하고 있는 센카쿠열도(중국명 댜오위다오)에 대한 중국의 위협이 더욱 강화될 것이고 일본으로의 해상수송로가 중국에 의해 실질적으로 지배될 것이기 때문이다. 그래서 대만이 중국에 통일되는 경우 일본의 안보에 근본적으로 해가 될 것이라는 공감대가 형성되어 있으며, 대만 사태 발생시 일본의 직접적인 개입은 거의 기정사실화되어 있다.

그러나 한국의 경우는 일본과 다르다. 바로 북한 문제가 있기 때문이다. 최근 전직 일본 방위상 (국방장관) 모리모토 사토시는 미국과 일본의 군사적 자원을 대만으로부터 돌리기 위해 중국이 한반도에서 북한으로하여금 남침을 하도록 사주할 가능성이 있다고 발언했다.[73] 설령 중국의 그러한 사주나 압박이 없다고 하더라도 북한 당국의 자발적 판단에 따라 그러한 도발을 감행할 수도 있을 것이다. 이러한 이유 때문에 한국 정부는 그동안 대만 문제에 대해 깊은 관여를 꺼려 왔고, 전통적으로 미국이 주한미군을 타 지역에서의 위기 발생 시 재배치하는 것에 대해 강력한 반대는 아니어도 우려해 왔다. 2006년 초 한미외교장관 공동성명을 통해 주한미군과 관련해서 전략적 유연성은 존중하지만, 동북아 분쟁에의 개입을 원치 않는다는 한국의 입장에 대해서도 존중한다는 합의가 나온 것도 이러한 배경 때문이었다.

중국과의 관계도 중요한 고려사항 중 하나일 것이다. 사드 미사일 배치 당시 경제제재를 가한 중국은 한국이 대만 문제와 관련하여 개입 의지를 밝히는 경우 상당히 강도 높은 보복이 예상된다. 그리고 북한의 군사적 위협 완화에 있어서 중국의 역할, 더 멀리 볼 때 한반도 평화정착과 통일과정에서 중국은 어떤 형태로든 상당한 역할을 할 것이라는 점도 염두에 둘 필요가 있다.

그럼에도 불구하고 만일 중국이 대만을 흡수하게 되면 최소한 한국에서의 미국의 안보 공약도 상당히 흔들릴 수밖에 없을 것이다. 한국에 대한 북한의 위협이 심각한 상황에서 이것은 중요한 고려변수가 될 수밖에 없다. 그리고 중국의 한국방공식별구역KADIZ 및 해양침공에 상당히 취약하게 될 것이다.[74]

중국은 대만 사태에 일본이 개입하는 것을 거의 기정사실화하고 있다. 그러나 한국에 대해서는 아직 그렇게 보고 있지는 않지만 개입 가능성이 있다고 우려하고 있는 것으로 보인다. 일종의 차별화를 하고 있는 셈이다. 2021년 한미 정상회담 공동성명, 미일 정상회담 공동성명에서 똑같이 양안에서의 평화와 안정의 중요성을 언급했었다. 그런데 중국은 일본에 대해서는 상당히 강하게 비판했고 한국에 대해서는 비교적 부드럽게 "불장난하지 말라"는 정도로 반응했다.[75]

오랫동안 한미동맹의 대상 영역은 한미상호방위조약 3조의 '태평양 지역'이라는 언급에도 불구하고 전통적으로 북한에 국한되는 것으로 해석되어왔다. 그러나 최근 수년 동안 한미동맹은 글로벌 동맹으로 성격이 바뀌고 있다. 그러한 상황에서 한국은 이처럼 대만 문제를 둘러싸고 심각한 딜레마에 봉착해 있다. 윤석열 정부가 당면한 시급하고 중요한 외교안보 문제는 한미동맹의 미래와 중국과의 관계 사이에서 대만 문제에 대한 입장을 어떻게 설정할 것이냐일 것이다.

　기본적으로 한국은 한국의 입장에서 가장 시급한 1차적 위협인 북한으로부터의 군사적 도발 위협에 초점을 맞추는 것이 바람직할 것이다. 미국에게도 만일 주한미군이 대만 위기에 직접적으로 대응하는 경우, 그 군사적 공백을 활용하려고 북한이 도발할 가능성이 있음을 충분히 환기시키고, 가능한 한 주한미군의 역할을 북한 위협의 억제에 집중시키는 것이 한국의 입장에서 필요할 것이다. 특히 북한이 실질적인 핵보유국이 되어 한국에 대한 핵미사일 위협을 강화하고 있는 상황에서는 더욱 그렇다. 그러나 그와 동시에 미국과는 대만 문제와 관련하여 비군사적 차원에서 간접적으로 협력할 방법을 모색하는 것이 좋을 것이다. 북한 문제라는 특수성 때문에 미국의 동맹이지만 호주나 일본과는 차별화되는 협력방식을 모색할 수 있도록 한미 당국 간에 충분한 논의가 필요하다.

6장
시진핑 3기 시대 한국 외교의 과제

이처럼 시진핑 3기 시대의 앞날은 낙관적이지 않다. 험난한 상황이 다가올 징조가 여기저기서 보인다. 이러한 상황에서 한국은 어떻게 대응해야 할 것인가?

무엇보다도 먼저 인식의 전환이 필요하다. 아직도 다수의 한국인들은 과거 수십 년간 우리에게 유리하게 작동해왔던 안정적인 국제 환경이 근본적으로 바뀌고 있다는 인식이 부족한 듯하다. 몇 년 있다가 미중 관계도 개선되고 과거처럼 정상적인 협력관계로 다시 돌아갈 수 있을 것이라는 기대를 품고 있다. 그러나 그런 기대와 달리 미중 관계의 변화는 오랫동안 축적되어 온 구조적 원인의 결과이고 그래서 옛날로 돌아가지 않을 가능성이 높다. 앞으로 최소한 10년 내지 20년은 지속될 근본적 변화가 시작된 것이다.

이제 한국은 국가 차원에서 그리고 기업 차원에서도 이처럼 변해버린 상황에서 어떻게 새로운 전략으로 대응할 것인가를 심각하게 고민해야 할 것이다. 예를 들어 대체적으로 2018년 이전의 안보와 경제가 분리되던 시대에서는, 안보는 미국에 경제는 중국에 기댈 수 있는, 이른바 안미경중安美經中의 여지가 상당히 있었다. 그러나 이제 안보와 경제가 엮이어서 돌아가고, 양 분야 모두에서 미국과 중국 중 하나를 선택해야 하는 상황이 왔다. 이점을 고려하여 한국 정부나 기업 모두 새로운 방향으로 전략 수정이 필요하다.

이는 무엇보다 우선적으로 한국이 대외 경제관계를 다변화하는 전략으로 나가야 함을 의미한다. 어떤 특정 국가, 그것도 우리의 정치체제나 이념적 성향과 상반된 제도와 사고체계를 가지고 있는 국가에 대해 지나치게 높은 경제의존도를 가지고 있는 것은, 지금과 같은 국제정치 상황에서는 바람직하지 않다. 그 국가로부터의 정치적 영향력을 크게 받을 수밖에 없고, 그 경우 우리의 민주주의 정치체제와 삶 자체까지도 부정적 영향을 받을 수 있게 될 것이다.

그리고 공급망 문제가 중요해진 시점에서 경제 관계의 다변화를 통해 정치적 위험을 분산시킬 필요가 있다. 물론 초기에는 이러한 노력을 하는데 여러가지 어려움과 비용 지불이 필요할 것이다. 그러나 그렇다고 해서 필요한 전략과 정책의 조정을 미루면서 시간만 끌고 있다면 미래의 결정적인 시점에서 훨씬 더 큰 피해를 한꺼번에 감당해야만 하게 될 것이다. 그렇기에 한국은 서방세계의 다양한 소다자네트워크에 참여하고 이를 통해 공급망 문제를 완화하고 산업 및 기술 협력을 증진하는 것을 서둘러야 한다. 그리고 우리 국력에 걸맞게 글로벌 공공재 제공을 위한 외교적 노력도 보다 적극적으로 추진할 수 있어야 할 것이다. 그런 맥락에서 인도, 아세안, 그리고 유럽과의 연대 강화 노력을 배가할 필요가 있다.

또한 북한의 안보 위협이 고조되고 있다. 2022년 북한은 90여 기의 미사일을 시험 발사했다. 그리고 7차 핵실험도 임박한 것으로 보인다. 무엇보다도 중요한 것은 2022년 북한 당국이 핵전략과 관련하여 두 가지 중요한 변화를 시도했다는 점이다. 첫째는 2013년에 핵무기가 억제용이라는 입장을 법제화했었는데 이것을 2022년에 수정하여 선제공격도 가능하다고 선언했다. 둘째, 전술핵 개발과 실전 배치 준비에 박차를 가하고 있다. 이러한 두 조치들은 남북한 대결을 재래식 무기 중심의 군사 대결 구도에서 핵 대결 구도로 한 단계 더 위험하게 끌어올린 시도다.

이에 더해 대만 문제의 잠재적 폭발성이 크며, 우크라이나 전쟁으로 규범에 기반하는 국제질서가 위협받고 있다. 이처럼 급박하게 돌아가는 국제정치 상황에서 미국 정부와 함께 한미동맹의 현재를 점검하고 미래를 구체적으로 설계하는 노력을 강화해야 할 것이다. 한미동맹이 사느냐 죽느냐의 안보가 걸린 문제라면 한중관계는 얼마나 더 잘 사느냐의 경제 문제다. 그런데 미국의 입장에서는 한국은 중요시하지만, 더 시급한 국제 현안들 때문에 북한 문제에 정치적 자산과 에너지를 쏟을 여유가 없다. 기본적으로 바이든 행정부의 대북 정책은 핵 문제의 해결보다 관리 쪽으로 기울어지고 있다. 따라서 한국이 주도적으로 북한 문제 등 한반도 현안에 대해 입장을 정하고 미국을 그러한 방향으로 유도해나가는 주도적인 외교, 정책적 상상력을 발동시킬 수 있는 적극적 외교가 필요하다.

그러한 맥락에서 윤석열 정부의 출범이래 한일 관계가 개선될 조짐이 보이고 있는 것은 바람직한 일이다. 앞에서 설명한 우크라이나 전쟁, 미중 대결 심화, 북한의 도발 고조 등의 어려운 국제환경에서 한국과 일본은 안보, 경제, 기술, 이념 등 여러 차원에서 서로 협력해야 할 대상국이고 그것이 우리의 국익에 부합한다. 이제 일본을 과거지향적인 관점에서 19세기 제국주의 국가로 볼 것인지, 아니면 미래지향적 관점에서 21세기 자유주의 국제질서의 유지와 경제번영을 위해 노력하는 협력파트너로 볼지 결정해야 할 때다. 과거사 문제와 양국 협력문제는 분리해서 미래지향적이고 국익적 관점에서 양국 관계를 강화할 필요가 있다. 이제 한국은 세계경제 10위 대국이다. 이에 걸맞게 당당하고 미래지향적인 외교를 해야 할 때가 되었다.

중국에 대해서는 북한의 위협이 존재하는 한 한미동맹이 한국 외교의 기본이 될 수밖에 없다는 점을 이해시키는 노력이 필요하다. 북한의 위협 때문에 강화될 한미관계의 흐름 속에서도 중국과의 관계를 세련되고 신중하게 관리해서 마찰을 최소화하고 우호적인 관계를 유지하도록 노력해야 할 것이다. 윤석열 정부가 2022년 말 발표한 인도태평양전략보고서에서 한·미 동맹을 중심으로 하는 한·미·일 협력 강화 흐름을 재확인하면서도, 3대 협력 원칙 중 하나로 '포용'을 포함하여 특정 국가를 배제하지 않겠다는 의지를 밝힌 것

은 적절한 접근이었다.[76]

이상에서 설명한 외교를 하기 위해서는 통합적 관점에서, 효율적 외교전략 구축과 시행을 위한 시스템 구축이 필요하다. 시진핑 3기 시대의 국제정치 환경과 도전은 대단히 복합적이고 심각하다. 이러한 복잡한 상황에 제대로 대처하기 위해서는 고도의 정교하고 철저히 계산된, 그리고 어느 한 외교 이슈가 가지고 있는 다양한 측면, 즉 정치, 외교, 군사, 안보, 경제, 그리고 국내정치 차원의 복합적 성격을 이해하고 거기에 맞는 가장 합리적인 선택지를 도출해내야 한다. 이를 위해서는 각 부처 간의 입장을 효율적으로 통합하고 조율하여 정책과 전략을 세우고 집행해나가는 총괄조정 메커니즘을 강화해야 할 것이다. 새로운 상황에 맞는 새로운 발상과 시스템으로 집단적 지혜를 끌어내고 합리적 결정과 효과적 집행이 가능하도록 해야 할 것이다.

이처럼 새롭게 다가오는 험난한 세계는 발상의 대전환과 각오가 필요하다. 특히 자유주의 국제질서가 도전받는 격동기에 한국처럼 강대국에 둘러싸인 분단국, 북한의 안보 위협을 짊어지고 사는 나라에게는 국내정치적 진영논리나 당파논리를 초월하는 노력이 시급하다. 외교 문제를 국내정치의 당파나 정파적 관점에서 바라보면, 국제정치 현실에 대한 해석이 아전인수我田引水격으로 왜곡되고, 전략적 사고strategic thinking가 아니라 감성적, 희망적 사고wishful thinking로 대응하게 된다. 결국 원하지 않았던 엉뚱한 결과들이 초래되어 사후 수습하느라 아까운 우리의 외교력을 소진하게 된다.

이제 철저한 주인의식을 갖되 정파적, 감성적, 희망적 사고에 매몰되지 않고, 그와는 전혀 따로 노는 엄연한 국제정치의 흐름과 게임의 논리에 통달할 때다. 그러면서 철저하게 국익의 관점에서 전략적 사고로 대응해 나간다면, 험난한 국제정치의 세계에서도 우리나라의 안보와 번영을 확보할 수 있게 될 것이다.

윤영관(서울대학교 명예교수, 전 외교통상부 장관)

제1편

중국의 시진핑식 정치체제는 견고한가?
순항할 수 있는가?

1장
정책 기조와 지도이념의 변화

3기 시진핑 체제가 시작되었다. 시진핑 체제란 시진핑 주석 개인의 강력한 권력을 중심으로 이를 통해 국내외 다양한 요소들을 적극적으로 사고하여 중국의 강력한 부상을 위한 자원 배치의 효율성을 극대화하는데 주력한다. 전체주의적 속성을 보여주는 1인 지배 권위주의체제를 말한다. 시진핑 체제는 인류 운명공동체, 중국특색사회주의, 중화민족주의 등 체제 기반 요소를 중심으로 구성되어 있다. 중국은 영원하지만 시진핑 체제는 유한하기에, 우리는 시진핑 체제에 주목해야 한다.

장기적으로 우리는 중국과 공존을 모색해야 하지만 단기적으로 시진핑 체제가 보이는 대외 팽창이나 대외 개입에 대해서 우리의 목표는 분명해야 한다. 우리의 주권, 생존, 정체성을 지켜나가는 과정에서 시진핑 체제의 대외 확장이나 국내 통합 움직임은 우리에게 새로운 전략 환경을 제공한다. 따라서 우리의 사고는 중국은 영원하지만 시진핑 체제는 유한하다는 전제에서 시진핑 체제 3기의 새로운 변화를 지켜봐야 한다.

1. 중국 정치의 지속과 변화

20차 당대회는 관행의 측면에서 보면 기존 당대회 준비와 큰 차이를 보이지 않았다.[77] 9월 9일 정치국 회의는 두 가지 측면에서 20차 당대회 개최 의미를 부여했다. 즉, ①사회주의의 현대화로 국가 건설의 새로운 출발점이 된 것, ②두 번째 백 년의 분투 목표를 향해 출발하는 매우 적격한 시기에 열린 것의 의미 등, 20차 당대회는 이에 부합하는 방향으로 개최되었다.[78]

20차 당대회는 형식적인 측면에서는 관행적으로 지속되던 것을 답습했지만 내용 측면에서 여러 변화가 있었다. 중국 공산당의 발표에 따르면 새로운 정세와 임무에 근거하여 당장黨章을 수정했고, 마르크스주의 최신 성과도 반영했다. 19대 〈보고〉에서 제시한 마르크스주의의 중국화, 시대화, 대중화에서 대중화를 20차 당대회 〈보고〉에서는 신경계新境界로 대체했다. 이 밖에 자체혁명自我革命을 추진하여 위대한 사회혁명을 이끌겠다고 강조한 치국이정治國理政의 내용도 변화된 부분이다.

반부패 투쟁의 지속, 작풍作風 건설을 통한 공직사회 기강잡기 등

'중국식' 거버넌스 강조는 지속의 측면이지만 그 수단과 방식은 변화를 예고했다. 더욱 정교하고 치밀해질 것을 강조했다. 그러나 사정 드라이브는 이전에 비해서 한층 더 경직된 공직사회 분위기를 조성할 것이다. 학습 강조도 변화된 부분이다. 20차 당대회에서는 기존『당사』『신중국사』『개혁개방사』『사회주의발전사』등 사사四史에『중화민족사中華民族史』를 추가했다.

중화민족사 강조는 시진핑 주석의 통일전선 강조와 연결되어 있다. 민족개념을 전면에 내세워 홍콩, 마카오, 대만과의 관계를 통일전선 차원에서 다시 묶어보겠다는 것이다. 한편, 민족개념 강조는 중국 내 소수민족의 분열 움직임을 통합하려는 전략적 의도도 들어 있다. 청년들에게 애국주의와 민족주의를 더욱 강조하는 것도 변화된 내용 가운데 하나다. 애국과 민족을 연결시켜 국가주의를 한층 더 강화하겠다는 의지를 드러낸 것이다.

정책 기조와 지도이념의 환경 변화

20차 당대회에서 '중국식 현대화'라는 말이 다시 등장했다.[79] '중국식 현대화'의 내용은 기존 개혁개방 시기 중국이 추구했던 '성장', '발전'의 내용과 큰 차이가 없다. '중국식 현대화'가 완전히 새로운 개념은 아니다. 성장과 발전에 대한 중국 내적인 개념이다. 따라서 국제적으로 통용되기에는 일정한 한계를 갖고 있다. 그럼에도 불구하고 다시 '중국식 현대화'를 들고나온 것은 시진핑 시기가 이전 시기와 다르다는 것을 드러내기 위한 의도다.

한편, 시진핑 3기 지도부 구성의 내적 논리도 변했다. 우선, 시진핑 주석의 의지가 매우 쉽게 관철되는 구조로 바뀌었다. 최고지도부 내에서 시진핑 주석을 견제할 그 어떠한 견제 장치도 마련되지 않았다. 시진핑 주석이 선호하는 정책 드라이브가 더욱 강하게 걸릴 것이다. 둘째, 강한 정책 드라이브는 내부 논의 자체를 유명무실하게 만들 것이다. 시진핑 주석의 의중에 반기를 들기가 제도적으로 어렵게 되었다.

이러한 정책 결정 구조에서는 실험적 의미의 정책은 덜 중시될 것이다. 정책 실행의 결과에 따른 책임 소재가 시진핑 주석을 향하기 때문이다. 이는 결정 과정보다 실행을 중시하는 일방적 정책 추진 환경의 도래를 의미한다. 정책 기조가 시진핑 주석의 개인의 선호도에 영향을 받을 가능성이 높아졌다. 지도부 경직성이 정책 실행의 경직성으로 이어질 가능성이 적지 않다. 정책 기조와 지도이념이 견제와 균형에 입각한 내부 합의로 도출되는 것이 아니라 시진핑 주석 개인의 선호와 지향에 더욱 큰 영향을 받게 되었다.

파벌 간 대립보다 당과 인민의 관계가 더욱 중요

20차 당대회 최고지도부(정치국 상무위원회) 구성은 기존 파벌 안배보다는 사실상 시진핑 주석의 최측근으로 구성되었고 충성심이 적극 고려된 결과다. 이는 능력 있는 사람을 등용하여 통치한다는 '메리토크라시Meritocracy(현능정치)'의 부분적 균열을 의미하는 동시에 기존 파벌 안배에 의한 지도부 구성의 종언을 의미한다. 이는 향후 중국

정치변화가 파벌 간 대립과 갈등이 아니라 당과 인민 사이에 발생할 것이라는 전망을 갖게 한다.

당과 인민의 관계는 최근 중국에서 유행하고 있는 '官二代, 富二代, 窮二代(관직도 세습되고, 부도 세습되고, 가난도 세습된다)'라는 말로 확인할 수 있다. 여기에 코로나19 방역을 명분으로 반복적으로 시행되었던 봉쇄정책이 민생을 더욱 어렵게 하면서 당과 인민과의 관계를 더욱 악화시켰다. 이는 당연히 중국 당국에게는 부담을 가중하는 정치적 리스크가 되고 있다. 많은 경제 전문가들이 중국의 경착륙을 우려하는 상황 속에서 새 지도부가 어떻게 잘 대처할 수 있는가도 당과 인민 관계에 영향을 줄 것이다. 인민들은 현재의 중국 사회를 양극화된 '격차사회'로 규정하고 그에 대한 불만이 가득한 상황이다. 민생 우선 정책의 수용성도 당과 인민 관계에 중요한 요소다. 결국 시진핑 체제 3기는 당내 파벌이 아니라 당과 인민의 괴리 심화에 따라 통치의 사회적 명분 축적이 중요하다. 당과 인민 사이에 발생하는 신뢰의 위기는 체제 위기로 비화될 수 있기 때문이다.

2. 시진핑 3기 신지도부 구성과 정책 정향

지도부 구성 방식과 절차

20차 당대회 신임 지도부 구성은 절차 측면에서는 기존 관행과 큰 차이를 보이지 않았다.[80] 일반적으로 새로운 지도부를 구성하는 정치국 위원과 상무위원 선거는 당내 전현직 정치국 상무위원을 포함하여 원로들과의 논의를 통해서 세력 간 균형 인사가 이루어진다. 그러나 20차 당대회 주요 인사는 사실상 시진핑 주석이 매우 막강한 권력을 가진 상황에서 진행되었다. 형식적으로는 당내 의견 수렴 절차를 거쳤지만 최종 인사 결정은 사실상 시진핑 주석 본인이 행사했을 가능성이 높다.[81] 20대 정치국 상무위원회 인사는 시진핑 주석의 측근 세력인 이른바 '시자쥔習家軍' 인사의 완결판이었다.[82]

최고지도부 인사는 파벌 간 균형을 전혀 고려하지 않고, 시진핑 주석의 의지가 철저하게 관철되었다. 이러한 정치 지형의 변화는 상하이방, 공청단, 태자당 등 세력 간 경쟁과 균형의 덩샤오핑 시기 정치 유산이 더 이상 작동하지 않는다는 것을 의미한다. 정치국 인사도 시진핑 주석이 강조했던 의제를 충실하게 실천하기 위한 실무형 인사로 꾸려졌다.[83]

예를 들어, 시진핑 주석이 환경과 생태를 강조한 것을 반영하여 환경 전문가인 리간제李干杰 산동성 서기와 천지닝陳吉寧 베이징시 서기가 정치국 위원에 진입했다. 〈보고〉에서 밝힌 과학기술의 자주화 정책 방향을 반영한 인사로 마싱루이馬興瑞 신장위구르자치구 서기, 위안자쥔袁家軍 저장성 서기 등도 정치국 위원에 이름을 올렸다. 이 밖에 총체적 안보관 차원에서 천원칭陳文淸 국가안전부장을 정치국 위원으로 올려 중앙정법위원회 서기에 앉혔다.

20대 정치국 위원 숫자는 19대에 비해서 한 명이 줄었다. 정치국 상무위원 7명을 제외하고 17명으로 구성되었다. 이 가운데 리훙중李鴻忠, 장여우샤張又俠, 천민얼陳敏爾, 황쿤밍黃坤明 등 4명만이 19대에 이어 유임되었다. 이 네 사람은 모두 시진핑 주석과 사적으로 연결된 사람들이다. 20대 정치국 위원에 13명이 새로 진입했다. 특히, 19대 정치국 위원 가운데, 시진핑 주석의 핵심 측근이나 비서 출신인 리창李强(상하이시 서기), 차이치蔡奇(베이징시 서기), 리시李希(광동성 서기), 딩쉐샹丁薛祥(중앙판공청 주임) 등 4명은 모두 정치국 상무위원으로 승진 이동했다. 스타이펑石泰峰은 정치국 위원으로 승진 이동하여 중앙 통전부장을 맡았다.[84]

인사에 따른 정책 정향과 중점

시진핑 3기 정책 방향은 〈보고〉에 담겨 있다. 20대 〈보고〉는 15개 항목으로 구성되었다.[85] 시진핑 3기 정책 방향으로 우선 중국공산당 중심 임무를 새롭게 제기했다.[86] 다음으로, 중국식 현대화를 강력하게 제기했다. 셋째, 높은 수준의 질적 성장 추진을 공개적으로 밝혔다. 높은 수준의 질적 성장이란 고품질 발전을 의미한다. 이는 '공동부유公同富裕'를 실현하기 위한 필요충분조건을 말한다. 향후 '공동부유'를 강력하게 추진할 것으로 전망할 수 있다.[87]

2023년은 '일대일로一帶一路'를 주창한 지 10주년이 되는 해이다. '일대일로'는 시진핑 주석의 브랜드로서 10주년을 계기로 정책 추진에 힘이 실릴 것이다. '일대일로'가 한반도와 연결될 경우 우리도 다각적인 전략적 고려가 요구된다. 한편, 국가혁신체계와 과학기술 역량 강화도 강조하고 있다. 과학기술 역량은 〈보고〉에서 언급한 산업과 과학기술의 자주화 강조와 연결되어 있다.

중국의 과학기술 자주화 전략은 미국과 전략 경쟁의 파고가 높아지는 상황을 반영하는 중국의 전략 방향이다. 중국의 과학기술 역량 강화는 향후 미중 전략 경쟁이 심화하여 실제로 미국과 중국의 디커플링이 현실화되는 경우를 상정한 중국의 전략적 대응조치로 이해할 수 있다. 중국은 이러한 의지를 〈보고〉에서 과학기술의 자주화로 표현했다. 한편, 국가혁신체계를 재정비하겠다는 의지도 보였다.[88]

시진핑 체제 1, 2기 대비 3기의 상이성 및 유사성

20대 인사는 지난 40여 년 동안 이어져 온 이른바 덩샤오핑식 균형 인사의 종말을 의미한다. 시진핑 주석은 조정자와 균형자의 역할이 아닌 실제로 자신이 직접 정책과 인사의 최종 결정권을 갖는 비토권veto power을 행사할 수 있는 환경을 구축했다.

20차 당대회 인사를 통해서 시진핑 주석 개인 권력은 폭넓게 강화되었다. 집단지도체제에 의존한 기존 정책 결정 시스템을 사실상 무력화한 것이다. 동시에 향후 권력 집중에 부응하는 방향으로 관련 법과 제도 등 규정을 수정, 보완, 조정하는 작업이 이어질 것이다. 이 과정에서 당원과 국민들의 사회적 명분 확보는 여전히 과제로 남을 것이다.

20차 당대회 과정에서 리커창李克强 총리와 왕양汪洋 전국정협 주석의 은퇴, 후진타오胡錦濤 전 주석의 '수상한' 퇴장, 후춘화胡春華의 중앙위원으로 강등 등 여러 사건이 있었다. 이 사건은 향후 당내에서 시진핑 주석의 이해와 다른 정치 세력은 존재할 수 없다는 것을 보여주었다. 이로써 시진핑 체제 1기, 2기에서 보여주었던 세력 간 견제와 균형은 더 이상 존재할 수 없다. 당내에는 오직 '무오류'의 절대적 힘을 가진 일인 권력만이 뿌리를 내리기 시작했다. 시진핑 1기, 2기와 다른 3기 체제의 가장 큰 특징이다.

세대교체와 세대 정치의 사멸? 재도래?

20차 당대회 인사에서 시진핑 주석의 절대권력이 한층 더 강화되었다. 그 결과 정치국 상무위원 간 정책 결정을 둘러싸고 수평적 협력관계는 약화되고 수직적 위계관계는 더욱 공고해지고 있다. '영수' 칭호도 당내외에서 확산되고 있다. 이러한 분위기는 건강이 허락하는 한 시진핑 주석의 장기 집권의 가능성을 점점 높이고 있다. 하지만 여전히 세대 정치와 세대교체는 중국 정치변화에서 중요한 문제이다.

먼저, 정치국 상무위원회는 시진핑 주석 친위세력으로 구성되었다. 사적 관계자들이 대거 정치국 상무위원회에 진입하여 세대 간 인사 조정의 의미도 많이 약화되었다. 후계자를 지정하지 않아 세대교체를 통한 세대 정치의 유효성도 줄어들었고 시진핑 주석의 장기 집권의 가능성도 그만큼 더 커졌다. 둘째, 정치국 인사는 단계별 성장과 파격 발탁이 혼재했다. '60후'로의 세대교체 의미도 찾기 어렵다. 정치국 인사에서 가장 눈에 띄는 인사는 바로 중앙선전부 부장에 내정된 리수레이李書磊다. 리수레이는 왕후닝王滬寧과 함께 이데올로그로 활약할 것으로 보인다. 그러나 정치국 인사에서 여성과 소수민족의 배려는 없었다.

셋째, 중앙위원회 인사는 물갈이 폭이 컸다. 중앙위원 205명, 중앙후보위원 171명으로 19대와 비교하여 전체 규모에서는 변화가 없다. 중앙위원이 한 명 늘고, 후보위원이 한 명 줄었다. 중앙위원 205명 가운데 70세 이상은 1명, 50세~59세는 95명, 60세~69세는 102명, 연령미상 7명(대부분 군 출신 인사) 등으로 5세대 중심 세력이 대거 퇴임하고 '60후'가 주류로 올라섰다. '70후'는 지린성 당 위원회 상무위원 겸 비서장으로 알려진 리웨이李衛 한 사람만이 중앙위원에 진입했다. 한 사람으로 세대교체를 언급하는 것은 무리다.

중앙위원 가운데 여성은 11명이며, 19기 후보위원 가운데 34명이 중앙위원으로 승진했다. 신임 중앙위원은 99명으로 대폭 물갈이되었다. 소수민족은 9명이 진입했다. 19대 41명이었던 군(무장경찰 포함) 출신 인사도 44명으로 그 규모에서는 큰 변화를 보여주지 못했다. 그러나 세대교체의 흐름은 '60후' 인사에서 나타난 것이 아니라 중앙후보위원에 대거 진입한 '70후' 인사에서 나타났다.[89] 이들이 향후 세대교체를 통한 세대 정치의 측을 형성해 나갈 것이다.

3. 신지도부의 세계와 역내 인식

중국은 2012년 18차 당대회 〈보고〉에서 대외관계 테제로 신형대국관계를 들고 나왔다. 중국은 이를 통해서 미국과 관계 재정립을 통해서 이른바 '투키디데스 함정'을 벗어나고자 했다. 시진핑 주석은 2013년 4월 미국을 방문하여 글로벌 책임 국가로서 임무를 다하겠다는 것으로 신형 대국관계를 공식화했다.

중국이 말하는 책임 대국으로서의 책임과 의무는 미국 주도의 자유주의 국제질서와는 다른 차원에서 유엔의 역할을 강화하는 것이다. 중국은 기회 있을 때마다 유엔 헌장의 취지와 원칙에 충실하고 유엔을 중심으로 하는 국제체계를 수호할 것임을 명확히 천명하고 있다. 이러한 중국의 국제질서에 대한 기본 이해는 왕후닝이라는 중국 내 뛰어난 제사帝師가 그 기초를 다졌다.

20차 당대회에서 왕후닝은 정치국 상무위원에 연임했다. 왕후닝의 정치국 상무위원 연임은 중국의 세계에 대한 인식에서 큰 변화가 없을 것을 예고한다. 즉, 중국은 국제사회의 일원으로서 책임과 의무를 다하는 유엔 중심의 국제질서를 유지하는데 노력하겠다는 기존 태도와 자세를 유지하겠다는 것을 의미한다. 따라서 시진핑 집권 3기에 들어서도 세계를 인식하는 중국의 국제질서 인식에 대한 근본적인 변화는 나타나지 않을 것으로 전망할 수 있다.

중국이 양제츠杨洁篪 후임으로 왕이王毅 외교부장을 외교 담당 정치국 위원으로 올린 것은 18대 이후 유지되어온 대미 관계를 계속 중시하겠다는 신호다. 한편 대미 관계 중시 외에 왕이 외교부장이 정치국 위원이 된 것은 주변외교를 한층 강화하겠다는 신호이기도 하다. 중국은 미중 전략 경쟁으로 대미 관계에서 좀처럼 성과를 내기 어려운 구조적 제약에 놓여 있다. 반면에 주변국 관계는 비교적 협력 공간이 넓다는 것이 중국의 생각이다. 따라서 중국은 시진핑 3기 들어서 더욱 주변외교에 관심을 가질 것이고, 중국과 중앙아시아 관계, 중국과 한국, 일본 관계, 중국과 한반도 관계, 중국과 아세안 관계를 더욱 중시할 것이다.

양갑용(국가안보전략연구원 책임연구위원)

2장
시진핑 3연임의 정치적 의미와 평가

1. 3연임은 새로운 규범의 출발인가
새로운 독재의 출발인가?

시진핑 주석은 그동안 명시적이고 공개적으로 개혁개방을 부정하거나 그 의미를 약화시키지도 않았다. 그러나 18대와 19대를 지나오면서 끊임없이 '신시대'를 강조했다. 개혁개방의 유산을 덜 중시하거나 덜 강조하는 행태로 과거와의 단절을 시도해왔다.[90)]

덩샤오핑 집권 시기는 사회생산력이 가장 중요한 성장과 발전의 지표 가운데 하나였다. 그리고 생산력이 바로 중국식 사회주의의 평가 기준이자 검증 수단이었다. 그러나 시진핑 체제는 이러한 경제 중심 방법론을 중시하기보다는 역사와 시대, 인류문명 차원에서 개혁개방 시대와 단절을 시도하고 있다. 예를 들어, 전체 중국 역사를 혁명과 건설, 개혁의 시대가 아니라 혁명, 건설, 개혁의 시대로 삼분했다. 개혁개방 시기의 개혁이 아니라 이전과는 질적으로 완전히 다른 새로운 개혁의 시대를 만들고자 한다. 둘째, G2 시대 중국의 국제적 위상은 개혁개방 시기와는 질적으로 다르다는 인식을 보편적으로 갖고 있고 그것을 드러내려고 한다. 셋째, 중국이 일국 사회주의에서 벗어나 이제는 마르크스주의를 충분히 구현하고 체화하는 인류 공동의 문제에 관심을 기울여 중국에게 부여된 책임과 의무를 다하겠다는 다짐을 드러내고 있다.

이처럼 시진핑 주석의 집권 연장은 역사, 시대, 인류 차원에서 기존 국가운영과는 완전히 다른 새로운 중국을 그리고 있다. 이를 구체화하기 위해서도 덩샤오핑 시대의 유산과는 단절하거나 발전적으로 극복해야 한다는 것이 20차 당대회를 계기로 표출되었다. 따라서 향후 시진핑 3기의 길은 덩샤오핑의 정치적 유산을 덜 의식하는 자기 나름의 새로운 길을 열어갈 것은 분명해 보인다. 그것이 새로운 규범의 출발이든 아니면 새로운 독재의 출발점이든 분명한 사실은 덩샤오핑 시대와의 단절을 통해서 새로운 미래를 그려간다는 점이다. 20차 당대회가 그 출발을 알렸다.

2. 3연임은 당원과 국민의 동의를 얻었는가?

시진핑 주석은 18대, 19대, 20대 당대회 〈보고〉 문건 작성의 최종 책임자였다. 시진핑 주석은 자신의 구상을 〈보고〉에 담았다. 먼저, 형식 측면에서 세 시기의 관행은 모두 부분적으로 수용되었다.[91] 또한, 대회 개최에 이르는 과정도 기존 관행에서 크게 벗어나지 않았다.[92] 그러나, 내용 측면에서는 완전히 다른 모습을 보여주었다.[93] 앞서 강조했듯이 이러한 기존의 관행이나 관례를 방기하거나 용도를 폐기하는 것은 덩샤오핑 시기의 정치적 유산과의 고별을 의미한다.

시진핑 3기는 기존 관행에 어긋나는 권력 연장이기 때문에 사회적으로 통치 명분 확립이 무엇보다 중요했다. 이 과정에서 정치적 각성을 강화하고, 당이 중심이 되고 앞서서 국가를 이끌어가는 제도적 장치와 방법을 강화하여 통치의 정당성을 확립하려는 노력이 나타났다. 집권 연장의 분위기는 각종 어록과 지침의 선전과 교육, 학습으로 보완되었다. 20차 당대회 이후 선강단宣講團 활동 또한 사실상 통치 정당성 확산을 위한 노력 가운데 하나였다.[94] 당내 통치 정당성과 합법성을 강화하는 수단으로 여전히 선전과 교육, 학습이 강조되었다.

당대회 종료 이후 두 달여 동안 기층 일선을 중심으로 '20대 정신'을 선전, 교육하는 학습활동이 진행되었다. 이러한 당중앙 및 각급 당의 선전 및 교육 활동 강화는 시진핑 주석의 3연임에 대한 당원과 국민의 두터운 신뢰를 요구하고 있다. 이는 반대로 말하면 당원과 국민의 신뢰가 아직 충분하지 않다는 의미이기도 하다.

3. 공동부유는 3연임의 유력한 근거이자 추동력일까?

　시진핑 집권 기간 집권 청사진을 보면 시진핑 집권 1기에는 반부패 투쟁을 추진했고, 2기에는 소강사회小康社會 건설을 추진했다. 제3기에는 공동부유共同富裕를 추진할 가능성이 높다. 공동부유는 중화민족의 위대한 부흥을 약속한 시진핑 주석에게는 당원과 국민들을 통합하는데 유용한 수단이다. 중국 당국은 공동부유 시범 지구로 저장성을 지정했다. 시진핑 주석의 언술에 따르면 공동부유는 현대화된 사회주의 강국의 로드맵에서 반드시 이루어내어 높은 수준으로 발전한 이후에 도달해야 하는 목표다. 따라서 공동부유 정책은 전 중국으로 확산될 것이고 시진핑 3기의 핵심 의제가 될 것이다.

　앞서 말한대로 공동부유는 하향평준화 방식의 부의 재분배가 아니다. 당국의 표현을 빌자면 매우 높은 수준의 발전을 이룬 이후에 달성할 수 있는 정책 목표다. 그러므로 반부패운동이나 소강사회 건설처럼 5년 단위로 단계별로 끊어서 추진하는 정책이 아니다. 적어도 사회주의 현대화 강국 건설의 최종 목표 연도로 제시된 2049년, 중화인민공화국 건국 100년 시기까지는 꾸준히 추진해야 한다. 공동부유는 시진핑 3기에서 본격적으로 시작하여 2050년 최종 성과를 내는 중장기 프로젝트라고 할 수 있다.

　시진핑 주석이 특히 공동부유에 관심을 보이는 것은 당의 통치 정당성 차원에서 격차의 문제가 심각한 사회 이반을 초래한다고 우려하기 때문이다. 덩샤오핑 시기 발전 모델은 일정한 성과에도 불구하고 도농 격차, 빈부 격차, 지역간 격차 등을 양산했다. 시진핑 체제는 이러한 격차 문제를 해결하지 못하면 신시대에 맞게 성과를 내기도 어렵고, 그렇게 되면 사회주의 현대화 강국의 건설이 어렵다는 생각을 갖고 있다. 즉, 사회주의 현대화 강국 건설을 위한 필요충분조건이 바로 격차 없는 또는 격차를 현격하게 줄이는 공동부유의 세상이라고 생각한다.

따라서 공동부유 정책은 시진핑 3기를 포함하여 장기간 중국이 나아가야 하는 목표를 체현하는 개념이다. 또한 공동부유는 시진핑 주석이 중시하는 자신의 정책 브랜드라는 점에서 시진핑 체제가 존속하는 한 계속 추진될 것이다.

4. 정치 동원을 위한 수단과 방식

20차 당대회의 정치국 상무위원 구성은 시진핑 세력 일색이고, 이는 집단지도체제의 형식을 사실상 완전히 무력화시키는 조치다. 집단지도체제 내에서 견제와 균형을 통한 합의는 덩샤오핑 시기 정치적 유산이지만, 이제 이것이 더 이상 작동할 공간이 없어졌다. 물론, 집단지도체제를 형식적으로 규정하는 규범이 아직 폐기되지 않았다. 하지만 사실상 무력화되었기 때문에 더이상 집단지도체제가 작동한다고 말할 수 없다. 이러한 정치 구조의 변화는 자연스럽게 시진핑 주석의 이른바 '1인 체제'의 도래를 의미한다.

정치국 위원 구성이나 중앙위원 구성 방식과 절차는 기존 관행과 별반 차이를 보이지 않았다. 대부분 기존 관행에 부합하는 방식이었다.[95] 적어도 정치국 위원 인사 교체는 집단지도체제 구성에서 친정체제를 구축했던 것과 달리 기존 교체 패턴을 그대로 답습하는 등 선택적 적용이 이루어졌다. 이는 집단지도체제를 완전히 장악해야 할 필요성이 시진핑 체제에 매우 간절했다는 것을 의미한다. 이러한 의미에서 보면 정치국 위원 교체를 둘러싼 기존 관행의 완전한 파괴는 아직은 덜 중요한 문제였다. 적어도 점진적인 변화 과정을 가겠다는 기존 방식에서 완전히 유리된 것은 아니었다.

중앙위원 인사에서도 기존 관행과 유사한 엘리트 교체가 이루어졌다. 그 비율 또한 100여 명 정도가 교체되었다. 18대, 19대에 비해서 현저하게 차이를 보이지는 않았다. 이는 앞서 얘기한대로 집단지도체제를 완전히 틀어쥔 상황에서 급격한 변화에 따른 민심 이반 등 다른 정치적 리스크를 줄여나가기 위한 조치로 이해할 수 있다. 다만, 중앙위원에 여성과 소수민족을 배려한 기존 관례에 따른 인사가 이루어지지 않았다는 것은 엘리트 정치의 남성화 경향이 두드러지고 있음을 보여주고 있다.

중앙후보위원에 70년대 출생의 젊은 간부들을 대거 발탁했다. '70후' 인사 가운데 약 30여 명 정도가 중앙위원회 후보위원에 이름을 올렸다. '70후'들이 본격적으로 중국 정치의 이른바 파워엘리트 대열에 진입했다는 신호로 해석할 수 있다. 세대교체를 통한 통치 정당성의 강화는 시진핑 주석이 새로운 정치를 펼쳐나가는데 중요한 동력이다. 동시에 '70후'들도 성장의 기대를 가질 수 있다는 점에서 이해가 맞아떨어진다. 그리고 이들은 시진핑 주석의 장기 집권에 적극 부응하는 방향으로 활용될 것이다.

양갑용(국가안보전략연구원 책임연구위원)

3장
시진핑식 사회통제 방식은 유효할 것인가?

1. 시진핑 3기 사회관리 전망

중국 공산당 20차 당대회 〈보고〉에서 '안전安全'이라는 말이 91회나 등장했다. 19차 당대회 〈보고〉 대비 20차 당대회 〈보고〉에서 그 등장 빈도수가 2배 가까이 급격하게 높아진 키워드는 바로 '안전'과 '리스크風險'였다. '안전'과 '리스크'의 빈도가 높아졌다는 것은 국제관계에서 대결 국면과 긴장이 늘어난 것으로도 해석 가능하다. 하지만 이 키워드들은 국내의 안정과 리스크 관리를 포함하는 것이기도 하다. 특히 20차 당대회가 끝나고 얼마 지나지 않아 봉쇄 위주의 제로 코로나 정책을 비판하고 심지어 공산당과 시진핑 체제 자체를 비판하는 구호까지 등장한 일명 백지 시위가 상당수 중국 대도시에서 벌어졌다는 사실은 20차 당대회의 〈보고〉에서 강조된 사회 안정과 맞물려 시진핑 3기 체제의 안정성과 공고함에 많은 의문을 불러일으키고 있다.

3연임 가능 정치사회적 배경과 딜레마

제19차 당대회가 끝난 직후인 2017년 10월31일 신임 중앙정치국 상무위원회 7명은 첫 외부 일정으로 당의 영혼이 발현된 상하이의 1차 당대회 개최 장소를 방문했다. 시진핑 주석 개인에게 권력이 집중되는 것을 보지 않고 당 전체로 보면 당의 권력 집중은 정치국 상무위원 간 권력 분점의 기존 집단지도체제의 약점을 보완하는 측면도 없지 않다. 강력한 지도자의 출현에 따른 당의 강고함이 권력을 당으로 집중하고 개인으로 집중하는 것으로 연결되었다. 여기서 중요하게 고려되는 것이 바로 중국 공산당 통치의 정당성 내지는 합법성legitimacy이다.

중국 공산당의 정치 정당성과 수권의 안정성은 선거로부터 나오지 않는다. 중국 공산당은 혁명을 통해 집권한 체제이며, 인민들의 평등을 위해 복무한다는 면에서 자신의 체제를 정당화해왔다. 개혁개방에 나서면서 사회주의적 색채가 옅어지는 상황에서는 일명 업적 정당성performance legitimacy을 내세웠다. 시진핑 시기 들어 이전만큼의 경제성장률이 담보되지 못하고 중저속 성장의 뉴노멀 시기에 접어드는 상황 속에서 통치 정당성으로서 점차 민족주의와 애국주의를 강조하기 시작했다.

중국의 이러한 정당성의 확보에는 주변국과의 평화적인 동행보다는 자국 중심의 역사 이해 및 외교관계가 더 강화되고, 국가와 민족의 목표 달성이라는 대의 속에서 기층 인민들의 목소리가 소외될 가능성이 크다는 문제를 안고 있다. '공동부유'를 주요 정책으로 내세우고 있지만 보다 적극적인 재분배를 통해 양극화 문제를 해소하려는 것인지는 불투명하다.

지속 가능하고 안정적인 재분배를 통해 '공동부유'를 이루려면 누진세 및 직접세로의 세제 개편을 시도해야 한다. 하지만 공동부유론에는 그런 정책들의 세부적인 시행계획이 드러나 있지 않다. 한편, 현 시진핑 체제의 통치 기반의 주를 이루는 것은 중국 공산당의 당원과 그 가족들이라고 할 수 있다. 이들을 중심으로 형성된 신흥 중산계층이 증세나 징세에 동의할 수 있을지는 여전히 의문이다. 오히려 그러한 조치는 자신의 통치 기반에 대한 반발을 불러일으킬 수도 있다. 훨씬 넓은 기층 인민들의 지지를 받기 위해서는 폭넓은 재분배 조치가 필요하다. 하지만 이 조치가 오히려 자신의 핵심 통치 기반 세력인 중국 공산당의 중간 간부층들의 이반을 가져올 수 있다는 점에 시진핑 체제의 딜레마가 있다.

시진핑 정부의 사회통제 방식

중국은 '중진국 함정'과 '체제 전환의 함정'에 더해 '투키디데스의 함정'까지 3중의 함정에 빠져있다고 해도 과언이 아니었다. 그 해법으로 민주화와 시장화가 거론되었다. 장쩌민江澤民, 후진타오 시기를 지나면서 중국의 정치제도, 경제와 사회의 변화는 이런 방향으로 완만하게 나아가는 것으로 보였다. 하지만 시진핑 체제의 중국이 선택한 길은 당 국가체제 강화와 이에 바탕을 둔 체계적인 사회통제 관리 방식이었다. '정층설계頂層設計, top level design'라는 개념도 등장했다.

개혁개방 이후 경제성장 과정에서 기존의 사회관계들이 해체되고 빈부 격차가 확대되면서 사회적 갈등이 심화되었다. 이는 사회 안정성이 흔들리는 결과를 낳았다. 이에 중국 공산당은 2000년대 들어 지속적으로 '사회건설'과 '사회관리'를 중요한 정책 목표로 삼아왔다. 사회의 안정유지維穩 목표는 동일하지만 그 방식에 있어서 차이가 있다.[96]

비교적 거버넌스治理와 협치를 강조해왔던 후진타오 시기와 달리 시진핑 시기 들어서는 당 조직으로의 집중을 강조하며 기존 사회 영역의 활력을 축소시키기 시작했다. 사회에 대한 감시와 통제를 통해 사회적 갈등을 해결하려 했다. 예컨대, 치안과 관련한 공안 기구들의 힘을 늘리고 이에 대한 당의 통제도 강화했다. 기층에서 활동하며 그 영향력을 조금씩 넓혀나가던 여러 사회단체들에 대한 탄압이 거세졌다.

시진핑 시기 들어 중국의 여론 및 언론 통제는 더욱 강화되었다. 후진타오 시기에는 상대적으로 더 개방적인 편이었다. 하지만 시진핑 시기 들어서는 강력한 통제 정책을 펼치기 시작했고 여러 규정을 동원했으며 디지털 기술을 적극 활용했다. 국민들이 이용하던 해외 사이트들에 접속하기 위한 우회 소통 방식이던 VPN도 후진타오 시기에는 그리 통제가 심하지 않았다. 그러나 시진핑 시기에는 전반적으로 사이버 통제가 더 강화되었다. 중국은 우마오당五毛黨과 수군水軍 등 온라인 여론을 관리하기 위해서 댓글부대를 꾸리기도 했다.

중국의 온라인 검열과 여론 통제에 대해 중국에서도 자유주의적 성향을 지니거나 해외에서 좀 더 생활을 많이 했던 사람들은 반발심도 크다고 할 수 있다. 그리고 중국에서 노동운동이나 인권운동에 나선 이들은 당국과 숨바꼭질을 벌이며 지속적으로 검열을 피하고 온라인의 빈틈을 이용해 저항 중이기도 하다. 중국인들은 자신들의 주장을 알리기 위해 인터넷과 SNS를 적극적으로 사용하고 있다. 당국의 검열과 저항자들 사이의 숨바꼭질은 앞으로도 계속될 것으로 보인다.

인민의 사회관리 수용성

시진핑 체제에 대한 반대 여론은 존재한다. 하지만, 시진핑 체제는 대대적인 반부패 사정 작업으로 관료들을 처벌하고 친민親民 정책을 실시해 인기를 얻어오고 있다. 그리고 강력한 중앙이 등장하는 것에 대해 일정한 대중의 지지가 있는 것은 중국적 맥락에서는 크게 이상한 일이 아니다. 하지만 대중들의 일정한 지지가 바로 시진핑 집권 연장의 시도를 정당화해주는 것은 아니다. 중국에서 자유민주주의 체제를 원하는 대중들의 목소리가 크지 않은 것은 분명하다. 하지만 사회주의 안에서 민주를 요구하는 대중운동은 간헐적이지만 끊이지 않고 존재해왔다. 노동자와 농민의 권리 보장을 주장하는 파업이나 권리 보호 투쟁이 지속적으로 벌어졌다. 시진핑 시기 들어 이러한 움직임은 위로부터의 강력한 압박에 직면했다.

중국의 상황은 오래된 '다모클레스의 칼'이라는 우화를 떠오르게 한다. 시진핑 주석은 주로 대외적 위협을 '다모클레스의 칼'이라고 표현했지만, '인민'이라는 또 다른 '다모클레스의 칼'을 두려워해야 하는 것은 아닐까? 시진핑 주석은 집권 기간 동안 여러 차례 인민을 강조하고 탈빈곤과 사회보장 강화 등 친민정책을 얘기했다. 하지만 여전히 당의 억압적인 통제는 계속되고 있다. 권력 집중과 임기 연장은 한편으로 정책 집행의 효율성을 담보할지는 몰라도 정책 실패의 책임 또한 막중해진다. 시진핑 주석의 정책적 시도가 연착륙하며 좋은 성과를 계속해서 내지 않는다면, 그리고 아래로부터의 민의를 반영할 수 있는 지속적인 제도적 통로를 만들어내지 못한다면, 인민들의 여론이 단순히 풍자에만 머무르지는 않을 것이다.

2. 디지털 기술과 사회관리

시진핑 체제가 의법치국依法治國과 전면적인 종엄치당從嚴治黨(엄격한 당 관리)을 앞세우는 것은 한편으로 법가法家라는 오래된 중국의 정치 전통을 떠올리게 한다. 여기에 정책의 투명성과 효율성을 새로운 디지털 기술을 통해 담보하려고 한다. 이를 '디지털 법가Digital Legalism'라고 명명해볼 수 있다.

디지털 사회관리 연원과 통제 방식

중국 도시 지역에는 안면 인식 기술을 내장한 고성능 CCTV 2천만 대를 활용한 '톈왕天網'이라는 보안 감시 시스템이 있다. 농촌 지역의 도로 등에 설치한 CCTV를 주민들의 TV, 스마트폰 등과 연결해 공안 당국과 주민들이 함께 현장 상황을 실시간으로 파악할 수 있는 대중감시 네트워크 구축 프로젝트인 쉐량雪亮 공정도 있다. 한편, 중국은 2014년 '사회 신용 시스템 건설 강요 2014~2020'를 발표했다. 이 계획은 중국이 2020년까지 국가 데이터베이스에 수집된 개인의 신용 및 금융 정보, 범죄 이력이나 사회활동 등 모든 정보를 활용하여 개인에게 일정한 점수를 부여하는 것이다. 그리고 이 점수 변동에 따라 대출, 교육, 의료 보장 등에 적극적으로 활용하겠다는 계획을 내세웠다.

중국의 사회 신용 시스템은 첫째, 각 분야별로 적용되는 신용 평가나 법규 위반 조회 등을 다 한곳으로 모아서 총체적인 개인에 대한 평가로 새로 구축하고 있다는 것, 둘째, 이 사회 신용을 점수로 매겨서 여러 분야에서 보상과 처벌의 잣대로 활용한다는 점, 셋째, 중국의 발전된 ICT 기술과 감시 시스템 등 디지털 기술을 활용해 국가가 이를 빅데이터로 수집한다는 점에서 여타 국가와 다르다. 중국은 여전히 시범도시 혹은 시범 지역에서 지역별로 다양한 형태의 사회 신용 시스템을 테스트하고 있다. 이 사회 신용 시스템은 언제든지 더 강력한 감시나 처벌의 기제로 활용될 가능성이 있다.

왜 시진핑 주석은 디지털 법가의 길을 가려는가?

중국은 지속적으로 성장해온 국가지만 체제가 불안정하다는 중국 붕괴론이나 위기론도 끊임없이 등장했다. 다른 권위주의 국가에서 여러 색깔 혁명이 등장할 때마다 세계 언론의 카메라는 천안문광장을 비췄다. 몇 년 전만 해도 여러 중국 전문가들이 시진핑 시기의 중국에 대해서도 중국발 리스크와 '중진국 함정'을 경고해왔다. 부채의 증가, 금융의 불안정성, 수출과 내수의 이중 부진, 생태 및 환경 리스크 등 중국의 복합적인 위기들을 지적하는 목소리들도 높았다.

서구의 주요 언론이나 연구자들이 내놓은 중국의 리스크 극복 해법은 민주화와 시장화였다. 일당 통치의 권위주의적 정치 구조와 역동적인 시장경제는 모순되므로 중국이 직면한 위기들을 극복하기 위해서는 정치 민주화와 정부 개입이 줄어든 완전한 시장화만이 해법이라는 것이었다. 하지만 시진핑 집권 이후 중국이 선택한 길은 최고지도자 일인에 의한 권력 집중의 형태로 나타났다. 강력한 당 중앙의 리더십을 바탕으로 다방면에서 한계에 부딪혀있는 중국의 복합적인 리스크를 해소하겠다는 뜻이기도 했다. 이런 중국의 정치적 변화는 개인 독재의 강화와 전체주의로의 퇴행이라고 비판받기도 했다. 하지만 이를 단순히 민주 대 독재라는 이분법적 구도로만 파악하는 것은 한계가 있다. 중국이 일견 역행이나 퇴행으로 보이는 이런 움직임을 통해 실제로 추구하는 것이 무엇인가를 살펴볼 필요가 있다.

중국의 이러한 디지털 기술을 활용한 사회관리의 새로운 시도는 지방 관료들의 부정부패를 감시하고 정책의 투명도를 높이는 데 사용될 수도 있다. 중앙이 거래 내용을 다 투명하게 들여다볼 수 있기에 관료들이나 기업의 부정부패를 사전에 차단할 수 있는 장점이 있다. 재정 집행이나 조세 정책에서도 투명도를 높이고 불필요한 행정비용과 거래비용을 줄일 수도 있다. 감시가 강화되는 것은 개인 인권에 대한 침해이기도 하지만 공공의 안전을 위해 감수해야 한다는 여론도 중국 내에서 강한 편이다.

그럼에도 불구하고 중국에서 조금씩 현실화되고 있는 첨단기술과 사회관리체제의 결합은 중국의 전통적인 통치 관념 속에 아직 남아있는 법에 따라 국가적 유토피아를 실현시키기보다는 디스토피아적 미래로 보이는 경향이 더 강하다.

디지털 법가 경로의 성공 가능성

데이터의 다양성 면에서는 다른 글로벌 플랫폼(구글, 페이스북, 유튜브 등)을 따라잡을 수 없지만, 데이터의 깊이 면에서는 중국 플랫폼 기업들의 장점도 있다. 게다가 빅데이터 모형에서는 데이터가 분산되거나 격벽을 가지고 있기보다는 중앙에 집중되어야 가치나 활용도가 높아진다. 예를 들어, 중국의 사회 신용 시스템은 다른 나라와 다르다. 첫째, 각 분야별로 적용되는 신용 평가나 법규 위반 조회 등을 다 한곳으로 모아서 개인에 대한 총체적인 평가로 새로 구축하고 있다. 둘째, 이 사회 신용을 점수로 매겨서 여러 분야에서 보상과 처벌의 잣대로 활용한다. 셋째, 중국의 발전된 ICT 기술과 감시 시스템 등 디지털 기술을 활용해 국가가 이를 빅데이터로 수집한다.

중국의 사회 신용 시스템은 아직은 강력한 보상과 처벌의 기제로 작동하기보다는 개개인의 도덕적인 행위나 사회적인 모범을 만드는 등 계몽의 효과도 노리고 있는 것으로 보인다. 이는 다시 말해 첨단기술을 사용하면서도 중국 전통의 유법국가儒法國家적 이데올로기를 고양시키는 쪽으로 활용되고 있다고 할 수 있다. 물론 기술적인 면에서 얘기하자면 이 사회 신용 시스템은 언제든지 더 강력한 감시나 처벌의 기제로 활용될 가능성이 있다. 이는 중국의 일당 통치 및 중앙집중형 정치 체제와 빅데이터 기술이 결합되었을 때 나타날 특징이기도 하다.

중국은 사적 재산권이나 프라이버시 개념에 대한 사회적 인식이 낮고 빅브라더에 가까운 중앙집권적인 일당 통치체제를 유지하고 있다. 따라서 중국이 디지털 기술을 현실에 적용하는데 다른 나라보다 훨씬 더 적극적일 것이다. 중국의 기술 굴기가 가져올 세계가 소프트 파워 측면에서 매력을 상실한다면, 중국이 스스로 내세우고 있는 중국식 솔루션은 새로운 글로벌 대안이 되기는 힘들다. 시진핑의 중국은 스스로 천명한 '신시대New Era'가 '멋진 신세계Brave New World'가 되지 않기 위해서 많은 사람들의 우려에 충분히 대답할 수 있어야 한다.

3. 시진핑식 사회통제는 유효할 것인가?

중국 공산당은 개혁개방 이후 경제발전으로 체제 정당성perfor-mance legitimacy을 확보해왔다. 그러나 성장 과정에서 기존 사회관계들이 해체되고 빈부 격차가 확대되면서 사회적 갈등이 심화되었다. 그리고 사회 안정성이 흔들렸다. 중국 공산당은 지속적인 체제 안정성을 확보하기 위해 2000년대 들어 지속적으로 '사회건설'과 '사회관리'를 중요한 정책 목표로 삼아왔다.

20차 당대회 이후 벌어진 백지 시위

중국 사회는 시진핑 시기 강화된 감시와 통제 시스템에 수동적으로 대응하고 있는 것으로 보이기도 한다. 중국사회의 저항은 단속적으로 이뤄져왔지만 1989년 천안문 사건 이후로 전국 규모의 거대한 시위는 없었다. 일반적으로는 청원 형식의 대중 저항의 양상이 이어져 왔다. 즉 중국 공산당을 대체할 대안 세력이 없고 다당제나 선거를 통한 정권교체가 없는 정치적 상황에서 임금체불이나 부정부패, 혹은 직접적인 행정적 통제로 자신에게 직접 피해를 끼치는 지방 관료나 자본가에 대한 처벌을 요구하기 위해 중앙에 청원하는 것이다. 이는 강력한 중앙이 있어야 기층 지역이나 세력가들에 대한 견제가 가능하다는 중국 인민들의 인식이라고 할 수 있다. 하지만 시진핑 주석 1인으로의 권력 집중이 강화되고 코로나 정책 관련 사회 통제가 심화하고 부동산 시장 침체가 이어지면서 체제에 대한 불만이 증가하는 추세에 있다.[97] 해외뿐만 아니라 감시가 삼엄한 중국 국내에서도 비록 소수지만 여러 지역에서 낙서 시위가 벌어졌다.

정저우鄭州의 폭스콘 공장 시위, 우루무치 아파트 화재 참사, 란저우 PCR 검사소 파괴, 광저우에서의 물리적 충돌, 상하이 우루무치로에서 벌어진 추모 시위, 베이징 량마허 백지 시위 등에서는 공산당 통치에 대한 불만과 시진핑 주석에 대한 하야 구호까지 등장했다. 이것은 통제의 압력이 커졌지만 이에 비례해 중국 인민들의 반감도 5년 전에 비해 더 커졌다는 것을 뜻하기도 한다. 이렇듯 중국의 주요 대도시들과 대학에서 같은 구호로 시위가 동시다발적으로 벌어진 것은 1989년 천안문 사건 이후 처음이었다. 지난 30여 년간 노동자 시위, 농민 시위, 지식인들의 저항, 일부 생태 운동, 변경에서의 소수민족 운동 등이 계속 벌어졌지만 대부분 지역에서의 이슈로 끝나거나 당사자 문제로 국한되는 경우가 많았고, 이 운동들이 화학적 결합을 일으키기는 힘들었다. 전반적으로 중국의 사회적 저항은 분절적이었다고 할 수 있다.

하지만 현재 국면은 제로 코로나 방역 정책에 대한 반대라는 하나의 구호로 요구 사항이 모였고, 여기에 경기 둔화, 청년 실업, 언론 자유의 부재, 강압적 정책에 대한 불만 등이 더해진 상황이다. 무엇보다 우루무치 아파트 화재 참사가 직접적인 계기가 되었다. 이는 다른 나라의 여러 참사와 마찬가지로 국가의 역할을 묻는 티핑 포인트가 된 것으로 보인다. 그간 중국 당국은 제로 코로나 정책은 다른 나라에 비해 국민의 생명과 안전을 잘 지켜온 가장 중요한 성과라고 선전해왔다. 한데 오히려 봉쇄정책으로 인해 화재진압이 제때 이뤄지지 않아 여러 사람이 목숨을 잃었다는 역설은 많은 사람들의 마음을 흔들었고, 그간 쌓였던 불만이 터져 나오는 계기가 되어버렸다.

향후 중국의 사회적 저항과 통제는 어떤 방식으로 이뤄질 것인가?

1989년의 재림은 잔혹한 무력 진압의 트라우마를 떠올리게 한다. 하지만 당시와 같은 전면적인 무력 진압의 가능성은 현재로서는 그렇게 높지 않다. 1989년 천안문 사건 당시에는 광장에 모인 사람들과 항쟁 지도부를 직접적인 타격 대상으로 삼을 수 있었지만, 현재 시위는 21세기 들어 다른 나라에서도 나타났던 양상과 비슷하게 어떤 조직이나 세력을 구심으로 하는 것으로 보이지는 않는다. 그렇기에 중국 인민들의 전반적인 방역정책 완화 요구를 인민 내부의 적이나 외부 세력의 영향으로 규정하기는 쉽지 않을 것이다.

그렇기에 가장 가능성이 높은 중국 당국의 대응 방향은 저강도 탄압으로 시위 확산을 막고 방역 정책 조절로 시위대의 요구를 갈라치기 하는 것이다. 일반 시민들의 방역완화 요구는 일정하게 수용하되 언론 자유 요구나 체제비판의 목소리는 그와 분리시켜 '외부세력'으로 몰아 탄압할 것이다. 실제로 중국 당국은 그동안 신장 위구르 지역이나 홍콩 시위 당시 활용했던 여러 디지털 감시 기술을 사용해 시위 주동자들을 솎아내 검거하고 탄압하는 일을 벌이고 있는 것으로 알려졌다. 현재 제로 코로나 방역 정책의 대폭 완화로 시위가 소강 국면으로 접어든 것은 이러한 상황을 반영하는 국면이라고 할 수 있다.

그러나 불씨는 여전히 남아있다. 현재 공산당의 대안 세력이 없는 상황에서 중국 인민 대다수가 공산당 통치체제 자체에 대해서는 반대의 목소리를 높이기 쉽지 않다. 하지만 시진핑에 대한 반감은 점차 확대되는 상황이다. 백지 시위의 요구에 당국은 전격적으로 그동안 제로 코로나의 강력한 봉쇄 조치는 철폐했지만, 또 그 반대급부로 많은 사람들이 바이러스에 속수무책으로 노출되어 생명을 잃고 있는 중이기도 하다. 이 상황이 지속되며 의료 시스템의 붕괴로 이어지는 동시에 경기가 지속적으로 침체 상황이라면 사람들의 분노는 또 다른 방향으로 지속될 것이다. 현실적인 상황들을 고려할 때 체제에 저항하는 세력들의 대규모 조직화는 어렵겠지만 산발적 저항은 단속적으로 지속될 것으로 예상된다.

4. 위드 코로나와 사회정책 과제

제로 코로나 정책과 민심의 변화

제로 코로나 정책과 관련해 그 이전 중국 방역 정책을 회고해보자. 2019년 12월 말에서 2020년 1월 코로나19 바이러스 발발 초기 우한의 상황에서 초반의 방역 실패, 우한과 후베이의 의료 체계 붕괴, 방역 봉쇄 조치에 대한 인민들의 불만이 고조됐고, 이후 수많은 사망자 발생 등 시진핑 집권 이후 가장 큰 리스크에 직면했었다. 특히 당국이 당시 이 미지의 전염병에 대해 정보 통제와 검열로 대처해 사태가 확산되면서 체제 붕괴 위기로 번질 수 있는 중국의 '체르노빌 모먼트'라는 분석도 등장했었다. 소련이 체르노빌 원전 사태 때 정보를 통제하여 자국은 물론이고 주변국에 더 심한 피해를 안겨주며 이후 체제의 붕괴로 이어진 역사의 반복일 수 있다는 비판이었다.

하지만 이후 서구 선진국들이 방역에 실패하며 수많은 사망자가 나온 반면에 중국은 강력한 통제와 디지털 감시 기술의 활용으로 이를 안정적으로 관리해내자 오히려 중국 내에서 코로나 위기가 애국주의의 추동력이 되어버렸다. 중국에서는 이 코로나 위기가 자신들의 방식이 다른 나라보다 더 효율적이고 안정적이라는 체제의 자신감으로 이어지는 역설적 상황이 되어버린 것이었다.

그러나 2022년 들어 다시 상황이 역전되었다. 미국을 비롯한 다른 나라들이 백신접종과 더불어 오미크론이라는 변이바이러스 상황에서 위드 코로나 정책으로 변화하는 가운데 중국은 오히려 강력한 제로 코로나 정책으로 상하이를 비롯한 대도시 지역에서 상당 기간 동안 봉쇄정책으로 일관하자 이에 비판의 목소리가 높아졌다. 민간 및 해외에서는 20차 당대회 이후 중국의 제로 코로나 정책의 변화나 유연화를 기대했으나 20차 당대회 전후 당국에서는 계속해서 공식적으로 제로 코로나 정책을 견지했다.

특히 이번 당대회에서 중국 최고지도부인 중국 공산당 중앙정치국 상무위원회에 2022년 초 상하이의 봉쇄정책을 이끌었던 리창 상하이시 당서기와 2년간 베이징에서 계속해서 강력한 방역 정책을 주도했던 차이치 베이징시 당서기가 선발되면서 향후 제로 코로나 정책이 당분간 유지될 것으로 예상되며 민심은 더 안 좋아졌다. 봉쇄 조치에 분노한 민심이 백지 시위로 폭발했다. 백지 시위와 더불어 빠른 감염 확대로 의료시스템의 과부하는 물론 기존의 엄격한 통제 방역 정책을 더 이상 지속할 수 없게 되자 중국 당국은 2022년 12월에 들어서며 전격적으로 그동안의 제로 코로나 정책을 철회하고 사실상 위드 코로나로 진입했다.

위드 코로나로의 전환과 중국의 딜레마

중국은 위드 코로나로 진입하며 커다란 혼란을 겪고 있는 상황이다. 한국과는 달리 오미크론 변이에 가장 취약한 노인층, 특히 농촌 노인들의 백신 접종률이 낮은 편이고, 중국산 백신 자체의 효과가 떨어지는 편이며, 의료시설이 충분히 확보되지 않았기에 대확산으로 이어지면서 현재 큰 혼란을 겪고 있다. 비록 봉쇄 조치는 해제되었다고는 하나 감염 확산으로 중국 인민들은 그 자유를 제대로 누리고 있지 못하고 있다. 또한 약품과 의료 지원 부족으로 많은 고통을 겪고 있기도 하고 감염 이후 자가격리를 대비한 물품 사재기 등도 심심찮게 벌어지고 있다. 당국은 무증상 감염자들의 통계를 집계하지 않기 시작했고 현실과 달리 사망자 수를 적게 발표하는 등

표면적으로 코로나 바이러스의 영향력을 축소하기 급급한 것이 현실이다.

20차 당대회를 앞두고 중앙에서 지역 상황에 맞는 유연한 제로 코로나 방역 조치를 지시했을 때, 지방에서는 쉽게 방역 정책을 완화하지 못했다. 오히려 더 엄격하게 봉쇄 조치들을 실시한 것은 향후 위로부터의 문책을 피하기 위한 어쩔 수 없는 선택이기도 했다. 실제 20년전 SARS 사태 당시 정보 은폐와 부적절한 대처를 이유로 한국의 보건복지부장관에 해당하는 위생부장과 베이징 시장을 해임하여 일종의 희생양으로 삼은 적이 있다. 그리고 2020년 코로나 상황 초기에도 후베이湖北와 우한武漢의 보건 정책 담당자는 물론 후베이와 우한 당서기를 해임하여 국민들의 분노가 집중되는 책임 소재에 대한 완충장치를 만들기도 했다. 이런 중국 특유의 중앙-지방 관계는 중국이 유연하게 위드 코로나 정책으로 전환할 수 없었던 주요 원인이라고 할 수 있다. 현재 위드 코로나의 병목을 지나고 있는 상황에서 지역의 능동적인 대처 능력은 취약하고 대중들의 불만은 가중되고 있다.

향후 중국 사회정책의 과제

중국이 제로 코로나에서 위드 코로나로 정책 방향이 급변하게 된 것은 단순히 백지 시위 등 인민들의 불만이 고조되었기 때문만은 아니다. 무엇보다 그동안 지방정부들이 제로 코로나를 위해 방역에 쏟아 부은 재정 부담이 더 이상 견딜 수 없는 수준이 되었다. 최근 언론 보도에 따르면, 광둥성이 3년 동안 코로나 방역에 지출한 금액은 1,468억 위안으로 한국 기준으로는 27조 원이 넘는다. 해당 비용에는 PCR검사, 백신접종 및 행정 비용만 포함된 것으로 환자 치료 비용 등이 들어가면 실제 방역 비용은 훨씬 더 증가할 것으로 본다. 여기에 지방 정부들의 가장 큰 수입원인 부동산 부문이 침체하면서 각급 지방정부들의 재정 문제가 심각하게 대두되었다. 어쩌면 백지 시위는 중국 당국이 울고 싶은데 뺨 때려준 격이 된 상황으로 해석도 가능하다. 오히려 인민들이 원하므로 바로 위드 코로나로 전환할 수 있는 핑계거리를 제공했다고 볼 수 있다.

여기에 중국 기초 의료체계도 부실하다. 중국의 보건 의료체계는 선진국들에 비하면 상당히 부족하다. 농촌 지역에서는 사실상 기초적인 수준의 의료 제공도 많지 않은 수준이라고 할 수 있다. 무엇보다 농촌 지역의 노인 백신 접종률이 떨어지는 상황이며, 그나마 접종한 백신도 다른 나라들의 mRNA 방식의 백신이 아니라 중국산 백신이기에 그 효과도 오미크론 변이에서는 떨어진다고 할 수 있다. 이런 국면에서 농촌 지역으로 코로나 감염이 확산되면 노인 세대의 치명률이 높아질 수 있기에 많은 우려를 낳고 있다.

사실 중국은 지난 1년간 충분히 위드 코로나로 전환하기 위한 준비를 할 수 있었으나 제로 코로나의 성과와 그에 기반한 시진핑 3연임에 집중하느라 그 전환의 골든타임을 놓쳤다. 많은 인민들의 반발을 샀던 봉쇄정책으로 일관하는 것이 아니라 다른 동아시아 국가들이 비교적 성공을 거두었던 방식을 도입해 제한적인 거리

두기를 실시하면서 의료 시스템을 정비하고 치료제 및 효과 높은 mRNA 백신 도입 및 접종 등이 이뤄졌어야 했다는 목소리들도 중국 안팎에서 나오고 있다. 현재 코로나 감염 급증으로 의료 시스템에 과부하가 걸리면서 의료진의 피로도도 급증해 현장의 불만이 고조되고 있다. 방역 인력의 구조조정으로 기존 방역 요원들의 실직으로 인한 불만도 증대하고 있다.

현재 중국은 부동산 경기 침체로 인한 지방정부의 재정 악화, 수출 부진으로 인한 경제성장률 감소,[98] 인구 감소와 고령화로 인한 잠재적 경제성장 동력 위축[99] 등 어려운 고비에 있다. 그동안 중국은 경제성장이라는 업적 정당성을 통해 정치적 신뢰를 얻어왔는데 이 부분에서 문제가 발생한다면 사회의 불만은 분명히 가중될 것이다. 무엇보다 의료와 사회복지 부문에서의 개선을 통해 민심을 회복해야 하는데 단기적인 제도 정비로는 쉽게 달성하기 어려운 현실이라고 할 수 있다. 기존의 억압적인 사회통제의 방식보다는 좀 더 친민적인 사회보장 체제와 복지 구축을 통해 그동안 불만이 누적된 민심을 달래지 않는다면 시진핑 집권 3기에는 더 어려운 곤란을 겪을 확률이 높다.

하남석(서울시립대학교 교수)

4장
시진핑 3기의 지속가능성과 안정성

1. 지위 공고화와 민심 통합

20차 당대회의 〈보고〉와 당장黨章 수정은 사실상 시진핑 천하의 도래를 의미한다. 그러나 지나친 개인 권력 강화는 문화혁명의 트라우마를 불러올 수도 있다. 절대자로서 '영수'의 출현은 자칫 '무오류'의 지도자 출현으로 어이지고, 이는 문화혁명의 부정적 유산을 떠오르게 한다.

민심 통합을 위한 애국주의, 민족주의, 문화주의 등 이념들이 소환되고 있다. 애국주의는 양날의 칼과 같다. 민족주의도 내적 통합의 기제로 활발하게 활용되었다. 게다가 최근에는 중국 문화의 우월성과 선진성을 강조하면서 문화주의를 고양하고 있고 이를 민족주의, 애국주의와 결합하여 애국 문화주의가 발아하고 있다. 애국주의나 민족주의 등 개인의 내적 감정에 기초한 통합의 강조는 결집 효과를 내기에는 더할 나위 없는 요소다.

그러나 이러한 애국주의나 민족주의가 통제 가능한 수준을 벗어나는 경우 중국의 통합에 오히려 저해가 된다. 이처럼 애국주의와 민족주의가 때로는 통합을 위한 요소가 되기도 하지만 통합을 저해하기도 한다. 애국주의와 민족주의가 사람을 동원하는데 매력적인 것은 분명하나 그 반대의 효과도 있다. 사회가 점점 다원화되고 특히 코로나19처럼 실생활에 직접 영향을 미치는 사회경제적인 요인들이 응축되어있는 경우, 특히 애국주의와 민족주의를 발동하는데 주의해야 한다. 중국의 당과 정부도 애국주의와 민족주의가 동원의 유용한 수단으로서 그 가치가 점점 약화되고 있다는 것을 알고 있다. 그러므로 애국주의와 민족주의를 강조하는 동원 방식은 예전에 비해서 크게 줄어들 것으로 보인다. 다만, 그 효용성은 여전히 높다는 점에서 당과 정부 입장에서는 일종의 계륵일 수 있다.

2. 시진핑 체제의 경성화 혹은 연성화

시진핑 주석의 개인 권력이 강화되고 집단지도체제 내부 의사결정 과정이 수평적 협력관계에서 수직적 위계관계로 바뀌면서 기존의 연성화된 집단지도체제가 사실상 무력화되고 있다. 또한 외부 변수가 국내 정치에 깊게 영향을 미치기 시작하면서 외부 영향을 국내정치에 활용하는 경우가 점차 늘고 있다. 그러나 이러한 변화를 시진핑 주석이 의도적인 권력 강화를 위해서 미국 변수를 적극적으로 활용한다는 의미로만 해석할 수는 없다. 국내외 변수의 영향으로 중국 자체적으로 리더십에 대한 새로운 해석이나 위상 정립이 필요하고, 그것은 마오쩌둥이 언급한 적이 있는 '반장班長'의 역할로서 총서기의 지위를 확고부동하게 만들려는 움직임으로 나타난다. 그 수혜를 시진핑 주석이 받고 있다고 볼 수 있다.

시진핑 주석은 임기를 연장하면서 집단지도체제 핵심 구성원들인 정치국 상무위원회를 완벽하게 자신의 세력으로 구성했다. 정책 결정 시스템 차원에서 보면 시진핑 3기는 매우 일사불란한 정책 결정이 이루어질 것이다. 또한 이는 시진핑 체제가 한층 더 유연한 모습을 보일 것이라는 점을 전망하게 한다. 왜냐하면 내부에서 경쟁자, 반대자가 사라진 상황에서는 한층 더 유연한 스탠스를 취하면서 정치국 상무위원회를 이끌 것이기 때문이다.

이는 내부에서 더 이상 반대 세력을 억압할 필요가 없다는 것을 의미한다. 현재 인사 상황에서 보면 반대 세력은 사실상 존재하지 않는다. 과거와 같은 원로정치의 역할도 유명무실하고 심지어 제한적이다. 그렇다고 이러한 시스템이 경직화되거나 경성화된다는 것을 의미하지는 않는다. 오히려 내적 갈등이 해소되었기 때문에 내부에서는 오히려 정책 결정에 많은 의견 교환이 이루어질 가능성이 높아졌다고도 볼 수 있다.

시진핑 주석은 자신의 의견이 그대로 당의 결정으로 관철되는 구조에 있기 때문에 체제를 경성화할 필요성을 느끼지 못한다. 이견이나 반대 의견을 제시할 사람도 없고 그러한 구조도 만들어지지 않기 때문이다. 오히려 시진핑 주석의 권위를 더욱 부드럽게 해서 어질고 유능한 지도자의 이미지 구축에 나설 가능성을 배제할 수 없다. 다만, 외부적으로는 대외관계에서 이견을 수용하지 않을 가능성이 높기 때문에 시진핑 체제의 경직된 대외관계는 한층 더 강화될 수도 있다.

3. 당내 투쟁의 소멸 혹은 잠복

권력의 속성이라는 것은 한 번 잡기 시작하면 여간해서는 내려놓고 싶지 않은 것이다. 심지어 시진핑 주석은 '두 개 확립'이나 '두 개 수호', '시진핑 신시대 중국 특색 사회주의 사상'이라는 강력한 사상적 지원을 받고 있다. 이러한 상황에서 개인의 의지까지 발동할 경우 집권 연장은 한 번에 그치지 않을 것이다. 그 근거 중 하나가 바로 후계자를 지정하지 않은 것이다.

이번에 구성된 정치국 상무위원회 구성을 보면 그 안에서 후계자의 면모는 보이지 않는다. 1982년 12차 당대회에서는 당주석제를 폐지하고 총서기 제도를 부활시켰다. 당시 정치 상황에서 과도한 권력을 제한한다는 주석제 폐지의 정당성이 40여 년이 지난 현재에도 유용하다는 반론도 만만치 않다. 따라서 당주석 제도의 부활은 완전한 의미의 영구집권으로 가는 길이기 때문에 한층 더 신중한 조정의 과정을 거칠 것이다.

시진핑 주석은 후계자를 2032년 22차 당대회에서 지명하고 자신은 후계자 경험 축적 과정을 지켜본 후 2037년 23차 당대회에서 은퇴할 수도 있다. 이러한 시나리오에서 가장 강력하게 등장하는 그룹이 바로 '70후'들이다. 20대 중앙위원회 인선에서 그동안 두각을 나타내던 '70후'들이 대거 중앙 후보위원에 진입했다. 이들과 시진핑 주석과의 이해관계를 생각한다면 20차 당대회 가장 핫한 이슈는 바로 이들의 중앙위원회 진입이다. 그러나 후계자를 둘러싼 권력 투쟁의 가능성은 꺼지지 않는 불씨다. 이런 측면에서 시진핑 주석의 친위세력 구축은 몇 가지 점에서 향후 중국정치의 불안을 재촉할 수도 있다.

먼저, 내부 갈등과 대립이 나타날 수 있다. 이견이 존재할 수 없는 구조는 내적 통합성을 더욱 촉진하게 되고, 이 과정에서 권력 투쟁은 자칫 격렬해질 수도 있다. 둘째, 제도적 불일치에 따른 권력의 공백 현상이다. 국무원 총리와 부총리 네 명이 모두 중앙위원에 지명되지 못했기 때문에 당직이 아닌 국가기구 직무만 남아있는 상태이다. 이 자리도 2023년 3월 양회 전까지 유한하다. 그러나 권력은 이미 이들을 떠났다. 이러한 공백은 정책 연속성이나 정책 추진 동력 차원에서도 제도적으로 검토해야 하는 사안이 될 것이다. 셋째, 차기 후계구도는 불확실하고 세대교체는 최고지도자의 의지에 달려 있다. 후계자는 여전히 잠복해 있다.

차기 당대회에서는 후계자 관련 논의가 한층 더 증폭될 것이다. 2027년 시진핑 주석이 5년 더 연장하게 되면 현 정치국 위원 가운데 후계자가 있을 것이다. 그렇지 않고 시진핑 주석이 2032년에 또 한 번 연장하게 되어 모두 15년을 더 재임하게 된다면 현 '70후'가 운데 다수가 정치국 위원에 진입하기 때문에 후계는 결국 '70후'로 넘어갈 가능성이 있다. 따라서 시진핑 주석의 차기 후계구도의 후보자들은 현 20기 중앙위원회 후보위원 가운데 들어있거나 21기 중앙위원에 들어있을 가능성이 높다. 20대 정치국 상무위원 인사가 사실상 충성심에 기초한 인사였기 때문에[100] 향후 충성심은 후계 구도를 형성하는 데 중요한 고려 사항이 될 것은 명약관화하다.

4. 시진핑 체제의 공고성과 지속가능성

시진핑 체제의 제도화 과정은 권력의 재생산이 비록 기존 관행과 배치되는 측면도 있지만, 권력 그 자체의 출현은 체제를 흔드는 부정적인 요소는 아니다. 외형적으로 중국 당 국가체제가 갖추고 있는 절차와 방식에 따라 권력이 연장되었기 때문이다. 그러나 제도 외적 측면에서 보면 체제의 내구성과 함께 공고성은 침식되고 있다고 볼 수 있다.

최근 코로나19 방역을 둘러싼 백지 시위의 출현은 중국의 민심이 흔들리고 있다는 것을 잘 보여주었다. 물론, 이러한 흐름이 단기간에 사회 혁명적 성격의 변혁 움직임으로 발전할 가능성은 거의 없다. 백지 시위로 촉발된 민심의 동요는 일시적인 사건이 될 가능성이 높다. 오히려 밑으로부터의 기대와 바람을 당과 국가가 적극적으로 수용하는 모습을 보이면서 당과 국가, 시진핑 주석 개인에 대한 결집효과rally effect가 증가하기도 한다. 그러나 일시적이라고 하더라도 기층에서부터 강고한 당 국가체제가 부식되고 있다는 점은 분명해 보인다.

비록 제도적으로 견고하고, 산발적인 시위가 일시적으로 수용되는 측면이 있다고 하지만 민심이 움직였다는 점에서는 통치 정당성에 일정한 함의를 제공했다. 중국은 통치 관련하여 언제나 당원과 국민의 지지가 필요하다. 즉, 사회적 명분을 충실히 갖춰야 한다. 이는 시진핑 3연임과 그 이후 구성된 시진핑 체제도 마찬가지다. 따라서 시진핑 체제의 공고성은 바로 민심의 지지와 성원에 기댈 수밖에 없다.

중국 당국은 백지 시위로 민심이 움직인다는 점을 알았기 때문에 더욱더 체제 공고성을 강화하려고 노력할 것이다. 그러나 분명한 사실은 체제 공고성은 개인 권력의 강화를 통한 단일화된 강력한 권력을 갖는 것으로 완성되는 것은 아니라는 점이다. 중국처럼 오로지 당원과 국민의 지지와 성원에 기초한 체제 강화를 필요로 하는 나라에서는 체제 공고화에 목맬 수밖에 없다. 이것이 흔들리는 조짐을 보이고 있다는 것은 중국 당국으로서도 우려스러운 일이다. 그럼 이러한 취약한 체제 공고성에도 불구하고 시진핑 체제는 지속

가능할 것인가?

중국의 체제가 안정적으로 지속 가능하기 위해서는 경제의 지속 가능한 발전, 사회의 지속 가능한 안정화 관리, 당과 국가에 대한 당원과 국민의 존중과 신뢰 의식 등에서 항상성恒常性을 가져야 한다. 그러나 시진핑 3기 체제는 국내외적으로 여러 가지 난관에 직면해 있다.

먼저, 경제의 지속 가능한 발전 측면에서 중국의 기대는 성과로 이어지지 않고 있다. 코로나 확산, 러시아·우크라이나 전쟁, 미국의 대중국 압박과 봉쇄는 중국경제의 원활한 성장을 제약하고 있다. 이러한 상황이 단기간에 해소될 가능성도 적다. 다음으로 체제 안정이다. 사회가 안정되게 관리, 통제되어야 한다. 그러나 현재 중국 내부적으로는 격차의 문제가 우려스러운 수준이다. 당국은 동원식 방법으로 이를 해결하려고 하고 있고, '당위성'을 강조하는 정신교육 방식으로 대응하고 있다. 공권력을 통해서 일시적으로 관리, 통제를 강화하는 것은 지속적이지 않다. 따라서 격차를 어떻게 해소할 것인가가 향후 사회 안정의 중요한 요소다.

마지막으로 민심이다. 백지 시위 등 방식으로 민심은 이제 거리로 점차 나오고 있다. 방역 완화의 집단행동에 대한 학습효과도 가지기 시작했다. 시진핑 체제는 발전하고 있는 과학기술을 활용한 디지털 기반 사회 관리 강화와 통제 시스템의 정비에 나설 것이다. 이른바 디지털 법가 등 새로운 관리 방식이 적극 활용될 것이다. 이것은 잘 활용하면 지속 가능한 사회관리가 가능하겠다. 하지만 산발적인 반대 목소리가 조직화되고 결사의 형태로 진화한다면 시진 핑 체체에는 큰 도전이 될 것이다.

5. 시진핑의 개인적 성향이
의사결정 메커니즘에 미치는 영향

민주주의 체제 지도자이든 아니면 권위주의체제 지도자이든 해 당 체제의 최고지도자가 해당국의 정책 결정에 미치는 영향력은 지 대하다. 특히, 중국과같이 강력한 개인 권력에 기반한 리더십을 가진 나라의 최고지도자의 성격$_{personality}$은 정치변화의 핵심 영향 요소다. 그가 국내외 정세와 상황을 어떻게 인식하고 판단하며 어떠한 대응 전략과 정책 조치를 내놓느냐에 따라 정세가 크게 영향을 받는다.

성격$_{personality}$은 나와 다른 타인과 관련되어 나타나는 사고$_{thinking}$, 느낌$_{feeling}$, 행동$_{acting}$의 패턴을 말하며 안정성$_{stability}$ 및 일관성$_{consistency}$을 특징으로 한다. 즉, 심리적 측면에서 이미 형성된 성격은 여간 해서는 변화하지 않고 오랜 기간 안정적으로 지속된다. 그리고 성 격은 안정적이고 지속적인 특징을 보이기 때문에 사고나 행동 양태 에 깊게 체화되어 있고$_{deeply\ embedded}$, 폭넓게 비의식적이며$_{largely\ nonconscious}$, 다면적$_{multifaceted}$이다.

시진핑 주석 본인도 2015년 2월 13일 자신이 하방$_{下放}$되어 살았 던 산베이$_{陝北(섬서성\ 북부)}$ 지역을 방문한 자리에서 "내 인생 첫걸음에서 배운 것은 모두 량자허梁家河에서다. 하방上山下乡의 경험이 내게 상당히 깊은 영향을 미쳤다. 나에게 착실하고 자강불식自强不息 하는 품격을 형성하게 했다"라고 말했다.[101] 시진핑 주석은 15세 되던 해인 1969년 량자허에 지식 청년知靑으로 하방되어 7년여를 농촌에서 보냈다. 이때 형성된 당과 국가에 대한 인식이 청년 시진핑의 인식을 지배했고, 총서기와 국가주석에 오른 지금까지도 그의 사고에 영향을 미치고 있다. 시진핑 주석 본인도 "15세에 황토에 왔을 때는 망연자실하고 방황했으나, 22세 황토를 떠날 때는 이미 확고한 인생의 목표를 가지고 있었고 자신감이 충만했다."[102]라고 자평하기도 했다. 이처럼 소년 시절 7년여간의 농촌 생활이 시진핑 주석의 인식 형성에 지대한 영향을 미쳤다.

시어도어 밀런Theodore Millon은 여덟 가지 속성 영역을 기초로 성격(인격)에 대한 분석의 이론적 기초를 제공하고 있다. 그것은 바로 표현적 행동Expressive Behavior, 대인 행동Interpersonal Conduct, 인지 스타일Cognitive Style, 기분/기질Mood/Temperament, 자아 이미지Self-Image, 조절 메커니즘Regulatory Mechanisms, 객체 표현Object Representations, 형태학적 조직Morphologic Organization 등이다.[103] 이러한 이론 토대에서 오브리 임멜만Aubrey Immelman과 윈이이 천Yunyiyi Chen은 밀런의 여덟 가지 속성 영역 가운데 관찰에 적합한 요소인 표현 행동, 대인관계 행동, 인지 스타일, 기분/기질 및 자아 이미지 등 다섯 가지 요소로 시진핑 주석의 성격을 분석했다.[104] 이들은 연구에 따르면 시진핑 주석의 성격은 주로 표현 행동의 속성 영역에서 나타난다.

시진핑 주석의 성격 패턴

이들의 연구에 따르면 시진핑 주석의 성격 패턴은 지배적이고dominant/통제적인controlling 패턴이 가장 큰 비중을 차지하고, 다음으로 성실하고conscientious/공손하고-순종적인respectful-dutiful 패턴, 마지막으로 야심 차고ambitious/자신감 있는confident 셀프-서빙self-serving 패턴이 나타난다고 설명하고 있다. 즉, 지배적이고/통제적인 성격 패턴은 단호하고forceful 공세적이고aggressive 거칠고tough 감성적이지 않은unsentimental 표현 행동으로 나타나고, 성실하고/공손하고-순종적인 성격 패턴은 순종적이고dutiful 근면하고diligent 세부적인 것에 주의를 기울이고attentive to details, 비전(방향)보다는 더 테크노크라틱한more technocratic than visionary 표현으로 나타나고, 야심 차고/자신감 있는 셀프-서빙 패턴은 대담하고bold 경쟁적이고competitive 낙관적이고optimistic 자신감 있는self-assured 행태로 나타난다.

기본 성격 패턴으로 제시된 지배적이고 통제적인 성격 패턴은 강력하고 공격적인 행동의 표현을 의미한다. 즉, 다른 사람을 지도하고 존경심을 불러일으키는 힘을 즐기거나, 강직하고, 거침없고, 감상적이지 않으며, 양보하지 않는 행동으로 표출된다. 한편, 이러한 성격 패턴은 강력하고 통제적이며 폐쇄적인 사고방식을 갖기 때문에 가끔 비타협적으로 나타나는 권력 지향적 경향을 보이기도 하지만 일반적으로 효과적인 리더십을 만들어내기도 한다. 이런 측면에서 보면 시진핑 주석의 성격 패턴 가운데 가장 자주 등장하는 강력하고 공격적인 성격은 강력한 리더십으로 표출되고, 양보 불가의 성격을 내포하고 있다고 평가할 수 있다. 정적政敵에 대한 제거에서 보여준 시진핑 주석의 차가운 리더십이 바로 이런 성격을 잘 드러낸다고 볼 수 있다. 단호하고 공격적 리더십 또한 이러한 성격 패턴에서 연유되었다.

성실하고/공손하고-순종적인 성격 패턴은 성실함을 기본 조건으로 존경과 순응의 성격을 띠고 있다. 이러한 성격 패턴은 성실하고 부지런하며, 강한 직업윤리와 디테일에 세심한 주의를 보이고, 정당과 대의에 대한 충성심을 중히 여기고, 어려운 상황에서 지속해서 사용하며, 격식 있고 적절하며 품위를 갖추는 것을 의미한다. 그리고 이를 가능하게 하는 것은 강력한 도덕적 원칙과 절대적인 확신을 중시한다. 당과 국가에 대한 순종과 복종이 바로 이러한 성격 패턴에 부합하는 것으로 당과 국가, 당 중앙과 최고지도자에 대한 충성심을 강조하는 이유도 이러한 성격에 기인한 결과로 이해할 수 있다. 이러한 성격은 이탈에 대한 내성이 없어서 체제 밖으로의 이탈을 매우 엄격하고 단호하게 다룬다. 시진핑 주석이 중앙기율검사위원회나 국가감찰위원회 등을 동원하여 당과 정부의 일탈 간부에 대해서 가혹한 처벌을 계속하는 이유도 바로 이탈을 용납하지 않는 성격에 기인한다고 볼 수 있다.

야심 차고/자신감 있는 셀프-서빙의 성격 패턴은 대담하고bold 경쟁적이고competitive 낙관적이고optimistic 자신감 있는self-assured 행태로 나타난다. 이러한 성격은 야망을 드러내기를 좋아하고 성취 지향적이다. 또한 자신이 가진 매력을 이용하여 다른 사람을 설득하는 데

능숙하다. 예를 들어, 시진핑 주석이 집권 이후 중화민족의 위대한 부흥을 목표로 내건 것도 야망의 표출이다. 이를 성취하기 위해서 일대일로一帶一路를 들고나와 연선沿線 국가를 중국 주위로 묶어 세우는 정책 지향 역시 성취 지향적 성격의 방증이다. 또한 이러한 성격은 다른 사람이 자신을 특별한 특성을 가진 사람으로 인식하기를 기대한다. 2016년 18기 6중전회에서 '핵심' 지위를 획득한 이유도 바로 자신을 특별하게 인식하게끔 하는 성격이 투사된 결과다. 이러한 성격 패턴이 대외적으로 확산하는 경우 중국과 중국 공산당이 특별한 특성을 가지는 것으로 타국이나 타인들에게 인식되도록 하는 정책으로 나타난다. 야망이 있는 사람은 자신감이 있고 리더십 역할을 맡거나 때때로 자격 있는 것처럼 행동한다. 하지만 자칫 잘못하면 '무오류'의 절대자가 될 수도 있다. 중국이 이를 경계하지 않으면 견제받지 않는 권력으로서 제2의 마오쩌둥이 출현할 수도 있다.

시진핑 주석 성격의 다면성

그러나 시진핑 주석은 자신과 마음이 맞는 사람들에게는 친절하고 협조적이며 우호적인 성격 패턴을 보여준다. 20대 정치국 상무위원회 인사에서 측근 세력을 전진 배치하거나 자신의 수하였던 간부들을 정치국 상무위원으로 올린 행태가 여기에 부합한다. 물론, 강한 군대의 신화 등 강력한 군대, 강한 중국 지향은 강대국 건설이라는 불굴의 의지를 드러내는 신호로 해석되어 강경한 군사적 모험주의를 떠올리게 하기도 한다. 이러한 성격 패턴은 전통을 무시하는 경향이 있고 일상적인 것을 싫어하며 때로는 충동적으로 행동하기도 한다. 그러나 최근 벌어진 대만 해협을 둘러싼 미국과의 갈등 상황을 보면 중국의 군사 행동이 임계점을 완전히 넘는 모습을 보이지는 않고 있다. 오히려 강한 내적 통합력을 위해서 외부 변수를 적절하게 활용하는 모습으로 나타나고 있다. 이러한 정책 지향 역시 강력한 의지와 협조적인 대외 관계 등이 복합적으로 작용한 결과로 이해할 수 있다. 즉, 중국의 당과 국가가 시진핑 주석의 의지에 기초해서 보여주는 행태가 단일 요소보다는 복합적인 요소에 의해서 지배받고 있다는 것을 잘 보여준다고 평가할 수 있다.

　그러나 높은 지배력을 가진 내생적인 사람은 성격적으로 완고하고 집요하다. 시진핑 주석의 소년기 경험이 이를 응축해서 보여주고 있다. 당과 국가에 대한 절대적인 신뢰와 무한 충성이 체화되어 있다. 이러한 성격은 도덕적 선과 악의 관점에서 세계를 이분화하는 경향이 있다. 가령, 중국과 협력 국가는 좋은 국가이고 중국과 경쟁하는 국가는 나쁜 국가라는 생각이다. 그리고 이러한 상황은 종종 국제체계의 재구성을 통해서 자신의 이익을 극대화하는 경향이 있다. 따라서 국익 관점에서 유엔 중심의 국제체제 질서를 회복하자는 중국의 주장이 사실상 시진핑 주석 개인의 선과 악의 이분법적 사고의 결과일 수도 있다. 이러한 시각은 갈등이 국제체계에 내재하여 있는 것으로 간주하는 신념 체계를 만들어내고, 이에 따라 '우리'와 '그들'을 나누는 이분법적 사고를 잉태한다. 이러한 선과 악의 개념은 여전히 시진핑 주석의 사고에 깊이 자리하고 있어서 극한 대결 상황이 도래한다면 국제체계는 언제든지 '선한 우리'와 '나쁜 그들'로 양분되고 갈등과 대립이 일상적으로 될 수 있다.

결국 성격 패턴 측면에서 시진핑 주석의 리더십은 도전에 제약을 가하고, 정보에 폐쇄적이며 대신에 업무 지향적이다. 이러한 성격은 지도자, 정부 및 국가의 통제 범위와 영향력 범위를 확장하는 데 초점을 맞추게 된다. 그 중심 역할은 당연히 시진핑 주석이 맡는다. 그리고 그의 사고와 느낌, 행동이 개별적인 상황에 투사되어 새로운 결과를 만들어낸다. 대외적으로는 앞서 언급했듯이 갈등이 국제체계에 내재한 것으로 간주하는 신념 체계를 갖고 있어서 세계를 늘 '우리'와 '그들'로 양분하는 이분법적 사고의 영향력에서 벗어나지 못한다. 대신에 이러한 성격에 기초한 리더십은 안보security 및 지위status에 초점을 맞추고, 낮은 수준의 약속에 기초한 행동을 선호favoring low-commitment actions하고, 국제무대에서 단기적이고 즉각적인 변화를 지지한다.

시진핑 주석 성격의 장단점

즉, 시진핑 주석의 성격 패턴에 기초한 리더십의 장점은 강력하고 권위 있는 리더이며, 구체적인 정책을 수립하고 구체적으로 실행할 수 있는 세부적인 능력을 갖추고 있고, 자신감도 있고 야망도 가지고 있다. 그리고 자신과 자신의 재능을 믿는 경향이 크다. 이러한 자신감은 당과 정부에 대한 신뢰와 충성심으로 나타나고, 소년기 경험이 여기에 영향을 미쳤다. 이러한 생각과 사고는 오랜 기간 체화體化되었기 때문에 쉽게 바뀌지 않으며 바뀔 것이라는 기대도 의미 없다. 다만, 이러한 리더십은 오롯이 최고지도자 시진핑 주석 개인의 판단과 결정을 중시하기 때문에 사회적 상호작용에 대한 용인은 기대할 수 없다. 또한 대중의 지지를 동원하고 유지하는데 덜 민감하므로 대중적인 기대에 부응하는 정치적 스킬political skills도 덜 고려한다. 대신에 개인적인 정책 선호를 독단적으로 추구하는 잠재력을 선호하기 때문에 공적이고public 입법적인legislative 국제적 반대international disapproval에는 덜 민감하다. 시진핑 주석이 사인한 중국의 일부 정책이 국내의 반대에도 불구하고 조정의 과정을 거치지 못하는 한계이기도 하다. 예컨대, 사드 배치를 둘러싼 갈등을 봉합하기 위한 한중 협상 과정에서 시진핑 주석의 공식적인 반대 때문에 실무 협상이 진전될 수 없었던 일도 바로 이러한 이유 때문이다.

　시진핑 주석의 이러한 성격은 정책 결정 메커니즘에도 변화를 초래하고 있다. 시진핑 주석은 '무오류'의 지도자로 간주하기에 기본적으로 자기 생각이 옳고, 올바르다는 감정에 기초해서 결정하고 행동한다. 다른 사람의 의견은 그리 중시되지 않는다. 이런 측면에서 보면, 개혁개방 시기 이른바 덩샤오핑의 정치 유산으로 평가받는 견제와 균형의 원리에 입각한 정치국 상무위원회의 의사결정 시스템은 적어도 시진핑 체제 3기에는 더 이상 작동되지 않을 가능성이 크다. 이는 앞서 지적했던 시진핑 주석 개인의 성격 패턴에 따른 당연한 결과다. 따라서 기존의 수평적 협력에 기초한 의사결정

시스템은 수직적 위계관계로 전환될 것이다. 형식적으로는 당장黨章을 수정하지 않았기 때문에 집단지도체제가 유지되겠지만 내용상으로는 사실상 시진핑 주석 일인이 결정하는 시기에 접어든 것이다. 그래서 형식적으로는 기존 집단 결정의 관행을 유지하겠지만 내용상으로는 반대 없고 이견 없는 일인 결정 체제가 장기간 용인될 가능성이 명확해졌다.

물론, 이러한 정책 결정 메커니즘의 변화는 빠르게 변화하고 폭넓게 요동치는 국내외 정세에 비추어 일사불란하게 대응해야 한다는 점에서 중국에 긍정적일 수도 있다. 그러나 이러한 일사불란함은 무오류를 전제로 할 때만 성립될 수 있는 개념이다. 다른 가능성을 열어놓고 최적의 경우의 수를 찾아야 하는 것이 합리적인 정책 결정 과정이다. 그러나 강력한 권한을 가진 최고지도자의 결정이 이견 없이 수용되고 형식적으로 추인될 수밖에 없는 상황이라면 모든 위험 요소는 시진핑 주석 개인에게 집중될 수밖에 없다. 즉, 의도하지 않은 결과에 대한 책임도 시진핑 주석 본인에게 귀속될 것이다. 그러면 이견과 반대의 공간이 완전히 사라지게 되고, 완충의 공간이 없는 상황에서는 자칫 고양이 목에 방울 달 일이 생겨도 누구도 방울 다는 일에 선뜻 나서지 않을 것이다. 정책 결정이 가져온 폐해에 대해서 누구도 책임을 지지 않고 이를 대중운동을 통해서 돌파하려 했던 오류가 바로 문혁文化大革命이었다는 점을 되새겨 봐야 한다.

양갑용(국가안보전략연구원 책임연구위원)

5장
시진핑 체제 약화 요인은
중국 내에서 어떻게 커지고 있나?

1. 애국주의와 국민 욕구 체계와의 충돌

시진핑 시기 지난 10년을 돌아보면 애국주의와 이념성을 지나치게 강조했다. 그러나 이는 국민의 욕구 체계 변화와 충돌한다. 중국은 개혁개방을 통해서 어느 정도 생존과 번영 단계에 진입하면서 기존 생존형 욕구 체계에서 자유를 원하는 것으로 욕구 체계가 변하고 있다. 코로나19 백지 시위에서 나타난 것처럼 속박이나 구속보다는 자유로운 환경을 요구한다. 특히 젊은이들일수록 생존형 욕구 체계를 벗어나려는 움직임이 확산되고 있다. 물론, 지금 중국에서 벌어지고 있는 백지 시위 등은 정치적 자유에 관한 것이 아니라 인간의 기본권에 관련된 욕구 표출이자 자유의 갈구다.

정치 발전론 측면에서 생존 단계를 지나 번영 단계로 나아가면 정부 선택의 자유 등 정치적 자유를 요구하는 방향으로 행동한다. 그러나 중국은 아직 이 단계에 도달하지 못했다. 중국은 개혁개방을 통해서 겨우 생리적 욕구 단계를 뛰어넘었고, 먹고 사는 문제에 집중하는 시기를 지났다. 장쩌민 시기나 후진타오 시기는 정치적 자유를 억압하는 대신에 생존과 생활에 필요한 기본적인 생존이나 생활에 관련된 욕구 체계는 완화시켜 주었다. 그러나 시진핑 체제에 들어와서는 생존과 생활의 욕구 체계를 완화했던 이전 지도자들과 달리 이 문제들을 '이념의 굴레'에 가둬 넣고 국민들을 '이념적 인간형'으로 만들어버렸다. 서로 생각이 다를 수도 있는데 이를 하나의 틀에 묶어둠으로써 생존과 생활의 기본권을 기본적으로 박탈하고 있다는 비판에 직면해 있다.

생존과 생활에 필요한 자유를 터주면서 사회변화를 추진할 수도 있는데 시진핑 체제는 거주 이전의 자유 등 생활상의 기본 자유를 통제하고 국민을 '이념의 굴레'로 묶어둠으로써 마치 국민들을 교시敎示에 의해 움직이는 로봇으로 만들고 있다는 비판에서 자유롭지 못하다. 마오쩌둥 시기로 회귀한다는 것은 일종의 교시에 의해 움직이도록 국민들의 기본 욕구, 그리고 이에 기반한 자유 등을 통제하는 것으로 사실상 시진핑 체제의 한계로 볼 수 있다. 따라서 지금처럼 생존/생활 욕구 체계를 이념이나 사상을 동원하여 통제하는 방식으로 나아가면 앞으로 시진핑 3기 체제는 더욱 어려운 국면에 들어서게 될 수도 있다.

매슬로우의 '인간 욕구 5단계' 이론의 첫 번째 단계가 바로 생리적 욕구 단계다. 중국은 개혁개방을 통해서 생리적 욕구 단계를 막 벗어나는가 싶더니 코로나19에 대한 강압적인 제로 코로나 정책 등으로 생존과 생활을 걱정해야 하는 과거로 회귀한다는 비판에서 자유롭지 못하다. 따라서 이러한 기본 욕구를 통제하거나 구속하는 한 시진핑 3기 체제의 안정성은 위협받을 수밖에 없다. 적어도 후진타오 시기까지는 생리적 욕구가 널리 수용되었기 때문이다. 그리고 인간의 욕구는 생리적 욕구 단계를 지나 마지막 단계인 자아실현의 욕구 단계로 나아간다. 그러나 시진핑 집권 시기는 생리적, 생활적 기본 생존 욕구를 기본적으로 이념형으로 접근했다는 비판을 받고 있다.

한편, 시진핑이라는 사람 자체에 대한 존경심도 자발적 존경에 기초하는 것이 아니라 강요된 존경이 점점 강화된다는 점에서 체제 부식을 촉진하는 요인으로 볼 수 있다. 특히 시진핑 주석 집권 기간에는 마오쩌둥 시기를 강조하면서 자칫 폐쇄적이고 중화 민족주의가 횡행하는 마오쩌둥 시기로 회귀하려는 것이 아닌가 하는 의구심에 직면해 있다. 지난 10년 동안 시진핑 체제는 공안이나 디지털 법가法家 등 다양한 수단과 방법을 통해서 체제 친화적으로 국민을 관리, 통제해 왔다. 그러나 이러한 접근의 유효성은 지난 10년 통치 기간으로 족하다. 향후 공안 등 물리력이나 디지털 기술 등을 통해서 관리, 통제를 한층 더 강화해나간다면 최고지도자로서 시진핑 주석에 대한 당원이나 국민들의 존경심은 부식될 것이다. 시진핑 집권 시기의 국민은 마오쩌둥 시기의 국민과 질적으로 다르다. 이미 생존 욕구 체계에 익숙한 상황에서 세상은 많이 변했다.

2. 당 국가체제와 시진핑 주석의 오판

시진핑 주석과 중국의 당 국가체제가 가지고 있는 젊은 세대의 변화에 대한 오판도 시진핑 3기 체제의 부식을 촉진하는 중요한 요소다. 특히, 젊은 세대의 사고와 생활 방식 등이 지난 시기 이데올로기에 기반한 관리와 통제 시기와 달리 현저하게 변했다. 이들은 중국경제가 풍요롭고 번영하던 시기에 태어났다. 이들은 물질문명의 수혜를 받고, SNS 등 다양한 소통 수단에 익숙하다. 당과 국가의 통제 범위에서 벗어나 사적 공간을 만들어내고, 바깥 세계와 끊임없이 소통하는 등 이른바 자유주의에 익숙한 세대이다.

그러나 지난 시진핑 1기와 2기 시기는 당과 국가 중심의 관리와 통제를 강화하던 시기였다. 이러한 접근은 더 이상 자유주의적 성향을 가진 젊은 세대들에게 통하지 않을 가능성이 커졌다. 중국 당국은 젊은이들에게 애국심과 민족정신을 강조하고 있다. 이전 마오쩌둥 시기처럼 이들을 홍위병화하려고 한다. 하지만 이미 생존 욕구에서 벗어난 이들에게 이념적 통제는 중국의 오판일 수 있다.

대외관계 측면에서 미중 전략 경쟁이 심화하고 미국 주도의 대중국 공세와 압박이 체계적으로 구조화되고 있다. 이는 중국의 국제적 고립을 심화시킬 것이다. 이 역시 시진핑 체제의 안전한 순항을 부식하는 대외 변수다. 현재 중국 젊은이들은 중국이 미국과 어깨를 나란히 하는 이른바 G2 국가로 성장한 것에 대한 자부심을 높이 갖고 있다. 그러나 이유야 어떻든 대외적으로 중국과 중국인이 저평가되어 있고, 특히 국제사회에서 커진 경제적 영향력만큼 대접받고 싶으나 그렇지 못하고 오히려 비난을 받는 일이 늘어가는 것에 대해서 의구심을 갖고 있다.

이러한 의구심을 시진핑 체제에 묻기 시작하면 체제 결속력은 차츰 약화되거나 이완될 수도 있다. 중국의 젊은이들은 경제적 성과만큼 중국이 국제사회에서 강대국으로서 그리고 존경받는 국가로서 대접받고 싶은 욕구와 상충하는 현실을 받아들이려 하지 않고 있다. 그 비난의 칼날이 체제를 향할 수도 있다는 점에서 중국의 국제 이미지 수용 정도가 체제 부식을 촉진할 수도 있다.

이미 기본적인 생존의 욕구를 충족한 상황에서 중국의 젊은이들은 더 넓은 자유를 원한다. 대학가를 중심으로 코로나19 강제 방역에 대한 불만을 표출하는 시위가 점증하는 이유도 바로 여기에 있다. 당과 국가에서는 중국이 미국을 넘어설 수도 있다고 선전하고 있으나 사실 젊은이들은 미국을 동경하고 있다는 평가도 적지 않다. 즉, 당과 국가는 젊은이들을 애국주의와 민족주의로 무장시켜 단일 대오로 끌고 가려고 하나 젊은이들은 이미 자유에 대한 욕구가 점증하고 심지어 미국 등 서구사회를 동경하기까지 한다는 점이다.

그러므로 일시적으로 이들을 통제할 수도 있으나 이들의 동경심이나 자유에 대한 욕구 등을 완전히 통제할 수는 없다. 이런 점에서

장기적인 시각에서 보면 일종의 중국의 당과 국가가 상황을 오판하고 있는 것은 아닌지 의구심이 들기도 한다. 한편, 시진핑 3기 체제의 최고지도부 구성을 보면 이전과 비교해서 수평적 협력관계보다는 수직적 위계관계가 강조되는 측근 인사로 채워졌다. 이는 중국의 정치적 유산인 이른바 '계획 재배형 인물 생태계'가 작동하지 않을 수도 있다는 우려를 키운다.

유능한 사람이 대접받고 발탁되는 능력 위주 인사보다는 측근 인사나 정실 인사의 지속은 향후 '인재는 발굴하고 키워서 배치한다'는 계획형 인재 양성 시스템이 무력화될 수도 있다는 점에서 젊은 이들에게는 희망이 사라지는 것으로 비칠 수도 있다. 이는 당 국가 체제에 대한 당원과 국민들의 애착과 신뢰를 약화시켜 장기적으로는 중국의 체제 결속을 이완하고 파편화시킬 수도 있다는 점에서 우려스러운 현상이다.

3. 국민의 새로운 욕구 체계 희구

소련의 경우 소련 공산당은 극단적으로 표현하면 당을 살리고 인민을 살리지 않는 방향으로 가다가 결국 망하는 길로 들어섰다. 당시 소련 공산당 지도부는 미국과 경쟁에서 승리하기 위해서, 그리고 승리할 수 있다는 믿음으로 군비 경쟁에 나서면서 국민들의 기본적인 생존 욕구에 부응하지 못하고 오히려 허리띠를 졸라매는 운동에 진력했다. 그 결과 고르바초프의 공산당이 기득권을 내려 놓는 개혁이 나올 수밖에 없었다.

중국 역시 마오쩌둥 시기에는 지도체제 확립이나 안정화를 위해서 소련의 경험과 마찬가지로 인민의 삶을 수단화하는, 즉 희생하는 길로 나아갔다. 그 결과 예기치 않은 대재앙이 발생했고, 국민의 삶은 황폐해졌다. 인간의 기본적인 욕구 충족에서 벗어나지 못하면서 결국 덩샤오핑의 등장이 나타날 수밖에 없었다. 이처럼 이미 중국은 장쩌민, 후진타오 시기를 거치면서 일정한 경제적 성장을 통해서 기본적인 생존과 생활에 필요한 욕구를 충족하는 단계를 지나왔다. 그리고 이러한 경제적 풍요는 자유 요구나 자아 실현 등 새로운 욕구 체계를 불러오고 있다.

그러나 시진핑 체제는 지난 10년 동안 당의 영도를 우선하고 이데올로기를 강조하면서 개인의 자유를 속박하고 자유로운 소통을 억압하면서 당과 국가에 의해 만들어진 가치체계의 강제 수용을 강조해왔다. 그 결과 오히려 삶의 질은 더 나빠지고 있다는 평가도 적지 않다. 물론, 일시적으로 국내 불만을 완화하는 유인책을 취하더라도 세계경제가 지금처럼 침체 국면이 지속된다면 중국으로서도 매우 부담스러운 현실에 직면할 가능성이 높다.

경제적 성장을 통한 풍요로운 삶의 조건을 마련하고 유지시키는 것은 당과 국가의 통치정당성을 안정화시키는 관건 요인이기 때문이다. 따라서 자유로운 사회 분위기를 이념의 잣대로 압박하는 현 상황이 지속되기는 어렵다. 이미 풍요로워진 국민이 이를 용인하지 않을 것이기 때문이다. 따라서 국민들의 욕구 체계가 변화고 있는 지금 옛 방식으로 중국을 통치하고 국민들을 통제하는 것은 오히려 체제를 부식시킬 뿐이다.

4. 풍요의 경험과 변화하는 시대 가치

코로나19가 지속되고 러시아와 우크라이나 전쟁 종식이 불투명하고 미중 전략 경쟁이 심화하는 상황에서 중국은 결국 국민의 삶이 가장 중요하다는 인식을 가져야만 한다. 그렇지 않고 자칫 상황을 오판하여 견고한 얼음 밑에 흐르는 물이 얼음을 녹일 것이라는 사실에 둔감하면 결국 얼음이 깨지는 파국을 맞을 수도 있다. 소련 공산당의 오판을 수정한 고르바초프의 페레스트로이카, 마오쩌둥 시기의 중국 공산당의 오판을 수정한 덩샤오핑의 개혁개방 모두 시대 변화를 잘 읽어내고 국민들의 삶이 가장 중요하다는 인식의 전환이 있었기 때문에 가능했다.

시진핑 체제 1기와 2기 국정운영의 행태를 보면 국민들의 생활, 생계, 생존에 관련된 기본권을 제약하고 사상과 이념을 강조하는 방향으로 국정을 운영해 왔다. 그러나 삶과 관련된 기본적인 욕구 체계를 관리, 통제하는 정책만으로는 국정운영을 안정되게 이끌어갈 수 없다. 고르바초프의 경험과 덩샤오핑의 경험이 이를 잘 말해주고 있다. 따라서 중국 최고지도자로서 시진핑 주석의 생각이 바뀌어야 중국의 기본 방향이 바뀌고 정책과 조치가 바뀌게 되어 있다.

이번 백지 시위에서 드러난 것은 이미 풍요를 경험했던 세대를 중심으로 국민의 기본적 욕구에 대한 요구가 만천하에 드러나기 시작했다는 점이다. 이들은 정치적 자유를 주장한 것이 아니라 생존권에 기초한 기본권을 요구했다. 약품의 원활한 수급, 생필품의 안정된 공급 등 국민의 삶에 직결된 문제에 대해서 요구하고 나선 것이다. 그러나 당과 국가는 이러한 국민의 집단적인 움직임을 기본권 요구 차원에서 접근하는 것이 아니라 체제 안정에 대한 도전 차원에서 접근하고 있다.

그렇기 때문에 앞으로 백지 시위에 나섰던 국민들의 백지 위에 무슨 내용이 쓰일 것인가가 미래 전망과 관련하여 매우 중요해졌다. 생존, 생활, 생계에 관련된 기본적인 욕구가 먼저 쓰이겠지만 이러한 욕구가 충족되지 않고 오히려 억압되는 경우 그 백지 위에는 자유, 민주, 평등 등 한층 더 정치화된 구호가 쓰일 수 있다. 그렇기 때문에 미래의 안정된 체제 유지를 위해서도 마오쩌둥 시기로 돌아가는 방식의 사회관리와 통제는 사실상 불가능하다는 것을 인식할 필요가 있다. 마오쩌둥 시기의 국민과 풍요를 경험하고 있는 시진핑 시기의 국민은 이미 많이 다르기 때문이다.

시진핑 신시대의 선택 가능한 경로는 국민의 기본 욕구를 충족해 주고 전체 사회와 화해를 도모하는 길로 나아가는 것이다. 시진핑 주석 개인과 최고지도부가 마오쩌둥 사상 등 기존 이데올로기를 다시 학습할 수는 있지만 14억 인민에게 이를 강제할 수는 없고 사실상 불가능하다. 이미 개혁개방 시기를 통해서 풍요를 경험한 이상 과거로 회귀하는 것은 어렵기 때문이다. 그리고 중국은 이미 되돌리기에는 너무 멀리 왔다. 풍요를 누리는 지금 생활을 다시 되돌릴 수는 없기 때문이다.

따라서 관건은 중국을 움직이는 최고 권력자와 최고지도부가 변화된 시대를 읽어내고 확신을 가지고 비전을 제시하면서 미래로 나아가는 길 외에 다른 길은 없다.

5. 불협화음을 내는 주변국 관계

중국이 새로운 길을 모색해 나가는 과정에서 주변국과의 관계는 매우 중요하다. 중국은 14개 국가와 국경을 접하고 있고, 바다 건너 한국, 일본 등과 연결되어 있다. 한편, 시진핑 3기 체제의 대외전략 구상을 보면 미국과 유럽 중심의 대국 외교는 계속 견지하되, 주변국 관계와 개발도상국 관계도 소홀히 하지 않겠다는 것이다. 특히, 우리 시각에서 보면 중국의 주변국 외교의 관심 정도가 매우 중요한 대중국 관계의 바로미터가 될 것이다. 중국도 주변국 관계 심화와 강화를 통해서 대국 외교를 보완하는 입장을 견지하고 있기 때문이다.

따라서 시진핑 3기 체제가 주변국 관계를 어떻게 풀어나가는지가 체제의 지속과 안정에 중요한 관건이 될 것이다. 만약 주변국 관계를 제대로 풀어나가지 못하면 그 자체로 체제의 지속가능성을 부식시키는 부정적이고 위험한 요인이 되기 때문이다. 중국은 기본적으로 주변국과 관계를 잘 가져가야 한다. 인접국에서 인정받지 못하면 인류 운명공동체 등 글로벌한 외교에서도 성과를 내기 어렵다. 그러나 중국은 대외 이미지가 상당히 악화되어 있다. 미국 퓨리서치 조사 결과나 한국의 대중국 이미지 조사 결과를 보더라도 80% 가까운 한국 사람들이 중국을 부정적인 시각으로 보고 있다.

한국은 이미 선진국 대열에 진입하고 있는 역동적인 국가다. 그러나 중국이 한국을 대하는 태도를 보면 여전히 전통적인 조공 체계나 속국론의 시각을 지우지 못하고 있는 것처럼 보인다. 그러나 주변외교 차원에서도 중국은 한국과 관계를 잘 가져가야 할 필요성이 있다. 이는 한국도 마찬가지다. 따라서 중국은 과거의 인식이나 습관, 태도나 자세를 가지고 현재의 한중관계를 재단해서는 곤란하다. 예컨대, 주변국 관계 강화 차원에서 중국은 한국을 바라봐야 한다. 한국은 이미 경제적으로 문화적으로 선진국에 진입하고 있는 상황이다.

중국이 글로벌 차원에서 책임국가로 성장하기 위해서도 주변국 관계에서 자신의 새로운 위상과 정체성을 고민하고 대등한 입장에서 공존하는 시각으로 세계를 바라봐야 한다. 주변국의 지지와 성원을 받지 못한 국가가 글로벌 차원에서 지도 국가나 책임 국가가 될 수는 없다. 중국이 주변국 관계에서 부식을 허용해서는 안 되는 이유가 바로 여기에 있다. 글로벌 책임 국가로 성장하려는 중국이 주변국과 관계를 잘 가져가지 못한다면 국제사회는 중국의 지도력에 신뢰를 보내지 않을 것이기 때문이다.

6. 시진핑 체제는 순항할 것인가?

강력한 당 국가체제를 유지하는 중국에서 이례적으로 백지 시위가 산발적으로 계속되었다. 이는 국민들의 집단적인 반발을 의미한다. 이러한 움직임은 민심의 향배를 가늠할 수 있는 중요한 변수다. 동시에 변화하는 민심이 당 국가체제라는 중국의 정치구조 변화에 영향을 주고 이것이 정치변화를 추동할 것인지도 관심으로 떠오르고 있다.

백지 시위, 민심 변화의 신호탄인가?

이번 백지 시위는 일종의 시민의 저항권이 수용된 것으로 분석할 수 있다. 백지 시위의 발발과 위드 코로나 정책으로의 전환은 중국 당국이 민생 관련 이슈에 대해서는 유연하게 접근하고, 가치문제나 기본권 문제는 절대로 물러나지 않는 당 국가체제의 특징으로 볼 수도 있다. 다만, 백지 시위가 발생했다는 것은 다음 단계의 시민사회 운동 혹은 시위 확산의 가능성을 갖게 하는 것은 분명하다.

그러나 이러한 시위가 단기간에 폭발적으로 다시 발생할 것이라는 기대는 금물이다. 당 국가체제가 혁명적 변화를 수반하는 시민

사회 운동으로 흔들리기 위해서는 반체제 운동을 이끌 리더와 이를 담아낼 조직이 필요하다. 그러나 현재 시점에서 중국에 그러한 사람과 조직은 드러나지 않고 있다. 오히려 없다고 보는 게 타당하다. 그러나 민생 문제가 개인의 생존, 생계, 생활 욕구라는 기본권을 응축한 결과물이라는 점에서 폭발 잠재력은 매우 크다. 이처럼 민생의 문제를 중심으로 민심이 움직이는 이슈들은 빈부 격차, 가짜 분유 사건 등 여러 가지가 있었다.

결과적으로 민생 관련 이슈에 대해서 국민들의 결속이 이루어져서 산발적이지만 백지 시위 형태로 발산되었다. 그리고 위드 코로나로 전환하는 계기가 되었다는 점에서 어느 정도 민심이 당국에 의해 수용되었다는 측면도 있다. 당국 또한 체제 유연성을 발휘하여 시위를 적절하게 관리했다는 점에서 민심 이반에 대한 유연한 대응의 경험을 축적하고 학습하는 계기가 됐다. 결국, 민심의 향방과 이의 수용 정도가 체제의 지속가능성에 영향을 준다고 볼 수 있다. 시진핑 주석 개인의 사고, 철학, 통치방식 등도 변수가 될 것이고 특히 그의 건강 문제가 체제 지속가능성의 관건이 될 것이다.

시진핑 주석은 언제까지 집권할 것인가?

시진핑 주석은 적어도 현 추세로 보면 후계자가 떠오르지 않기 때문에 5년 이후까지도 집권 가능성이 열려 있다. 그러나 겨우 5년 집권하려고 그 많은 무리수를 두면서까지 권력을 연장하지는 않았을 것이다. 시진핑 주석은 2022년 20차 당대회에서 후계자를 지정하지 않았다. 그래서 최대한 빨리 2027년 21차 당대회에서 후계자를 지명한다고 해도 5년 동안의 후계자 수업 기간을 감안한다면 시진핑 주석은 2032년까지 집권이 가능하다. 한편, 후계자 지정을 2032년 22차 당대회에서 하게 되면 2037년까지도 집권이 가능하다. 향후 최장 15년 집권도 가능하다. 이렇게 되면 신중국 설립 이후 마오쩌둥이 1949년부터 1976년까지 만 26년 집권 기간과 엇비슷하게 시진핑 주석도 만 25년 집권하게 된다. 건강이 변수가 될 것이다.

시진핑 주석의 집권 장기화도 중요하다. 하지만 시진핑 체제가 연장되면서 중화민족주의의 강조, 고립주의 강화, 강압주의 지속 등으로 체제 생존의 리스크는 여전히 사라자지 않고 오히려 강화될 수도 있다는 점에 주목해야 한다. 이러한 장기지속의 집권 리스크는 백지 시위와 같이 민심 이반이 나타나고 이것이 행동으로 결집된다면 지금과 다른 차원으로 발전할 것이다. 이미 생존과 생계, 생활의 기본 욕구에 익숙한 국민들이 자유와 민주 등을 내걸고 자아실현의 욕구로 발전하게 되면 이는 민생 문제가 아니라 정치문제로 비화되기 때문이다.

그렇다면, 향후 민심이 당국에게 요구하고 기대하는 요구 사항은 무엇이고, 이것이 계속 점증할 것으로 볼 수 있는가가 시진핑 체제의 순항 관련 지속가능성을 판별하는 중요한 요소가 될 것이다. 국민들의 기본 욕구에 충실한 민생의 문제에서 정치적 자유를 요구하는 자아실현의 욕구로 국민의 기대가 점증한다는 관점을 가지고 중국 체제와 시진핑 집권의 지속가능성을 전망하는 게 필요하다.

2022년 11월 13일 발리 미중 정상회담에서 바이든 미국 대통령은 중국과 '대립 없는 경쟁' '갈등 관리' '소통 유지'를 강조했다. 그럼에도 불구하고 미국은 중국을 상대로 경제적 봉쇄나 압박을 계속할 것을 천명한바 있다. 미국의 이러한 태도에 대해서 중국이 체제 안정을 빌미로 광폭 행보를 할 가능성도 배제할 수 없다. 이 역시 시진핑 체제의 순항 여부와 관련하여 중요한 관찰 포인트다.

중국의 체제는 견고한가?

통치방식과 통치 시스템 운용 관련하여 시진핑 체제 3기에도 법가(디지털) 지배가 강화되는 추세는 어느 정도 이해할 수 있는 측면이 있다. 그러나 이러한 행태 변화만으로 중국 사회를 포괄적으로 이해하는 데는 한계가 있다고 봐야 한다. 중국의 사회 안정에 대한 기본 구상과 인식, 그리고 그것이 실제로 구현되는 방식과 행태, 마지막으로 중국의 의도와 무관하게 사회 차원에서 저항의 불씨와 저항의 정도를 논리적으로 설명하고 이해하는 것이 선행되어야 한다. 이 과정에서 사회통제를 강화하고 혹은 유연하게 접근하기 위한 행태로서 법가(디지털) 통치에 대한 중국 당국의 행태와 운영 방식을 의미있게 들여다보는 것이 중요하다.

특히, 대내 측면뿐만 아니라 대외 측면에서 민심을 움직일 수 있는 요소들에 대한 분석이 필요하다. 가령 민생 문제 등 특정 이슈에 대해서 중국의 관방과 민간의 상호 인식의 차이가 존재하는지 그리고 차이의 정도는 어느 정도인지도 중요한 관찰 포인트다. 또한 민심의 변화에 영향을 미치는 요소들에 대한 당국과 국민 간 상호 인식의 차이를 어느 정도 줄여나갈 수 있는지 당국의 유연성도 체제 순항의 고려 사항이다. 즉, 당국과 국민 간 인식의 차이가 있지만 통제 가능한 범위 내에서 있고, 당국과 민간이 이 정도 차이는 충분히 수용 가능하다는 인식의 공통분모가 있다면 체제는 유연성을 발휘하여 더욱 안정된 방향으로 순항할 것이다.

한편, 당국의 자율성의 확대, 국민의 수용성의 확대가 체제 유연성을 제고시키는 측면이 있고 체제 순항에 긍정적으로 영향을 미칠 수 있지만 점증하는 국민의 욕구 체계 상승에 당국이 기민하게 적응하지 못하면 체제는 흔들릴 가능성이 있다. 장쩌민이나 후진타오 시기 어느 정도 생존 관련 기본 욕구를 풀어주면서 정치 사회적 자유를 요구하는 내용을 억압한 경험이 있다. 그러나 당시에는 기본 욕구에 충실한 정책 추진으로 일정한 범위 내에서 국민의 동의를 받은 측면이 있다. 그러나 시진핑 체제 3기에는 이에 대한 축적된 경험이 누적되면서 이미 풍요를 경험한 이상 욕구 체계의 상승은 불문가지다.

따라서 향후 시진핑 체제의 순항 여부는 이미 풍요를 경험한 세대가 늘어나고 이들이 다른 욕구를 제기할 가능성이 높아진다는 점에서 이를 물리력으로만 관리, 통제할 수 없다는 점이다. 체제 안정과 관련하여 이에 대한 관심이 제고되어야 하는 이유이기도 하다.

시진핑 체제의 장기지속은 한중관계에 어떤 영향을 미칠 것인가?

중국에게 한국은 매우 중요한 이웃 국가이자 주변국 관계를 안정적으로 구축하고 이끌어가는 과정에서 중요한 파트너인 동시에 강력하게 고려해야 하는 한미 동맹의 한축이다. 그렇기 때문에 시진핑 체제가 지속되는 한 한국과의 관계 설정은 중국에게 매우 중요한 사인이다. 2022년 12월 28일 한국 정부는 한국판 인태 전략을 발표했다. 미국, 일본과 달리 중국을 절대시하거나 공격하지 않고 협력의 파트너로 간주하고 있다는 점을 분명하게 밝혔다.[105] 양국 관계에서 외부 변수를 최대한 억제하겠다는 우리 정부의 신호이기도 하다.

그러나 수교 30년 동안 한중관계는 경제적 요인으로 촉진되었고, 사회문화적 갈등으로 현재 잠시 정체되어 있다. 여기에 미국의 인태 전략에 따른 대중국 봉쇄, 한국의 독자적인 인태 전략의 수립 및 추진, 한층 강화하는 한미일 군사협력 등 대외 분위기는 중국에게 한국의 존재와 인식을 새롭게 압박하는 중이다. 이러한 국내외적인 정세를 통해서 중국은 주변국으로서 한국과의 관계에서 한중 간 충돌 요인은 무엇이고, 중국의 핵심 이익과 충돌하는 우리의 이익은 무엇인지 정교하게 설계할 필요가 있다.

그동안 한중관계는 몇 차례 돌발 사건을 겪으면서 현재에 이르고 있다. 그 과정에서 각자 주장하는 국익 관련하여 여러 차례 이견이 노출되고 실제로 상대국을 압박하는 구체적인 행동으로 연결되곤 했다. 사드 배치나 신장 위구르자치구 인권 문제 등을 둘러싼 갈등은 이미 한중 간에 기정사실화된 문제이기 때문에 시진핑 체제 3기가 된다고 해서 크게 달라질 것으로 보이지는 않는다.

앞으로 한중관계의 미래와 관련하여 우리가 주목할 포인트는 기존에 사실화되어 있는 문제나 이슈가 아닌 새롭게 미래에 부상할만한 소재가 무엇인지 적극적으로 발굴하고, 그에 대한 대안을 마련하는 것이 시급하다. 한국과 중국 간에는 사회문화적 갈등이 더욱 심화될 것이다. 중화민족과 애국주의를 강조하는 시진핑 3기 체제는 더욱 내적 자긍심을 고양하는 방향으로 사회문화적 움직임을 보일 것이다. 이는 바로 사회문화적 유사성을 가진 우리에게 공격적인 자세로 다가올 수 있다.

기정사실화되어 있는 문제 외에 아마도 향후 한국과 중국의 문제는 영토, 영해 등에서 나타날 것으로 보인다. 특히 이 문제가 양국 민간에서 어떻게 수용되고 인식되느냐에 따라 양국 관계의 변화를 결정하는 데 중요한 영향을 미칠 것으로 판단된다. 한중 간에 이미 기정사실화되어 있는 문제들은 이미 한중 상호간 민낯을 봤기 때문에 양자관계에서 서로 건드리지 않는 것으로 우리가 중국을 설득하거나 무시하고 갈 수도 있다.

그러나 북한 이슈는 미국과 한국이 확장 억제전략으로 압박을 가하고 있는 상황에서 중국이 이 문제에 민감하게 반응하고 있기 때문에 향후 확장 억제 등 북한 이슈와 관련하여 신종 마찰 요인이 될 수 있다. 우리는 이에 대응하여 중국과 소통, 협력이 중요하다는 점을 강조하는 한국판 인태 전략으로 돌파구를 모색하고 있다. 한편,

북한 문제를 한중관계 차원으로 국한하여 볼 것인가 아니면 글로벌 자유 질서 수호 차원에서 볼 것인가라는 전략적 판단도 요구된다. 우리는 북한 문제로 이슈를 한정하여 중국을 테이블로 끌어들여 북한 문제 관련하여 중국이 더욱 전향적인 자세를 가질 것을 요구하고, 비핵화, 도발 억제에 중국이 동참할 것을 꾸준히 설득해서, 이에 대한 논리 개발을 서두를 필요가 있다.

또한, 중국이 국제질서와 역내 질서에서 책임 있는 당사국의 지위를 갖고 북한 문제 해결에 대해서 전향적인 역할을 강화해야 한국도 미국에게 확장 억제와 동진東進에 대해 완화할 수 있도록 설득할 수 있다. 그리고 그러한 논리로 중국을 설득해 우리의 전략 공간을 마련하는 복합적인 사고가 필요하다. 이 과정에서 과학기술 문제에 대한 우리의 입장을 어떻게 정하는지도 중요한 변수가 될 것이다.

중국의 닫힌 민족주의와 중국의 미래

시진핑 집권 기간의 오류는 미중 공존체제를 깨버린 것이다. 과거 유산을 그대로 답습하는 경우 2만 달러의 국민이 된다 해도 시진핑식 국가주의, 닫힌 민족주의, 공안통치 등을 국민들이 계속 감내할 수 있을 것인가 하는 의구심에서 체제의 통치 정당성이 약화될 가능성이 크다. 시진핑 체제가 대내적으로 쌍순환 전략 등 문을 걸어 잠그는 방향으로 갈 경우 체제 부식 심화와 견고성의 약화는 오히려 가속화될 것이다. 이를 막아낼 수 있는 현실적인 대안은 중국이 바로 고립주의적 행태를 자제하고 국제사회와 함께 공존의 길을 모색하는 것이다.

그동안 중국은 외부의 위협을 체제 내부 결속을 다지는 것으로 활용했으며 어느 정도 효과를 거둔 측면도 없지 않다. 그러나 이미 풍요를 경험한 세대들이 사회 각계각층에 포진해 있는 상황에서 마오쩌둥 시기처럼 상명하복上命下服식의 이념형 관리와 통치로는 현재의 국면을 돌파하기 쉽지 않다. 따라서 시진핑 체제의 공고성과 지속가능성에 대한 기본 관점에서 볼 때 중국에게 필요한 것은 점점 국제화되어 가고 있는 젊은 세대들이 세계와 함께 공존하고 글로벌 스탠다드를 함께 누릴 수 있는 기회를 더 많이 가져야 한다.

중국은 이미 1만불 시대를 넘어서 2만불 시대로 진입하고 있기 때문에 과거와 같은 강압적이고 교조적이며 명령식 시스템이나 태도로는 현재의 위기를 극복하고 한층 더 발전된 국가로 나아가기가 쉽지 않다. 중국은 국제사회가 중국의 경제력의 크기만큼 중국의 영향력이나 정치력에 감동하지 않는 이유를 빨리 인식할 필요가 있다. 예를 들어, 국제사회 불안을 야기하는 북한의 행태에 대해서 중국이 계속 북한을 돕고 있다는 메시지를 발신하는 것이 결국 중국에게 손해라는 성찰이 필요하다.

그러기 위해서는 중국이 중화민족주의나 애국주의 등 닫힌 민족주의로 가는 것이 아니라 포용력을 갖춘 열린 민족주의로 나아가야 한다. 국제사회 또한 중국이 배타적 민족주의가 아니라 함께 공존을 모색하고 차이를 이해하는 열린 민족주의로 나아간다면 중국에 대해서 지금보다 덜 위협적으로 생각할 것이다. 중국은 이것이 중국에게도 이익이 되고, 인류 전체에게도 이익이 된다는 점을 세계와 함께 인식해야 한다. 북핵 문제에 대한 중국의 중립노선 또한 중국의 새로운 변화라는 것을 대외적으로 보여줄 필요가 있다.

작은 나라는 일방주의가 통할 수 있으나 큰 나라는 일방주의가 통하지 않는다. 이 점에서 오히려 큰 나라일수록 유연성이 필요하다는 것을 중국은 다시 생각해야 한다. 그래야 중국도 중국이 소망하는 존중받는 글로벌 핵심 국가로 성장할 수 있다. 이 또한 중국이 바라는 강대한 중국의 모습일 것이다. 그렇지 않으면 예컨대 중국의 미래는 시진핑식 사회경제정책과 같은 축소 불균형 사회로 나아가고, 사회는 더욱 단순화되면 될수록 국제사회와의 간극은 더 커질 수 있기 때문이다.

양갑용(국가안보전략연구원 책임연구위원)

제2편

시진핑 체제의 세계관:
시진핑 체제는 세계를 어떻게 보는가?

1장
중국의 세계문명관, 인류 운명공동체

1. 운명공동체를 먼저 제안한 한국?

중국의 한 연구에 의하면 "'중한 운명공동체'의 특수성은 한국 문재인 정부가 먼저 제안하고 중국이 이에 호응했다는 것이다"[106] 라고 한다. 문재인 정부에서 운명공동체를 언급한 인사는 세 명이다.

2017년 10월, 노영민 주중 한국대사는 인터뷰에서 "한중 양국은 운명공동체이며 공동의 이익을 가지고 있다"[107]라고 했다. 그해 12월 더불어민주당 추미애 대표는 중국에서 열린 '세계 정당 고위급 대화' 기조연설에서 "정당 간 연대와 협력을 통해 인류 운명공동체의 미래와 행복을 만들어가자"[108]라고 했다.

문재인 대통령은 운명공동체에 대해 두 차례 언급했다. 2017년 12월 3일 한중 정상회담 자리에서 "한국과 중국의 관계가 경쟁 관계에 있는 것은 사실이지만 더 크게 보면 양국은 협력을 통해 공동으로 번영해 나가는 운명적 동반자 또는 운명공동체 관계라고 생각한다"라고 했다. 2019년 12월 24일 중국 청두成都에서 열린 한중일 정상회담에서는 "중국은 주변국과 운명공동체로 함께 발전하려는 꿈을 꾸고 있으며, 경제적으로 우리는 운명공동체다"라고 했다.

문재인 대통령의 발언은 2020년 코로나19가 확산하면서 친중 행보로 비판받았다. 반면에 문재인 대통령의 발언이 "왜곡되거나 과장된 측면이 있으며, 경제적으로 한정된 것"[109]이라는 지적도 있었다.

시진핑 주석의 운명공동체 제안에 긍정적인 반응을 보인 것은 정부 인사뿐만이 아니었다. 한국 언론이 운명공동체에 관심을 두기 시작한 것은 2017년 19차 당대회에서 시진핑 주석이 인류 운명공동체 건설을 제안한 이후다. 당시는 사드 한반도 배치로 양국 관계가 냉각된 시기로, 대부분의 한국 언론은 이를 긍정적인 신호로 받아들였다. 한 언론보도에서는 "인류 운명공동체 제안은 추상적이지만 공동체 관계의 회복과 심화를 강조하는 것이 큰 흐름으로, 우리도 한중이 협력할 수밖에 없는 명분을 찾는 노력에 더욱 나서야 한다"[110]라고 했다. 또 다른 언론보도에서는 전문가의 말을 빌려 "시 주석이 인류 운명공동체를 추구하고 평화 외교를 하겠다고 천명한 것은 일대일로—帶—路 등을 원활하게 추진하기 위해 이웃 국가들과 잘 지내겠다는 유화정책을 의식적으로 강조한 대목이다"[111]라고 했다.

긍정적인 반응을 보인 것은 학계도 마찬가지다. 2017년 12월까지, 한국에서 운명공동체에 관한 연구는 2편에 불과했다. 심지어 중국어로 쓰인 한 편은 중국 정부의 견해를 그대로 대변했다. "중국은 일대일로 권력 네트워크에 인류 운명공동체 이념을 융합한 네트워크를 구축하였는데, 목적은 타국을 이끌고 촉진하고, 함께 진보하며, 함께 발전하는 것이다."[112]

한국 정부, 언론, 학계가 모두 시진핑 주석이 19차 당대회에서 제안한 인류 운명공동체 제안에 대해 긍정적인 반응을 보인 이유는 무엇일까? 시진핑 주석의 말을 따르자면 중국이 꿈꾸는 인류 운명공동체는 평화와 안전, 이익의 공유, 가치의 공유, 공동 책임, 인간과 자연이 조화롭게 공생하는 공동체를 말한다. 시진핑 주석의 인류 운명공동체 구상은 인류의 이상적 가치를 담은 것으로, 누구도 굳이 '노NO'라고 말할 필요는 없었을 것이다.

또 다른 원인은 인류 운명공동체 개념의 '모호성'이다. 시진핑 주석은 강연을 통해 여러 차례 인류 운명공동체 건설을 강조했다. 그러나 그 내용은 추상적인 용어로 가득 차 있어 실제로 건설하려는 인류 운명공동체가 어떤 모습인지 알 수 없다. 따라서 한국뿐만 아니라 세계 많은 나라들은 일관되게 시진핑 주석이 건설하려는 인류 운명공동체에 대해 알지 못한다.

2. 팍스 시니카 전략, 글로벌 거버넌스

글로벌 경제 거버넌스, 일대일로

중국은 2008년 국제금융위기에 대처하는 서구 선진국들의 모습을 보고 자신들이 세계무대에 나설 때가 되었음을 직감했다. 중국은 "2008년 금융위기는 글로벌 거버넌스 매커니즘과 시스템의 중대한 결함과 서양 주요 강대국의 무능을 보여주었으며, G7은 어쩔 수 없이 세계경제 통치의 운전석을 G20에 넘기게 되었다"[113]고 판단했다.

중국은 2008년 워싱턴에서 열린 G20회의 참가를 글로벌 거버넌스 핵심 의사 결정권 그룹에 진입한 것으로 판단했다. 그리고 최대 개발도상국이며, 세계 제2의 경제대국이며, 동방의 문명 고국인 중국은 마땅히 글로벌 거버넌스를 조정하고, 추진할 자격이 있다고 생각했다.

일대일로는 중국이 추진하는 대표적인 글로벌 경제 거버넌스 시스템이다. 일대일로의 안정적인 추진을 위해 아시아 인프라투자은행AIIB, 브릭스개발은행, 실크로드펀드도 설립했다.

일대일로는 시진핑 주석이 2013년 처음 제안했다. 목적은 아시아, 유럽, 아프리카 3대륙을 연결하는 경제벨트를 조성하는 것이다. 현재 우리나라를 포함한 149개국, 32개 국제기구가 중국과 일대일로 관련 협약을 맺고 있다.

필자는 2017년 중국 항저우杭州에서 열린 일대일로 학술회의에

참석한 적이 있다. 일대일로를 기획한 '중국 글로벌 싱크탱크中国与
全球化智库' 선임연구원이 기조 강연을 했다. 강연자는 내국인을 대상
으로 한 강연이었기 때문에 중국이 일대일로를 추진하는 목적을 가
감 없이 설명해주었다.[114]

"일대일로를 추진하는 이유는 '옛일을 회고하기 위한 것'도 아니
고 '중국 내 과잉생산능력을 수출하기 위한 것'도 아니다. 이는 일
부만 맞는 이야기로 일대일로를 추진하는 진짜 이유는 세계경제전
략 구도의 변화에 따른 중국경제의 장기적인 발전과 '중화민족의
위대한 부흥'을 이루기 위한 것이다."

중국몽은 2012년 시진핑 주석이 18차 당대회에서 제안한 것으로
중화민족의 위대한 부흥을 목표로 한다. 그리고 일대일로를 통해
중국은 다음과 같은 효과를 얻고자 한다고 했다.

첫째, 중국경제의 장기적인 발전을 위한 외부 성장환경을 조성한
다. 중국은 경제성장률이 둔화되고 있는데, 근본적인 출로는 경제
일체화뿐이다. 중국은 아시아에서 유럽, 아프리카로 확장하는 전략
을 실시하여 유라시아를 일체화하고, 이 지역에 세계 최대 경제집
단을 조성한다.

둘째, 중국 중심의 글로벌 밸류 체인Global Value Chain을 구축한다.
중국은 일대일로 연선 국가들과 협력하여 새로운 글로벌 밸류 체인
을 구축하여 중국의 국제적 위상을 높여야 한다.

마지막으로 일대일로에 대한 올바른 인식을 당부했다.

"일대일로는 중국의 마셜 플랜도, 중국의 과잉 생산능력 덤핑도, 더욱이 중국이 세력을 확장하기 위한 것도 아니다. 60여 개 국가가 평등하게 협력하고, 함께 발전하고, 번영하며, 운명공동체를 건설하기 위한 것이다. 각급 지도자 및 언론과 전문가는 이 점을 분명히 알아야 한다. 특히, 언론과 전문가들은 무책임한 발언을 삼가야 한다."

강연자가 "중국이 세력을 확장하기 위한 것이 아니다"라고 말한 것은 일종의 반어법이다. 실제 목적은 중국의 영향력을 확장하기 위한 것이지만 다른 나라 사람들에게 말할 때 입조심 하라는 얘기다. 일대일로 추진이 '중국 위협론'으로 비치는 것을 극도로 경계한 것이다.

일대일로에 관한 중국 연구자들의 글을 보면 천편일률적으로 "일대일로는 중국이 패권을 다투기 위한 것이 아니라 세계에 공헌하기 위한 것이다"라고 한다. 중앙정부의 지침을 따른 것이다. 그러나 강연자가 말한 바와 같이 일대일로는 '중화민족의 위대한 부흥'을 위한 글로벌 경제 거버넌스 구축사업으로, 아무리 '선량한' 언어로 포장해도 그 의미가 가려지지는 않을 것이다.

글로벌 외교 거버넌스, 동반자 관계

외교적 영향력을 확대하기 위해서는 많은 친구를 확보하는 것이 필요하다. 중국은 많은 국가와 동반자 관계를 맺었다. 동반자 관계는 강제적인 위계나 복종체계와는 다르다. 일반적으로 호혜적이고 민주적인 의사결정 방식으로 공동 번영과 발전을 추구하는 관계를 말한다. 동맹이 공동의 적에 대응하기 위한 것이라면, 동반자 관계는 주로 경제분야에서 협력을 강조한다. 물론, 정치, 군사, 안보 분야의 협력도 포함한다.

중국어로 동반자 관계는 '훠반火伴'이라 한다. 이 말은 고대 북위北魏의 병사관리 제도에서 기원했다. 북위 시기 군대는 10명의 병사가 하나의 훠반을 구성했다. 이들은 전쟁을 함께 할 뿐만 아니라 평소에도 한솥밥을 먹었다. 따라서 중국어에서 '동반자 관계'는 특히 군사 안보와 경제 안보를 함께 하는 전우 같은 관계를 의미한다.

중국은 1993년부터 다른 나라와 동반자 관계를 맺기 시작했다. 2013년 시진핑 주석이 '주변외교공작좌담회周邊外交工作座談會'에서 "비동맹 원칙을 전제로 많은 친구를 사귀고, 전 세계에 걸쳐 동반자 관계 구축을 추진하자"[115]라고 제안한 이후 급격하게 상승했다. 2013년은 바로 중국이 일대일로를 시작한 해이기도 하다.

현재까지 중국이 맺은 동반자 관계는 105개국에 이른다.[116] 현재 유엔 회원국으로 가입한 국가의 총수는 193개국으로, 중국은 54%의 국가와 동반자 관계를 맺고 있다. 이는 전체 국가의 절반 이상이 중국과 외교적으로 특별한 관계를 맺고 있다는 것을 의미한다. 미국이나 일본은 중국의 대외관계에서 중요한 국가이지만 경쟁 관계에 있는 국가이기 때문에 동반자 관계를 맺지 않았다. 한국은 미국의 동맹국이지만 경제적, 지정학적으로 중요한 국가이기 때문에 동반자 관계를 맺었다. 북한은 중국의 유일한 동맹국이기 때문에 새로 동반자 관계를 맺지 않았다.

중국은 자신의 관점에서 상대국의 의미를 규정하고, 매우 복잡하고 구체적인 용어를 사용해 동반자 관계를 맺었다. 따라서 중국이 동반자 관계를 맺을 때 사용한 용어를 보면 중국의 해당국에 대한 입장을 이해할 수 있다. 중국에게 가장 중요한 동반자 국가는 러시아다. 중국은 러시아와 '신시대 포괄적인 전략적 협작 동반자 관계'를 맺었다. '신시대'는 시진핑 신시대를 의미한다. '협작'은 양자관계가 지역이나 글로벌 차원에서 필요성이 가장 고도화되었을 때 맺는 것으로 유일하게 러시아에만 적용된다.

두 번째로 중요한 국가들과는 '합작' 관계를 맺었다. 합작 관계를 맺은 나라는 30개국에 이른다. 한국을 비롯해 동남아, 아프리카, 일부 유럽 국가들이 포함되어 있다. 초기에는 주로 중국과 국경을 접하고 있는 국가들이 포함되었으며, 군사적인 안보가 주목적이었다. 합작 관계를 맺은 국가 중 가장 중요한 국가는 파키스탄으로, 2017년 중국인들이 가장 좋아하는 국가에 선정되기도 했다. 이들은 정치적 신뢰를 바탕으로 글로벌 차원에서 중국과 한목소리를 내며 경제, 군사 등 영역에서 보조를 맞추고 있다.

전략적 동반적 관계를 맺은 나라는 61개 국가로 가장 많다. 중앙아시아, 서아시아, 유럽, 남미 국가들이 포함되어 있다. 일대일로 연선 국가들이 대거 포함되어 있으며 전통적으로 중국과 우호적인 관계를 유지하고 있는 남미 국가들도 포함되어 있다. 유럽을 제외하고 이들 국가는 개발도상국이나 사회주의 국가로 중국과 유사한 처지에 있는 국가들이다.

중국 정부는 일대일로 추진 이후 가능한 많은 국가들과 동반자 관계를 맺어 군사, 경제적인 측면에서 안보를 보장받고자 했다.

중국인들은 '펑여우(친구, 朋友)'가 없다는 것을 근심한다. 따라서 중국은 많은 국가들과 동반자 관계를 맺어 '펑여우취안(친구 그룹, 朋友圈)'을 만들려 노력하고 있다.

글로벌 이념 거번넌스, 운명공동체

중국이 글로벌 거버넌스를 주도하기 위해서는 공동체 구성원들 간의 연대감 강화는 필수 요건이다. 중국은 다양한 운명공동체를 제안하고, 공동체 성원간의 '우리감我们感'을 조성하기 위해 노력하고 있다. 중국 정부는 공동체 성원들에게 '운명공동체 담론'을 보급하는 방식으로 자신들이 원하는 국제전략 구도를 실현하고자 한다.

처음 '공동체'라는 말을 제안한 사람은 2004년 중공 중앙당교中共 中央党校 부교장인 정비젠郑必坚으로, '이익공동체 건설'을 제안했다.[117] 2011년 『중국의 평화적 발전中国的和平发展』에 관한 백서에서는 '다른 제도, 다른 유형, 다른 발전 단계에 처해 있는 국가들은 서로 의존관계에 있는 운명공동체다'[118]라고 했다. 이로써 운명공동체 담론이 정식으로 등장하게 되었다.

중국어에서 운명은 '생사고락을 같이 한다'라는 뜻이다. 따라서 국가 간에 운명공동체를 맺는다는 것은 흥망성쇠를 함께 한다는 의미다. 연구에 의하면 '운명공동체는 심화된 전략적 동반자 관계와 가까우며 동맹보다는 낮은 단계이나 일반적인 전략 관계보다는 높은 단계로, 실질적인 정치와 안전 합작 조직을 말한다'[119]고 한다. 중국이 지역 혹은 국가와 맺은 운명공동체[120]는 동반자 관계를 맺은 국가들과 중복된다.[121]

중국과 운명공동체에 속한 국가들은 다음과 같은 규정을 지켜야 한다. 만약, 중국과 다른 나라 사이에 정치 분쟁이나 충돌이 발생할 경우 중국 편에 서야 한다. 그렇지 못한다면 적어도 중립은 지켜야 한다. 예를 들어 한국은 미국과 동맹관계이지만 미국과 중국이 충돌할 경우 최소한 중립을 지켜야 한다. 운명공동체 구성원들은 서로 안전을 지원해야 한다. 그리고 구성원과 공동체 밖 국가 사이에 군사적인 충돌이 발생한 경우 중국은 그들에게 군사적인 지원을 해야 한다.

운명공동체는 포괄범위에 따라 세계, 지역, 국가로 구분할 수 있다. 운명공동체는 추구하는 목적에 따라 3가지로 구분할 수 있다.

첫 번째는 이상 운명공동체다. 세계를 단위로 하는 인류 운명공동체, 인터넷 공간 운명공동체, 핵안전 운명공동체가 포함된다. 이 공동체의 목적은 지구적 문제에 대해 공동으로 책임지고 대응하자는 것이다.

두 번째는 안보 운명공동체다. 중국인들은 14개 국가와 국경을 접하고 있다. 주변 운명공동체는 군사적인 안보를 목적으로 중국과 국경을 접한 국가들에 제안한 공동체다. 아시아 운명공동체는 시진 핑 주석이 2015년 '보아오 아시아포럼博鳌亚细亚论坛'에서 제안했다. 시진핑 주석이 아시아 운명공동체를 제안한 것은 인류 운명공동체 건설을 위해서는 먼저 아시아에서 기반을 다져야 한다는 판단 때문 이었다. 즉, 한국을 비롯한 아시아국가들을 전통의 중화질서 체계 로 복귀시켜 미국으로부터 분리시키겠다는 것이다. 최근 한중간의 역사문화 갈등이 첨예화된 것은 위와 같은 중국의 대미전략이 원인 이다. 시진핑 주석은 2019년 5월 베이징에서 개최된 '아시아 문명 대화 대회亚洲文明对话大会' 연설에서 "미국이 문명 간의 충돌을 당연 시하고 다른 문명을 개조 또는 대체하려 한다며 '(아시아)운명공동체' 건설이 필요함"을 다시 한번 강조했다.[122]

세 번째는 경제 운명공동체다. 이들 운명공동체는 잠재적인 중국 의 지원역량으로 두 번째로 중요한 중국의 국제전략 네트워크다. 상하이협력기구, 중국-아랍 운명공동체가 포함된다. 상하이협력 기구는 회원국 모두 개발도상국으로 권위주의 국가들이 다수 포함 돼 있다. 최근 이란이 정회원으로 가입했다는 소식이 전해졌다. 중 국-아랍 운명공동체는 일대일로 건설을 위해 맺은 공동체다. 운명 공동체 이념을 경제 프로젝트인 일대일로와 연결해 대외적으로 선 전하기 시작한 것은 2015년 '보아오 아시아 포럼'부터다. 시진핑 주석은 개막식 연설에서 일대일로와 AIIB를 아시아 운명공동체 건 설의 주요 수단으로 제시했다.

네 번째는 우정 운명공동체다. 중국-아프리카 운명공동체, 중국-라틴아메리카 운명공동체, 중국이 각 국가와 맺은 운명공동체가 해당한다. 중국과 아프리카가 운명공동체를 형성할 수 있었던 것은 침략을 당한 역사적 경험에서 비롯한 서양에 대한 부정적 인식, 개발도상국으로서 동병상련이 작용했다. 국가 단위의 운명공동체는 중국과 합작 동반자 관계를 맺은 국가들과 중첩된다. 이 운명공동체에 속한 국가들은 중국을 가장 적극적으로 지지한다. 따라서 가장 중요한 국제전략 네트워크라 할 수 있다. 대부분 사회주의국가였거나 현재 사회주의국가로 중국 공산당과 오랫동안 우호 관계를 맺어왔다.

중국은 운명공동체 간의 연대감을 강화하여 정치, 경제, 안보 협력관계를 강화하고자 한다. 이와 같은 측면에서 볼 때 운명공동체는 동반자 관계와 유사한 측면이 있다. 그러나 동반자 관계는 경제, 군사적 협력을 강조한다면 운명공동체는 공동의 가치, 즉 이념적 가치를 중시한다. 이 밖에도 동반자 관계가 양국 간의 외교적 합의에 따른 것이라면, 운명공동체는 대부분 중국이 일방적으로 제안했다는 것이 차이다. 따라서 세계 혹은 지역 단위의 운명공동체에 속해 있는 많은 국가들은 자신이 중국과 운명공동체에 속해 있는지 알지 못한다. 한국이 중국과 인류 운명공동체를 비롯한 많은 운명공동체에 속해 있다는 사실을 알지 못하는 것처럼 말이다.

3. 중국몽과 인류 운명공동체

국제질서의 최고 강령, 인류 운명공동체

인류 운명공동체를 처음 언급한 지도자는 후진타오 주석이다. 그는 2012년 18차 당대회에서 "인류 운명공동체 의식을 선도하자"[123]라고 보고했다. 이로써 인류 운명공동체는 공산당의 주요 외교정책으로 처음 등장했다.

시진핑 주석이 집권한 후 2018년 12월 31일까지 인류 운명공동체에 대해 공개적으로 표현한 것은 350차례다. 시진핑 주석의 운명공동체에 대한 강연은 시간이 지날수록 점점 더 많아졌으며 비중도 높아졌다.[124]

시진핑 주석이 국제무대에서 인류 운명공동체를 처음 언급한 것은 2013년 3월 러시아를 방문했을 때다. 그는 모스크바 국립국제관계대학MGIMO 연설에서 "현재 국가와 국가 사이의 상호 연결, 상호 의존 정도는 전례 없이 깊어졌다. 인류는 하나의 지구촌에 살고 있고, 역사와 현실이 교차하는 시공간에 살고 있으며 불가분의 운명공동체로 결집되고 있다"라고 했다. 2015년 9월 유엔 본부 연설에서는 "신형 국제관계를 구축하고 인류 운명공동체를 건설할 것이다"[125]라고 하였으며, 2017년 1월 유엔 제네바 본부 회의에서 「인류 운명공동체를 함께 건설하자」라는 제목으로 연설을 했다. "2017년 2월 10일 유엔 사회발전위원회 제55차 회의에서 '아프리카의 새로운 동반자 관계를 발전시키는 사회적 차원' 결의안이 만

장일치로 채택됐고, '인류 운명공동체 건설 이념'이 처음으로 유엔 결의안에 포함됐다."126)

시진핑 주석은 2017년 10월 열린 19차 당대회 보고에서 "중국 인민은 각국 인민과 함께 인류 운명공동체 건설을 추진할 것이다"라고 다시 한번 밝혔다. 2018년 제13기 전국인민대표대회에서 "각국과 외교관계 및 경제, 문화교류를 발전시켜 인류 운명공동체를 건설한다"127)를 헌법에 포함시켰다. 이로써 중국 외교관계 및 경제, 문화교류의 목적은 인류 운명공동체 건설이라는 하나의 목적으로 수렴되었다.

시진핑 주석은 인류 운명공동체 이념은 중국이 세계를 위해 제공한 중국의 지혜이며 방안이라고 한다.

"인류 운명공동체는 자국의 안보와 이익을 지키고 추구할 때 다른 나라의 합리적 관심도 돌보며 함께 발전하는 것으로 공유·협력·상생·포용을 주요 이념으로 한다. 인류는 같은 지구촌에 살고 있으며 '내 안에 네가 있고, 네 안에 내가 있는我中有你, 你中有我' 운명공동체가 되고 있다. 국제정세의 심각한 변화와 세계 각국이 한배를 탄 객관적인 요구에 직면하여, 각국은 협력과 상생을 핵심으로 새로운 국제관계를 공동으로 건설하여 세계평화 수호와 공동 발전을 추구해야 한다."128)

중국 정부는 2012년 18차 당대회에서 인류 운명공동체 이념을 처음 제안한 이후 국제사회에서 지지를 얻기 위해 노력해왔다. 그리고 인류 운명공동체 건설을 위해 다양한 종류의 공동체를 제안했다. 2017년 19차 당대회에서 인류 운명공동체 건설 추진을 다시 한번 확인했고, 2018년에는 중국 헌법에 공식적으로 첨가되었다. 이로써 인류 운명공동체 이념은 중국 공산당이 건립하려는 국제질서의 최고 강령이며, 뚜렷한 목적을 가진 외교 전략이 되었다.

인류 운명공동체는 중국이 주도

시진핑 주석 집권 이후 미중의 패권 경쟁은 노골화하였으며, 중국은 이에 대응하기 위한 전략으로 경제, 금융, 외교, 이념 글로벌 거버넌스 시스템을 구축해왔다. 앞에서 살펴본 바와 같이 중국은 다양한 글로벌 이념 거버넌스를 구축해 왔는데, 그중 가장 중요한 것은 인류 운명공동체다. 중국 정부는 일대일로 건설은 중국이 인류 운명공동체 건설을 위해 세계에 공헌한 것이라고 한다. 그러나 사실은 일대일로의 성공을 위해 인류 운명공동체 이념을 제안한 것이다. 앞에서 중국 강연자가 말한 바와 같이 일대일로 건설의 목적은 중국몽의 실현이다. 따라서 인류 운명공동체 이념 또한 중국몽의 실현을 위한 이데올로기 전략이라 할 수 있다.

중국은 인류 운명공동체 이념을 통해 중국 위협론을 불식시키고, 중국 기회론을 보급하고자 한다. 중국 중심의 인류 운명공동체 건설은 모두에게 이익이라고 한다. 중국 정부는 늘 "중국의 발전은 전 세계의 기회이지 어느 누구에게도 위협이 아니다"[129]라고 강조한다. 그리고 "중국의 발전은 세계의 기회다", "중국이라는 경제 고속 성장 열차에 다른 나라가 무임승차 하는 것을 환영한다"라는 말을 앵무새처럼 반복한다. 이는 어느 국가든 중국과 경제협력을 하는 것만으로도 쉽게 경제적 이익을 얻을 수 있다는 뜻이다. 결론적으로 중국경제가 세계경제성장을 견인하고 있으니 중국의 경제발전은 위협이 아니라 세계에 대한 공헌이라는 것이다.

시진핑 주석이 인류 운명공동체는 중국이 주도해야 한다고 공식적으로 표현하기 시작한 것은 2015년 '보아오 아시아 포럼'부터다. 시진핑 주석은 이 회의에서 「아시아의 새로운 미래: 운명 공동체를 향하여亚洲新未来: 迈向命运共同体」라는 주제로 강연했다. 비록 강연에서 각국의 다른 상황과 이데올로기에 대한 상호존중과 평등한 대우를 강조했지만, 강연의 핵심은 대국으로서 중국이 책임을 다할 것임을 강조하는 데 있었다. 그는 먼저 "운명공동체를 위해 중국은 무엇을 할 것인가?"라고 질문했다. 그리고 "중국은 평화로운 발전, 공동 발전, 아시아태평양의 합작 발전이라는 '3가지 흔들리지 않음三个不动摇'을 견지할 것이며, 중국은 이에 대한 책임을 지고 담당할 것이다"라고 했다.

일대일로의 설계자인 후안강도 "중국은 이미 강국이고, 세계무대의 중앙에 진입했으므로 세계통치 전반에 참여하는 것은 당연하다. 나날이 강대해지는 중국은 마땅히 대국의 책임을 적극적으로 져야 한다"[130]라고 거들었다. 시진핑 주석도 후안강 교수도 중국이 대국으로서 책임을 지겠다고 하는데, 이를 다른 말로 하면 "이제 세계는 중국이 통치하겠다"는 것이다.

시진핑 주석이 이와 같은 판단을 한 이유는 세계 권력의 중심이 이미 서양에서 동양으로 이동했다고 생각하기 때문이다. 시 주석은 "세계는 100년 동안 경험한 바 없는 대변혁이 일어나고 있다. 국제 사회에서는 신구 세력의 교체가 일어나고 있는데, 중국은 책임 있는 대국으로서 역할을 해야 한다"라고 강조한다. '100년 동안 경험한 바 없는 대변혁'은 '동양이 상승하고 서양이 하강东升西降'하는 국면을 말한다. 동양은 의심할 바 없이 중국으로, 중국이 세계의 주도권을 잡아야 한다는 것이다.

2010년 초기 인류 운명공동체를 처음 제안할 때는 서구의 중국 위협론에 대응하여 중국 기회론을 보급하는 것이 목적이었다. 따라서 인류의 보편적 가치와 이념을 강조하며 자신들의 야망을 드러내지 않았다. 그러나 G2로서 자신감을 얻은 중국은 2015년 이후 인류 운명공동체는 중국이 주도해야 함을 숨기지 않고 있다. 시진핑 주석은 인류 운명공동체 제안을 통해 "중국이 어떠한 세상을 원하며, 이러한 세상을 어떻게 건설할 것인가"에 대한 구상을 전 세계에 선포한 것이다.[131]

인류 운명공동체는 중국식 사회주의 천하 질서

2021년 공산당 건립 100주년 기념 연설에서 시진핑 주석은 "우리는 '중국 특색 사회주의'를 견지하고 발전시켜 물질문명, 정치문명, 정신문명, 사회문명, 생태문명의 조화로운 발전을 이끌어 '중

국식 현대화의 길中国式现代化道路'과 '인류문명의 새로운 형태人类文明新
形态'를 창조했다"[132]라고 했다. 결국 인류 운명공동체 문명은 중국
특색 사회주의를 발전시킨 결과임을 알 수 있다.

그렇다면 '중국 특색 사회주의'는 무엇인가? '중국 특색 사회주
의'는 '중화 우수 전통문화'와 마르크스주의가 유기적으로 결합한
문화를 말한다. 전통문화 중에서 특히 유교문화를 강조한다. 인류
운명공동체는 '중국 특색 사회주의'가 발전한 것이니, 그 이론적 배
경도 동일하다. 인류 운명공동체 이념은 전통문화 중 천하주의와
대동사상을, 마르크스주의 중 마르크스의 국제주의와 진정한 공동
체 사상을 이념적 자원으로 한다.

인류 운명공동체 이념이 전통의 천하주의에 근원함은 시진핑 주
석의 "천하일가天下一家의 이념을 견지하여 함께 인류 운명공동체
를 건설하자"[133]라는 발언을 통해서도 알 수 있다. 천하주의는 고
대 중국 유가 엘리트들이 내정외교内政外交를 처리하는 정치강령이
며 이데올로기였다. 천하주의는 정치이론과 사상의 입장에서는 천
하관이라 하고, 정치제도로서는 천하질서라고 한다. 천하관에 의하
면 중원을 중심으로 이, 만, 융, 적이 동심원을 그리며 위계적인 천
하질서를 형성하고, 중국과 이적의 관계는 조공 책봉 제도로 구체
화되었다고 한다.

이상적인 천하의 모습은 대동 세상으로 구현되었다. 『예기』「예
운」편에 공자가 꿈꾼 대동 세상의 모습이 보인다.

"대도가 행해지면 천하가 공정하게 되어 어질고 유능한 인재가 쓰이고 신의가 존중받고 세상이 화목해진다. 자기 부모만을 부모로 여기지 않고 자기 자식만을 자식으로 여기지 않는다. 노인들은 여생을 편히 마치고, 청년들은 일자리 걱정이 없고, 어린이들은 안전하게 자란다. 홀아비와 홀어미, 부모가 없는 아이와 자식이 없는 노인, 의지할 곳 없는 사람, 병이 든 사람 모두 도움을 받는다. 남자는 일할 곳이 있고 여자는 결혼할 상대가 있다. 돈이 땅에 버려지는 것을 싫어하지만 자기가 가지려 하지 않는다. 권력이 자신에게서 나오는 것을 미워하지만 자신만을 위해 쓰지 않는다. 따라서 서로 모함하지 않으며, 도적과 절도범 및 국정을 어지럽히는 신하가 생겨나지 않는다. 그러니 문을 닫을 필요가 없다. 이를 '대동'이라 한다."[134]

대동 세상에서는 공정이 실현되고, 공동체가 개인의 삶을 보장하기 때문에 근심과 걱정이 없게 된다.

인류 운명공동체 담론 중 국제주의는 마르크스의 "프롤레타리아에게 조국은 없다"라는 말로 잘 표현된다. 마르크스는 일찍이 "세계 각국의 프롤레타리아가 단결하여 착취에서 벗어나 해방을 쟁취하자"라고 주장한 바 있다. 이러한 주장에 따르면 국가는 무의미한 것으로, 중요한 것은 국가의 경계를 넘는 프롤레타리아 계급의 단결이다.

마르크스의 진정한 공동체는 인류사회가 공산주의 단계에 진입했을 때 실현 가능한 공동체다. 마르크스에 의하면 생산력의 발전이 일정한 단계에 이르면 물질과 재부가 매우 풍부하게 되어 공산주의 사회에 진입하게 되고, 자유인들이 연합하여 '진정한 공동체'를 이루게 될 것이라 했다.

마르크스는 진정한 공동체에 대해서 설명했는데, 앞에서 설명한 대동 세상과 유사한 측면이 있다.

"누구나 특별한 활동 범위가 없으며, 어떤 분야에서도 발전할 수 있고, 사회가 전체 생산을 조절하기 때문에 나는 흥미에 따라 오늘 그 일을 하고, 내일도 그 일을 하면 된다. 오전에 사냥하고, 오후에 고기를 잡는다. 저녁에는 목축업을 하고, 저녁 식사 후에는 비판에 종사한다."[135]

이 이상적인 사회에서는 착취와 억압이 없고, 사람과 사람 사이는 우호적이고 평등한 조화로운 공존 관계이며, 사람은 사물에 대한 의존에서 벗어나 자신의 주인이 되고 자유로운 사람이 된다고 한다.[136]

중국의 천하주의와 대동사상은 고대 중국의 국제질서관이고, 마르크스의 국제주의와 진정한 공동체 이념은 근대 서방의 정치사상이다. 따라서 둘은 언뜻 보기에 거리가 멀어 보인다. 그런데 두 사상은 묘하게 닮은 구석이 있다. 천하주의는 마르크스의 국제주의와, 대동사상은 진정한 공동체 이념과 공통점이 발견된다. 이들 이념은 모두 국경을 넘는 일체화와 개인보다는 공동체의 이익을 중시한다. 그리고 인류사회의 이상적인 모델을 보여준다는 점에서도 공통점이 발견된다. 그러나 국제주의가 프롤레타리아의 연대에 의한 동등한 국제관계를 주장한 반면 천하주의는 위계질서를 바탕으로 한 종속적인 국제질서를 주장했다는 점에서 차이점도 있다.

결론적으로 중국이 꿈꾸는 인류 운명공동체는 개인의 이익보다는 공동체의 단합을 강조하는 대동 세상 혹은 진정한 공동체가 실현된 상태임을 알 수 있다. 그리고 중국이 주도하겠다고 하는 것으로 보아, 마르크스의 국제주의보다는 전통의 천하질서에 가까운 국제질서가 형성될 것으로 보인다. 인류 운명공동체는 '시진핑 신시대 중국 특색 사회주의 해외 확장판'이라 할 수 있다.

'중국 이야기' 전파 프로젝트, 전파공정

중국은 현대사회의 분열과 충돌의 원인을 서구의 세계 질서관에서 찾는다. 즉, "서양의 주류 세계 질서관은 대략 세력균형론, 패권질서론, 문명충돌론, 세계체계론World system theory, 민주평화론으로 구분할 수 있는데, 이들은 모두 인간의 본성은 악하다는 것을 전제로 하기 때문에 본질적인 측면에서 충돌 질서관이다"[137]라고 한다. 중국은 인류 운명공동체 담론을 전 세계에 전파하여 새로운 '문명의 표준'으로 삼고, 세계를 중국 중심으로 일체화시키려 한다.

시진핑 주석은 "중국의 목소리를 잘 전파하여 국제사회에서 중국의 발언권을 강화하고 유리한 외부 여론환경을 조성하여, 인류 운명공동체를 건설해야 한다"[138]라고 강조한다. 중국 정부는 중국에 유리한 여론환경을 조성하기 위해 전파공정을 실시하고 있다. '공정'은 프로젝트라는 뜻이다. 전파공정의 핵심은 인류 운명공동체 의식을 전 세계에 전파하는 것이다.

앞에서 살펴본 바와 같이 인류 운명공동체 담론은 중국의 천하관념과 마르크스주의를 결합한 것이다. 그런데 이러한 시도는 서구사회로부터 '체제를 수출하려 한다'는 비난에 직면했다. 뉴질랜드 학자 조나단 키어Jonathan Keir는 중국 정부에 다음과 같이 조언했다.

"중국이 당면한 최대의 장애물은 중국학의 '레닌주의'다. 신냉전의 분위기에서 서방 국가들은 중국의 '국학国学' 현상에 대해 레닌주의를 도구화 혹은 무기화한다고 의심하고 있다. 세계는 공자와 동등하게 대화할 수 있지만, 레닌과 대화할 가능성은 전혀 없고 오직 의심할 뿐이다. 중국이 '세계윤리'의 표준을 수립하기 원한다면 중국의 전통 지혜인 유학을 세계에 보급하여 세계적인 문제를 해결하는 데 노력을 기울여야 한다."[139]

따라서 중국은 인류 운명공동체 전파에 있어 중국의 전통문화를 전면에 내세우고 있다. 공자학원에서는 중국어와 중국 전통문화 교육을 실시하고 있는데, 사실은 중국 정부가 가장 주력하는 전파공정 사업이다. 2004년 중국 국무원은 공자의 이름을 따서 공자학원을 정식으로 비준했다. 같은 해 11월 21일 서울에 첫 번째 공자학원이 설립되었다. 2019년 12월 당시 공자학원은 154개 국가(지역)에 548개소, 공자학당은 1,193개 소가 건립되었다.[140] 한국에는 2021년 8월 기준으로 총 24곳에 공자학원이 있다.

중국 지도자들은 공자학원을 물심양면으로 지원했다. 해외순방 시 공자학원에 들리는 것은 주요 일정 중 하나였다. 2004년 6월 후진타오 주석은 우즈베키스탄 공자학원 협정식에 참석했다. 2009년 12월 국가부주석이었던 시진핑은 캄보디아 공자학원 현판식에 참석하였으며, 주석이 된 2015년에는 전체 영국 공자학원全英孔子學院과 공자학당 개막식에 참석했다.

중국어 교육은 공자학원이 추진하는 전파공정 중 가장 중요한 사업이다. 한 연구자는 "인류 운명공동체 구축을 위해 중국어를 통한 교류와 확대가 필요하다"[141]라고 지적했다. 그 이유는 두 가지로 나누어볼 수 있다. 하나는 중국어를 습득하는 과정에 자연스럽게 중국적 사유를 전파할 수 있다. 한국 공자학원에서 사용하는 교재에 대한 분석에 의하면 중국에서 출판된 교재 중 일부에서 중국 체제를 선전하는 내용이 포함되어 있다고 한다. 예를 들면 〈홍호의 물결이 파도를 치다洪湖水浪打浪〉라는 노래의 경우 중국 공산당의 위대함을 찬양하는 내용이다.[142] 다른 하나는 중국어가 영어를 대신해 세계 공용어가 되도록 하는 것이다. 만약, 이렇게 된다면 인류 운명공동체 건설에 한 발 더 다가가게 될 것이다.

최근 한국에서 공자학원에 대한 비판적인 여론이 일었으며, 일부에서 퇴출 운동을 벌이고 있다. 서구 국가들은 공자학원이 중국 공산당을 선전하기 위한 전진기지라 하여 철수시키고 있다. 리시 수택이 새로 영국 총리에 임명됨에 따라 영국 내 공자학원 금지안이 급격하게 부상하고 있다. 수택 총리는 일찍이 당대표 시절 "이번 세기의 영국과 세계의 안보와 변영에 가장 큰 위협으로 공자학원을 지목하고 폐쇄할 것"임을 공약한 바 있다. 스웨덴은 이미 공자학원을 금지했으며, 미국은 공자학원을 유치한 대학교에 국가 예산 배정을 중지했다.[143]

중국 고전 작품이나 중국 공산당을 홍보하는 서적을 다른 나라에서 출판하거나 도서관에 관련 자료를 기증하는 것은 전파공정의 중요 사업이다. 2014년 1~12월 사이 521개 출판사의 46,359종 중국어 서적이 전 세계 2만 개 도서관에 수장되었다. 이는 2013년에 비해 23% 증가한 것이다.[144]

한국에서도 이미 많은 서적이 출판되었다. 이들 서적 뒷면에는 "중국 ○○○기금의 지원을 받았다"라고 표시되어 있다. 가끔 "싱하이밍 중국대사가 한국 지방정부에 중국 고전작품 300여 권을 기증했다"라는 언론보도를 볼 수 있다. 이 또한 중국 우수도서 전파공정 중 하나다. 최근 한 언론에서는 "중국이 외국 정치인, 대학, 관료, 언론인 등 그 나라에서 영향력 있는 인사들influencers을 겁주고 자기 검열토록 하는 '샤프 파워sharp power'로 해당국 여론을 유리하게 조종하고 있다"라고 전하며 서울대 관악 캠퍼스 중앙도서관의 '시진핑 기증 도서 자료실'과 연세대학교 '연세-차하얼연구소'Yonsei Charhar Center를 예로 들었다."[145]

중국언론에 인류 운명공동체를 지지하는 발언을 하는 사람들은 주로 중국과 비슷한 처지에 있는 사회주의국가나 개발도상국 인사들이 많다. 그런데 한국인들도 종종 등장해 주목을 끌게 한다. "중국은 인류 운명공동체 이념을 실천해 코로나19 백신 20억 도스를 세계에 공급해 국제 방역 협력의 모범이 되어 대국다운 면모를 보여줬다"[146] 혹은 "나는 중국 공산당의 지도 아래 중국은 반드시 중국 전통문화를 발전시켜 인류 발전에 큰 공헌을 할 수 있을 것이라 믿는다"[147]와 같은 예가 있다. 최근에는 〈한국학자: 중국 외교 지혜는 글로벌 거버넌스에 큰 공헌을 할 것이다〉 라는 제목의 기사도 있었다.[148]

아마도, 중국 정부가 한국에 대한 전파공정을 적극적으로 실시하는 이유는 2015년 아시아 운명공동체를 제안한 것과 같은 것으로 보인다. 중국은 아시아국가들을 미국으로부터 분리시키기 위해 아시아 운명공동체를 제안했다. 아시아 운명공동체는 기존의 천하질서를 염두에 둔 것이다. 그런데 일본은 이미 미국을 선택했고, 유구는 일본에 속해 있고, 베트남은 사회주의국가로 이미 중국과 한편이다. 따라서 중국은 한국을 자신들의 영역으로 끌어들이려 한다. 시진핑 정부 이후 한중 간 역사, 문화충돌이 빈번해진 것은 위와 같은 중국의 세계전략과 무관하지 않다.

4. 인류 운명공동체 이념의 한계와 시진핑 3기 전망

인류 운명공동체 이념의 한계

중국은 제국을 경영한 경험이 있는 국가다. 따라서 그들이 기획한 세계전략은 매우 촘촘하고, 서로 연동되어 역동적으로 운용되도록 설계되어 있다. 중국 정부가 기획한 일대일로, 아시아 인프라 투자은행, 동반자 관계, 운명공동체 등 글로벌 거버넌스 조직은 경제, 금융, 외교, 이데올로기 측면에서 각각의 역할을 수행한다. 그리고 다른 한편으로는 연동되어 다른 분야의 상승효과를 지지하는 역할을 하고 있다.

그런데 중국 정부의 노력에도 불구하고 각 분야에서 어려움이 노출되고 있다. 인류 운명공동체의 경우 세계인들은 심지어 '중국의 패권 선언서로 이해하기도 한다.'[149] 중국의 한 연구자는 "전파공정의 한계는 문화전파 내용이 표면적이어서 중국문화의 깊이를 전달하지 못하는 것이다. 국제사회는 중국문화에 대해 공감을 표시하지 않을 뿐만 아니라 심지어는 저항하는 모습을 보이고 있다"[150]라고 진단했다. 그러나 인류 운명공동체가 효과를 발휘하지 못하는 것은 단지 '제대로' 전달하지 못했기 때문만은 아닐 것이다.

인류 운명공동체의 한계는 여러 가지 측면에서 발견된다. 우선 전략적 모호성이 오히려 독이 되었다는 점을 지적하고 싶다. 인류 운명공동체는 과장되고 '텅 비어 있다'는 느낌을 받는다. 쉽게 말해 의미를 알 수 없고, 공감이 되지 않는다는 것이다. 당연히 동참할 수 없다. '모호성'을 추구하는 중국의 외교 전략은 오히려 독이 되어 누구에게도 신뢰를 주지 못하고 있다.

두 번째는 운명공동체의 남발이다. 중국은 세계, 지역, 국가들에 많은 운명공동체를 제안했다. 전 세계에서 중국과 운명공동체를 맺지 않은 나라가 없을 정도다. 심지어는 중복해서 여러 운명공동체에 속해 있는 경우도 있다. 당연히 구성원들이 소속감을 갖기 어렵다.

세 번째는 상대 국가가 운명공동체에 대해 어떻게 생각하는지 관심이 없다. 중국 연구자들은 천하주의가 위험하지 않다고 한다. "천하질서는 서구의 제국주의와 다른 것으로 중앙왕조와 조공국의 관계는 예禮로 표현되었으며 지배와 피지배의 관계가 아니다. 그리고 중국이 정복한 것이 아니라 이적이 스스로 중국문화에 감화되어 천하질서를 형성했다. 중국의 천하질서관은 서구의 패권적인 문화관과는 달라 모든 나라의 이익을 함께 추구한다."151) 그러나 이는 상대국의 입장을 고려하지 않은 것으로, 다른 나라의 공감을 얻기 어렵다.

마지막으로 중국의 언행 불일치를 들 수 있다. 인류 운명공동체 담론에서 주장하는 내용과 중국의 실제 행동이 일치하지 않는다. 시진핑 주석은 "반드시 각 나라는 서로 존중하고 평등하게 대우해야 한다. 존중은 각 나라는 스스로 선택한 사회제도와 발전의 길이 있으니 서로의 핵심 이익과 중요한 관심사를 존중하고 객관적이고 이성적으로 다른 나라의 성장과 정책이념을 대우하고 구동존이求同

存留, 취동화이聚同化留 해야 한다"라고 한다. 구동존이는 '서로 다른 점은 인정하면서 공동의 이익을 추구한다'는 뜻이다. 취동화이는 '공통점은 취하고 차이점은 바꾼다'라는 뜻이다. 그러나 실제로는 자신의 핵심 이익에는 어떠한 양보도 없는 전랑외교로 세계와 맞서고 있다.

결론적으로 인류 운명공동체 담론의 세계적인 영향력은 미미하다고 할 수 있다. 심지어 중국의 한 연구자는 "인류 운명공동체 건설은 우주로부터 거대한 위협이 오지 않는 한 이루어지기 힘들 것이다"[152)]라고 한다.

시진핑 3기 전망

시진핑 주석은 2022년 10월 16일 시작된 20차 당대회에서 그동안의 성과와 향후 계획을 〈보고〉했다. 당대회 주제는 '사회주의 현대화 국가 건설과 중화민족의 위대한 부흥을 위해 단결 투쟁하자'는 것이었다. 14번째 항목은 인류 운명공동체로 '세계의 평화로운 발전을 촉진하고, 인류 운명공동체 건설을 추진한다'라는 제목으로 등장한다.

이번 당대회 기간 『런민일보』는 《CPC》라는 제목의 영상물을 제작하여 배포했다. CPC는 'The Communist Party of China'의 약자로 '중국 공산당'이라는 뜻이다. 이 작품은 국제적으로 중국 공산당에 대한 긍정적인 이미지를 조성하기 위해 제작되었다. 열두 개 외국어 버전으로 제작되었는데, 한국어 버전도 있다. 《CPC》는 '나는 누구인가'라는 질문에서 시작한다. 창당 이래 중국 공산당이 걸어온 길을 되돌아보고, 중화민족의 부흥을 실현하고 인류의 평화와 발전을 이끌 적임자는 중국 공산당이라는 선언으로 끝을 맺는다. 중국 공산당이 추진해야 할 주요 사업 중 인류 운명공동체 건설도 있다. 중국 공산당은 '인류의 앞날과 운명을 위해 모든 진보적인 역량과 힘을 합쳐 세계적인 문제들을 해결해 나갈 것'이라고 한다.

시진핑 3기를 이끌어갈 지도자를 통해서도 인류 운명공동체 건설이 적극적으로 추진될 것임을 알 수 있다. 왕후닝은 장쩌민, 후진타오, 시진핑 3대 지도자에게 통치이념을 제공한 인물로, '3대 책사'로 불린다. 그는 일대일로, 중국몽, '시진핑 신시대 중국 특색 사회주의'를 설계한 인물로 알려져 있다. 왕후닝은 상무위원에 포함되었으며 서열 4위로, 이후 정협 주석에 내정되었다. 그리고 시진핑 국가주석의 선전 총책임자로 임명된 리슈레이도 주목할 만한 인물이다. 그는 만 14세에 베이징대에 입학한 인물로 유명하다. 베이징대에서 철학과 문학을 연구했다. 시진핑 주석의 글에 중국 고문이 많이 등장하는 것은 리슈레이 작품이라고 한다. 그는 시진핑 주석의 정치철학을 고문에서 가져오는 작업을 수행해왔다. 왕후닝과 이슈레이가 요직에 등용되었다는 것은 향후 인류 운명공동체 담론이 마르크스주의와 중화주의 색채가 강해질 것임을 예고한다.

앞에서 살펴본 바와 같이 전파공정은 세계적으로 별다른 효력을 발휘하지 못하고 있다. 어떤 측면에서는 시진핑 주석의 장기 집권을 위한 국내용 레토릭이라는 생각도 든다. 천하주의와 마르크스주의 이념이 혼합된 인류 운명공동체 담론은 자국민의 민족주의를 고양하고 사회주의 신념을 강화하는 데 유리하게 작용할 수 있다. 그렇다고 국제사회와 한국사회가 인류 운명공동체 담론에 무관심해도 된다는 이야기는 아니다.

한국의 경우, 특히 인류 운명공동체 이념에 대해 관심을 가져야 한다. 중국은 대미전략의 연장선에서 한반도 문제를 인식한다. 따라서 중국의 한국의 역사와 문화에 대한 발언도 대미전략의 일환으로 볼 수 있다. 시진핑 정부 이후 한중 간 역사, 문화 갈등이 증폭된 것도 미중 간 패권경쟁이 본격화된 것과 무관하지 않다. 중국은 한국사와 한국문화가 중국에 종속되어 있음을 강조하는 방법으로 한국을 미국으로부터 분리시켜 중국편에 서게 하고자 한다.

향후 중국은 전 세계를 대상으로 전파공정을 지속하겠지만 주요 대상은 개발도상국이 될 것이다. 20차 당대회 보고에서 "중국은 개발도상국과 협력을 강화하고, 개발도상국들 간의 공동 이익을 수호할 것이며, 개발도상국의 발전을 확실히 지원할 것이다"라고 했다. 개발도상국은 중국과 일대일로, 동반자 관계, 운명공동체로 연결되어 있는 국가들을 말한다. 중국은 이데올로기 및 감시체제 수출을 통해 이들 국가와 연대를 강화하고 있다. 따라서 이들 국가가 중국식 사회주의로 연대한다면, 세계는 자유민주주의와 권위주의 국가 간 이데올로기 대립이 첨예화될 것이다. 세계경제가 긴밀하게 연결되어 있는 현대사회에서 과거와 같은 냉전체제가 재현될 가능성은 적지만, 새로운 형태의 냉전이 전개될 가능성은 충분히 열려 있다.

김인희(동북아역사재단 한중관계사연구소 소장)

2장
미중 전략 경쟁의 혼돈, 한국의 생존전략은?

1. 혼돈의 세계질서와 미중 전략 경쟁

세계는 혼돈 속으로 빠져들고 있다. '신냉전'이라 불릴 정도다. 미국을 중심으로 한 자유주의적인 패권 질서가 붕괴되고, 〈표 1〉에서 설명하는 바처럼, 새로운 질서를 형성하는 과정에 이미 들어섰기 때문이다. 미국 중심의 단일 패권 질서가 다시 부활할 개연성은 거의 없어 보인다. 세계는 이미 다극화의 방향으로 변화하고 있기 때문이다. 미국 스스로 이 추세를 뒤엎을 수단과 역량은 부재하다. 그러나 이 과정이 얼마나 많은 시간을 필요로 할지, 어떤 과정을 거칠지, 어느 누구도 예측할 수 없다. 세계 제2차 대전 이후 미국과 서방이 주도하면서 거의 70여년간 강화되어 왔던 낙관과 진보의 이상이 크게 흔들리고 있다. 세계 역사는 결코 단선론적이지 않을 수 있다는 지극히 상식적이고 평범한 명제가 다시 의미 있게 다가온다.

〈표 8〉 시대별 국제질서의 특징[153]

시기	냉전	탈냉전	신냉전(냉전 2.0)
이념	자유주의 대 공산주의	신자유주의	기술민족주의/ 디지털보호주의
정치	시장 대 국가	시장	국가
경제	부분적 세계화 (진영 내) 보호	전면적 세계화 개방	탈/반 세계화 보호
경제-안보 연계	강함	약함	강함
경제-안보 관계	안보 우위	경제 우위	안보 우위
이론	현실주의 (경제책략)	자유주의 (상업평화론)	현실주의 (지경학?)
국제정치 구조	양극화	미국 패권	다극화

어떻게 이런 일이 이리 급작스럽게 다가올 수 있는가에 대한 원인 분석은 다양할 수 있다.[154] 우선은 미국 리더십의 상실이다. 미국이 추구하는 신자유주의적 국제질서와 국내 정치 양상이 과연 세계의 미래 비전이 될 수 있는가에 대한 심각한 의구심을 가져온 것도 사실이다. 세계화의 과정이 잉태한 세계적인 차원의 빈부 격차 심화와 갈등, 절망감이 국내 정치를 양극화시키면서 대외정책의 방향을 변화시켰다는 주장이 있다. 또 다른 주장은 '중국의 부상과 도전'에서 찾는다. 중국은 미국과 서방의 수많은 전문가들의 중국 붕

괴설必亡論, 중국 혼란과 분열론 등을 비웃기라도 하듯 예상보다 빠르게 성장했다. 어느덧 세계 최대의 발전도상국에서 '발전하는 강국'의 지위로 탈바꿈했다.

2008~09년의 미국 발 금융위기는 중국의 부상을 가속화했다. 2020년 PEW 연구소의 보고서에 따르면 조사한 유럽 국가들은 모두 미국보다는 중국이 경제를 주도하는 국가로 인식하고 있다.[155] 경제 예측이나 미국이 2022년 발표한 국가안보 전략 보고서, 국방 전략 보고서, 연례 위협추정 보고서, NATO의 2022년 Strategic Concept은 모두 중국이 금세기 상반기 내에 미국의 지위에 도전하는 가장 위협적인 국가로까지 전망하고 있다.[156]

여기에 더해, 2013년 중국 국가주석이 된 시진핑은 강한 민족주의적 정서를 수반한 일대일로와 같은 세계적인 규모의 공세적인 대외정책을 채택했다. 일대일로는 중국 역사상 최초의 세계전략이라 해도 과언이 아닐 정도로 대담한 전략과 함의를 담고 있고, 미국의 강한 우려와 반발을 야기했다.

마지막으로는 트럼프의 전략적 결단설이다. 트럼트는 2017년 말 발간한 국가안보전략 보고서에서 중국을 전략적 경쟁자로 명백히 규정했다. 전방위적인 무역 제지를 시행했고, '하나의 중국 원칙'을 무시하는 태도를 공공연하게 보여주었다. 물론 트럼프의 대중 정책이 중국을 객관적으로 잘 이해하고 정교하게 짜인 것은 아니다. 트럼프가 극단적으로 보여준 미국 중심주의, 보호주의적 정책들은 세계가 더 이상 자유주의적 패권 질서 아래에서 작동하는 것이 아니라는 점을 잘 보여주었다. 트럼프 대통령이 대중 정책의 패러다임을 변화시킨 이후 미중 간의 경쟁과 갈등은 이제 구조적인 차원에서도 불가피한 일이 되었다.

세계질서 변화와 미중 관계

이러한 시기를 접하는 한국의 입장에서는 크게 당혹스럽고 혼란스럽다. 한국은 고려 초·중기 이후 오랜 기간 지배적인 강대국의 후견 체제 속에서 정치적 안정과 대외적 안보를 확보하고 살아온 데 익숙하다.[157] 한국은 후견 체제에 의존하여 생존과 번영을 추구하는 데 익숙하다. 이는 약소국의 최적의 생존전략일 수도 있으나 후견 체제가 무너질 때, 관성의 법칙이 지나치게 작용하여 수동적이고 타성적인 태도로 남아 있는 경우이다. 이는 생존에 위협을 안겨준다.

시진핑 체제 3기는 중국으로서도 전례가 없는 시기를 맞이하는 것이다. 1978년 개혁개방 노선을 채택한 이후 중국의 어느 최고지도자도 3기 연임을 한 바는 없었다. 다만, 이는 중국 정치 체제의 취약성보다는 당분간은 안정성과 연속성으로 작용할 개연성이 크다는 것이 필자의 판단이다. 시진핑 2기의 정책들은 더 구체화되고 강화될 것이다. 이에 직면할 미국의 대외정책은 반중 정서가 확산되는 가운데 국내 정치의 영향을 강하게 받을 것이다. 2022년 중간선거, 특히 2024년 대선 결과는 미국 외교정책의 정향을 재검토하는 계기가 될 수 있다. 이는 다시 미국의 동맹 정책에도 영향을 미쳐 새로운 국제관계의 재편을 촉진할 수도 있다. 이 과정에서 한국은 많은 시나리오와 경우의 수를 검토하면서 어떻게 국익에 가장 합당한 정책을 능동적으로 수행할 수 있는지 전례 없는 도전에 직면하게 될 것이다. 이는 친미냐 친중이냐의 문제로 귀결되어서는 답이 나오지 않는 복합적이고 전략적인 국제정치 환경에 처한다는 것을 직시할 필요가 있다. 그 과정은 우리가 통제할 수 없는 변수도 많고, 복합적이고 단선적이지도 않을 것이기 때문이다.

미중 관계는 그간 관여와 대립의 파동이 항상 존재해 왔지만, 트럼프 대통령 시기 이전까지만 해도 전략적 협력에 기반한 관여 정책이 그 주류를 이루었다.[158] 중국은 미국의 패권에 도전하기보다는 기껏해야 지역적인 강대국으로 자리매김하려는 의지를 가졌다고 인식되었다.[159] 중국은 1972년 닉슨 미 대통령의 방중 이후 소련을 견제하는 주요한 전략적 동반자로 인정받았다. 미국은 지난 45년이 넘는 시기에, 미중 간에 다양한 갈등에도 불구하고 중국에 대해 '전략적 협력과 관여'라는 비교적 일관된 정책 기조를 유지했다.[160] 1980년대까지는 소련을 억제하기 위해, 그리고 1990년대 이후에는 중국의 잠재적인 광대한 시장에 접근하기 위해 '협력에 기반한 포용전략'을 추진했다. 더구나 미국의 전략 사고에 있어서 중국과 러시아가 다시 연합하는 상황은 반드시 저지해야 한다는 지정학적인 고려가 존재했다.[161]

2000년대 초반에 당시 미국의 부시(jr.)대통령 시절 뉴라이트 전략가들이 주축이 되어 잠시 미중 관계를 전략적 경쟁 관계로 규정하려 한 바 있었다. 그러나 9.11사태로 인해 미국의 전략 초점이 지정학에서 반테러주의로 전환하면서 중국의 도움이 필요하게 되었다. 당시 중국의 장쩌민 주석은 이러한 미국의 노력에 적극 호응했다. 이후 미중 관계는 대체로 전략적인 협력이 위주가 되고 경쟁이 부수적인, 그런 관계를 유지했다.

2. 미중 상호 인식과 갈등의 해법 및 기대 정책

21세기 들어서서 중국의 경제력이 미국의 경제력을 장차 압도하게 될 것이란 전망이 나오는 상황에서도 미국의 주류 전략가들은 중국과의 '전략적 협력'을 폐기하고 전면적인 경쟁 관계로 전환할 수 있다는 생각은 하지 못했다.[162]

미국과 중국 싱크탱크의 상호 인식

2005년 당시 미 국무부장관 로버트 죌릭이 인정한 '이해 상관자' 개념이라든가 '대중 포용적 견제hedging 전략,'[163] 역시 그 방점은 여전히 포용전략에 있었다. 중국과 전략적 협력을 위주로 하면서 견제와 경쟁을 통해 중국에 지역과 세계 문제에 책임을 지는 역할을 부여하려 했다. 당시 미국의 대중 전략은 중국이 미국 중심의 국제질서에 순응하도록 유인하고, 협력의 대상이라는 입장이었다. 이들

은 다음과 같은 몇 가지의 전제를 가졌었다.[164]

첫째는 미중 간의 국력 격차가 커서 중국은 미국을 추월할 수 없다. 중국의 급속한 경제적 부상은 한계에 도달할 것이며, '중진국의 함정'과 같은 상황에 직면할 것이다. 둘째, 중국의 급속한 부상의 과정에서 빈부 격차나 사회 안정 등 국내적인 문제가 산적해 있다. 중국은 당분간 국내 문제에 치중해야 하고, 대외정책은 지속성이 강할 것이다. 셋째, 중국이 급속히 군사력을 확장하고 있지만, 군사력 격차가 커서 노골적으로 미국에 도전하지 못할 것이다. 중국의 군사적인 도발은 미국의 역량으로 저지할 수 있다. 미국의 대중 군사력 우위는 지속될 것이다. 넷째, 중국은 현 국제체제의 핵심적인 수혜 국가다. 따라서 현상유지 세력으로 남을 것이다. 다섯째, 중국은 경제가 발전하면서 서방의 자유민주 체제에 수렴될 것이다.

2008-09년 미국발 금융위기로 중국의 국제적 위상은 급격하게 강화되었다. 당시 오바마 행정부는 중국의 세계적인 전략적 지위를 인정하는 조치를 취했다. 공화당 부시 행정부 시절에 부여한 '이해 상관자'의 개념을 더욱 확대한 세계적인 의미의 이해 상관자이자 '전략적 동반자'로 중국을 예우했다. 그러나 동시에 미국의 대중국 위협의식도 점차 증가했다. 중국의 행태 역시 보다 공세적으로 변모하고 있다고 인식했다. 코펜하겐 기후변화 회의에서 중국 총리 원자바오의 태도는 오만했고, 세계 거의 모든 주요 회의에서 중국은 주빈이 되었다. 미국의 대중국 정책은 혼란에 빠졌다. 미국 국제전략연구소CSIS의 앤소니 코즈만Anthony H. Cordesman은 미중 관계가

4Cs_{Cooperation, Competition, Containment, or Conflict} 사이에서 요동치고 있음을 잘 지적한 바 있다.[165][166]

시진핑 시기 들어 중국 정치는 그간 대중국 관여 정책의 이론적 근간이기도 했던 정치 발전론적인 민주화 전망보다는 권위주의 체제의 강화 현상이 목도되었다.[167] 중국의 야심과 더불어 권위주의 체제가 강화될 것이라는 점이 점차 분명해졌다. 시진핑 체제가 들어서면서 대외관계에 있어서 미국과 동등한 지위를 요구하는 신형 대국관계를 제안했고, 중국식의 국가 대전략인 일대일로 구상의 추진, 21세기 중반까지 세계 최강국의 지위로 부상하는 '중국의 꿈' 실현과 중화민족 부흥의 계획을 드러내었다. 이는 오바마 행정부 시절까지 미국의 주류의 대중 정책 라인이 전제한 '관여적인 위험 분산hedging'정책을 추진할 동력을 점차 상실하게 되었다는 것을 의미한다.[168]

미국은 2010년대 들어 21세기 초반 중국의 비약적인 국가 역량 증대가 미국의 패권을 위협하는 지경에 이르렀다는 조바심을 갖게 되었다. 오바마 행정부에서 중국에 대한 전략적 재평가가 시작되면서 전략적인 조정을 시작했다.[169] 이는 "Pivot to Asia," "Rebalancing"을 거쳐 트럼프 행정부에서는 2017년 국가안보 전략National Security Strategy 보고서에서 대중 관계를 그간의 전략적 협력에서 전략적 경쟁 관계로 전환하면서 명백해졌다.[170] 그럼에도 트럼프 이전에는 중국과 적대적인 관계의 형성은 거의 상상할 수 없었다. 중국은 이미 그 규모가 너무 커졌고, 세계 공급망 사슬에서 가장 중요한 공급자 역할을 하고 있었다.

이는 미국이 세계 자본주의 전략 차원에서 안배한 결과이기도 하다. 세계 제1차 대전 기간중 빌헬름 황제 시대의 독일, 제2차 대전 기간중 독일과 일본의 경제력, 냉전 기간 중 소련이 정점에 달했을 시기의 경제력, 그리고 1970년대와 1980년대 서방의 독일과 일본의 경제력은 결코 미국의 60%수준을 넘지 못했다.[171] 그러나 중국은 2014년 초에 그 수준에 도달했고, COVID-19의 영향으로 2020년에는 70% 수준을 넘어섰다. 게다가 구매력 기준으로 환산하면 중국의 경제 규모는 이미 2014년 미국을 추월했고, 2021년 기준으로 중국은 미국보다 25%가 더 큰 구매역량을 지니고 있다.[172]

트럼프 대통령은 미국의 패권적 위상에 대한 자신감을 가지고 중국을 압박했다. 미중 전략 경쟁은 통상을 넘어 군사, 외교, 과학기술 및 이념과 체제의 영역까지 전방위적으로 확대되었다. 2018년 10월 4일 당시 미국 마이크 펜스 부통령이 허드슨 연구소에서 행한 미국의 대중 정책에 대한 연설은 마치 전방위적인 대중국 선전포고 같았다.[173] 당시 마이크 펜스 부통령이나 마이크 폼페이오 국무장관은 중국 사회주의 이데올로기와 공산당 체제와의 대결을 선언했다.[174] 그러나 미국의 외교정책은 국제사회에서 미국의 고립을 초래했고, 무역역조 문제도 해결하지 못했다.[175] 중국의 외교 행태는 역으로 더 공세적이 되었다.[176]

중국 지도부는 이러한 미중 갈등을 사실상 전쟁상태로 이해했다. 흥미로운 점은 바이든 행정부의 대중 전략가인 루스 도시Rush Doshi

역시 이러한 관점에 가깝다. 이는 아마도 바이든 정부 초기 대중 강경책의 흐름에 영향을 미쳤을 것으로 보인다. 트럼프와 그의 전략가들의 이러한 정책은 예상을 뛰어넘은 급속한 중국의 부상과 공세적인 대외적 행태, 미국의 상대적 쇠퇴와 국내 정치 지향적인 분위기, 미국의 대중 전략의 실패가 어우러진 결과였다.

트럼프 전 대통령과 그의 전략가들은 중국을 어떻게 대응할지에 대한 정교한 전략이 부재한 상황에서, 미국의 힘을 지나치게 과신했다. 중국은 트럼프 정부의 예상치 못한 강한 압박에 초기 당혹감을 감추지 못했으나, 점차 정교하지 못한 트럼프의 대중 정책의 한계를 인지하면서, 내성과 대응책을 강화했다. 트럼프 행정부 시기 미국의 국제적인 리더십은 크게 추락했고, 중국은 미국이 얼마나 무기력한지를 인지하면서 미국에 대한 자신감도 상승했다. 시진핑 주석은 2019년 9월 중앙당교 연설을 통해 현재 세계는 100년만의 대변혁기에 들어섰다는 정세 인식을 드러냈다. 중국인들의 변증법적 사고로는 혼란 속에 기회가 온다는 것이다. 이는 현재가 대단히 불안정하고 혼돈스러운 시기라 어려움도 수반하지만 미국을 추월할 전략적 기회의 시기로 인식했다.[177]

미국과 중국은 적대적인가 아니면 상호의존적인가?

트럼프 대통령은 2017년 집권하자마자 미국의 대중 정책을 전면적으로 리뷰하는 조치를 취했다. 그 결과가 2017년 12월 발간한 '국가안보 전략 보고서'이다.[178] 미중 관계를 '전략적 경쟁관계'로 공식 규정하는 조치를 취했다. 그 이후 미국은 2018년 1월, 국방 전략 보고서National Defense Strategy를 필두로 연이어 미중 전략 경쟁과 관련한 보고서를 발간했다: 2018년 2월, 핵태세 보고서Nuclear Posture Review, 2018, 2019 및 2020년에 각각 국방수권법안National Defense Authorization Act, 2019년 6월, 국방부의 인도-태평양 전략 보고서Indo-Pacific Strategy Report, 2019년 11월, 국무부의 자유롭고 개방된 인도-태평양 보고서A Free and Open Indo-Pacific: Advancing a Shared Vision, 2020년 5월, 백악관의 미국 대중국 전략 태세 보고서United States Strategic Approach to the People's Republic of China. 바이든 행정부 들어와서는 2021년 3월, 잠정적 국가안보 전략 지침서Interim National Security Strategic Guidance를 발간했다. 이 보고서들은 대중국 압박에 대한 미국 정책의 진화 과정을 보여주었다. 미중 전략적 경쟁은 2018년 초 미중 무역 분쟁으로 시작되었지만, 트럼프 집권 말인 2020년까지 점차 기술전쟁, 군사변혁, 금융전쟁, 그리고 마침내 규범과 제도, 이념 갈등의 영역으로 확대되었다. 미국 내에서 중국에 대한 부정적인 인식과 혐오감은 급상승했다.

트럼프 시절 대중 정책의 주류는 대중 봉쇄/충돌을 불사한다는 견해다. 트럼프 시대에 본격화한 미중 전략 경쟁은 강대국 정치, 경제·과학·기술의 안보화, 지정학의 부활, 자조自助적인 대외정책의 만연 현상을 강화했다. 미중 전략 경쟁은 미중 간의 구조적 문제를 반영한 것이다. 미국 정책 결정자와 전문가들은 미중 무역 분쟁을 보다 전략적인 중장기적 패권 경쟁으로 인식했다. 이들은 중국이 대단히 장기적이고 정교한 전략을 바탕으로 미국을 대신해 세계적인 패권을 추구하고 있다고 전제했다. 미중 갈등은 제로섬의 영역이며, 중국에 대해 가능한 전면적인 압박과 고립을 추진해야 한다는 것이다.[179] 단-중기적으로 미중 패권경쟁은 피할 수 없는 상황이라는 판단이었다. AIIB, RCEP, 일대일로 구상 등 중국이 추진하는 새로운 다자주의적 노력은 미국의 기존 패권을 전복하려는 의도된 전략이라는 관점이다.

미중 갈등의 해법은 서로 다른가? 같은가?

트럼프 대통령은 중국에 대한 이해나 전략이 부재한 가운데, 미국의 패권적 위상에 대한 자신감을 가지고 중국을 압박했다. 무역역조를 시정하겠다는 명분으로 1979년 수교이후 전례없는 수준으로 중국을 재제했다. 이후 미중 전략 경쟁은 통상을 넘어 군사, 외교, 과학기술 및 이념과 체제의 영역까지 전방위적으로 확대되었다. 2018년 10월 4일 당시 미국 마이크 펜스 부통령이 허드슨 연구소에서 행한 미국의 대중 정책에 대한 연설은 마치 전방위적인 대중국 선전포고 같았다.[180] 당시 마이크 펜스 부통령이나 마이크 폼페이오 국무장관은 중국 사회주의 이데올로기와 공산당 체제와의 대결을 선언했다. 시진핑 주석을 한 국가의 지도자 내지 공화국의 대표자인 국가주석President이 아니라 공산당 지도자인 총서기General Secretary로 불러야 한다고 주장한 것도 이 부류들의 입장을 잘 설명해준다. 이들은 그간 미중 관계의 전제로 불려 왔고 중국이 핵심 이익이라 선언한 '하나의 중국 원칙'도 존중하지 않을 수 있다는 것을 내비쳤다.

트럼프 행정부 말기의 분위기는 미중이 새로운 냉전 시대에 진입하지 않았는가 하는 의구심마저 들 정도였다. 트럼프 행정부의 마이크 폼페이오 국무장관, 피터 나바로 국가무역위원회NTC: National Trade Council 초대 위원장 겸 백악관 무역제조업정책국장, 매트 포틴져 백악관 국가안보실 보좌관, 허드슨 연구소의 마이클 필스버리 등은 중국에 대한 적대감을 여과없이 드러내었다. 그러나 이 정책은 대체로 실패한 것으로 여겨졌다. 자국 보호주의와 실리주의에 입각한 미국의 외교정책은 국제사회에서 미국의 고립을 초래했고, 무역역조 문제도 해결하지 못했다.[181] 중국의 외교 행태는 역으로 더 공세적이 되었다.[182]

중국 지도부는 이러한 미중 갈등을 사실상 전쟁상태로 이해했다. 바이든 행정부의 대중 전략가인 루스 도시Rush Doshi 역시 이러한 트럼프 주류의 관점에 가깝다. 이는 아마도 바이든 정부 초기 대중 강경책의 흐름에 영향을 미쳤을 것으로 보인다. 트럼프와 그의 전략가들의 대중 대결 정책은 그간 예상을 뛰어넘은 중국의 급속한 부상과 공세적인 대외적 행태, 미국의 상대적 쇠퇴와 국내정치 지향적인 분위기, 미국의 대중전략 실패가 어울어진 결과였다. 문제는 트럼프 전 대통령과 그의 전략가들은 중국을 어떻게 대응할지에 대한 정교한 전략이 부재한 상황에서, 미국의 힘을 지나치게 과신했다는 점이다. 중국은 트럼프 정부의 예상치 못한 강한 압박에 초기 당혹감을 감추지 못했으나, 점차 정교하지 못한 트럼프의 대중 정책의 한계를 인지하면서, 내성과 대응책을 강화했다. 트럼프 행정부 시기 미국의 국제적인 리더십은 크게 추락했고, 중국은 미국이 얼마나 무기력한지를 인지하면서 미국에 대한 자신감도 상승했다. 시진핑 주석은 2019년 9월 중앙당교 연설을 통해 현재 세계는 100년만의 대변혁기에 들어섰다는 정세 인식을 드러냈다. 중국인들의 변증법적 사고로는 혼란 속에 기회가 온다는 것인데, 이는 현재가 대단히 불안정하고 혼돈스러운 시기라 어려움도 수반하지만 미국을 추월할 전략적 기회의 시기로 인식한다는 것이다.[183]

바이든 시기 대중 인식의 상이성 및 유사성

바이든 행정부에 들어서는, 젊지만 보다 노련하고 실용적인 전략가들은 대중 정책을 재조정하는 작업을 추진했다.[184] 이들은 국가안보실 보좌관 제이크 설리번을 주역으로 커트 캠벌 인도·태평양 정책조정관, 국가안보실 중국담당관 루스 도시Ruth Doshi, 국무부의 Daniel Kritenbrink, Kin Moy, Jung Pak, Rick Waters와 국방부의 Colin Kahl, Ely Ratner, Michael Chase 등이다.

트럼프 행정부의 경험으로 볼 때, 새로운 미중 전략 경쟁의 환경에서 미국 단독으로는 중국의 태도 변화를 견인하거나 억제할 수 없다는 것이 증명되었다. 2020년 COVID-19사태가 확산되면서 트럼프 행정부의 전방위적인 대중압박을 견디면서 중국이 획득한 최대의 성과는 아마도 미중 전략 경쟁에 대한 자신감이었을 것이다. 바이든 행정부의 새로운 대외정책 기조는 이러한 현실을 전제하고 미국 단독으로 중국에 대항하고 충돌하는 대신 동맹 및 우방국들과 연대하여 중국에 장기적으로 경쟁하는 방식으로 전환했다. 바이든 행정부의 대표적인 전략통이자 중국통인 제이크 설리번과 커트 캠벌이 2019년 Foreign Affairs에 기고한 글 내용을 주목해보자.[185]

이들은 미국이 더 이상 오바마 1기에 환영했던 국제사회에서 더 큰 역할을 하는 강하고 번영하는 중국의 모습에 동의하지 않는다. 동시에 트럼프와 같이 전략도 없이 과도하게 중국을 압박하여 신냉전의 국면을 연출하는 전략도 배제했다. 그러한 방식으로는 구소련보다 더 강하고, 상호의존적인 복합 세계에 편입되어있는 중국을 대응하기 어렵다는 판단이 이미 섰다. 미중은 공존할 수 밖에 없다는 판단이다. 그러나 중국과의 경쟁을 받아들이고, 경쟁은 하되, 군사적 충돌은 피한다는 것이다. 군사적 충돌 미중 모두에게 감당할 수 없을 만큼 부담이 크다.

바이든 행정부가 공유하는 국제정치관은 이제 더 이상 미국을 유일한 국제질서의 지도자로 보지 않는다. 이를 가장 잘 정리한 보고서가 2021년 3월 백악관에서 발표한 '잠정적 국가안보전략 지침서Interim National Security Strategic Guidance'이다.[186] 미국은 세계정치를 주도할 희망과 능력 사이의 격차가 더 심각해지고 있다는 점을 인식하고 있다.[187] 제이크 설리번이나 커트 캠벨이 2019년 Foreign Affairs에 공동으로 기고한 'Competition Without Catastrophe'란 글에서 이들의 입장을 잘 정리하고 있다.[188] 이들은 국제적 자유주의에 입각한 미국의 헤게모니는 더 이상 과거처럼 회복되기 어렵다는 입장에

동의한다. 중국은 장기적인 체제의 경쟁자고, 민주주의를 대표하는 미국과 권위주의를 대표하는 중국은 서로 국제정치의 패권을 놓고 각축하고 있다는 양극 체제론에 입각해 있다. 자유민주주의 가치를 공유하는 동맹과 우방국들을 잘 규합하여, 엄청난 에너지를 가지고 공세적으로 팽창하고 있는 권위주의체제 중국의 세력에 맞서야 한다고 주장했다. 설리번은 중국이 경제 규모에 있어서는 미국을 앞지를 수 있다고 본다.[189] 다만, 미국은 민주주의나 인권과 같은 도덕성을 토대로 중국에 대응할 동맹을 엮을 수 있다고 믿는다.[190]

바이든 시기 미중 관계 주요 이슈

바이든 행정부는 이를 위해 대중 정책의 국내적인 합의증대, 동맹과의 관계 및 국제 연대를 중시, 새로운 제도적 노력, 그리고 창의력을 핵심으로 하는 인력 역량의 강화정책을 추진했다.[191] 중국의 급속한 역량 확대를 억제하기 위해 4차 산업혁명에 필요한 핵심 기술이나 군사전략적 영역의 기술을 획득하는 것을 저지하려는 노력은 배가했다. 이러한 미중 전략 경쟁의 시기에 외교·안보 정책과 통상과 과학기술 영역을 분리 접근하는 방식은 더 이상 통용하기 어렵게 되었다. 통상과 과학기술 영역은 오히려 미중 외교안보 전략 경쟁의 플랫폼이 되었다.

민주당의 싱크탱크인 The New America의 회장인 Anne-Marie Slaughter는 2020년 10월 19일 자 Financial Times 기고에서 바이든 행정부의 정책들은 크게 3Ds로 요약했다.[192] 즉, 세금과 투자 정책으로 국내의 경제역량을 강화하는 데 중점Domestic을 두고, 해외 적들을 억제Deterrence하며, 민주적 가치Democracy를 중요시한다는 것이다. 바이든 행정부는 중국과의 적대관계 형성보다는 중국의 팽창을 억제하고, 미국경제와 산업 경쟁력을 강화하고 민주주의 가치와 제도를 증진시키는 데 더 중점을 둔다. 이런 점에서는 대중 정책에 있어서 안보와 경제를 밀접하게 연계한 트럼프 시기보다는 다소 협력의 여유 공간이 존재했다. 논리적으로는 주요 국가전략 산업이나 기술이 아니라면 중국을 궁지로 모는 무역정책보다는 중국과 필요한 영역에서의 협력도 가능해 보였다.

중산층을 위한 외교를 표방한 바이든 행정부가 노동자 계층의 반발을 사고 중간선거에 불리한 다자간 자유무역협정 가입에는 소극적인 태도를 여전히 유지하고 있다. 대신 인도 태평양 전략구상 아래 경제프레임워크IPEF를 제시했다. 민주주의를 표방하는 국가들끼리의 다자 경제협력 구상이다. 그리고 소위 Chip4 동맹이라 말하는 반도체 공급망 안정성을 위한 회의도 소집했다. 향후 미중은 다자 경제협력의 무대에서도 상호 주도권을 놓고 치열하게 경쟁할 것으로 보인다. 현재 흥미로운 점은 중국이 미국을 대신하여 다자주의에 입각한 자유무역협정을 추진하고, 다자 지역협력도 주도하려 한다는 점이다.

바이든은 '미국 독단주의'로 비난받았던 트럼프의 '미국 우선'의 대외정책을 내세우지 않는다. 미국의 국제적인 리더십을 회복하기 위해, '책임 있는 세계 강국'의 이미지를 구축하려 한다. 중국과도

'책임 있는 경쟁'을 하겠다고 했다. 바이든은 트럼프와 마찬가지로 미국의 군사적 우위를 확보하고자 하는 정책을 지지하고 있다. 이런 점은 바이든이 민주당의 전통적 국제주의자라는 것을 말해준다. 그러나 바이든은 대외적인 군사개입에는 대단히 신중한 입장이다. 이는 현재 미국의 일반 여론에 부합하고, 오바마 행정부 이래 추구해 온 정책 흐름을 계승하고 있다. 미 바이든 정부는 2021년 3월 개최된 미중 알라스카 미중 고위급 회담에서 하나의 중국 원칙을 인정하고(미국 측은 비공개), 미국이 양안 간의 현상 변경을 시도하지 않을 것이라는 확약을 중국에게 해준 것이 그 단적인 예다.[193] 물론 중국 측에게도 양안 관계의 현상 유지를 요구했지만, 적어도 중국으로서는 미국의 대중 정책의 최저선을 확인할 수 있었다.

미중 간 대립, 경쟁, 협력의 상호 인식의 유효성

중국에 대한 정책은 이미 언급한대로 충돌Conflict, 경쟁Competition, 협력Cooperation을 복합적으로 결합하겠다는 입장이다. 바이든의 전략가들은 새로운 대중국 정책으로 방향 전환이 필요하다는 데 동의하고 있다. 이미 언급한 바대로 바이든 행정부 내에서 중국에 대한 다른 의견들이 존재한다. 중국의 패권적 의도를 강조하고 보다 억제에 기반한 정책을 추진해야 한다고 생각하는 루스 도시Rush Doshi와 같은 전문가도 있고, 보다 완화되고 유연한 대중 정책을 지지하는 제이크 설리번, 앤소니 블링컨, 커트 캠벌과 같은 인물도 존재한다. 바이든 초기 대중 정책은 트럼프 시기의 대중 정책과 차이를 크게 둘 수 없는 강경한 입장도 엿보였다. 미국 대중 정책의 정향 가운데 충돌과 대립의 흐름이 여전히 주도하는 것이 아닌가 하는 판단도 가능했다. 중국을 배제한, 그리고 중국을 고립시키려는 시도로 비치는 G7, D10, 쿼드 플러스의 강화 노력, 민주주의 대 권위주의의 대립 인식, AUKUS 설립, NATO 확대 정상회의 개최, 미국과 유럽연합 간의 무역 기술위원회 설립 등이 그러하다. 이러한 대중 강경 기류를 바탕으로 미국은 중국의 부상에 가장 핵심적인 요인으로 제4차 산업혁명에 중요한 핵심산업과 첨단기술 분야, 군사적으로 긴요한 전략산업 분야에서 중국의 발전을 전방위적이고 포괄적으로 억제하는 정책을 추진해 왔다.[194]

이는 트럼프 시절부터 이어진 것으로 2017년 수출관리법EAA과 수출관리 규정EAR을 제정, 수출통제개혁법ECRA(2018) 개정, 수출통제 조치ECA(2020) 발표, 해외 직접 생산 규정FDRR(2020) 개정, 미 산업보호국BIS은 2018년 이후 거래제한 기업명단을 계속 상향조정, 외국인투자위원회CFIUS 인수합병 관련 권한을 대폭 강화했다. 사이버에서 클린 네트워크 추진(2020), 인공지능 글로벌 파트너십GPAI(2020) 설립, 입국 금지 법안(2020), 기술 유출에 대한 기소 강화, 초당적인 무한국경법안Endless Frontier Act(2020), 국가 인공지능 법안, 반도체 제조 인센티브 법안, 미국 파운드리 법안, 전략적 경쟁법Strategic Competitions Act 등이다.[195] 미국은 특히 10대 전략적 핵심기술 분야를 설정하여 중국과 과학기술 경쟁에서 승리하기 위한 경쟁력 강화전략을 적극 추진하고 있다.[196]

그러나 바이든 행정부 초기 대중 정책의 추이를 보자면 직접적인 충돌보다는 '장기적인 경쟁'의 전략이 주류의 목소리라는 것은 분명해 보인다. 바이든의 대중국 정책에서 내내 영합적zero-sum인 대립이 아니라는 점을 강조한다. 이 점이 미국과 중국과 다르다는 점을 차별화한다. 미중 전략 경쟁은 냉전이 아니라는 것이다. 커트 캠벨과 제이크 설리반은 중국이 소련보다 더 이념적으로 위협적일 수 있고 더 강력한 도전자라는 것을 인정했다. 그러나 미국의 정책은 중국을 직접적으로 겨냥한 것이 아니라 점을 거듭 강조하고 있다. 미중 관계를 '경쟁관계'로 규정하지만 적대관계로 설정하지 않는다. 중국 측은 바이든의 대중 정책이 오바마 이전처럼 중국을 동반자로 보지는 않을 것이지만 그렇다고 트럼프 시대처럼 적대관계로도 보지 않는다고 평가했다.[197]

국내 정치와 꼬이는 미중관계

바이든 행정부의 대중 정책은 오바마의 '전략적 포용', 트럼프식의 단기적인 '전략적 경쟁' 전략을 넘어서서 보다 장기적이고 점진적인 대중 경쟁의 토대를 갖추기 위해 노력하고 있다. 이러한 바이든 행정부 시기 대중 정책은 트럼프 시기처럼 갑작스레 미중 관계가 수직 낙하하는 상황은 발생하지 않을 것으로 보였다. 남중국해나 대만 문제를 놓고 우발적인 충돌이 군사적 충돌로 확대되고 냉전으로 갈 개연성도 적어 보였다. 바이든이 제안한 대로라면 미중은 향후 보다 안정적인 경쟁이 가능하다는 것이다.

2022년 8월 낸시 펠로시 하원의장의 대만 방문은 이러한 바이든의 대중 정책에 정면으로 반발한 것이다. 바이든 정부는 중간선거에서 공화당을 따라잡기 위해서는 민생과 경제의 안정이 필수인데, 이는 중국과의 갈등 완화 없이는 불가능한 일이다. 이러한 필요 조건은 미국 내 반중 정서의 강화 현상과 충돌했다. 낸시 펠로시 미 하원의장의 대만 방문은 중국의 핵심 이익을 도발한 것으로, 미중의 상호 군사적 긴장 강도는 강해졌다. 국내 정치 일정은 양국으로 하여금 오히려 더 강도 있는 대응을 부추겼다. 2022년 G20 총회 등을 통해 미중 정상회담에서 미중 갈등을 완화하리라는 기대는 깨졌다.

3. 미중 충돌 : 협력 지점과 디커플링 가능성

시진핑 3기 강력한 시진핑 중심의 집권체제를 구축했다. 한편, 이데올로기적인 요소가 국내 정치는 물론이고 대외정책에 있어서도 대폭 강화되었다. 이는 대내적인 통치에서는 유용할지 모르나 대외적으로는 더더욱 갈등과 충돌을 야기하는 요인으로 작용할 것이다. 당대회의 보고서를 분석해보면,[198] 기존 시진핑 시기 중국의 세계 전략과 인식이 급격하게 선회할 가능성은 매우 적어 보인다. 당대회 보고서는 안전安全이란 개념을 유독 강조하고 있다. 또한 '중국의 꿈'을 실현하겠다는 야심찬 비전을 제시하고 있다. 차기 5년은 이러한 목표를 추진하기 위해 성패를 가름하는 시대라 규정했다.

시진핑 3기의 중국은 계속해서 미국과 서방 중심의 세계질서를 부정하고, 유엔 헌장의 취지와 원칙에 부합하는 국제질서와 다자체제의 중요성을 일관되게 주장할 것이다. 중국은 새로운 미중 관계의 형성을 위해 제안한 '새로운 강대국 관계의 수립' 원칙을 주장할 것이다. 이는 미국과 상호 적대하거나 대항하지 말고, 상호 (핵심)이익을 존중하고 평등하고 호혜적인 관계를 수립하자는 것이다. 그리고 기존의 세계전략인 일대일로를 더욱 추구하면서 전 세계적인 동반 우호국 네트워크를 구축하려 할 것이다.

중국은 상황/변수의 변화에 따른 전술적인 변화는 취하겠지만, 중국 국가 수립 100주년이 되는 2049년까지 중국의 꿈을 성취하기 위한 노력, 그리고 그 중간단계로서 양안 통일의 노력은 강화할 것이다. 중국은 당분간 미국과 중국의 '중간지대에 대한 쟁패'라는 천하 3분론적인 관점에서 미국이나 중국의 영향권 내에 있지 않은 지대, 즉 유라시아권을 대상으로 하는 영향력 경쟁을 강화하려 할 것이다. 당장은 동남아시아. 동유럽, 중동 등에 영향력 확대를 시도할 것이며, 서유럽 역시 중국의 주요 연대 대상이다. 러시아와의 관계는 러시아-우크라이나 전쟁을 통해 복잡 미묘하다는 것을 보여주었다.

러시아는 외교적으로 중국의 가장 강력한 우방이며, 미중 전략 경쟁시기에 가장 강력한 합력協作 동반자이지만 중국은 우-러 전쟁에서 러시아의 영향력을 제한하려고 하며, 러시아에 연루되어 미국과 서방에 직접적으로 대립하거나 출동하는 것은 하는 것은 회피하려 했다. 우-러 전쟁에서 중국은 러시아를 지지하는 태도를 보였으나, 대외정책에 있어서는 대단히 신중하고 중립에 가까운 행보를 보였다. 중국은 1950년 현재와 유사한 구도에서 한국전쟁에 연루되어 많은 손실을 입은 바 있어, 북러 밀착과 러시아의 아시아·태평양 지역에서의 영향력 확대를 경계하고 있다.

시진핑 3기 중국 외교가 강조할 공간은 주변외교가 될 개연성이 크다. 한국은 동남아시아와 더불어 중국이 가장 중시하는 전략적 공간이 될 개연성이 크다. 경우에 따라서는 대일본 외교가 크게 부각될 수도 있다. 기존의 아시아 담당이던 왕이 외교부장이 차기 중국 외교를 책임질 정치국원으로 중용된 것도 중국이 주변과 유라시아 외교를 강조하겠다는 의지로 보인다.

중국은 외부의 도발에 굴복하지 않고 반드시 대응하겠다는 점을 강조하고, 군사력을 더욱 강화하며, 대만 문제에 대해 비평화적 방식의 통일도 가능하다는 도발적인 메시지를 던지고 있다. 중국의 대외전략은 본질적으로 수세적이다. 중국은 마치 '과거시험을 보러 가는 사람처럼 명징하면서도 굳건한 태도赶考的 淸醒和堅定,' 즉 신중함을 견지할 것을 강조하고 있다.[199] 이러한 정세 인식은 중국이 여전히 미국과 서방이 구축한 상부 국제질서와 군사역량이 강력하다는 것을 전제로 한다는 것이다.

우선은 외부에 대한 힘의 투사보다는 중국의 내부적 자강 역량 강화에 전략의 중점을 두고 있다. 중국은 새로운 냉전 상황을 원하지 않는다는 점을 분명히 하고 있다. 외교 안보적으로는 평화 발전의 길을 반드시 고수하겠다고 입장이다. 이는 일부에서 우려하는 한반도 주변의 냉전적 동맹과 대립을 중국이 주도적으로 추구하지는 않을 것이란 의미다. 동시에 인민 전쟁 전략과 국부 전쟁 전략을 언급하고 있다. 이 전략들의 수사는 과격하지만, 실제는 강대국과의 전면 전쟁을 전제하지 않고 있으며, 과학기술적인 열세 상황에서 전 국민 총력전과 장기전을 상정한 전략으로 대단히 수세적이다. 현재 시진핑 총서기에게 가장 중요한 것은 자신의 정당성을 강화하는 것이다.

미국내 중국에 대한 반감을 역대 최고치에 달하고 있다. PEW 조사에 의하면 미국민들의 80% 이상이 중국에 대해 비호의적이다.[200] 2022년 연이어 발간한 "국가안보전략National Strategic Security보고서, 연례 위협추정Annual Threat Assessment of the US Intelligence Community보고서, 국방전략National Defense Strategy보고서, 핵태세검토Nucrear Posture Review보고서, 미사일 방어검토Missile Defense Review 보고서 등은 중국을 그 역량과 의지의 측면에서 향후 미국의 안보와 동맹들에게 가장 포괄적이면서도 심각한 도전을 안겨줄 수 있는 잠재적 적으로 규정했다.

비록 중국을 직접적인 적으로 규정하지 않고, '잠재적'이란 표현을 사용했지만, 미국의 외교안보 정책의 최우선 대상이 중국이란 것을 이제 숨기지 않는다. 미국은 국가안보 전략보고서에서 차기 10년을 이러한 도전을 좌절시킬 수 있는 리더십을 발휘해 성패를 가름할 시기로 묘사하고 있다.[201] 즉, 차기 10년 동안 미국은 중국의 부상과 국제적인 영향력 확대를 저지하는 데 모든 노력을 경주하겠다는 선언으로 해석할 수 있다.

미국 국내 정치를 고려할 때, 향후 중국에 대한 비호감은 지속적으로 강화되고 중국과의 대결 정책은 지속될 것으로 추정된다. 미국의 대중 압박전략의 지속성과 신뢰성은 불확실하다. 현재 미국 대외정책의 최대관심사는 중국과 우크라이나-러시아 전쟁이다. 둘 다 기존의 국제정치 판도를 뒤흔들 수 있는 중대한 사안이다. 공화당 정부가 중국에 대해 적대 의식을 더 강하게 표출할 개연성이 크지만, 얼마나 체계적이고 일관되게 대중 압박정책을 수행할 수 있을지는 미지수다. 강한 적대 의식과 가치나 이념에 대한 집중은 그만큼 대중 전략의 부재를 의미하는 것일 수도 있다.[202]

낸시 펠로시의 대만 방문 이후 바이든 정부가 대중 강경정책으로 돌아선 것 역시 미국 대중의 반중 정서가 지속적으로 상승하고 있다는 것을 고려하지 않을 수 없다. 우크라이나-러시아 전쟁은 권위주의 국가인 중국에 대한 대중들의 위협의식과 반감을 더욱 심화시킨 것으로 보인다. 2022년 9월 발표된 Pew Reserch Center의 여론 조사 결과는 이러한 결과를 잘 말해준다.[203] 미국민의 대중 비호감도는 2017년을 기점으로 47%에서 2021년 82%까지 급격하고 지속적으로 상승했다. 이는 미국의 어느 정권도 중국에 대한 대립정책을 취할 강한 동인을 지닌다는 것을 말해준다. 문제는 극히 분열된 미국이 얼마나 체계적으로 중국에 대응할 역량을 결집할 수 있는가이다.

중국은 아직 미국에 대항하기 위해 러시아와 동맹하는 것을 주저하고 있다. 러시아에 과도하게 힘을 실어주면서 미국과 서방을 급격히 약화시키고 기존의 유엔 체제를 흔들고 싶지는 않기 때문이다. 이러한 중국의 태도는 유럽 서방 국가들에게도 영향을 미칠 것이다. 이들은 러시아를 최대 안보 위협으로 보지만, 중국에 대한 위협의식은 미국이나 동북아 국가들에 비해 낮다. 최근 발표된 Pew Research Center의 여론조사에 의하면, 미국, 한국, 일본, 호주의 중국에 대한 비우호적인 여론 비율이 80%를 상회한다. 서유럽 국가들은 대체로 60%대, 동유럽 국가들은 50%대 수준이다.[204]

서유럽은 최근 NATO 전략보고서에서 중국을 체제적인 경쟁자로 지정하고, 현재 미국과 강한 연대를 표방하고 있다. 그러나 동시에 경제 안정을 위해서는 중국과의 무역을 필요로 한다. 그렇지 않다면 이번 겨울은 서유럽의 정부에 혹독한 시련을 안겨줄 것이고, 정권 교체가 발생할 것이다.[205] 미국이 서유럽의 경제 위기에 대한 적절한 지원책을 찾지 못하고, 이러한 시나리오가 실현된다면 서유럽은 미국에 대한 의존에서 더 벗어나 자율적이면서, 중국에 더 접근하는 모습을 보일 개연성이 크다. 이 경우에는 중국의 국제적인 영향력 확대는 자명한 것처럼 보인다.

우크라이나 전쟁 이후 주요 각국의 대러시아 무역 현황[206]은 국제정치가 실제 얼마나 복합적이고 정글의 세계인지를 잘 표현해 준다.[207] 러시아의 우크라이나 군사적 공격과 일부 지역 점령에 대한 미국의 제재 동참 노력에도 불구하고, 세계 대부분의 주요국들은 러시아와의 무역량을 늘렸다. 더 나은 입지를 바탕으로 최대한 실직적인 국익을 증대시키겠다는 노력이 돋보인다. 우-러 전쟁은 중국이 놀랄만큼 서방의 연대를 강화시켜지만, 실제 경제와 물가 위기 앞에서 서방의 연대는 이미 상당 부분 약화되었다는 것을 보여준다. 이미 세계는 러시아-중국-이란-북한의 현상 변경 국가군들이 존재한다. 이 그림에 의하면, 현상변경에 저항하는 국가들은 미국-영국-스웨덴-한국 정도다. 대단히 기회주의적인 태도를 보이는 국가들은 인디아, 투르키예, 브라질, 네덜란드, 벨기에, 스페인, 독일, 일본 등이다. 미중 전략 경쟁과 우-러 전쟁에도 불구하고, 실리적인 태도로 외교 안보와 경제를 분리하여 대응하려 하고 있는 국가군들이 여전히 다수라는 것을 말해준다. 이번 물가-에너지-식량 위기로 집약되는 혹독한 겨울이 지나고 내년 봄이 되면 이 연대는 더더욱 약화될 수 있으며, 미국의 입장은 더욱 곤혹스런 상황으로 몰릴 개연성이 있다.

다만, 중국이 보다 러시아 쪽으로 명백히 연대를 강화한다면, 서유럽과 다른 국가들은 위협의식이 크게 강화되어 이들에 대항하기 위해 미국과의 연대를 더욱 강화할 수 있다. 이 경우, 세계는 한동안 극심한 대립과 충돌의 위기 상황이 심화되고, 공급망의 재편은 더 과격하게 진행될 것이다. 이는 현재 중국이 피하고자 하는 시나리오다.

시진핑 3기의 미중 간 경제·통상의 안보화는 더 심화될 전망이다. '관건적 시기'로 인식하는 미국의 의지가 강하기 때문이다. 바이든 행정부의 반중 정서는 생각보다 그 의지도 강하고 집요해 보인다. 문제는 미 행정부가 자본주의적인 기업의 호응을 어느 정도 불러일으킬 수 있느냐이다. 실제적인 이익의 담보 없이 가치 기반 대외정책의 추진은 언제든 흔들릴 개연성이 크다. 이는 쉽지 않은 과제다. 중국은 외교적 목적을 달성하기 위해 호주에 대한 무역제제와 같은 경제적 강압 조치를 사용하는 것을 주저하지 않는다. 일본 역시 한일 외교 분쟁 시 대한국 핵심 소재부품에 대한 수출 중단 조치라는 카드를 사용하고 있다. 이러한 안보와 경제의 연계는 점차 일상화되고 있다.

미중 전략 경쟁의 결과 가치 기반의 규제도 더 확산될 전망이다. 미국은 새로운 국제질서를 민주주의 vs. 권위주의체제의 경쟁이라는 두 진영 간 대립으로 해석하고 있다. 민주주의 가치 동맹의 구현에 기반해 공급망을 새롭게 구축하려는 것이다. 기후변화 대응이나 인권보호 영역에서도 가치에 기반하면서 보호주의적 조치가 크게 증가하고 있다. EU의 탄소 국경조정제도와 미국이 중국 신장산 제품에 대한 수입규제 등이 대표적이다.

다자무역체제는 후퇴하고, 통상정책에서 외교·안보 영역과는 불가분의 입장이 강화될 것이다. 미국과 중국은 미국의 철강 232조 관세, 중국의 보복성 호주산 소고기 수입규제 등에서 보이듯이 WTO나 FTA의 자유무역 규범을 존중하지 않은 가운데 일방적인 규제조치를 확대하고 있다. 중국이 역내 영향력 확대 차원에서 CPTPP 가입을 추진하는 가운데 미국은 2021년 인태 경제 프레임 워크IPEF를 제안했다. 다자경제협력을 둘러싼 제도화 경쟁도 치열해지고 있다. 미국 국무부 블링컨 장관은 IPEF가 인도·태평양 전략의 하부 요소임을 언급하고 한국 정부에도 2021년 11월 참여를 제안했다.

미국의 동맹국 중심의 공급망 재편 및 블록화가 계속 추진될 것이다. 미국은 대중 기술 유출을 경계하면서 한·일·대만·호주 등 동맹 및 파트너 국들 중심의 블록화를 추진Ally-Shoring하고 있다. 미국·일본·EU 등 주요 국들은 반도체, 고용량 배터리 등 전략산업 유치를 위해 막대한 보조금을 통해 경쟁을 유도하여 산업정책을 확대하고 있다. 미국은 2020년 The Endless Frontier Act를 도입하여 과학기술 분야를 국가안보의 한 축으로 연계하고, 중국과 과학기술 경쟁에서 승리하기 위한 경쟁력강화 전략도 추진 중이다.

미중 전략 경쟁으로 인해 향후 세계적인 공급망은 해체·재편되면서 지역/특정국가 중심의 공급망 체제로 전환되는 과정이 진행 중이다. 경제·무역·통상분야에서 지정학적 리스크가 크게 강화되었다. 다자통상 규범이 무력화되고 반도체 등 첨단기술의 전략적 위상이 커지면서 산업·경제가 외교·안보적 고려에 의해 크게 영향을 받는 상황이 일반화되고 있다.

백서인에 따르면, 중국은 이미 세계 최초의 양자통신 인공위성 모즈, 세계 최고의 슈퍼컴퓨터 션웨이, 5G, 세계 1~3위의 스타트업을 보유한 인공지능, 베이더우 항법 위성시스템, 100km에 달하는 세계 최대입자가속기 CEPC 건설, 세계 최대 구면 전파망원경 텐엔, 세계 최장 최고 고속철도 등 기초, 응용, 사업화 모든 영역에서 세계 최초의 성과들을 내고 있으며, 최근 3년간 특허 출원이나, 주요 과학기술 영역에서의 논문 수, 인력 양성, 국가의 장기적 계획수립과 지원 등의 측면에서 미국을 능가하고 있다.[208] 특히 화학, 공학, 에너지, 재료공학, AI, 5G, 양자 통신 등은 이미 미국을 추월했거나 5년 이내에 추월할 것으로 평가받고 있다. 미국 정부나 학계의 주요 보고서들 역시 중국의 도전이 거세며, 미국을 위협하고 있다고 지적하고 있다.[209]

미중 간의 전략 경쟁은 시진핑 3기 기간동안 전 세계를 공간으로 하면서, 과학·기술 전쟁, 군사 경쟁, 지전략 경쟁으로 확산되고 심화될 것이다. 게임체인저는 과학·기술이다. 중국을 가장 압박할 수단으로서 미국은 중국에 고품질의 반도체 공급을 적극 제한하는 조치를 취했다.

보다 중기적인 관점에서 바라본다면, 미중 전략 경쟁에서 미중은 향후 10여 년 후 본격적인 경쟁에 대비한 역량 쌓기의 양상이다. 무역 경쟁은 전면전이나 타협보다는 새로운 질서에 합의하기까지 오랜 시간들이 필요하고, 그 과정에 상당한 갈등과 조정들이 수반될 것이다.[210] 우크라이나 사태로 인해 미중 간의 전략 경쟁은 새로운 국면에 접어들었다. 중국이 추구하는 천하 3분 론적 세계는 더 이상 가능하지 않다. 러시아가 스스로 주요 행위자임을 만천하에 알렸다. 러시아발 핵전쟁과 세계 질서의 급속한 재편 가능성이 부상하고 있다. 그러나 중국은 '당 보고서'에서도 분명히 하였듯이 중국은 UN중심의 국제질서의 파괴나 세계질서의 급격한 변화를 원치 않는다.

다만, 중국과 러시아는 미국에 대항하기 위한 전략적 협력이 불가피하다고 인식할 것이다. 중러가 전략적으로 제휴하는 중러 중심의 경제 공급망과 금융 네트워크 추진이 더 적극적으로 모색될 개연성도 충분히 존재한다. 중국은 안보 문제에 대해서는 대러 협력에 신중한 입장이지만 경제 문제는 긍정적인 입장이다. 미국 역시 유럽 주요글들과 아시아의 동맹들과 함께 연대를 강화하려 노력할 것이다. 우크라이나 사태는 단기적인 해결이 어렵게 되었다. 그 해결의 양태에 따라 향후 국제질서는 크게 영향을 받게 될 것이다. 핵심은 미국이 얼마나 리더십을 발휘해 서구 유럽과 아시아 동맹국들을 연대해 새로운 경제 공급망을 창출해내는가이다. 유럽이나 아시아 동맹들도 중러에 대항하는 비용만 늘어나고, 미국이 제대로 리더십을 발휘하지 못한다면 세계는 급속도로 중러가 주도하는 다극화 세계로 재편될 개연성도 존재한다. 특히 인도·태평양 지역에서 단층선인 대만과 한반도의 불안정성은 크게 제고될 수 있다. 중국과 북한은 보다 더 대담한 행보를 보이게 될 것이다.

4. 미중 관계 시나리오와 전망

시진핑 3기 미중 관계에서 중국변수보다 미국변수가 더 중요해 보인다. 미중 관계 미래 시나리오는 다음과 같다.[211] '신냉전' 시나리오는 트럼프 행정부 중후반 중국과 체제경쟁에 돌입하면서 대만을 둘러싼 군사적 충돌 가능성이 고조된 시기와 유사하다. '전략적 협력 속 경쟁' 시나리오는 트럼프 이전 미국과 중국이 전략적 협력을 위주로 하면서 경쟁하던 시기와 유사하다. '전략 경쟁 속 제한된 협력' 시나리오는 전략 경쟁 속에서도 상호 제한된 협력과 절제가 작동하는 시기로 바이든 행정부 초기 미-중 관계와 유사하다. '강요된 미중 타협/공진共進' 시나리오는 미국과 중국이 모두 국내 문제와 경기 침체로 인해 국제적인 충돌의 여력이 부족한 상황을 말한다. 미국과 중국 양국은 모두 자국 보호주의와 수세적으로 영향력 유지에 더 치중하는 대외정책을 펼치는 시나리오로 양국은 상호 충돌을 회피하고자 한다.

오바마 행정부 시절까지 주류였던 전략적 협력 모델은 미국의 대중국 우위를 전제로 한다. 현재로서는 실현되기 어렵다. 미국은 이제 중국과 전략적 경쟁을 본격화하는 상황이다. 향후 5년간은 바이든 행정부의 전략 경쟁 위주, 제한된 협력 모델이 지속될 전망이다. 미국은 중국의 부상을 최대한 억제하려 노력하는 관건적인 시기로 보고 있고, 시진핑 3기의 대외정책은 이 시기를 역사적 전환점으로 인식하면서, 사회주의 현대화를 추진하기 위한 노력을 배가할 것이다. 중국 외교는 보다 강한 민족주의적 정서를 담을 개연성이 크다. 이 시기 미국이 만약 인플레를 억제하고 경제적인 돌파구를 마련하지 못한다면 미국내 여론의 분위기를 볼 때, 미중 간 갈등의 확대 개연성은 더 커진다.

중기적으로 가장 가능성이 높은 시나리오는 강요된 미중 공진/타협 시나리오다. 캐서린 타이 미 무역대부 대표는 기존의 탈동조화decoupling 대신 재동조화recoupling와 '지속 가능한 공존durable coexistance' 개념 등을 제시한 바 있다. 이 모델을 적용하면 미중은 서로 간에 기후변화나 생태, 질병 문제 등 세계적인 문제와 관련하여 일정 정도 협력하는 모습을 보일 수 있다. 무역전쟁의 확전도 자제할 것이다. 그러나 보다 중기적인 관점으로 바라보자면, 미국의 현 정국이 공화당 주도의 정치 상황으로 변화한다면 혹은 미국 정치가 혼돈에 빠진다면 미국은 강력한 대중 압박을 이어갈 대외적인 역량이 그 수사와는 달리 크게 약화될 수도 있다. 이는 불가피하게 미국이 중국의 영향력 확대를 억제할 수 없는 상황으로 갈 수 있다. 이는 일찍이 헨리 키신저 전 국무장관이나 한국의 하영선 교수가 중국의 부상과 더불어 제시한 미중이 평화적으로 공존하는 길과는 차이가 있는 불가피한 소극적 공진 전략 상황이 된다. 이 경우, 동아시아의 안보 정세는 보다 중국 주도의 공간으로 변모할 개연성이 커진다. 미국은 동아시아에서의 영향력은 급격히 감소될 개연성이 크고 동아시아 각국은 강요된 전략적 선택을 해야 하는 상황에 내몰릴 수 있다.

일각에서 희망하는 중국의 내적인 문제점으로 몰락하는 상황은 보다 장기적인 관점에서 바라봐야 한다. 아직 중국의 시진핑 체제는 공고하고, 적어도 시진핑 체제가 시험 받는 향후 10년 동안은 현 중국의 체제가 유지될 것으로 평가하는 것이 합리적이다. 손열 교수는 그의 최근 여시재 보고서에서 미중관계는 장기적으로는 상호 압박-비용상승-위기 고조-타협의 과정으로 진화할 것이라 분석 했다.[212] 현 예측으로는 2030년경 미중의 경제 규모는 유사하게 되 고, 2050년이 되면 군사비에서도 유사한 상황이 된다. 군사적 충돌 을 피하자면 타협의 길밖에 없는데, 이는 아직 요원한 상황이라는 것이다. 물론 현재의 미중 전략 경쟁이 가열화되고, 중국이 공동부 유와 내수 중심의 경제발전 전략을 강화한다면, 경제적으로는 더욱 어려운 상황에 빠져 2060년이 되어도 미국을 추월할 수 없을 것이 라는 진단이 나오고 있다.

다음으로 고려할 것이 '신냉전 시나리오'이다. 미중은 전 분야에 서 서로 강력하게 대항하면서, 가치는 물론이고 체제와 이념의 영 역까지 대립을 강화하는 시나리오다. '신냉전' 모델은 트럼프 말기 에 잠시 도래하는 듯 보였다가 바이든 행정부가 들어서면서는 일 관되게 부인하고 있다. 우크라이나-러시아 전쟁에서 중국이 더 적 극적으로 러시아를 지원하고, 공화당 정부가 집권한다면, 2년 이후 미국은 다시 강력한 '신냉전' 시나리오로 진입하려 할 수 있다. 또 다른 가능성은 미국의 공화당 정부가 집권하여 러시아와 관계를 개 선하고, 중국에 대한 압박에 역량을 집중하는 경우이다. 이는 과거 1972년 닉슨 대통령의 전략적 결단에 버금가는 변화다. 미국은 러 시아를 당면한 위협으로 상정하지만, 지속 가능한 궁극적인 위협으 로 평가하지는 않으며, 그 천연자원과 군사적 역량으로 인해 전략 적으로 유용하다.

5. 암울한 미중관계와 한반도에 대한 함의

　미국과 중국은 이 모든 대외정책의 변화를 제로섬적인 시각에서 평가할 것이다. 이러할 개연성은 미중 모두가 각자 피하고 싶어 하는 시나리오이지만, 현재 배제할 수는 없다. 중-장기 시나리오에서 언제든 선택과 환경의 변화로 가능한 시나리오다. 호주 로위Lowy 연구소의 분석에 의하면 미국은 군사역량, 회복력, 문화적 영향력, 안보 네트워크에서 우위고, 중국은 경제역량, 미래 자원, 외교적 영향력, 경제적 네트워크에서 우위다.[213] 시진핑 3기 시기에는 중국이 동원할 역량도 예전보다 크게 확대될 것이기 때문에 미중 갈등은 더 격렬할 것이다.

　시진핑 3기-바이든 행정부 후기 미중 관계 전망은 결국 현재보다 개선되기보다는 암울하고 악화될 개연성이 크다. 이를 벗어날 개연성은 미-러시아와의 충돌이 불가피해지면서 미-중이 과거 1972년처럼 대 타협을 하는 것이다. 그러나 현재로서는 이럴 개연성은 그리 높아 보이지 않는다. 이는 미국이 중국의 현실적인 역량과 영향력을 인정하고 대만 문제 등에서 대폭적인 양보를 해야 하기 때문이다. 미국의 대중국 인식은 전례없이 악화되는 가운데 국내 정치적으로는 분열이 극심한 가운데 미국 중심주의 성향이 더욱 강화될 것이다. 시진핑 체제는 더욱 강력한 시진핑의 권위, 민족주의적 동원, 권위주의 성향이 강화될 전망이다. 이런 상황에서 미중 간의 타협과 접점은 대단히 좁은 것이 사실이다.

새로운 시기 미중 관계는 정치-외교-안보-경제-과학기술이 복합적으로 상호 얽힌 가운데 전략적인 경쟁을 강화할 전망이며, 경우에 따라서는 '신냉전'의 시기라 규정해도 무방할 충돌 직전의 상황 혹은 냉랭한 평화Chilling Peace 상황이 전망된다. 이러한 상황에서 한반도는 더욱 갈등과 충돌이 강화될 것으로 보인다. 북한은 미-중 타협의 기회가 주어진다면, 자신의 핵보유를 인정받으려 할 것이다. 그러나 설사, 미중 간의 신냉전 상황이 도래한다 해도 자신의 안보는 이미 핵미사일 역량으로 인해 문제가 없고, 중국과 러시아로부터 지원을 확보하기가 더 용이할 것이라 판단할 것이다. 북한에게는 신냉전 상황의 도래가 결코 불리한 상황이 아니다. 아직도 자신을 전폭적으로 지원해 주기를 주저하는 중국을 향해 김정은 위원장은 자신이 언제든 미중 관계는 물론이고 중국의 주변 안정에 변수가 될 수 있다는 압박을 가하는 데 주저하지 않을 것이다. 따라서 북한의 도발은 윤석열 정부 시기 당분간 지속될 것이다.

김흥규(아주대학교 교수, 미중정책연구소 소장)

3장
중국은 대만을 침공할 것인가?[214]

1. 시진핑 집권기 대만 정책의 역사적 배경과 정책 조정

　시진핑 집권 1기(2012-2017)는 국민당의 마잉주 정부 2기(2012-2016)와 겹치는 시기이다. 이 시기에는 중국과 대만이 모두 교류와 협력의 가시적 성과를 내기 위해 많은 노력을 기울였다. 국민당 마잉주 정부는 2008년부터 2012년까지 점진적인 교류 협력을 추진했다. 이어 시진핑 시기 들어 교류 협력을 가속화하고자 했으나, 2014년에 양안 간 서비스 무역협정의 국회 강행이 티핑포인트가 되어 대만 사회의 반중 정서가 고조되었고 청년들의 시위(해바라기 운동)가 촉발되면서 양안 관계에 커다란 전환이 발생했다. 이후 2016년 반중 정서에 기반한 민진당의 차이잉원 정부가 들어섰고, 미국 편승 전략의 양상을 보이기 시작했다. 시진핑은 관망기를 거쳐 2019년부터 본격적으로 대만에 대해 강경한 발언과 태도를 보이기 시작했다. 시진핑의 대만 전략은 민진당이 집권하고 있는 대만 당국과는 대화를 거부하고 민간에 직접적인 경제 우대 정책을 실시함으로써 정부와 민간의 갈라치기를 시도하는 이중 전략을 취하고 있다.

중국의 군사력 강화와 시진핑의 통일 의지

시진핑 체제에 들어서 중국은 전면적인 군 개혁을 실시했다.[215] 중국군이 대만 침공을 성공적으로 결행하기 위해서는 합동작전 능력을 강화해야 한다는 분석에 따라, 중국 중앙군사위는 2020년 말 〈중국 인민해방군 합동작전 개요(시행)〉를 발표하고 군종 및 영역 간 합동작전 능력 강화를 추진 중이다. 이는 미군이 적극 추진해 온 '합동 전 영역 작전Joint All-Domain Operation; JADO'이나 신설된 '다 영역 임무군Multi Domain Task Force'과 매우 유사하다. 중국군이 하드웨어적인 측면에 국한하지 않고 지휘통제 차원에서 현대화 개혁을 추진하고 있으며, 정보 공유와 병참 지원 측면에 더 많은 관심을 기울이고 있음을 보여준다. 이는 2015년 창설된 '중국 인민해방군 전략지원군SSF'이 제5 군종으로서 계속 발전 중이라는 증거이기도 하다.

미 국방부의 2021년 중국 군사력 보고서는 중국이 군사력을 적극적으로 발전시키고 군사적 권력 투사의 범위를 확대하려는 노력을 잘 보여주고 있다. 미 연방의회 산하 자문기구인 미중 경제안보 검토위원회USCC도 최근 2021년 보고서 2021 Annual Report to Congress를 통해 대만해협의 안보 위기를 평가하고 우려를 나타냈다.[216] 가령 중국은 대만 공격용 중거리 미사일도 30기에서 200기로 늘렸으며 신형 수륙 양용함 보유 수도 늘렸다. 보고서는 중국군의 군사적 능력이 미국의 억제 정책을 무력화할 수 있는 수준에 도달했다고 평가하고, 대만에 대한 미국의 군사개입 능력이나 의지가 없으면 대만해협에서 중국 지도부의 의지가 실현될 수 있는 상황에 도달했다고 분석했다.

중국 공산당 제20차 전국 대표대회(이하 20차 당대회)의 〈보고〉에서 '대만 독립과 외부세력 간섭에 대한 반대'를 강조했다. 시진핑 총서기는 〈보고〉에서 '국가의 통일과 민족의 부흥이라는 역사의 수레바퀴가 앞을 향해 나아가고 있는데, 조국의 완전한 통일은 반드시 실현되어야 하며 틀림없이 실현될 수 있다.'고 강조했다.[217] 시진핑은 역대 중국 공산당의 최고지도자 중에서 대만 문제를 가장 잘 아는 지도자로 평가된다.[218] 지방 지도자로 푸젠성에서 17년간 근무한 바 있어서 대만에 대한 풍부한 업무 경험을 갖고 있다. 직접 친분을 쌓았던 대만 정재계 인사들도 많다. 뿐만 아니라 지난 10년 간 총서기로서 '중공 중앙 대만공작 영도소조' 조장을 맡아 당의 대만 정책 수립과 집행을 직접 지휘해 왔다.

20大 정치보고에 쓰인 레토릭의 변화

20차 당대회 〈보고〉에서 언급된 대만 관련 표현들에는 몇 가지 변화가 발견된다. 우선 '92 컨센서스'에 대한 언급이 줄었다. 현재 대만 사회의 여론 지형에서 '92 컨센서스'에 대한 지지가 동요하고 국민당에서조차 '92 컨센서스'의 폐기가 제기되면서 중국 입장에서도 '92 컨센서스'를 강조하는 것이 실효성을 갖기 어려운 상황이 되었다.[219] 이런 상황에서 중국이 굳이 '92 컨센서스'를 강조하기 어려웠음을 반영하는 것이다.

둘째, 19차 당대회에서는 '평화통일 및 일국양제' 방침의 견지를 천명했다. 20차 당대회에서는 '평화통일 및 일국양제'를 통일 실현을 위한 가장 좋은 방식으로 낮춰서 표현했다. '평화통일 및 일국양제'의 위치를 방침에서 방식으로 낮춤으로써 비평화적 통일 등 모든 가능성이 열려 있다는 것을 암시하고자 한 것으로 보인다. 셋째, 통일의 의미를 중화민족의 위대한 부흥의 실현을 위한 필연적 요소로 규정했다. 중국의 입장과 필요를 강조하는 자기중심성을 드러냈다.

넷째, 20차 당대회에서는 '무력을 포기하는 것을 절대 약속할 수 없다'라는 언급을 통해 비평화적 수단 사용 즉, 무력 사용의 여지를 남겼다. 이를 통해 대만인들에게 안보에 대한 위기의식과 경각심을 높임으로써 양안 관계에서 원심력이 커지는 것을 차단하고자 했다. 다섯째, 통일의 장애요인 관련 외부 세력의 간섭과 극소수 대만 독립 분자를 향해 경고했다. 미국이 대만 카드를 통해 중국을 압박하고 있고 대만 문제가 미국 요인에 의해 좌우되고 있음을 감안한 것이다. 뿐만아니라 19차 당대회에서는 '양안은 한 가족'이라는 유화적 표현을 사용했다면, 20차 당대회에서는 '신시대 대만문제 해결을 위한 당의 총체적 방략'을 제기했다.

중국몽 실현의 중요한 과정으로서의 대만 통일

시진핑은 자신의 3연임을 정당화하는 과정에서 대만과의 통일 문제가 양안 관계 해결 이상의 함의를 갖는 것으로 재해석했다. 대만과의 통일이 중국 국가발전 전략의 큰 틀에서 두 번째 백년의 목표를 달성하는 것이고, 중국몽(중화민족의 위대한 부흥)을 이루기 위한 필수적인 과정인 것으로 상정하고 있다. 뿐만아니라 대만 문제가 미중 경쟁에서 가장 핵심적 의제가 되었고 중국의 주권, 안보, 발전 등과 직결되는 핵심 이익인 것으로 규정했다.

향후 5년간 중국 공산당은 제3차 역사결의에서 처음 제시한 '신시대 대만 문제 해결을 위한 당의 총체 방략'에 근거하여 대만 문제를 다룰 것이다. 총체 방략은 대만 문제 해결의 최상위 방침으로 정치적 입장, 실천 방안, 행동 강령 및 정책 등을 총괄 정리하고 있다. 총체 방략은 정치적 입장에서 '평화통일 및 일국양제'를 기조로 삼고, '하나의 중국 원칙과 92 컨센서스'를 지속적으로 견지할 것임을 표명한다.[220] 또한 시진핑이 2019년 1월 2일 연설에서 강조한 바와 같이 민주적 협상을 적극 추진하여 '일국양제 대만 방안'의 모색을 통일을 위한 실천 방안으로 삼을 것이라고 주장한다.

시진핑 집권기에 중국 공산당은 1)대만 독립의 반대, 2)정치적 통일의 촉진, 3)사회경제적 통합의 촉진, 4)외부 세력의 간섭에 대한 반대를 대만 정책의 뼈대로 삼아 왔다.[221] 지난 10년 동안에는 사회경제적 통합을 촉진하면서 정치적 통합의 촉진으로 넘어가는 것을 중점으로 삼았다. 그런데 미중 전략 경쟁이 격화되는 추세 속에서 펠로시 하원의장의 대만 방문 및 상원 외교위원회의 대만 정책법안 통과 등 미국의 개입 수준이 높아지면서 대만 독립 세력에 대한 반대와 외부 세력의 간섭에 대한 반대를 가장 큰 문제로 규정하고 미국과 대만의 유착을 경계하게 되었다. 지난 8월 국무원 대만판공실이 발표한 세 번째 〈대만 백서〉에서도 '통일에 저항하는 대만 독립 분리 세력은 성공하지 못할 것'이고 '중국의 완전한 통일을 방해하는 외부 세력은 필연적으로 실패하게 될 것'이라고 강조했다.[222]

무력 사용의 대상을 외부 세력과 극소수 대만 독립 분자로 제한

19차 당대회와 20차 당대회 사이에 일어난 가장 큰 구조적 변화는 2018년부터 본격화된 미중 전략 경쟁이다.[223] 양안관계의 미래는 결국 미국과 중국이 어떻게 상호작용하느냐에 따라 결정되는 사안이 되었다. 시진핑 주석은 20차 당대회 보고에서 '대만 문제의 해결은 중국인 스스로의 일이며 중국인이 결정해야 할 일'이라는 표현을 통해 외부 세력의 개입에 대한 불만을 표현했다. 또한 '무력을 포기하는 것을 절대 약속할 수 없다'고 했지만 동시에 '최대한의 성의와 노력으로 평화적 통일의 비전을 쟁취하겠다'라는 표현도 썼다. 당분간 평화적 방식을 주 기조로 삼을 것이며, 평화적 통일의 가능성이 완전히 소진되었을 때를 대비해 군사력 사용을 위한 만반의 준비를 할 것이라고 분석할 수 있다. 미국의 개입을 전제로 했을 때 무력 사용으로 인한 불확실성이 너무 크고 아직은 시기적으로 전략적 인내가 필요하며 그동안 다른 수단들을 사용할 것임을 암시하고 있다.

시진핑 체제 대만 정책의 핵심 목표는, 대만과 미국을 동시에 압박하고 대만을 고립무원 상태에 빠지게 함으로써 대만을 협상 테이블에 앉히고 중국이 원하는 조건을 받아들이도록 하는 것이다. 중국 공산당의 대만 정책은 일관된 입장을 취해 왔다. 첫째, '하나의 중국과 92 컨센서스'를 견지한다. 둘째, 대만 독립을 반대한다. 셋째, '평화적 통일과 일국양제'의 원칙을 견지한다. 넷째, 장기적으로 양안 민간교류를 적극적으로 추진하고 이를 통일을 촉진하는 가장 중요한 토대로 간주한다. 시진핑 체제의 양안정책은 양안 간 경제사회적 융합을 촉진하고 양안의 융합적 발전을 추구하는 데 방점을 두었다.

시진핑 3기 대만 정책의 최우선 순위는 대만에 대한 미국의 지원을 어떻게 차단할 것인가에 초점이 맞춰져 변해왔다. 첫째, 통일 의식을 강화하기 시작했다. 시진핑은 "중화민족이 위대한 부흥을 이루기 위해서는 반드시 통일을 이뤄야 한다"라고 강조하고, 20차 당대회 〈보고〉에서도 "조국의 완전한 통일은 반드시 이뤄야 하고 틀림없이 이룰 수 있다"라고 언급했다. 두번째는 통일을 위한 협상을 강조하기 시작했다. 시진핑 주석은 양안관계의 평화적 발전을 위한 제도적 설계를 위해 민주적 협상을 진행하자고 제안했다. 셋째, 통일 방안의 기획이다. 펠로시 의장의 대만 방문 이후 지난 8월 10일 발표한 〈대만 문제와 신시대 통일사업〉이라는 백서에서 통일 후 대만의 지위에 대해 다루었다. 여기서 중요한 점은 '국가 주권의 안전과 발전 이익을 확보하는 전제 하에서 고도의 자치를 실시한다.'는 것이었다. 과거 중국 공산당은 통일 후 '일국양제'를 실시할 때 대만에 사람과 군대를 파견하지 않을 것이라고 주장했지만, 지금은 전제 조건이 생겼고 군대를 파견하지 않겠다는 언급도 거두어들였다. 대만의 고도 자치를 약속하겠다는 입장에 큰 변화가 생긴 것이다.

현상 유지status quo에 대한 상호 인식도 중국과 대만 간 차이를 보이기 시작했다. 중국 국무원 대만판공실 대변인은 "대만 독립의 분열적 도모를 분쇄할 것"이라고 말했다. 19차 당대회 보고에서는 '어떤 사람도, 어떤 조직도, 어떤 정당도, 어떤 시기에도, 어떤 형태로든, 중국 영토의 어떠한 부분도 중국으로부터 분리되는 것을 절대 허용하지 않을 것'이라고 언급했다. 이는 과거 '법리적 독립'에 대한 반대에서 '은밀하고 점진적인 독립'에 대한 반대로 확대된 것이다. 뿐만아니라 '하나의 중국'에 대한 정의를 더욱 축소 해석하고 있다. 2005년 〈반국가분열법〉에서 '세상에는 하나의 중국만 있으며 중국 대륙과 대만은 모두 하나의 중국에 속한다.'라고 정의했다면 이번에 나온 대만 백서에서는 '세상에는 하나의 중국만 있으며 대만은 중국의 일부'라고 말하고 있다. 2005년에는 양쪽의 평등한 지위를 전제했다면 지금은 대만을 부속적인 지위로 격하시킨 것으로 해석된다.

2. 미국과 중국의 대만 문제 인식 차이

중국의 대만 침공 가능성은 대만해협을 '현재 지구상에서 가장 위험한 새로운 화약고'로 만들었다. 중국 전투기와 정찰기는 수시로 대만해협을 비행하고 대만 방공식별구역에 진입하고 있으며, 군함들이 연일 무력 시위를 벌이면서 양안 관계의 갈등이 최고조에 달하는 등 긴장이 일상화되었다.[224]

특히 지난 8월 펠로시 미 하원의장의 대만 방문은 대만에 대한 중국의 대규모 군사 훈련을 촉발했고, 군사적으로도 이전과는 다른 형태로 대만을 크게 위협하는 중이다.

〈그림 3〉과 같이 양안 관계는 통일을 달성하려는 중국의 공산당 정부, 대만 내 독립 세력, 지속 가능한 양안관계를 가져가려는 국민당 입장, 미국의 '전략적 모호성Strategic Ambiguity' 등 여러 행위자들이 복잡하게 얽혀있다.[225]

트럼프 시기 대만에 대한 지원, 바이든 시기 대만 방어 약속 등 미국은 대만 방어를 기정사실화하고 나섰다. 미국 군부는 중국이 인민해방군 창건 100주년이 되는 2027년을 대만 통일의 레드라인으로 잡고 있다면서 향후 6년 이내에 군사적 조치를 취할 것이라고 경고했다.[226]

기본적으로 중국은 대만 문제를 영토 주권의 문제가 아니라 통일의 문제로 접근한다.[227] 일부 대만 문제에 강경한 인사들은 대만 문제 해결을 위한 모든 조건이 점점 성숙해지고 있다면서 대만 침공

적기가 도래했다는 주장까지 펼치는 중이다. 물론 다른 한편에서는 중국의 군사적 압박이 양안 관계의 원심력을 차단하기 위한 심리전에 불과하며,[228] 중국군의 군사적 의도와 능력을 과대평가하는 것은 자칫 과잉 대응을 불러올 수 있다고 우려하는 시각도 존재한다. 브루킹스 연구소의 리처드 부시는 중국의 군사적 위협은 목적이 아니라 수단이며 외교적 협박의 성격을 띠고 있다고 주장한다.[229]

또한 미국이 계속 제기하는 '위기론'은 '중국 위협론'을 국제적으로 보편화하고 대만 문제를 국제 이슈화하려는 전략적 측면에서 해석해야 한다는 시각도 있다. 나아가 중국의 대만 침공 가능성의 제기를 통해 국방 예산 증액의 방편으로 과장하는 이른바 군산복합체의 논리가 작동하고 있다는 시각도 존재한다. 중국 외교부 자오리젠趙立堅대변인은 "미국이 중국의 위협을 지나치게 과장하고 있다"라며 강력 비판하기도 했다.[230]

현재 양안 관계의 최대 관심사는 시 주석이 과연 무력 해결에 나설 것인가 하는 점이다. 시진핑 국가주석은 2021년 10월 9일 신해혁명 110주년 기념식에서 '조국 통일을 반드시 이룰 것'이라고 천명했으며, 2020년 10월 말에 열린 중국 공산당 19기 5중전회에서도 '2027년 인민해방군 건군 100주년에 목표를 달성한다'고 발언했고, 이번 20차 당대회에서는 대만 독립 반대와 대만 문제에 대한 외세 개입 반대를 적시해 당장黨章에 대미 갈등의 핵심 문제로 대만 문제를 처리하겠다는 입장도 분명히 했다. 대만을 둘러싼 미국과의 갈등을 피하지 않을 것임을 분명히 한 것이다. 그러나 강력한 의지를 표명하고 있지만 능력은 아직 준비되지 않았다고 평가할 수 있다. 중국이 전면전을 수행할 능력이 부족하며, 비용이 이익을 훨씬 초과하는 상황에서 대만 공격을 결정하기는 쉽지 않다는 것이 이유다.[231]

그럼에도 대만 국방부의 『2020년도 중공 군사력 보고서中共軍力報告書』는 현재 중국군은 대만의 방공防空, 제해制海, 반격反制 작전을 무력화시킬 수 있는 통신 교란 역량을 갖추고 있으며, 아울러 대만의 주요 항구와 대외 항로를 봉쇄하고, 미사일 발사를 통해 대만의 지휘체계와 요충지에 타격을 가함으로써 대만의 전투 의지를 와해시킬 계획과 역량을 갖추고 있는 것으로 분석하고 있다.[232] 물론 다른 한편으로 중국군은 대만해협의 지리적 요소, 상륙 장비 미비, 후방 보급역량 부족 등의 요인으로 인해, 대만 상륙 및 점령을 위해 필요한 연합 작전 능력을 완전히 갖추지 못한 것으로 평가하고 있기도 하다.[233]

문제는 대만이 중국의 위협적 군사력에 노출돼있고, 애국주의를 앞세운 시진핑 지도부의 통일 시도 행보를 규범적으로 저지할 능력을 갖고 있지 못하다는 점이다. 중국의 굴기로 인해 중국과 대만 간의 힘의 격차는 갈수록 벌어지고 있고, 양안 간의 지정학적 균형에도 변화가 불가피한 상황이다. 여기에 좁혀진 미·중 국력 차와 징고이즘Jingoism에 가까운 중국의 민족주의 성향, 그리고 시진핑을 중심으로 한 권력집중까지 겹치면서 기존과는 다른 형태의 파장이 일어나는 중이다.

3. 시진핑의 양안관계 변화 열망

시진핑 주석은 20차 당대회 〈보고〉에서 '대만 문제를 해결하고 조국의 완전한 통일을 이루는 것은 당의 변함없는 역사적 임무이며, 중화민족의 위대한 부흥을 실현하기 위한 필연적 요구사항(조건)'이라고 선언했다. 그리고 '평화통일과 일국양제' 방침이 양안 통일을 실현하는 가장 좋은 방법이며, 양안 동포와 중화민족에게 가장 이익이 되는 것이라는 점을 재확인했다.

중국은 하나의 중국 원칙과 '92 컨센서스'를 견지할 것이며 이를 바탕으로 대만의 각 정당, 각계각층 인사들과 양안 관계와 국가통일에 대한 광범위하고 심도 있는 협상을 추진할 것이라고 선언했다. 또한 양안관계의 평화적 발전과 조국의 평화적 통일 과정을 함께 추진하자고 촉구했다. 뿐만 아니라 중국은 광범위하게 대만 동포들과의 단결을 견지하고 대만의 애국 통일 세력을 지지할 것이며 함께 역사의 대세를 따르고 민족의 대의를 지키며 독립 세력에 반대하며 통일을 촉진하는 입장을 견지할 것이라고 천명했다.[234] 그러나 대만 민진당은 '하나의 중국' 자체를 부정하므로 한 국가 두 체제, 즉 '일국양제' 자체가 성립되지 않는다는 입장이다.[235]

이러한 상황에서 20차 당대회 〈보고〉에서 '92 컨센서스'에 대한 언급이 줄었다. 현재 대만 사회의 여론 지형에서 '92 컨센서스'에 대한 지지가 동요하고 국민당에서조차 '92 컨센서스'의 폐기가 제기되면서 중국 입장에서도 '92 컨센서스'를 강조하는 것이 실효성

을 갖기 어려운 상황이 되었음을 보여준다.[236]

더불어 통일의 의미에 있어서 19차 당대회에서는 중화민족의 근본 이익이라고 규정하며 공동의 이익 관점에서 대만을 설득하고자 했다. 반면에 20차 당대회에서는 중화민족의 위대한 부흥의 실현을 위한 필연적 요소로 규정하며 중국의 입장과 필요를 강조하는 자기중심적인 태도를 보였다. 특히 무력 사용에 대한 입장은 19차 당대회에서는 분명한 언급이 없었는데, 20차 당대회에서는 '무력을 포기하는 것을 절대 약속할 수 없다.'는 언급을 통해 비평화적 수단 사용의 여지를 남겨 놓았다. 이를 통해 대만인들에게 안보에 대한 위기의식과 경각심을 높임으로써 양안 관계에서 원심력이 커지는 것을 차단하고자 했다. 통일의 장애요인과 관련해서 19차 당대회에서는 대만 독립 분자의 분열 행위를 경고하는 것에 그쳤다면, 20차 당대회에서는 외부 세력의 간섭과 극소수 대만 독립 분자를 구분하여 경고했다. 대만 문제가 미국 요인에 의해 좌우되고 있음을 감안한 것이다.

중국이 미국과 전략 경쟁을 펼칠 수밖에 없는 이유는 양국 간의 비대칭 전력 구조에서 기인한다. 중국 공산당의 입장에서 국방 현대화의 목표는 중국 사회주의의 국방력과 군사력의 우월성을 입증하는 것이다. 이에 미국은 추월에 강한 의지를 가진 중국을 견제하고 중국이 오해나 오판으로 미국의 전략이익에 직접 위협을 가할 수 있는 행동을 실제로 할 수 있는 여지를 제거하기 위한 노력을 배가하고 있다. 미국의 이런 의지는 10월에 연쇄적으로 발표한 『국가

안보 전략NSS』과『국방 전략NDS』보고서 등에서 드러났다.

따라서 미중 양국 간의 군사경쟁은 불가피해보이고 지속될 것이다. 미국은 이미 NSS에서 탈냉전 시대의 종결을 선언했고 새로운 시대로 세계가 진입했음을 고했다. 이 새로운 시대는 강대국 경쟁 시대를 의미한다고 부연했다. 그리고 이 새로운 시대에서 동 보고서는 앞으로의 10년을 미국이 전략적 이익을 관철시키는데 '결정적 10년A Decisive Decade'으로 명명했다. 사회주의 국방 현대화를 추구하는 중국이 이미 앞으로 5년과 10년을 관건적 시기로 정의한 사실을 고려하면 군사 및 국방 영역에서 미국과의 경쟁은 불가피하다고 전망할 수 있다.

중국의 대만 침공 가능성

이런 의미에서 중국 공산당이 이번 당대회에서 사상 처음으로 당장에 '대만 독립에 반대'하는 입장을 추가한 것은 영토 주권의 의미를 초월한다. 미국과의 전략 경쟁을 의식한 포석이라 할 수 있다. 중국 공산당이 대만문제에 있어 무력 사용 의지를 처음으로 시사하고 명문화했기 때문이다. 중국 공산당이 무력 사용 가능성을 배제할 수 없는 인식을 가지게 된 연유는 당연히 대만 문제에 대한 미국의 행보가 결정적으로 작용했다.

중국 공산당이 앞으로 10년 후에 사회주의 현대화의 기초를 닦기 위한 5년을 관건적인 시기로 정의하면서 미국과의 전략 경쟁은 심화될 것으로 전망된다. 미국도 지난 2022년 10월 12일『국가안보 전략』보고서를 발표하면서 중국과의 전략 경쟁의 시대를 선언했기 때문이다. 동 보고서는 탈냉전의 시기가 종결되었다며 강대국 정치의 시대가 열렸다고 천명했다. 그러면서 중국을 최대 위협 국가라는 인식을 공식화했다. 미국이 자국의 전략이익을 중국으로부터 보호하는 데 적극적으로 나설 것이라는 결의를 보인 대목이다.

미국과 중국 간의 전략 경쟁은 최소한 2024년까지 '치킨게임'의 양상을 보이며 이어질 것이다. 2024년 1월 대만의 총통(대통령) 선거가 예정되었기 때문이다. 따라서 미중 양국은 대만해협지역에서 전략적 우위를 점하기 위한 포석을 경쟁적으로 둘 것으로 예상할 수 있다. 미국은 2023년 하반기부터 대선 정국에 들어간다. 현재 미국의 초당적인 반중국 정서를 감안하면 대통령 후보자 경선에 참여하는 이들이 중국에 강한 입장과 태도로 나설 가능성이 농후하다.

대만 유사시 미국과 일본의 개입 가능성에 대한 중국의 인식

대만해협에서의 충돌에 대한 주변국의 개입과 관련하여, 일본은 미일 상호신뢰 증진, 지역 내 지위 상승의 추구, 쿼드QUAD의 운영, 국내 선거에의 영향 등 자국의 중요한 전략적 이익을 고려할 때, 한국보다 더 적극적인 태도를 보일 가능성이 높다. 2022년 4월의 '미일 공동성명'과 5월의 '한미 공동성명'이 대만 문제에 대해 언급한 내용의 차이를 통해 그 단초를 읽을 수 있다.

일본 자민당의 정책 공약집을 살펴보면, 대만해협을 포함한 동중국해에서 진행 중인 중국의 군사적 움직임에 매우 심각한 안보 불안을 느끼고 있음을 확인할 수 있다. 자민당은 '중국의 급격한 군비 확대, 중일 간 영토 분쟁이 진행 중인 센카쿠 열도(중국명 댜오위다오)와 대만 주변에서 급속히 활발해진 군사 활동, 힘을 배경으로 한 일방적인 현상 변경 시도, 북한의 핵과 미사일 개발 진전, 최첨단기술을 구사한 전쟁 방식 변화' 등으로 인해 안보 환경이 급속하게 변화하고 있다고 평가하고 있다. 따라서 이에 대응키 위해 일본의 안보 태세를 근본적으로 수정해야 한다는 합의가 조성된 상황이다. 이에 근거하여 자민당의 핵심 공약은 세 가지로 정리된다. 첫째, 일본의 방위 예산을 국내총생산의 2% 수준으로 점차 늘린다. 둘째, 적기지 공격능력을 갖추도록 한다. 셋째, 일본 외교안보 정책의 큰 틀인 국가안전보장 전략, 방위계획 대강, 자위대가 갖출 무기체계를 정해둔 '중기 방위력정비계획' 등을 조속히 개정하는 것 등이다.

현재 중국군의 '반접근/지역거부(A2/AD) 능력'은 갈수록 발전하고 있다. 일단 대만해협에서 군사적 충돌이 발생하면, 괌Guam을 포함하여 모두 중국의 타격 범위에 들어가게 된다. 주한미군과 주일미군이 대만해협의 무력충돌에 개입하게 되면 중국은 일본과 한국도 적대국으로 간주하게 될 것이고, 게다가 북한 요인이 얽히게 되면 문제는 더욱 복잡해진다.

대만해협에서 무력충돌이 발생할 경우, 한국과 일본 양국 경제에 큰 영향을 미칠 뿐만 아니라 동아시아 전체 지역에 대한 외국인 투자 심리에도 영향을 미칠 것이다. 결론적으로 대만해협에서 충돌이 발생할 경우 한국이 직면하게 될 지경학적 리스크는 갈등의 규모와 기간에 의해 영향을 받을 것인데, 충돌의 범위가 작고 시간이 짧으면 한국에 시장 이전 효과를 가져오는 기회가 될 수도 있지만, 만약 충돌의 범위가 크고 시간이 길어지면 경제적으로 심각한 타격을 받게 될 것이다.

대만해협에서 전쟁이 발생하면, 미국은 한국의 입장을 고려할 여유가 없을 것이다. 한국은 우선 본토 방어와 북한의 군사작전 저지를 우선 과제로 삼아야 한다. 남북한이 대리전 양상에 빠지지 않고 한반도에서의 충돌을 방지하기 위해 군사적 상호신뢰 기제를 구축하는 것이 필요하다. 두 번째로 대만해협 유사시, 한국이 동맹으로서 기여할 수 있는 최대치는 중국의 보복을 피하기 위해 미군에 대한 군수 보급만 지원하는 것이 가장 냉철한 판단이 될 것이다. 반면에 대만해협 유사시 한국의 개입 정도와 상관없이, 중국 내 한국기업은 즉각 '인질'이 될 것이며, 중국의 민족주의 정서가 고양되면 한국기업과 한국 교민들은 중국인들의 화풀이 대상이 될 수도 있다. 따라서 한중 정부 간에 교민의 안전을 지키기 위한 교섭이 이뤄져야 하고 정부의 중요한 과제가 될 것이다. 셋째, 경제와 산업의 측면에서 보면, 해외의 산업 사슬에 있어서 예방적이고 효율적인 통합이 필요하다. 일단 현지 또는 재중국 기업이 영향을 받게 되면, 해외 생산 체인이 온전하게 운영되기 어렵고 경제적 이익에 타격을 받을 수 있기 때문이다.

대만해협에서 충돌이 발생한다면, 이는 중국과 대만의 관계에만 머무는 문제가 아니기 때문에, 미국은 자국의 전략적 이해에 따라

개입할 수밖에 없을 것이다. 대만해협에 안보위기가 발생하고 미국과 일본이 개입하게 되면, 그 영향 범위가 남중국해, 동중국해, 심지어 한반도에까지 확대될 가능성이 있다.[237] 동아시아의 화약고에 연쇄반응을 일으켜 동아시아 전역이 전쟁의 혼란 속에 빠져들 수 있는 것이다.

대만해협 전쟁 발발의 영향

2월 24일 러시아가 우크라이나를 침공하면서 세계가 주목한 지역은 대만이었다. 세계는 여전히 중국의 대만 침공 가능성을 우려한다. 이에 반론도 물론 존재한다. 그러나 이들 반론은 동아시아 지역 국제정치의 가장 기본적인 구조와 객관적인 사실을 간과하고 있어 설득력이 부족하다. 최근 제기된 반론의 핵심을 세 가지 논점에서 정리할 수 있다. 첫째, 대만과 우크라이나의 안보 조건이 다르다는 것이다. 대만은 미국의 방어 의지를 확보한 상황이다. 반면 우크라이나는 EU와 NATO 가입 실패로 미국이나 유럽의 군사적 보호 장치가 없다. 그래서 미국이 러시아의 침공에 직접 개입할 수 있는 명분이 없는 대신 대만에 대한 미국의 개입 의사와 의지는 원칙적으로 유효하다.

둘째, 그럼에도 중국이 '대만 문제'를 내정이라고 규정하기 때문에 미국의 대만 관여는 미·중 간의 전면전을 의미한다. 그런데 미국에게 대만 지역에서의 전쟁은 6,000km 이상의 원정 전쟁을 뜻한다. 따라서 지경학적으로나 지정학적인 관점에서 미국은 매우 불리할 수밖에 없다. 중국이 '시간은 자기편'으로 확신하는 이유의 근거이기도 하다. 마지막으로 러시아에 대한 국제사회의 전면적 제재가 중국에 주는 전략적 함의 때문이다. 중국경제가 러시아보다 대외의존도가 높아 러시아보다 더 강도 높은 제재가 취해졌을 때 미국이 '평화적으로' 중국에 승리할 수 있다는 것이다.

상기한 반론은 그러나 정황적인 이유에 불과하다. '오늘의 우크라이나가 내일의 대만'이 될 수 없는 이유에는 이보다 더 근본적인 몇 가지 이유가 있다. 첫째, 동아시아 질서의 기초가 아직도 확고히 존재한다. 동아시아 질서는 1951년에 연합국과 일본 사이에 체결된 샌프란시스코 평화조약에 의거한 이른바 '샌프란시스코 체제'에 기초한다. 혹자는 샌프란시스코 체제와 질서가 냉전의 종결로 더 이상 존재하지 않는다고 주장한다. 이들은 공산국가들이 사라진 사실을 근거로 제시한다. 소련이 와해되었고 중국은 개혁·개방을 추진하고 있어 실제로 더 이상 공산국가로 간주하기 어렵다는 것이다. 중국이 대신 사회주의를 추구하기 때문에 동아시아에는 공산주의의 위협이 존재하지 않는다는 것이 이들의 또 다른 주장이다. 북한도 사회주의 국가로 탈바꿈하면서 공산국가가 아니라는 것이다. 그러나 사회주의든 공산주의든 분명한 사실은 중국과 북한은 공산주의를 포기한 적이 없다. 이들은 사회주의의 완성을 통한 공산주의의 달성을 추구한다. 공산주의 실현을 위해 사회주의는 반드시 겪어야 하는 단계 중 하나라는 의미다.

냉전이 종결되었음에도 샌프란시스코 체제가 아직 유효한 이유는 단 한 가지다. 주지하듯 사회주의를 표방하나 공산주의를 꿈꾸는 나라들이 존재하는 현실 때문이다. 그러나 동아시아는 샌프란시스코 체제가 건재하기 때문에 탈냉전으로 유럽 국가들이 경험한 문제를 경험하지 못하고 있다. 만약 얄타 체제의 붕괴처럼 샌프란시스코 체제가 동아시아에서 와해되었다면 우리도 곳곳에서 국지전을 경험했을 것이다. 둘째, 샌프란시스코 체제의 속성이 효과적으로 작동하기 때문이다. 샌프란시스코 체제의 속성은 이를 유지하는 구조를 의미한다. 이 구조는 미국의 동맹 체제에 기초한다. 한·미 동맹과 미·일 동맹을 기본으로 한다. 대만에 대해서는 미국의 안보 보장security assurance이 유지되고 있다. 필리핀에서 미군은 대부분 철수했지만 동맹 관계를 의미하는 문서가 아직 유효하게 존재한다. 태국과도 동맹 관계가 있지만 미군의 주둔 군사력은 미미한 수준이다. 싱가포르와는 준동맹 수준의 관계를 유지하고 있다.

셋째, 동맹으로 엮인 동아시아 지역에서 무력 충돌은 모든 역내 동맹국의 참전을 의미한다. 대만해협에서 전쟁이 나도 한·미 동맹과 미·일 동맹 때문에 한국과 일본의 참전도 불가피해질 수밖에 없다. 미국이 군사강국 중국과 원정 전쟁을 하는데 동맹국인 한국과 일본이 수수방관할 수 없기 때문이다. 역으로 북한도 마찬가지다. 우리는 지금까지 북·중 동맹 조약으로 한반도 유사시에 중국의 자동 개입만 걱정했다. 그러나 동 조약에서 규정했듯이 중국이 침략을 받아도 북한의 자동 개입 의무는 유효하다. 따라서 미국의 반격을 북·중 양국이 중국에 대한 침공으로 정의하면 북한의 개입은 자동적으로 이뤄질 것이다. 이때 북한은 개발한 핵탄두와 ICBM 등 다양한 미사일로 중국을 지원할 수 있다.[238]

따라서 동아시아 지역에서 무력 충돌은 안전핀을 뽑는 것과 같은 의미다. 그리고 줄줄이 엮여 있는 동맹 체제에서 안전핀이 뽑히면 연쇄적인 폭파를 피할 수 없다. 즉 모든 동맹국이 '지원' 차원에서 동원될 것이다. 이 상황에서 동맹국 어느 하나도 예외가 될 수 없다. 동맹국의 연쇄적인 가담은 그야말로 세계대전을 불러일으키기에 충분하다. 미국, 러시아, 중국 모두가 군사 대국인 동시에 핵 강국이다. 북한도 실질적인 핵 보유국이며 다양한 미사일로 공격할 수 있는 능력을 구비하고 있다. 우리나라 역시 무시하지 못할 수준의 군사력을 갖춘 나라다. 일본도 군사 강국 수준의 군사력을 급조할 수 있는 능력을 갖췄다. 동맹 체제가 작동되는 한 지역 군사 충돌은 세계대전 수준의 전쟁을 피할 수 없다. 국지전을 기대하는 것은 어불성설이다.

샌프란시스코 체제는 따라서 '양날의 칼'이다. 냉전체제가 와해되었음에도 동아시아가 유럽과 같은 불행한 사태를 겪지 않는 이유이기도 하다. 왜냐하면 샌프란시스코 체제에 기반한 지역 안보 질서가 유지되고 있기 때문이다. 동아시아가 유럽에 비해 '평화로운' 이유가 여기에 있다. 반면 역내 국가 간에 영토 분쟁과 역사 문제가 아직도 풀어야 할 과제로 남아 있는 이유이기도 하다. 우리가 일본과 독도를 두고 영토 분쟁을 벌이는 근원이다. 중국과 일본이 조어도에서 분쟁하는 이유다. 한·일, 중·일 간 역사 문제가 타협점을 찾지 못하는 원인이다. 대만 문제가 있지만, 중국의 영토가 종교, 민족 등의 이유로 분할되지 않고 완전체로 존재할 수 있는 이유이기도 하다. 샌프란시스코 체제가 이를 모두 무마시키고 있기 때문이다.

대만해협에서 전쟁이 발생하면 우리는 미국의 참전 요구에 '노No'라고 할 수 없는 구조적 제약을 안고 있다. 우선 주한미군이 제일 먼저 동원될 공산이 크기 때문이다. 주한미군 공군기지가 대만에서 제일 가까운 거리에 위치한다. 따라서 주한미군 공군 전투기가 가장 먼저 출격할 가능성이 높다. 이들 기지에서 대만까지 직선거리는 800해리, 일본 아오모리현의 주일미군 미사와 공군기지와는 1,400해리, 괌과는 1,500해리다. 둘째, 주한미군의 동원을 저지하려는 중국의 군사적 대응은 우리나라에 대한 타격을 의미한다. 주한미군 기지에 대한 '정밀타격Surgical Strike'은 보장되지 않는다. 풍속, 풍향, 오차 범위 등의 변수로 기지 이외 지역에 중국의 포탄과 미사일이 낙하할 결과는 자명하다. 우리의 희생이 따를 수밖에 없다. 마지막으로 북한의 중국 지원의 이유 때문이다. 이때 북한이 주한미군 기지 타격에 동참하면 한반도 전쟁으로 확산될 수 있다. 그러나 샌프란시스코 체제가 동아시아 지역의 평화와 안정의 주춧돌로서 건재하다. 따라서 지금 상황에서 우크라이나 전쟁을 보면서 중국과 대만해협 지역을 우려하는 것은 시기상조다.

4. 중국몽과 대만통일의 논리적 연계성

대만에서 집권당의 정치 성향과 상관없이 대중 여론은 매우 중요한 변수가 된다. 현재의 양안 관계는 반공反共과 반중反中의 이념적 정체성과 탈중국화 정책을 취하고 있는 민진당이 2016년에 집권하면서 중국과 대만 사이에 긴장 국면이 조성되었고, 이후 2019년부터 시진핑 체제가 민진당에 대한 강경한 입장을 분명히 하면서 긴장해소가 어려워졌다. 그리고 2019년 여름 촉발된 홍콩 시위와 2020년 1월의 코로나19 팬데믹이 촉매 작용을 하면서 관계 개선이 불가능에 가까워졌다. 더욱이 트럼프 행정부 시기에 미·중 전략 경쟁이 본격화되면서 대만해협의 안보 위기가 더욱 고조되는 추세를 보이고 있다.

양안 관계는 미·중 전략 경쟁의 구조화와 민진당의 집권으로 인해 위기 국면에 접어들었다. 우선, 양안 대중들 사이의 적대 의식이 고조되고 있다. 특히 청년층의 민족주의 정서가 강화되면서 대만에서는 태생적으로 독립을 당연하게 여기는 '천연독天然獨'의 청년 그룹이, 중국에서는 통일을 열망하는 '자연통自然統'의 청년 그룹이 형성되었다. 그리고 반중국 정서와 혐 대만 정서를 품고 연일 각종 인터넷 사이트에서 논쟁을 벌이고 있다.[239] 중국 내 민족주의의 고조는 각별히 유의해야 하는데 이는 중국 공산당이 민족주의 정서를 내부의 위기를 외부로 돌리려 할 때 중요한 여론의 토대가 될 것이기 때문이다.[240]

대만 국립정치대학 선거연구센터選擧研究中心의 여론 조사에 따르면, 2022년 6월의 경우 대만인의 63.7%가 자신의 정체성을 '대만인Only Taiwanese'으로 인식하고, 30.4%가 중도적 입장인 '대만인이자 중국인Both Taiwanese and Chinese'으로 인식하며, 단지 2.4%만 자신이 '중국인Only Chinese'이라는 정체성을 갖고 있다.[241] 대만 사회에서 시간이 갈수록 '대만인일 뿐Only Taiwanese'이라는 정체성이 강화되고 있고 대만 사회의 주류 인식이 되었다. 반면에 '중국인일 뿐Only Chinese'이라는 정체성은 극소수의 그룹이 되었다. 20여 년 동안 대만인의 정체성에 극적인 변화가 일어났으며, 대만 사회의 '본토의식本土意識'이 강화되고 있음을 알 수 있다.

동 조사에서 대만 사회의 '통일/독립에 대한 입장'의 추이를 살펴보면, 지난 20여 년간 독립 지향적 대만인(독립을 지향[偏向獨立]+최대한 빨리 독립을 원함[儘快獨立]) 비율이 20% 초반대에 머물러 있다가 최근 30% 대로 상승한 것도 주목할 만한 현상이다. 최근 중국에 대한 심리적 원심력이 크게 작용하고 있음을 보여 준다. 이런 추세는 중국이 제기하는 '일국양제'에 대한 불신이 더욱 강해졌음을 반증한다.

이상에서 살펴본 바와 같이, 대만 내 정치적 정체성과 국내 여론 등 국내 정치적 요인이 차이잉원 정부의 미국 편승 전략을 지탱하는 토대가 되었음을 알 수 있다. 독자성을 강조하는 차이잉원 총통은 대만이 이미 독립된 국가라는 입장을 바탕으로 중국의 강압정책과 대만 내 반중反中 정서를 이용, 탈중국화 정책과 함께 대미·대일 외교 강화를 추진하고 있다. 특히 미국으로부터의 무기 구입을 통해 자체 무장 강화에도 적극적이며 산업·기술·국방 영역에서 미국과의 관계를 심화시키면서 대만의 강점인 반도체 산업을 내세워 미국과 연대한 반중 전선 구축에 노력하고 있다.[242]

미중 전략 경쟁의 구조화와 장기화로 대만 국내 정치는 반중·독립 지향의 민진당에 유리한 상황이고, 양당 체제의 균형이 무너져 있는 상황이다. 2024년 1월 대만 대선까지 1년여가 남았는데, 현재 국민당은 아직 약세에 있다. 그러나 중국이 군사적 압박을 통해 대만의 안보 위기를 높이고 있기 때문에 대만 여론이 안보 불안감에 의해 심리적으로 위축된 투표를 할 여지는 남아있다. 그러나 이와 동시에 반중정서도 동시에 상승할 것이다. 청년세대의 반중 정서가 대만 사회에 만연해 있지만, 다른 한편으로 전쟁을 우려하고 피하려는 의식도 존재한다. 선거 기간 정체성과 안보 우려 사이에서 대만의 여론이 요동치게 될 것으로 보인다.[243]

중국 공산당은 양안 간 경제교류를 주장하는 대만의 국민당과 우호적인 관계를 유지해왔으나, 2024년 대선에서 국민당의 정권 재탈환 및 중국 공산당-국민당 간의 협력 방안에 대해 회의적인 기조도 존재한다. 중국이 생각하는 가장 좋은 시나리오는 대만을 협상 테이블에 앉히는 것인데, '일국양제 대만 방안(대만에게 고도의 자치 부여)' 혹은 평화협정의 체결 등으로 시진핑의 통일 비전은 정당성을 얻을 수 있을 것이다.[244]

5. 대만의 정치 지형과 중국의 인식

중국 시진핑 체제에 있어 '하나의 중국 원칙' 고수는 대대만 정책의 마지노선이다. 시진핑 체제는 대만 문제를 '신시대 중국 국가 발전 전략의 중요 고리'로 간주하면서 과거보다 독립 반대反獨와 통일 촉진促統 논의를 적극적으로 강화하고 있다. 이에 대한 대만의 인식은 차이잉원의 6개 항 주장蔡六點에 잘 드러난다. 이는 기본적으로 대만을 하나의 국가로 인식하는 대만 주체성의 강조가 핵심이다. 대만은 두 개의 정부가 대만 해협을 사이에 두고 각자가 통치하는分治 상태이기 때문에 대만이 이미 독립된 국가라고 주장하는 것이다. 특히 차이잉원은 양안 간에 '하나의 중국'이라는 컨센서스가 존재하는지에 대해 근본적인 의문을 제기한다.[245]

결국 이러한 인식의 차이가 현 단계 양안 갈등의 기초를 제공하는 것이다. 대만의 미래와 관련해 중국이 더 관심을 갖는 대목은 대만의 정치 지형이 근본적으로 달라졌다는 점이다. 특히 민진당은 '대만의식臺灣意識'으로 불리는 대만 주권 의식의 고착을 대만 독자 노선 설정의 근간으로 삼는다. 민진당 정부에서 대만 민주발전의 토착화 및 대만 본토의식의 정치화는 중국 대륙에서 건너온 외래 세력의 압제를 극복한 민주화를 이루고 대만 토착민이 대만의 진정한 주인이 되었다는 주체 의식으로 이어졌다.[246]

대만의 정치 지형은 크게 변화했다. '대만 정체성臺灣認同'이 고착화하고 있다. 대만인이 자신의 정체성을 '대만인일 뿐'이라고 인식한 비율은 1992년의 17.6%에서 2022년 67%로 4배나 증가한 것처럼 20여 년 동안 대만 사회의 '본토의식本土意識'이 크게 강화되었다. 이는 양안 교류와 협력이 증가했던 마잉주馬英九 시기(2008-2016년)에도 강화되는 등 대만 사회의 '대만 정체성'은 이미 고착화된 것으로 평가할 수 있다. 이는 민진당 집권기 역사교육의 변화와도 관련이 있으며 대만 본토화 운동 및 대만 독립의 사회적 분위기에도 영향을 끼치고 있다. 특히 문화적으로 젊은 세대들이 중국을 점점 타자로 인식하는 상황에서 중국으로부터 받는 안보 위협 경험은 중국에 대한 '타자화Othernization'를 부추겼고, 교류와 접촉의 증가가 대만인들로 하여금 중국과의 문화적 이질성을 더욱 명확히 인식하는 방향으로 작용했기 때문이다. 이러한 대만 정체성의 증가는 양안 간의 경제교류로 인한 경제적 이익에도 불구하고 중국과의 교류와 협력에 부정적 인식을 갖게 했다.

결론적으로 양안 간에 문명적·문화적 이질성이 깊이 뿌리내렸고, 사회적 타자화를 극복할만한 구심력이 충분하지 않다는 해석도 가능하다. 대만 민중들은 민주 선거를 통해 이미 두 번의 정권교체를 경험했고 적어도 민의의 표현이나 민족주의 정서에 있어 과거와는 다른 주체 의식이 형성되어 양안 경제 관계의 확대 추세 등과 관계없이 민족주의적 측면에서 별도로 작용할 가능성이 매우 농후하게 되었다.

그럼에도 대만 정체성의 증가가 대만 사회의 독립 지향성을 강력히 추동하는 데는 일정한 한계가 있는 것도 사실이다. 현상 유지 비율이 2004년 이후 50% 후반대를 유지하는 상황은 '대만 정체성'이 강하더라도 독립 지향보다는 현상 유지를 선호함을 보여준다. 이는 독립을 명시적으로 지향할 경우 중국의 군사적 위협에 직면할 수 있다는 우려가 변수로 작용했을 것으로 추정되지만, 현 상황이 실질적 독립 상태라는 의식도 작용했기 때문이다.

따라서 시진핑 체제의 중국은 대만의 집권 주체가 민진당이든 국민당이든 관계없이 대만의식의 고양에 따른 대만의 독자성 추구를 우려한다. 대만의 독자성 및 별개의 국가론을 주장하는 민진당은 차치하고서라도 비록 국민당이 '경제발전과 국제 외교 공간의 확보를 위한 중국과의 안정적 관계 설정'을 강조하지만 본질적으로는 대만의 미래와 관련해서는 충만한 '대만의식'에 기초한 대만인들의 선택을 강조하고 있기 때문이다. 따라서 시진핑 체제는 향후에도 중국의 영향권에서 멀어지려는 대만과 대만인에 대한 단속과 견제에 양안 관계의 초점을 맞출 것으로 전망된다.

6. 대만해협 위기에 대한 미국의 대응과
   중국의 전략적 고려

바이든 행정부는 참전으로 인한 국가이익의 훼손과 세계 대전으로의 확전 가능성을 우려하면서도 대만 유사시 참전의 의지를 시사하고 있다. '전략적 모호성 2.0'을 통해 중국이 오인하지 않도록 하고 전쟁의 불확실성을 높이는 데 주안점을 두고 있다. 이는 과거의 전략적 모호성과는 차이가 있지만, 대만의 독립을 지지할 의지는 결여된 것이기 때문에 전략적 명확성으로의 전환이라고 평가하기는 어렵다. 바이든 행정부는 또한 중국의 대만 침공 가능성을 지속적으로 경고하고 이해 상관국과의 양자 정상회담과 다자 정상회담에서 양안 문제의 평화적 해결을 촉구하는 '양안 의제의 국제화In-ternationalization'를 통해 도덕적 우위를 선점하는 데 초점을 두고 있다.

미국의 군 출신 인사나 군사 전략가들이 군사적 차원에서 여러 가능성을 제기하고 우려를 표하는 것은 참고할 가치가 있지만,[247] 전쟁에 대한 과도한 두려움을 조성하고 자기실현적 예언의 측면이 있다는 점에서 유의해서 해석해야 한다. 군사 전략가들은 능력과 의지의 영역에 대한 분석에 있어서 양안 관계의 역사적 맥락보다는 군사적 능력과 군비 증강의 현황에 착시되어 의지의 영역을 과잉 해석하는 경향이 있다. 현재 양안의 정치, 경제, 사회적 요인을 총체적으로 판단하지 않으면 과잉 추측을 하게 되어 전쟁의 두려움을 만들어내기 쉽다. 이러한 두려움은 불필요한 경제적 손실로 이어질 수 있고 정치적 오판을 불러올 수 있다.

우선 중국군이 대만해협에서 전쟁을 일으킬 경우 수많은 불확실성을 타개하고 확실한 우위를 점하기는 어려운 상황이다.[248] 시진핑 주석이 이제 막 3연임을 확정하고 4연임의 기초를 닦아 놓은 상황에서 불확실성의 길을 선택할 것으로 보기 어렵다. 특히 현재 중국이 대만을 침공할 대외적 명분도 충분하지 않다. 현재 대만의 차이잉원 정부가 명시적으로 독립을 선언한 것도 아니고 추구할 의지도 강하지 않다. 미국 또한 대만 독립에 찬성하고 있지 않다. 미국의 군 인사들의 예측은 전쟁에 미리 대비하기 위한 충격 요법으로 군비 증강을 위한 차원에서도 해석되어져야 한다. 미국이 지속적으로 대만 전쟁설을 내세우는 것은 군사 전략적 차원에서 위기의식을 작동시킬 필요의 측면도 있지만, 대만해협 위기론을 통해 '대만 문제의 국제화'[249]를 통해 자국에게 유리한 여론을 형성하려는 의도도 있다.

중국은 현재 전면적인 무력 사용 외에 아직 여러 정책 수단을 갖고 있다고 봐야 한다. 군사적인 수단을 동원한 통일 외에 법률적, 경제적 제재 수단을 통해 대만을 협상 테이블에 앉힐 수 있는 여러 방법을 갖고 있다.[250] 이런 수단을 최대한 사용하지 않고 정권에도 타격을 줄 수 있는 불확실성의 길을 가지는 않을 것이다. 뿐만 아니라 최후의 수단으로 무력을 사용할 필요성을 판단할 중요한 분기점들이 남아있다. 무엇보다 2024년 1월에 있을 대만 대선과 11월의 미국 대선이 그 분기점이자 리트머스 시험지가 될 것이다.

중국 입장에서는 2024년 1월에 있을 대만 대선 결과가 중요하겠지만, 그 결과를 보고 중국이 바로 어떤 행동에 들어가지는 않을 가능성이 높다. 대만의 신임 총통이 취할 입장과 태도를 지켜볼 필요가 있기 때문이다. 새로 들어선 대만 당국과의 협상 가능성에 희망이 보이지 않으면, 2024년 11월 미국 대선을 지켜보고 이후 미국의 태도와 정책을 관찰하고자 할 것이다. 양안 관계의 안정을 유지하는 힘이 미국과의 관계에 있기 때문이다. 중국 입장에서 군사 행동은 불확실성과 부담이 매우 크고 최대한 자신에게 유리한 시점을 선택하고자 할 것이다. 그래서 2024년 말까지는 전면적인 군사행동을 하지 않고 회색지대 전술 등을 통해 심리전을 펼치며 상황을 지켜볼 것이고, 2025년부터 구체적인 행동을 취할 가능성이 높다.

7. 시진핑 3기의 외부 요인과 전망

군사력의 측면에서 대만은 〈표 9〉처럼 중국의 군사력에 크게 미치지 못한다.[251] 중국의 군비 증강이 급속도로 증가해왔기 때문에 절대적 열세에 놓여 있다. 이에 따라 대만의 전략은 비대칭 전력을 강화하고 미국의 군사력에 의존하는 것이다. 양안 간 군사력의 격차에도 불구하고 양안의 미래에 대해서는 여러 시각이 존재한다. 극단적이고 우발적인 상황을 배제하고 비교적 합리적인 상황을 전제한다면, 양안의 미래 시나리오와 관련해서는 리처드 부시Richard Bush의 견해를 참고할 만하다. 그는 네 가지 시나리오를 제시한다. 첫째, 설득을 통한 평화적 통일, 둘째, 전쟁을 통한 무력 통일, 셋째, 협박을 통한 비무력적 통일, 넷째, 일국양제 이외의 방식을 통한 통일이다. 여기서 일국양제 이외의 통일이란 일국양제가 상정하는 연방제적 통일이 아닌 낮은 단계의 국가연합 형태의 통일을 가리킨다.

중국은 무력 사용을 배제하지 않는 범위를 과거보다 확대해 대만을 압박하고 있다.[252] 무력 침공을 통한 통일이 최후의 선택이지만 몇 가지 대만통일 시나리오도 존재한다. 우선 설득을 통한 평화적 통일은 '일국양제' 방식이지만 이는 대만의 주류 여론이 받아들일 가능성이 거의 없다. 특히 2019년 홍콩의 시위에 대해 중국의 강압적 진압을 지켜보며 대만인들이 큰 공포심과 반감을 느꼈기 때문에 대만 사회에서 '일국양제' 담론이 설 자리는 없다. 또, 무력을 동원한 통일의 경우 미국이 좌시하지 않고 〈대만관계법〉에 따라 군사적 지원을 할 것이라는 높은 가능성이 남아있으며 이 경우 미중 군사 충돌이 야기될 수도 있다. 중국 입장에서는 국제적으로 치명적인 이미지 타격과 경제제재를 감수해야 할 수도 있기 때문에 무력을 통한 통일은 결국 최후의 수단이 될 수밖에 없다. 따라서 가장 합리적인 대안은 중국이 지속적으로 군사적 위협을 가하며 대만 사회의 안보 위기를 고조시키는 압박 전술을 펴는 것이다. 이는 중국 입장에서 전쟁 리스크가 크지 않다는 장점이 있지만 시간이 오래 걸리고 효력을 담보할 수 없다는 점을 감수해야 한다. 그러나 중국이 비대칭적인 우위를 활용해 대만인들의 자신감을 꺾어 버리고 미래에 대한 믿음을 떨어뜨릴 것이다.

국지전 성격의 충돌 가능성도 있지만 이는 중국을 국제적으로 더 어려운 상황에 빠뜨릴 수 있다. 따라서 중국은 하이브리드전과 회색지대 전술 등을 통해 대만을 압박할 가능성이 높다.[253] 중국의 압박과 공격에 대해 대만 지원을 공언하고 다양한 방법으로 대만의 전술적 지위를 상승시키고 있는 미국의 입장과 역할이 매우 중요해졌다. 대만해협의 군사적 균형이 기울어지고 중국의 군사행동이 급격히 증가함에 따라 미국 조야에서는 기존의 '전략적 모호성' 정책 유지의 실효성에 의문을 제기하면서 '전략적 명확성으로의 전환'을 두고 논쟁이 벌어졌다.[254]

지난 30여 년간 미국은 대만해협에 대한 '전략적 모호성'을 통해 중국의 비평화적 통일 추구와 대만의 법리적 독립 선언을 동시에 억지하는 '이중 억지Dual deterrence'를 추구해왔다.[255] 그러나 2000년대 후반부터 양안 간 군사적 격차가 중국 쪽으로 기울어졌고, 2016년 차이잉원 총통 집권 이후, 중국의 군사적 압박이 증가하기 시작하면서 대만 유사시 미국의 참전 가능성 및 군사적 우위에 대한 의구심과 함께 전쟁 발발의 가능성 차단을 위해 미국의 '전략적 모호성'이 제대로 작동할 수 있는지에 대한 근본적인 의문이 제기된 것이다.[256] 바이든 행정부는 대만 유사시 개입을 시사하고, 대만의 국제무대 참여에 대한 지지를 표명하며 '전략적 명확성'으로의 전환 가능성이 제기되나, 미국은 대만의 국제무대 참여를 지지하는 동시에 대만독립에 대해서는 반대 입장을 분명히 했다.[257]

물론 새로운 변화가 미국에게 실익이 없기 때문에 기존의 전략적 모호성은 미세조정이 있겠지만 그대로 유지될 것으로 전망되지만 중국의 군사능력 강화로 대만해협의 힘의 균형이 무너졌고, 대만의 미국 편승 전략도 분명해졌기 때문에 기존의 '전략적 모호성'에 변화가 필요한 것은 분명해 보인다. 미 일각에서는 중국에게 미국의 군사개입 의지를 명확히 알리고, 대만 스스로 방어에 대한 자신감과 의지를 가질 수 있는 '전략적 명확성'으로 전환해야 한다는 주장이 제기되었다. 다만 대만 유사시 미국의 개입 의지에 대한 바이든 대통령의 천명과 동시에 국무부가 하나의 중국 정책 불변 입장을 발표하는 방식으로 중국의 군사적 도발을 억제하고 중국이 오판하지 않도록 하는 '전략적 모호성 2.0'을 활용하는 측면이 있다.

대만 유사시 미군 투입에 대해 찬성 여론이 증가하는 추이를 감안하면, 중국에 대한 강경한 입장을 유지할 가능성이 크다. 『The Chicago Council on Global Affairs』의 2022년 보고서에서는 미국인의 다수가 대만 유사시 미국의 지원에 찬성하고 있으나, 미군 파병에 대해서는 신중한 태도를 보이고 있음을 알려준다.[258] 우선 미국인의 76%가 중국의 대만 침공 시 외교 및 경제적 제재를 지지한다. 둘째, 대만 정부에 대한 미국의 군사적 추가 지원에 65%가 찬성하고 있다. 셋째, 중국의 대만 봉쇄에 대해 미 해군을 보내는 것에 62%가 찬성한다. 넷째, 40%가 대만 유사시 대만에 미군을 파병하는 것을 지지한다. 이상의 조사 결과를 감안하면, 바이든 행정부도 대만을 적극 지원하는 모습을 보여야겠지만, 실제 전쟁 상황에서 군대를 파병하는 것에 대해서는 복잡한 고려들이 있음을 보여준다.

실제로 미국의 대만 정책에는 분명한 한계가 존재하기 때문이다. 기본적으로 '하나의 중국' 원칙은 중국 유엔 복귀 시 결의사항이며, 국제사회에서 하나의 중국 원칙이 기본적으로 유지되는 한 미국의 대만 정책 전환과 대만의 국제적 지위 격상, 외교영역 확장은 한계에 직면할 수밖에 없기 때문이다. 실제로 미국의 전폭적인 지원에도 불구하고 중국을 의식하는 국제기구나 각국의 입장이 상이해 대만의 공적 외교활동international space 확장이 쉽지 않음이 여러 예에서 잘 드러나고 있다.

강준영(한국외국어대학교 교수), 장영희(성균중국연구소 연구교수)

4장
중국의 샤프 외교와 세계 침투전략

1. 중국의 샤프 외교와 세계 침투

기본적으로 샤프 외교의 개념은 한 나라의 사회에 물리적인 침투가 아닌 투명한 수단으로 침투를 감행하여 그 사회의 여론, 의식, 인식과 관념을 침투 세력에 우호적으로 변화시키는 것을 목적으로 하는 행위다. 침투 세력의 목적은 침투 대상의 사회와 주민이 침투 세력에 대한 반감과 비우호적인 태도를 잠식 또는 불식시키기 위한 데 있다. 이의 수단과 방법으로 침투 세력에 대한 정보, 자료, 선전물을 대량으로 방출하거나 점진적으로 살포하거나, 침투 대상 사회 내에서 침투 세력에 대한 우호적인 세력을 양성하기 위해 전문가, 오피니언리더, 지식인 등을 매수하거나 포섭한다.

침투 세력은 왜곡되고 편파적인 정보의 살포와 여론 조장을 통해 침투 대상의 사회와 주민들의 태도와 인식을 자신에 우호적으로 전환시키려 한다. 이 과정에서 당연히 침투 대상의 사회와 주민은 분열, 혼란, 혼돈의 상황을 먼저 겪게 되면서 양분화한다. 이들 간의 갈등이 커지면 커질수록 침투 세력은 자신의 목적에 유리한 반전을 꾀하며 더 공세적으로 그 사회와 주민에 침투한다. 샤프 외교에 노출될 경우 국가와 사회의 양분화는 물론 이념과 가치의 대립 구조가 견고해지면서 그 나라와 사회의 안정과 통합은 거의 불가능해진다. 어느 한 쪽이 다른 한 편을 완전히 전복시키는 극단적인 상황의 결과만인 그 나라와 사회를 안정적으로, 정상적으로(?) 회복시킬 수 있기 때문이다.

　해외에서 중국의 샤프 외교에 대한 경고등은 이미 일찍이 켜졌다. 가령, 2014년을 전후하여 미국 씽크탱크 사회에서는 중국의 샤프 외교를 경계하기 시작했다. 그 이전까지는 중동의 이른바 '오일 머니'가 경계 대상이었다. 그러나 그 이후 중국이 막강해진 재력을 가지고 미국 사회에 침투하면서 이른바 '차이나머니'를 살포하면서 미국 사회는 물론 언론계, 정계, 재계, 교육계 등에 정치적으로 접근하기 시작했다.

2. 중국의 샤프 외교 전개와 대응 시각의 조정

중국은 손자병법의 나라가 아닌가. '지피지기 백전불태知彼知己 百

戰不殆' 적을 알고 나를 알면 백 번을 싸워도 위태롭지 않다. 나를 알기 전에 적을 먼저 알 것을 말하고 있다. 여기서 우선 중국이 샤프 외교를 전개하기 위해서 먼저 세계에 대한 동향을 어떻게 장악해 나가는가를 이해하는 게 필요하다. 중국의 샤프 파워의 구체적인 적용과 방식에 관한 교범으로서 손자병법을 들여다보자. 손자병법의 마지막 편인 제13편 용간편用間篇은 간자間者(간첩)를 활용하는 방법을 구체적으로 기술하고 있다.

손자는 간자에는 다섯 종류가 있다고 한다. 1)향간鄕間. 적국의 일반인을 포섭한 것이다. 2)내간內間. 적국의 고위직 인사를 포섭한 것이다. 3)반간反間. 적의 간첩을 포섭해 이중간첩으로 쓰는 것이다. 4)사간死間. 적의 간첩에 거짓 정보를 흘려 그를 사지死地로 내몰게 하는 것이다. 5)생간生間. 적의 동향을 탐지한 후 살아 돌아와 보고하게 한다.

손자는 이들을 모두 동시에 활용해야 한다고 말하는데 현대의 중국 당국이 이 같은 기원전 5세기 손자의 말씀을 잊고 있을까. 천만의 말씀이다. 무기와 병력에서 열세였던 공산당이 국공내전에서 승리할 수 있었던 비결은 무언가. 바로 첩보 전쟁에서의 승리다. 국민당군이 어디를 통과하는지 바로 이들 간자를 잘 활용해서 알아내 싸울 때마다 이길 수 있었던 것이다.

한편, 중국의 움직임을 샤프 외교 차원에서 적극적으로 해석하고 접근해 들어갈 필요가 있다. 예를 들어, 처음 중국에서 동북공정이 나왔을 때 인접국을 포함하여 세계 여러 나라들은 중국의 의도를 선의로 해석하곤 했다. 즉, 중국이 왜 이런 일을 벌이는가와 관련해 처음엔 넓은 대륙을 차지한 중화인민공화국이 그 안에 사는 많은 소수민족을 끌어안아야 하기 때문에 이것을 위해서 중화민족다원일체론中華民族多元一體論이라는 이론을 만들어냈다고 긍정적으로 인식했다. 그리고 중국이 소수민족 통합 차원에서 이러한 작업을 하고 있다고 이해했다.

이러한 논리는 바로 샤프 외교 차원에서 중국의 논리를 들여다보려고 하지 않고 긍정적인 시각으로 방어적 차원에서 관련 움직임을 본 데서 연유한다. 그러나 중국 내에서 벌어지고 있는 소수민족 관련 움직임은 긍정적 차원이나 방어적 차원의 시각을 가지고 접근하는 외에 한층 더 적극적인 차원의 접근이 요구된다. 동북공정의 경우 단지 중국의 논리에 입각해서 중국 내 다민족을 통합한다는 수세적인 차원이 아닐 수 있다는 점이다. 샤프 외교 차원에서 중국은 동북공정 등 다양한 논리를 이웃 나라에까지 확대 적용하는 공세적인 행보로 나아가는 게 아니냐는 의심을 사기에 충분해 보이기 때문이다. 그리고 이러한 논리 이면에는 샤프 외교를 적극적으로 활용하고자 하는 중국의 의도가 녹아들어가 있다.

개혁·개방 이후의 중국은 서방 자본주의 국가들과의 협력적 관계를 유지하며 고도성장을 달성했다. 그러나 경제 안보를 명분으로 세계가 기술과 공급망 경쟁에 휘말리면서 협력적 관계가 경쟁적, 더 나아가 적대적 관계로 바뀌고 있다. 시진핑 체제가 순항하기 위해서는 이러한 난관을 극복하고 안정적인 성장을 달성해야 한다.

그러나 중국경제가 안고 있는 구조적 모순과 경제체제 모순으로 난항을 겪으면서 미국을 추월할 것이라는 장밋빛 전망은 당분간 어쩌면 장기간 실현되기 어려울 수도 있다.

양갑용(국가안보전략연구원 책임연구위원)

제3편

시진핑 체제 순항 기본조건: 중국경제의 성장과 개혁은 지속 가능한가?

1장
'중속 성장' 시대의 중국경제

시진핑 집권 1기에는 부패 척결을, 2기에는 빈곤 탈피와 전면적 샤오캉小康 사회 달성이라는 중대 목표를 실현함으로써 정당성을 인정받았다. 중국경제가 안정성장 궤도를 따라가며 중진국에 안착하는 것은 향후 시진핑 체제가 순항하기 위한 최소한의 조건이다. 그러나 그동안의 성장 과정에서 드러난 복잡다기한 난제들이 중국경제를 발목잡고 있다. 대내적으로는 인구 보너스의 소멸, 환경 제약, 부동산 시장 부진과 과도한 부채, 불균형한 경제·사회구조 등 복잡다기한 요인들이 중국의 잠재 성장력 하락으로 이어지고 있다. 역逆세계화 추세, 미중 전략 경쟁의 장기화, 개도국의 추격 등 대외 경제 환경도 악화되고 있는 가운데, 코로나 대유행과 우크라이나 사태 등 돌발적 변수가 장기화되면서 시진핑 시대의 중국경제가 큰 타격을 받았다. 2007년 이후 중국의 경제성장률이 매 3년에 1%포인트씩 하락하는 추세가 이어지고 있는 가운데, 복잡한 구조적 문제들이 상호작용을 일으키며 성장 동력이 취약해지고 있다. 중국경제가 '중고속' 성장에서 '중속' 성장 시대로 향해 가고 있다.

1. 인구, 환경, 자원 제약 (3대 Onus)

중국경제는 노동, 자본, 자원 등 생산요소의 양적인 투입 확대와 환경의 희생으로 성장해온 경제다. 그러나 인구 감소, 환경 부담 증가, 자원 제약이 경제성장을 발목 잡으면서 중국경제가 정점을 지나 쇠퇴의 길로 접어들 수 있다는 우려가 제기되고 있다.

첫째, 인구 감소와 고령화 추세가 심화되면서 중국이 '부유해지기도 전에 늙어가는 현상未富先老'에 빠져들고 있다. 2022년 중국 인구는 14억 1,175만 명으로 전년 대비 85만 명 감소했다. 인구 자연증가율은 -0.06%로 대기근으로 3,000만 명 이상이 사망했던 1960년 이후 처음으로 감소세로 전환되었다. 중국은 2000년 노인인구(65세 이상) 비중이 7%에 달하는 '고령화 사회'에 진입했고, 2021년에는 14.2%에 달해 '고령 사회'에 진입했다. 2014년 이후 생산연령인구(16~65세)가 감소하기 시작하면서 루이스 전환점에 도달했다. 그동안 중국의 중요한 노동력 공급원이었던 신규 이주 노동력인 농민공農民工 수도 2010년 1,245만 명에 달했으나, 최근 5년간(2017~21년)에는 연평균 216만 명으로 급감했다. 그동안 중국경제의 가장 중요한 성장 동력이었던 노동력 공급에 근본적 문제가 발생한 것이다. 인구 감소, 특히 노동연령 인구 감소는 노동 투입에 의한 '부의 마이너스 성장' 시대에 진입했음을 의미한다.

이에 중국은 '한 자녀 정책'에서 '두 자녀 정책'을 거쳐 '세 자녀 정책'으로 전환했고, 2025년에는 산아제한을 폐지할 계획이지만, 2030년 이전에 65세 이상 인구가 21%에 달하는 '초고령 사회'에 진입할 것으로 전망된다. 중국 사회구조가 빠른 속도로 늙어가고 있는 것이다. 중국은 2030년에 생산연령인구가 급감하는 인구절벽을 경험하고, 2035년까지 중국의 경제활동인구가 7,000만 명 이상 감소하고, 65세 이상 노령인구가 1억 3,000만 명 이상 증가할 것으로 예측되고 있다. 초고령 사회로 진입하면서 중국 국민의 부담률이 급상승하고, 의료, 사회복지 비용이 기하급수적으로 늘어나면서 국가재정 부담을 가중시킬 것이다. 중국사회과학원에 따르면 정부에 의한 도시 지역 직공 연금에 대한 정부 보조금은 2021년 1조 2,763억 위안으로 2010년의 7배로 늘어났으며, 2035년에는 연금이 고갈될 것으로 전망된다. 고령화와 그에 따른 경제적 비용 상승이 시진핑 시대 중국경제의 성장을 발목 잡는 치명적인 요인으로 작용하게 될 것임을 암시한다.

둘째, 중국의 환경 제약에 따른 성장력 둔화다. 중국은 2003년에는 EU 27개국을 추월하고, 2006년에는 미국을 추월하여 세계 최대 이산화탄소(CO_2) 배출 국가가 되었다. 2019년 중국의 이산화탄소 배출량은 101억 7,000만 톤으로 세계 전체 배출량의 28%로 1위를 차지하였으며, 이것은 2위인 미국(14.5%)의 두 배에 달하는 수치다. 이에 중국도 이산화탄소 배출 감축을 중심으로 기후변화 대응 논의에 적극적으로 참여하고 있다. 중국은 2025년까지 '쌍탄双碳 ; 碳达峰과 碳中和' 실현을 위한 기반을 마련하여, 2030년에는 탄소 배출 정점碳达峰에 도달하고, 2060년까지 탄소중립碳中和을 실현한다는 목표를 설정했다.

이러한 목표를 달성하기 위해서는 에너지 구조를 획기적으로 전환해야 한다. 중국 에너지 소비 중 석탄 에너지 비중은 2005년에 72.4%에서 2020년에는 56.8%를 낮아졌지만, 에너지 분야가 여전히 탄소 배출의 최대 근원이다. 중국 에너지 소비에서 비화석 에너지가 차지하는 비중을 2025년에는 20%로, 2030년에는 25%로, 2060년에는 80%로 끌어올린다는 목표를 제시했다. 발전에 있어서도 화석에너지 비중을 현재 53.8%에서 2025년에는 39.0%로 낮출 계획이다. 이러한 무리한 목표를 실현하기 위해 2021년 상반기에는 각 지방정부가 강제적인 탄소 배출 절감 행동을 실시하면서 전력난이 일어나기도 했다. 탄소 배출 절감을 위해서는 중국의 제조업 구조 개편도 불가피하다. 특히 탄소 배출 비중이 높은 철강, 비금속광물, 화학, 비철금속, 금속제품 산업의 경우 대대적인 구조조정이 불가피하다. 그동안 도외시되었던 환경비용이 급상승하면서 중국경제성장의 중추 역할을 했던 전통 제조업 성장이 발목 잡힐 것이다.

셋째, 에너지와 전략 광물의 공급에 대한 제약도 커지고 있다. 중국은 전 세계 에너지의 26.5%, 석탄의 53.8%, 석유의 16.9%, 천연가스의 9.4%, 니켈의 56%, 구리의 50%, 알루미늄의 47%를 소비하는 세계 최대 에너지와 자원 소비 대국이다. 중국은 전 세계 희토류 매장량의 39%, 생산량의 58%, 제품 생산의 90%를 차지하는 희토류 공급망에 절대적 영향력을 행사하고 있는 국가다. 국내에서 소비되는 원유의 72.1%, LNG의 66.4%, 리튬의 80% 이상을 수입하는 수입 대국이기도 하다. 중국은 원유 수입 비용으로 매년 5,000억 달러 이상을 지불하고 있다.

미중 간 본격적인 자원 확보 경쟁이 중국경제의 지속적 성장을 발목잡기 시작했다. 바이든 행정부는 4대 품목 공급망 보고서에서 중국 이외의 국가를 활용한 자원 공급사슬 연결 가능성을 제시했고, 2022년 6월에는 '광물 안보 파트너십MSP, Minerals Security Partnership'을 출범시키고 주요 광물의 생산, 처리 및 재활용에 이르는 전 과정의 공급사슬을 미국의 우방국을 중심으로 연결해 나가겠다는 의지를 밝혔다. 실질적으로 글로벌 자원 공급망에서 중국을 배제하거나, 최소한 중국의 영향력을 약화시키려는 것이다. 이에 대해 중국 역시 에너지와 전략 자원 안보를 식량, 금융, 공급망 등 4대 경제 안보 과제의 하나로 설정하고 대응하고 있다. 중국은 자국이 주요 공급원인 전략 자원의 수출 제한, 아프리카와 중남미 지역에 대한 해외자원 개발 투자 확대, 중국 내 에너지 및 광물자원 국제 선물시장을 통한 거래 가격 주도, 러시아와의 연대 유대 강화 등 다양한 형태로 대응하고 있다. 에너지와 자원 공급망이 미국의 견제에 가로막힌다면 시핀핑 체제 순항도 가로막힐 것이다.

2. 새로운 성장 동력과 제약

노동, 투자, 수출 등 기존 성장 동력이 약해진 중국으로서는 국내 소비 활성화와 인적자본 육성과 혁신을 통한 총요소생산성 증대라는 두 가지 성장 동력 확충이 절실하다. 중국은 국내 소비를 활성화하기 위한 출로로서 서비스 산업 육성, 경제의 디지털화, 신형 도시화 전략을 선택했다. 그러나 새로운 성장 동력도 구조적 요인과 대외적 도전에 의해 제약 받고 있다.

첫째, 더 이상 중국이 제조업 중심의 성장전략을 추구하는 것은 지속 가능하지 않다. 그러나 낙후된 서비스 산업구조가 새로운 성장 동력으로서 서비스 산업의 역할을 제한하는 요인으로 작용하고 있다. 중국은 개혁·개방이후부터 지금까지 40여 년간, 특히 2001년 세계무역기구WTO에 가입한 이후 20여 년간 세계 시장을 대상으로 하는 수출 제조기지 역할을 담당하며 제조 대국의 입지를 굳혀 왔다. 그러나 인구 보너스, 자원과 환경의 희생을 기반으로 하는 제조업 성장은 이미 정점을 지났다. 중국 GDP에서 제조업이 차지하는 비중은 2006년 32.5%를 정점으로 지속적 하락세를 유지하여

2022년에는 27.7%까지 하락했다. 즉, 제조업의 한계 투자 생산성
이 급락(2004년 2.64→2022년 1.27)하고, 고용창출력도 급락하는 등 전통
제조업 중심의 경제성장은 이미 한계에 봉착했다. 중국은 중국제조
2025 전략, 전략성 신흥산업 육성, 강소 부품 기업 육성 등 제조업
구조 고도화를 통해 신경제new economy를 육성해야 한다. 이러한 신
경제 육성이 성공을 거두기 위해서는 기술혁신이 기반되어야 한다.
그러나 기술혁신이 미중 마찰에 발목 잡히면서 이 또한 보장할 수
없는 상황이다.

　제조업의 성장기여도가 급락하면서 서비스업을 새로운 성장 동
력으로 육성하는 것은 시진핑 체제의 중요한 과제다. 중국 산업이
점차 서비스 산업 중심 구조로 전화되고는 있으나, 서비스 산업이
GDP에서 차지하는 비중은 여전히 50% 초반대에 머물러 있다. 이
는 중국 서비스 산업의 성장 가능성이 크다는 의미를 가진다. 그러
나 중국의 서비스 산업은 도소매, 운송, 음식 숙박업 등 저부가가
치 산업에 의존하고 있다. 3대 저부가가치 산업이 서비스업 고용
의 60%를 차지하고 있지만 서비스업 생산의 28.5%를 차지하고 있
다. 금융, 과학기술 등 고부가가치 서비스 분야는 취약한 구조를 가
지고 있다. 서비스 무역에 있어서도 가공서비스와 ICT 서비스에서
는 흑자를 보였으나, 지식재산권, 관광, 운송 등 대부분의 서비스에
서 만성적 적자를 보이고 있다. 그러나 서비스 산업이 고용에서 차
지하는 비중은 꾸준히 상승하여 50%에 육박하고 있다. 중국경제가
고용 회피형 성장구조로 전환되고 있는 상황에서 시진핑 제체 순항

의 중요한 변수의 하나인 안정적인 고용을 달성하기 위해서도 서비스 산업을 고도화하는 것은 중요한 과제다.

　둘째, 시진핑 시대에서도 도시화는 중국경제의 중요한 성장 동력이 될 것이다. 중국의 도시화는 개혁·개방이후 연해 도시 지역 중심의 산업화 과정에서 농촌의 잉여 노동력을 도시 지역으로 이전시키는 과정에서 빠르게 진행되었다. 중국의 도시화율은 1990년 26.4%에서 1991~2000년에는 매년 0.94%포인트, 2001~10년에는 1.34%포인트, 2010~22년에는 1.27%포인트씩 상승하여 2022년에는 65.2%로 높아졌으며, 2035년에는 73%까지 끌어올려 신형 도시화를 기본적으로 완성할 계획이다.

　중국의 도시화는 투자와 노동력 제공을 통해 중국경제성장의 중요한 지지대 역할을 담당하게 될 것이다. ① 중국의 도시화 과정에서 대대적인 수송망, 도시 인프라, 의료 및 교육, 부동산 건설에 필요한 투자를 불러 일으켜 중국의 경제성장을 끌어나가게 될 것이다. 중국이 도시화율을 1% 높이기 위해서는 약 7조 위안(2022년 중국 GDP의 5.8%에 상당)의 대규모의 추가적 투자가 필요하다. ② 농업인구가 도시로 유입되도록 이끌어서 건설업과 서비스 산업 성장에 필요한 노동력을 제공하도록 한다. 중국의 도시화 과정에서 농촌에서 도시 지역으로 이동한 유동인구는 3억 7,600만 명에 달하며, 2022년 말 현재 외지에서 근무하고 있는 이주 노동자migrant worker 수는 2억 9,560만 명으로 중국 전체 인구의 20%를 넘어서고 있다. 2035년의 도시화율 목표를 달성하기 위해서는 매년 약 850만 ~1,000만 명이 농촌에서 도시 지역으로 이전해야 한다. ③ 그러나 인구의 도시 이전은 중국판 카스트 제도라고 할 수 있는 호구戶口제도 개혁이 수반되어야 하며, 그에 따른 각종 사회적 비용 발생이 불가피하다. 2020년을 기준으로 중국의 상주인구 도시화율은 63.9%인 반면, 호구 인구 도시화율(도시 호구 소지 기준)은 45.4%에 불과하다. 이는 약 2억 6,000만 명의 농민공이 도시 지역의 호구를 보유하지 못한 채 도시 지역에 거주하고 있음을 의미한다. 시진핑 시대의 도시화 전략인 '사람이 핵심인 도시화'는 이중 농민에게 도시 호구를 부여(도시민화)하는 것을 핵심으로 하고 있다. 그러나 한 명의 농민공의 도시민화를 위해 소요되는 공공 부분(사회보장, 의료, 교육 등) 부담은 약 13만 위안 규모에 달하는 것으로 추정되며, 호구 인구 도시화율을 1% 포인트 높이기 위해서는 약 5조 위안 이상의 추가적인 정부 부담이 늘어나게 된다. 도시화 과정에서 나타나는 사회적 비용 문제 이외에도 도시 인프라 건설 자금을 충당하기 위한 지방정부의 부채 증가는 도시화의 부정적 요소로 작용하고 있다.

셋째, 미중 간 기술 패권 경쟁으로 중국경제성장의 새로운 동력이 될 수 있는 디지털 경제 전환의 핵심 요소인 '혁신innovation'이 발목 잡혔다. 디지털 경제는 연관 산업이 중국 GDP의 40%에 달하고, 7대 핵심 디지털 기반 산업(AI, 클라우딩, 사물인터넷, 블록체인, 가상 및 증강 현실 등)이 GDP의 8%를 차지하고 있는 중국의 핵심 신경제다. 신경제는 중국이 제조 대국에서 제조 강국으로 발돋움하는 동시에 총요소생산성 증대를 통해 지속적 성장을 가능하게 할 필수 분야다. 이에 중국은 2025년 핵심 디지털 기반 산업이 GDP에서 차지하는 비중은 10%로 끌어올리고, 2035년에는 세계 디지털 산업을 선도하는 국가로 부상한다는 목표를 제시했다. 디지털 경제로의 전환은 총요소생산성 둔화를 늦추어 지속적 성장을 가능하게 하는 핵심 요소다.

그러나 중국경제의 디지털화는 미중 기술 패권 경쟁에 발목 잡혔다. 브린컨 미 국무장관은 미중 관계는 경쟁적competitive, 협력적collaborative, 적대적adversarial 관계가 혼재되어 있는 경쟁적 공존 관계competitive coexistence라고 정의했다. 최근 발간한 국가안보 전략 보고서에서는 중국을 국제질서를 재구성하려는 의지와 이를 실현할 수 있는 경제, 외교, 군사, 기술 능력을 갖춘 유일한 국가라고 규정했다. 미국의 세 가지 대응전략으로 투자invest, 경쟁compete, 제휴align를 제기하고, 중국과의 전략 경쟁은 최소한 10년 이상 지속될 것이라고 밝혔다. 특히 미중 간의 전략 경쟁은 무역 전쟁과 기술 경쟁을 넘어서 글로벌 공급망 재편 경쟁으로 이어지고 있다. 미국은 첨단산업에서 중국을 배제하는 미국 중심의 글로벌 공급망 체계를 구축하겠다는 강한 의지를 보이고 있다. 미국의 중국에 대한 공격은 인도태평양 경제 프레임워크IPEF, 팹4FAB 4, 핵심 광물 안보 파트너십MSP으로 실현시켜 나가려 하고, CHIPs Act와 IRA 법 제정으로 구체화되고 있다. 유럽과는 EU-미국 무역 기술위원회TTC를 통해 반도체와 인공지능 분야 협력을 강화하고, 중국에 대한 반도체 장비 수출 규제를 도출해냈다.

　미중 간의 공급망 경쟁은 바이든 시대를 넘어서 중국과의 격차를 확고히 할 수 있을 때까지 지속해 갈 것이라는 입장을 보이고 있다. 바이든 행정부의 탈중국화 전략은 미국이 우위를 가진 기술로 중국을 공략하고, 중국에 의존적이지 않은 독립적 공급망을 확보하는 것, 미래 핵심기술에서 우위성과 안전성을 확보한다는 세 가지 전략 목표를 가지고 중국에 대한 공격을 차별화하고 있다.[259] 그 첨병에 반도체 산업이 있다. 반도체는 AI, 우주항공, 양자컴퓨팅 등 중국이 추구하는 미래 성장의 핵심 요소다. 중국은 세계 최대 반도체 시장의 역할을 담당하고 있지만 원천기술을 미국에 의존하고 있다는 것이 가장 치명적 약점이다. 2021년 중국의 반도체 수입액은 3,838억 달러로 미국의 13.2배에 달하고, 수출액도 2,076억 달러로 미국의 3.4배에 달한다. 반도체 수출 단가는 미국은 2.16달러인 반면, 중국은 0.19달러로 미국의 1/10 수준에도 미치지 못한다. 미국의 '작은 정원, 높은 울타리small yard, high fence' 전략이 성공을 거둘 수 있는 대표적인 분야인 것이다.

　미국의 중국에 대한 기술적 공격이 미래 성장산업의 핵심 요소인 반도체에 집중하고 있는 점을 감안하여 중국도 독자적 기술개발에 박차를 가하고 있다. '중국 제조 2025'에서 반도체 자립도를 2025년까지 70%(2021년 현재 16.7%)로 끌어올린다는 목표를 설정하고, 이를 실현하기 위한 대대적인 반도체 산업 발전기금을 투입하여 2024년까지 31개 반도체 공장을 설립하려 한다. 최근에는 SMIC가

7나노(현재 중국 반도체 공장의 선폭 기술은 28~22나노 기술이 대부분임) 자체 기술개발에 성공했다고 보도된 바 있다. 그러나 미국이 반도체 분야에서 CHIPs Act, Fab4, 반도체 제조 장비 및 소재 수출 규제 등 '높은 장벽'을 치고 있어 중국의 독자적 기술개발이 난관에 직면해 있다. 더욱이 반도체 분야의 분업 구조가 미국의 우방을 중심으로 형성되어 있어 관련국의 협조를 받는 것도 쉽지 않다. 주지하는 바와 같이 미국은 설계 및 원천기술, 반도체 장비에서 절대 우위를, 타이완, 한국 및 중국은 조립과 패키징 분야에서 우위를, 유럽과 일본 기업은 장비와 소재 분야에서 우위를 가지고 있는 분업 구조다. 이들 국가와의 협력이 없이는 중국의 독자적 기술개발은 불가능하다. 반도체에 대한 미국의 규제는 중국이 추구하고 있는 과학기술 강국 전략 추진을 발목 잡아 제조강국화 및 디지털화 발전의 기반인 혁신을 목조이고 있는 것이다.

3. 사회구조적 모순 심화:
양극화, 청년 실업, 부동산 시장 붕괴

소득의 양극화와 청년 실업 등 사회구조적 모순이 중국의 성장률 둔화와 중첩될 경우, 고속 성장 시대에 감추어졌던 사회불안이 현재화될 가능성이 있다. 저소득 국가에서 중소득 국가로 이행하는 과정에서 나타난 취약 계층의 희생을 선부론이라는 대명제로 덮어

왔다고 할 수 있다. 그러나 중소득 국가에서 고소득 국가로 향하고 있는 시진핑 시대에는 상대적 빈곤 문제와 청년층의 고용 불안이 겹칠 경우 체제의 안정성이 취약해질 수도 있다.

첫째, 양극화에 따른 사회 불안 요인이 커지고 있다. 중국은 2021년 절대빈곤 탈피를 선언했지만 분배 구조가 양극화되면서 상대적 빈곤 문제가 중요한 과제로 부상했다. 중국의 개혁·개방이후 선부론에 입각한 발전 과정에서 중국의 도시와 농촌 간, 지역 간, 계층 간 불균형은 지속적으로 확대되어 왔다. 경제발전 과정에서 선부론에 입각한 분배전략은 소득 수준이 향상되고 절대빈곤 문제를 해결하고 전면적 샤오캉 사회를 실현하는 토대가 되었으나, 상대적 빈곤 문제가 중요한 경제·사회적 문제로 부각되고 있다. 중국의 지니계수는 1978년 0.18에서 2021년에는 0.46으로 높아졌다. 공평한 분배를 강조하는 사회주의 국가인 중국이 국제적인 경계선(0.4)을 크게 추월해 있다. 자산 불평등은 더욱 심각한 수준이다. 《2021년 글로벌 자산 보고서(World Wealth Report 2021)》에 따르면 중국의 자산 불평등 지수는 2000년 0.599에서 2020년에는 0.704로 확대되었다. 중국경제의 성장률이 둔화되는 가운데, 이러한 불평등 구조가 지속되는 경우 그동안 '보이지 않았던 중국Invisible China'의 문제들이 현재화 되면서 정치·사회적 불안을 가중 시킬 것이다. 이에 시진핑 집권 시기에 들어서 공동부유common prosperity 전략을 강화하고 있으나, 이는 기득권층의 저항을 불러일으키고 있기도 하다.

둘째, 개혁·개방 이후 중국은 고용 친화적 성장을 기반으로 체제 안정을 유지해왔으나, 중국의 성장률 둔화가 고용 불안으로 이어지면서 체제 안정을 해칠 수 있다. 중국은 도시 지역에서 매년 평균 1,160만 명 이상의 새로운 고용이 이루어졌고, 중국경제가 1% 성장하는 경우 180만 명 정도의 신규 고용이 이루어졌다. 중국의 성장률이 둔화되면서 중국 도시 지역의 신규 고용인원도 2018년의 1,360만 명을 점정으로 2021년에는 1,270만 명으로 줄어들었다. 중국경제가 고용이 수반되지 않는 성장구조로 전환되면서 신규 고용 능력이 떨어지고 있는 것이다. 이에 더해 리커창 총리가 2020년 중국의 임시직 및 비정규직 노동자가 2억 명에 달한다고 발표한 바 있다.

특히 고품질의 청년 일자리 창출은 사회 및 정치 체제 안정을 위해 중국 공산당이 해결해야 하는 핵심 과제의 하나다. 1999년부터 시작된 교육 개혁으로 중국의 대학 진학과 대학 졸업이 급격히 증가했다. 중국의 대학 졸업생 수는 2022년에는 1,076만 명에 달하고 2023년에는 1,158만 명에 달해 중국의 연간 신규 고용 인구에 버금가는 숫자로 늘어나고 있다. 중국의 'Z세대', '00후 세대'의 취업 문제는 사회 안정의 근간이라는 인식에서 중국은 청년 취업 확대 전략의 하나로 2014년부터 시작된 쌍창双創(대중창업, 만중창신) 정책을 축으로 하여 청년 창업을 적극 지원해왔다. 이러한 쌍창 전략은 중국의 플랫폼 기업 성장과 대학 졸업생 취업으로 이어졌다.[260] 그러나 부동산, IT 및 플랫폼, 교육산업에 대한 규제가 강화되는 가운데,

제로 코로나 정책이 지속되면서 청년실업으로 이어졌다. 2022년 7월에 중국의 청년(16~24세) 실업률은 19.9%로 조사 실업률 발표 이후 최고치를 기록했다. 청년실업 문제는 청년의 기능노동 기피 현상으로 노동시장의 수급 불균형이 심화되는 구조적 실업이 늘어나고 있음을 시사한다. 고품질의 청년 일자리를 창출하는 것이 중요한 과제로 부상한 가운데 사회주의 성향의 발전 전략을 강화하는 것은 민간기업과 창업을 제약하는 요인으로 작용할 가능성이 크다. 청년 실업 문제가 중국의 시진핑 체제 안정을 해칠 가능성이 증대되고 있다.

셋째, 부동산 시장이 냉각되면서 중국경제의 성장 동력이 급격히 떨어졌다. 1998년 중국은 주택 분배제도를 폐지하고 주택공급의 시장화를 단행하면서 부동산 시장이 급성장했다. 부동산 시장이 활성화되면서 중국경제의 중요한 성장 동력으로 자리잡았다. 부동산업이 GDP에서 차지하는 비중은 1998년 4.0%에서 2020년에는 7.2%(2022년에는 6.1%로 하락)로 상승했다. 부동산개발, 건설업, 임대업, 금융업 등 부동산 관련 전후방 연관 산업 포함할 경우 그 비중은 중국 GDP의 25.9%에 달하며, 부동산개발 투자가 중국 전체 고정자산투자에서 차지하는 비중도 2010년 이후 25% 내외를 유지하고 있다. 고용 측면에서도 건설 및 부동산 산업이 약 16%를 차지하고 있다. 그러나 2016년부터 시작된 '주택은 투기 대상이 아니다房住不炒'라는 부동산 투기 억제 정책 기조가 유지되면서 헝다그룹 파산 사태(2021년 9월)로 이어졌고, 이후 중국 부동산 시장은 급속 냉각되고 있다.

중국 부동산 부문 위축으로 투자와 소비가 발목 잡히면서 경제성장 둔화로 이어지고 있다. 더 나아가 부동산 시장의 버블 붕괴로 이어질 우려까지 자아내고 있다. 2023년 금년 상반기를 기준으로 중국의 선분양 미인도 주택 면적은 78억m²(약 7,800만 가구에 상당)에 달하며, 건설 중인 미분양 주택 등까지 포함하면 총 1억 가구가 넘는 주택 재고를 보유하고 있는 것으로 분석되고 있다. 미분양 주택을 해소하는 데 최소한 10년 이상이 걸릴 것으로 예측되고 있다. 부동산 위기가 중국 지방 중소 금융기관을 중심으로 하는 금융위기로 전가될 가능성도 커지고 있다. 부동산 판매량이 급감하면서 상위 50개 부동산 기업 중 35개 이상이 채권 연체 또는 공사 중단과 같은 유동성 위기에 직면했다. 부동산 개발업체(약 18개)에서 약 200억 달러 역외채권 디폴트가 발생하기도 했다. 심지어 일부 지역에서는 은행·지방정부의 건설 프로젝트 관리 소홀 책임을 주장하며 은행 대출 원리금 상환 거부 운동이 발생하기도 했다. 이에 시진핑 정권도 부동산 시장에 대한 규제 완화를 시도하고 있으나, 부동산 투기 억제 정책이 지속되는 한 시장 회복은 난망이다. 부동산 투기 정책을 완화하는 경우 부동산 시장 버블이 재발하면서 중장기적으로 부동산 붕괴 위험에 빠질 가능성이 있다. 중국의 부동산 정책 딜레마에 빠진 것이다.

4. 관치금융에 의한 과도한 레버리지와 금융 리스크

　전통적으로 중국경제는 정부 주도의 투자에 의존한 성장전략을 구사해 왔다. 그러나 글로벌 금융위기 이후 중국의 투자가 생산설비보다는 건설 부분에 집중되면서 한계고정자본지수Incremental Capital output ratio; ICOR 하락으로 이어졌다. 높은 부채 문제가 중국 금융 리스크로 이어지는 가운데 정부 주도의 투자 정책을 제약하는 요인으로 작용하고 있다.

　첫째, 과도한 민간의 레버리지가 중국경제성장의 걸림돌로 작용하기 시작했다. 2021년 말 현재 중국 비금융부문의 부채 규모는 GDP 대비 287%에 달하고, 이것은 미국(281%)을 넘어선 수치다. 통계에 잡히지 않는 지방정부의 그림자금융shadow banking을 더하면 천문학적 규모에 달한다. Moody's(2021.7.1)는 2021년 3월 말 현재 광의의 그림자금융 규모 58.7 조 위안으로 중국 GDP의 55.5%에 상당한다고 추정했다. 중국은 글로벌 금융위기 이후 국내 투자 확대를 통한 경기 부양 조치를 취하면서 중국의 부채율(부채/GDP)은 2008년 138.9%에서 2017년에는 256%로 급상승했고, 이후 중국은 2018년까지 부채를 줄이기 위한 다양한 노력을 경주해 왔다. 그러나 코로나 대유행 이후 신용 확대를 통한 경기 부양 조치를 취하면서 다시 증가하여, 2019년부터 2022년 3월 말까지 37.2%포인트가 상승했다. 민간의 과도한 레버리지는 경기 부진과 함께 금융기관의 부실

채권 확대로 이어지고 있을 뿐만 아니라, 정부의 재정정책을 제약하는 요인으로 작용하고 있다.

둘째, 과도한 부채 증가는 정부-국유 상업은행-국유기업으로 연결되는 관치금융 시스템에 커다란 리스크로 작용하고 있을 뿐 아니라, 재정적자를 기반으로 하는 중국의 정부 주도의 투자에 의한 성장정책도 제약하게 될 것이다. 중국경제의 순항을 위해서는 정부 주도의 관치금융 구조에서 직접금융이 중심이 되는 자금조달 구조로 전환하는 것은 매우 중요한 과제가 될 것이다. 2022년 말 현재 중국 비금융 시장경제 주체들의 자금조달은 금융기관의 대출이 62%로 절대적인 비중을 차지하고 있으며, 다음으로 정부 채권 발행이 17.5%를 차지하고 있다. 중국의 관치금융은 시스템이 국유기업으로의 자금 쏠림으로 이어지면서 민간기업의 자금조달 구조를 왜곡시키고 있다. 신용도가 낮아 국유 상업은행으로부터 대출이 곤란한 중소기업이나 중소 도시 정부는 그림자금융에 의존하게 되고, 지방 중소 상업은행에 의존하는 구조로 이어지면서 중소 지방 상업은행의 부실로 이어지는 악순환 구조가 지속되고 있다.

시진핑 체제가 순항하기 위해서는 주식 및 채권 등 민간의 직접금융 조달 루트가 강화되어야 한다. 2022년을 기준으로 민간기업의 채권, 주식 발행 및 자산화 증권을 통해 자금을 조달하는 직접금융 비중은 12.7%에 불과하다. 중국 주식시장의 시가총액은 미국의 1/4 수준에 불과하다. 이러한 자금조달 구조가 중국의 레버리지 상승으로 이어지고 있다. 더욱이 국유 상업은행의 대출에 의한 정부 주도 프로젝트의 비효율성이 겹치면서 국유 상업은행의 불량채권 문제로 이어지고 있다. 2022년 6월 말 현재 중앙 국유 상업은행의 불량채권은 3조 위안에 불과하지만, 잠재 불량채권은 19.7조 위안에 달하는 것으로 추정되고 있다. 이러한 비합리적 관치금융 구조가 지속될 경우, 중국 금융시장 불안은 지속될 것이며, 이는 곧 시진핑 체제의 순항에 걸림돌로 작용할 것이다.

5. '중속 성장 시대' 진입과 요원해지는 미국 추월

중국이 정치적으로 안정을 유지할 수 있었던 것은 개혁·개방 이후 고속 성장을 통해 소득향상과 삶의 질이 개선되었기 때문이다. 중국이 국제경제와 협력적 관계를 유지하는 가운데 덩샤오핑 시기에는 9.4%, 장쩌민 시기에는 8.1%, 후진타오 시기에는 8.7%의 연평균 경제성장률을 유지하며 고속 성장을 구가했다. 그러나 인구 감소와 자본투입 한계생산성 급락으로 대규모 투입에 의한 성장 시대가 끝나가고 있고, 초 세계화 시대가 종료되면서 해외시장, 기술, 자본에 대한 접근 기회도 소실되어 가는 가운데, 미중 마찰로 기술혁신을 통한 총요소생산성 제고까지 제약되면서 시진핑 시대의 중국경제에 적색경보가 켜졌다.

첫째, 시진핑 시기 중국은 샤오캉 사회를 건설하며 중진국에 진입했다. 중국은 절대빈곤 해소와 '전면적 샤오캉小康 사회' 건설이라는 중국의 제1단계 중장기 전략 목표를 실현했다. 중국 정부는 2021년 2월 농촌 지역의 절대빈곤 인구가 소멸되었다고 선언했다. 1978년 전체 인구의 97.5%에 해당하는 7억 7,000여만 명에 달했던 중국의 절대빈곤 인구가 40여 년 만에 완전 소멸되었다. 이어 시진핑 주석은 2021년 7월에 있었던 중국 공산당 창당 100주년 경축대회 연설에서 "우리는 첫 번째 100년 분투 목표를 실현했고, 중화 대지에 전면적인 샤오캉 사회를 건설했다."고 선언했다.

중국의 1인당 국내총생산GDP은 2001년에는 1,053 달러로 '저소득 국가'를 탈피했고, 2010년에는 4,550달러로 '중소득 국가'에 진입했다. 2021년에는 12,500달러로 '중소득 국가'에서 '고소득 국가'로 이행 중이다. 중국이 1만 달러 시대로 진입하는 과정은 중진국 함정에 빠졌던 중남미 국가들보다는 한국, 일본, 대만의 경로를 따르고 있다. 이에 더해 시진핑 주석은 중국 공산당 제19기 제5차 중앙위원 전체 회의(2020년 10월)에서 2035년까지 중국의 경제 규모와 1인당 GDP를 2배로 늘려 중진국 수준에 도달한다는 목표를 제시한 바 있다. 지속 성장론의 입장에서 중국의 제조업 경쟁력, 인적 자본 잠재력, 내수시장 잠재력을 감안할 때 중국경제가 목표를 달성하는 것은 무리가 없을 것으로 예상하고 있다. 이러한 목표가 원활히 달성될 경우 중국이 중진국 함정에 빠질 가능성은 상대적으로 작다. 그러나 생산연령인구 감소, 인구 고령화, 통제 경제 등의 구

조적 문제들로 인해 중국이 높은 생산성을 유지하면서 고소득 국가
로 진입하지 못할 것으로 보는 성장 정체론이 설득력을 얻고 있다.

둘째, 시진핑 시대에 들어서 중국경제가 '중고속' 성장 시대에서
'중속' 성장 시대로 넘어가고 있다. 2007년 이후 중국의 경제성장률
은 3년에 1%포인트씩 하락하는 장기 추세를 보이고 있다. 시진핑
집권 10년간(2013~22년)에는 6.2%로 낮아졌고, 특히 시진핑 집권 2기
(2018~2022년)에는 중국경제의 전반적인 성장 동력이 약화되는 가운데
미중 마찰과 코로나의 대유행이 겹치면서 5.2%로 하락했다. 그동안
중국의 성장을 뒷받침해 온 노동력 투입 감소, 자본의 한계생산성
하락 등으로 투입 확대에 의한 경제성장이 한계에 봉착한 가운데,
미중 기술 패권 경쟁과 사회주의적 성격의 경제발전 전략이 혁신
을 제약하면서 중국경제의 잠재 성장률 하락세가 이어지고 있기 때
문이다. 시진핑 3기에는 앞서 언급한 중국경제가 직면한 총체적 난
제, 정부가 통제하는 경제체제, 국제정치적 갈등, 에너지 및 자원 문
제 등이 복합적으로 상호작용을 하는 가운데 사회주의 성격의 발전
전략이 강화되면서 중국경제가 연평균 4~5% 성장률에 머무는 '중
속 성장' 시대에 진입할 것으로 예상된다. 2035년 중국의 국민소득
목표를 달성하기 위해서는 2035년까지 매년 4.7% 이상의 성장률을
유지해야 한다. 이러한 목표를 달성하기 위해서는 중국이 추구하고
있는 내수 중심 성장구조로의 전환이 원활히 이루어져야 한다. 내
수 전환이 지체될 경우 중속 성장이 어려워지고, 목표 성장률을 달

성하지 못하면서 시진핑 체제의 순항을 발목 잡게 될 것이다.

셋째, 중국경제가 중속성장 시대로 진입하면서 중국이 세계 최대 경제대국이 되는 시점은 순연될 가능성이 커졌다. 구매력PPP 기준으로 중국은 이미 미국을 추월했지만, GDP 규모는 미국의 77% 수준을 유지하고 있다. 중국이 5% 내외의 성장률을, 미국이 2% 내외의 성장률을 유지하면서 2030년을 전후로 중국이 미국을 넘어서 세계 최대 경제대국이 될 것이라는 것이 지금까지의 예상이었다. 그러나 3기를 맞은 시진핑 정권이 대내적으로는 총요소생산성이 저하되는 가운데 미중 마찰, 대만 문제 등의 역풍을 맞으면서 영원히 미국을 추월할지 못할 것이라는 전망이 늘어나고 있다. 인구 보너스 소멸, 낮은 투자의 한계생산성, 환경과 자원 제약 등 기존 생산동력이 소멸되고 있다. 공동부유를 강조하는 사회주의적 성향의 발전전략이 정보통신IT 및 플랫폼 기업을 목 죄면서 민간 주도의 기술혁신이 지연될 것이다. 중미간 기술 패권 경쟁 과정에서 미국의 반도체에 대한 첨단기술 규제가 강화되면서 디지털화를 통한 생산성 강화 전략이 심각한 타격을 받고 있다. 이러한 세 가지 역풍으로 인해 중국경제성장률이 서서히 둔화될 것이기 때문이다.

호주의 로위Lowy 연구소는 21세기 중반까지 중국의 의미있는 미국 추월은 불가능하다고 전망했다. 이코노미스Economist는 2030년에 중국의 GDP가 미국의 90%에 달한 이후 다시 격차가 커질 것으로 전망했다. 일본경제연구센터[261]는 2035년까지도 중국의 명목

GDP가 미국을 추월하여 세계 1위 경제대국으로 부상할 수 없을 것으로 전망했다. 동 센터의 2020년도 전망에서는 2029년에, 2021년도 전망에서는 2033년에 중국의 GDP가 미국을 추월할 것으로 전망한 바 있다. 그러나 중국의 성장잠재력 약화, 위안화 가치 절하에 따른 달러로 환산한 중국 GDP 감소, 2030년 이후 미국과 중국 간의 성장률 역전으로 중국이 미국을 추월하는 것은 영원히 불가능해 질 수 있다고 전망한다. 코로나 영향이 해소되면서 중국경제가 2025년까지는 일시적으로 회복되겠지만, 이후 5년간은 3%, 그 이후 5년간은 2.2%까지 하락할 것으로 전망했다. 더욱이 시진핑의 장기 집권이 이루어질 경우 IT 분야에 대한 규제가 지속되면서 디지털 전환이 더욱 지연되고, 대만 문제와 미중 외교적 갈등에 따른 수출입 감소와 외국인 투자 유출이 가속화되면서 중국경제는 1%대의 저성장에 빠질 수도 있다고 전망했다.

제가 흔들림 없이 발전할 수 있도록 지원하고 장려한다는 것이다. 다만 민영기업의 '건강한' 발전을 강조함으로써 비 공유자본의 무질서한 팽창(야만성장)은 억제한다는 방침도 재확인했다.

셋째, 공동부유 실현을 위한 분배제도의 개혁이다. 전체 인민의 공동부유는 중국식 현대화의 본질적 요구로 정의하고, 분배제도 개혁을 통해 착실히 추진해야 한다고 강조했다. 분배제도 개혁 과제로 1차 분배 중 노동보수의 비중 제고, 재산축적 메커니즘 규범화, 중산층 확대를 제시했다.

넷째, 국가안보, 특히 경제 안보를 강조하고 있다. 국가안보는 민족 부흥의 '근본적 기초'라는 사고에서 새로운 안전 구도로 새로운 발전 구도를 보장한다는 것이다. 식량안보, 에너지 및 자원 안보, 산업망과 공급망 안보 등 3대 경제 안보를 제기했다. 미중 공급망 재편 경쟁에 대한 대응으로 과학기술 흥국 전략과 인재 육성, 현대 산업체계 구축, 기술형 중소기업 성장을 통해 산업망과 공급망 안전을 확보하려 한다. 이러한 노력을 통해 중국이 제조 강국, 과학기술 강국, 인재 강국, 품질 강국, 우주 강국, 교통 강국, 네트워크 강국, 무역 강국으로 자리매김해 간다는 것이다.

다섯째, 높은 수준의 '제도형 개방'을 제시했다. 중국의 발전(중국보너스)으로 세계에 새로운 기회를 제공함으로써 세계의 기업과 자본을 중국으로 끌어들이는 동시에 높은 수준의 제도형 개방(규칙, 규제, 관리, 표준 등)을 통해 글로벌 스탠다드를 수용해 간다는 것이다.

이러한 시진핑 시대의 발전 전략에는 이중성이 존재한다. 하나는 중국경제가 급진적 사회주의로 회귀하고, 자국 중심의 독자적 공급망을 강화함으로써 국제사회와의 연결 고리가 약해질 것이라는 측면이다. 다른 하나는 중국이 개혁과 개방을 확대함으로써 국제사회와의 연결성을 강화하려 한다는 정반대의 측면이다. 시진핑 시대의 핵심 경제발전 전략으로 제시되고 있는 쌍순환 전략, 공동부유, 사회주의 시장경제 체제 구축, 대외통상전략을 모두 이중성을 내포하고 있다.

2. 쌍순환 전략의 이중성: 홍색공급망 강화와 개혁·개방 가속화

시진핑 시대의 근본적인 경제발전 전략 변화는 국제 대순환론国际大循环论에서 쌍순환双循环 전략으로의 전환이다. 중국은 개혁·개방 이전의 폐쇄경제에서 시작하여 개혁·개방 이후 국제 대순환전략의 시기를 거쳐, 글로벌 금융위기 이후 내수 중심의 성장전략 추진 시기를 지나, 현재의 쌍순환 전략 시기에 이르고 있다. 중국은 글로벌 금융위기 이후 중국경제가 뉴노멀新常态, new normal에 진입했다는 판단 아래 내수 중심의 성장전략으로 전환했다. 특히 글로벌 금융위기 이후 역글로벌화 현상 확산으로 세계의 성장과 무역 증가율이 급격히 둔화되면서 수출 주도의 성장방식이 도전에 직면했다. 이에 중국은 내수 중심의 성장전략을 선택했고, 이러한 내수 중심의 성장전략이 2020년에 이르러 '국내 대순환国内大循环을 주체主体로 하여 국내와 국제 순환이 상호 촉진하는 새로운 발전 구도新发展格局'를 구축한다는 쌍순환dual circulation 전략으로 발전되었다.

첫째, 국민경제의 원활한 순환circulation의 관점에서 쌍순환 전략은 '3+1'의 순환 구조 정착을 목표로 하고 있다. 국내 대순환의 관점에서 ① 경제체제(제도) 개혁의 관점에서 국민경제의 생산-분배-유통-소비의 선순환을 위한 개혁이다. 국민경제의 순환 과정에서 병목 요인으로 작용하고 있는 정책과 제도에 대한 개혁을 추진하는 것이다. ② 국내 공급과 수요가 상호 견인하는 선순환 구조를 구축하는 것이다. 공급 측 구조성 개혁을 통해 국내 수요구조의 고도화에 부합하는 공급 구조를 만들어간다는 것이다. ③ 국내 경제의 순환을 보장하기 위한 안정적인 공급망/산업망의 선순환 구조를 형성하는 것이다. 과학기술의 자립 자강, 전략성 신흥산업 육성을 통한 제조 강국 건설, 디지털 경제 육성 및 서비스 산업 발전 전략을 핵심으로 하고 있다. ④ 국내·국제 쌍순환은 국내와 국제시장의 순환을 촉진하는 것으로서, 국내 경제와 국제경제를 연결하는 교량bridge인 무역과 투자 관련 규칙, 제도와 표준을 국제 룰과 부합시켜 가는 '제도형 개방'을 추진하는 것이다. 이는 외국인 투자와 수입 시장 개방을 수반하게 된다.

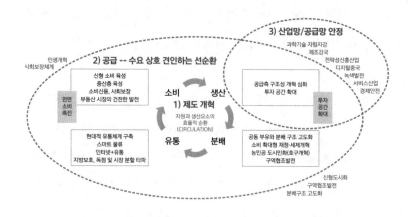

자료: 양평섭 (2022)

　둘째, 내수 중심의 성장전략으로 역 세계화 추세를 극복하려 한
다. 세계화 시대에 중국은 2001년 세계무역기구에 가입하면서 수출
을 통한 고도성장을 달성해 왔다. 그러나 글로벌 금융위기 이후 세
계화 추세가 역행하면서 이러한 성장전략이 한계에 직면했다. 이에
대한 대응으로 중국은 4조 위안을 투입하여 부동산과 제조업에 대
한 투자를 확대하였으며, 이는 결국 국내의 공급과잉과 채무율 상승
으로 이어졌다. 중국이 '공급측 구조성 개혁'이라는 이름 아래 3대
공급과잉(부동산 과잉, 생산설비 과잉, 부채 과잉)을 해결해야 했다. 주지하는
바와 같이 중국은 세계 최대의 명품(사치품), 미용, 해외 관광대국임에
도 이러한 소비는 대부분 해외 소비로 충당하고 있다. 그러나 소득
수준 향상으로 수요구조는 고도화되고 있는 반면, 공급 구조가 이에

따라가지 못하면서 수요가 공급 확대로 이어지는 선순환 구조로 이어지지 못했다. 쌍순환 전략의 두 번째 선순환 구조는 바로 이러한 구조적 모순을 해결하는 데 방점을 두고 있다. 그러나 국내 소비를 확대하는 조치도 쉽지 않은 상황이다. 인구 감소에 따른 국내 저축과 소비력의 약화다. 2022년에 중국은 이미 인구 감소세로 전환되었고, 고령 사회에 진입하면서 사회보장제도가 미흡한 상황에서 고령층의 빈곤층화 우려도 커지면서 소비심리는 위축되고 있다. 중국 가계의 자산은 부동산이 60%, 금융자산과 기타 자산이 20%를 차지하고 있어 부동산 버블과 중국 정부의 부동산 규제정책이 소비자의 소비 능력과 심리 위축으로 이어지고 있다. 중국은 중산층 육성을 통해 노동자의 임금 소득을 증대하여 소비력을 제고시키려 하는데, 이것이 공동부유 정책을 추진하는 요인의 하나다. 가계의 과도한 신용 문제도 소비를 위축시키는 중요한 요소의 하나로 작용하고 있다. 지난 10년간 중국 가계의 부채가 GDP에서 차지하는 비중은 2022년 6월에는 61.6%로 상승했으며, 가처분소득 대비 주택담보 대출 잔액 비율은 30%에서 70%로 높아졌다. 국내 소비를 확대하기 위해서는 국내 상품과 서비스 공급구조를 고도화하는 동시에 사회보장제도 개선, 가계 부채 부담 경감 등이 선행되어야 한다.

셋째, 쌍순환 전략은 미·중 기술 패권 경쟁으로 위협받고 있는 산업망과 공급망 안보를 확보하기 위한 전략을 핵심으로 하고 있다. 미·중 기술 패권 경쟁에 있어 미국은 원천기술을 무기로, 중국은 세계 최대의 수요 시장을 무기로 경쟁하고 있다. 기술적으로 미국에 뒤처진 중국으로서는 독자적인 기술개발을 통해 산업망과 공급망을 안정시키는 것이 절체절명의 과제다. 쌍순환 전략에서 중국은 풍부한 내수시장과 경제력을 기반으로 핵심 선도 기술을 자립 자강한다는 과학기술 강국 전략을 선택했다. 특히 미중 기술 패권에 대한 대응으로 차세대 AI, 양자 정보, 반도체, 뇌과학, 유전자 및 바이오 기술, 임상의학 및 건강, 우주·심해·극지 개발 등 과학기술 강국 실현에 필수불가결한 7대 기술을 자립화하려 한다. 시진핑 3기의 지도부에 과학자Technocrats를 대거 발탁함으로써 과학기술 육성 의지를 보여주었다. 제조 강국 전략으로 부품과 소재 분야의 국산화를 추진하려 한다. 제조 강국을 실현하기 위해 첨단 신소재, 첨단장비, 스마트 제조 및 로봇, 항공 엔진 및 터빈, 베이더우北斗의 산업화 응용, 신에너지 자동차 및 커넥티드카, 신약 및 의료 장비, 농업기계 등 8대 전략성 신흥산업을 선택했다. 첨단산업에서 국제경쟁력을 갖춘 중소 및 중견기업을 육성하는 전략인 '전정특신專精特新'을 통해 첨단산업의 부품, 소재, 장비의 국산화를 추진하려 한다. 이러한 중국의 전략은 미중 기술 패권 경쟁 속에서 필연적 선택이라고 할 수 있으며, 중국의 기술 자립이 이루어질 때까지 지속될 것이다.

그러나 이러한 중국의 전략이 개방으로 이어지지 못하고 공급망 안전보장 차원에서 국내 대순환 전략이 국내 공급망의 자급화 전략인 홍색공급망red supply chain 강화로 이어질 가능성이 있다. 이는 곧 중국경제가 세계경제 및 공급망으로부터 분리되는 것을 의미한다. 그러나 중국은 폐쇄적 국내 순환이 아닌 개방적인 쌍순환을 강조하고 있다. 글로벌 공급망으로 부터의 고립화를 탈피하기 위해 '국제협력 이니셔티브(항저우 이니셔티브)'를 제기하여 우호 국가와의 공급망 협력을 강화하려 한다. 쌍순환 전략의 한 축인 제도형 개방의 일환으로 외국인 투자 환경을 개선하고 수입시장을 개방함으로써 해외와의 연결성을 강화하려 한다.

3. 공동부유 전략의 순기능과 역기능

사회주의에 기반을 둔 중국으로서는 체제의 안정을 위해 상대적 불균형 문제를 반드시 해결해야 한다. 공동부유는 이러한 불균형을 해소하는 동시에 중산층 육성을 통해 내수 경제를 활성화하는 순기능을 가지고 있다. 공동부유 전략이 강화되는 과정에서 재분배와 3차 분배가 강조되면서 자본가의 투자와 기업가 정신을 위축시킬 우려가 공존한다.

첫째, 공동부유는 사회주의 국가인 중국이 추구해야 하는 '본질적 요구'로서 21세기 중반까지 완성하고자 하는 장기 목표다. 1922년 중국 공산당 제12차 전당대회에서 채택된 공산당 강령에서 '농민이 토지를 이용하는 것은 공동부유의 전제'라고 밝힘으로써 공동부유 추구 결심을 밝혔다. 1953년 12월 마오쩌둥은 '농촌 합작사를 통한 전체 농민의 공동부유 실현'이라는 공동부유共同富裕 개념을 제기했다. 1984년 3월 덩샤오핑은 '향진기업은 농민의 공동부유 실현의 중요한 루트'로 규정했고, 1990년 12월에는 '사회주의 우월성은 공동부유共同富裕이며, 이것은 사회주의의 본질이다'라는 공동치부共同致富를 제기했다. 후진타오 총서기는 공동부유를 중국 특색 사회주의의 근본 원칙이라고 정의했다. 시진핑 시기에 들어서면서 절대빈곤의 타파와 전면적 '샤오캉'사회 실현 선언(2021년)에 이어 공동부유 실현을 중요한 전략 목표로 다시 제시했다. 2017년 10월에 개최된 제19차 당대회 보고에서 시진핑 주석은 △2025년까지 공동부유를 향한 견실한 발걸음 매진 △2035년에는 전체 인민 공동부유의 실질적 진전 △21세기 중엽에는 전체 인민의 공동부유 실현이라는 3단계 공동부유 실현 목표를 제시했다.

둘째, 공동부유는 획일적 평균주의가 아니라, 소득의 양극화 방지에 중점을 두고 있다. 시진핑 주석은 2021년 8월 "공동부유는 사회주의의 기본적 요구이며 중국식 현대화의 중요한 특징으로서 전체 인민의 물질과 정신세계의 공동부유를 실현하는 것이다. 소수의 부유도 획일적 평균주의도 아니며, 소득의 양극화를 방지하는 것이다."라는 입장을 밝힌 바 있다. 중국의 소득 불평등 문제가 시진핑 체제 불안정성을 증폭시킬 수 있다는 점에서 중국 사회주의의 핵심 구성요소인 노동자와 농민의 소득을 증대시키고, 중산층을 육성함으로써 '올리브형' 사회구조를 형성하는 것은 절체절명의 과제인 것이다. 이러한 면에서 공동부유는 14억의 중국 인민이 보다 행복하고 건강한 삶을 향유하는 것이며, 분배를 위한 파이를 키우는 것으로부터 시작되어야 한다고 강조하고 있다. 시진핑 주석은 "공동부유는 먼저 전체 인민이 공동의 노력을 통해 '파이蛋糕'를 더욱 더 키우고做大做好, 그 후에 합리적인 제도를 통해 성장과 분배 관계를 잘 처리하여 '파이'를 잘 자르고 잘 분배切好分好 하는 것이다."라고 강조했다. 따라서 공동부유의 첫 번째 단계는 소득의 증대, 중산층 확대를 통한 올리브형의 사회구조를 구축하는 것으로부터 시작된다.

공동부유의 두 번째 과제는 키운 파이를 잘 나누는 분배제도를 개혁하는 것이다. 시진핑 시대 중국의 분배제도는 주민 수입 증대, 중산층의 확대라는 1차 분배, 재분배 및 3차 분배 메커니즘의 조화를 달성하는 것이다. 먼저, 1차 분배는 노동에 대한 분배를 확대하여 중산층을 적극적으로 육성하는 것을 목표로 하고 있다. 특히 충산층 육성은 공동부유 달성의 중요한 과제인 동시에 소비 활성화, 사회의 응집력 제고의 중요한 루트이기 때문이다. 현재 중국의 중산층 규모는 대체로 4억 명에 달하는 것으로 추정된다. 다음으로 재분배 기능을 대폭 강화하여 양극화 문제를 해소해 가려 한다. 중국 제20차 공산당 당대회 보고에서 시진핑 주석은 공동부유는 중국식 현대화의 특징인 동시에 기본적 요구이며, 분배제도는 공동부유 실현을 위한 기초 제도이며, 재산축적 과정의 규범화가 필요하다고 강조했다. 공동부유 실현을 위한 세제의 개혁, 사회보장제도 개혁, 정부이전제도의 개혁이 가속화될 것임을 시사한다. 마지막으로 보완적인 수단으로 3차 분배제도를 구축하는 것이다. 3차 분배는 강제적 수단이라기보다는 가진 계층의 자율적 자선 참여를 전제로 한다.

셋째, 그러나 공동부유가 시진핑 시대의 통치이념이나 장기 집권의 필요 요소로 이용될 위험성을 내포하고 있다. 시진핑은 "공동부유 달성이 경제 문제 해결뿐만 아니라 정치적으로 중요하다."고 언급하여 공동부유가 장기 집권의 정당성을 강화하는 핵심 정책으로 자리 잡고 있음을 시사했다. 공동부유를 명분으로 정치가 경제에 과도하게 개입할 경우에는 민간의 자율적·창의성이 위축으로 이어질 가능성이 있다. 특히 공동부유 전략이 탈세와 불법 소득 방지라는 이름 아래 기업가와 고소득자에 대한 통제로 이어질 가능성이 있다. 이러한 이유에서 시진핑 체제에서 사회적 불균형의 완화를 목적으로 고임금 산업인 부동산, 빅테크 및 플랫폼, 사교육 기업에 대한 규제로 이어졌다고 보기도 한다. 더 나아가 중국 민영기업에 대한 통제를 강화하기 위한 이념으로 공동부유가 활용될 경우 중국 경제와 기업 성장의 중요한 동력이었던 '파괴적 혁신'은 더욱 지연될 것이다. 공동부유가 시진핑 시대 중국경제의 유력한 성장 동력인 기업가 정신과 혁신을 제약하는 경우 성장은 둔화되어 공동빈곤화로 이어질 수도 있다. 공동부유 전략 추진에 따른 기업의 사회적 책임이 강조되면서 기업의 부담을 가중시킬 수도 있다. 중국의 자선사업 규모는 GDP의 0.15%(2020년 기준)로 미국의 2.3%(2021년 기준)에 비해 매우 저조한 수준이다. 공동부유 추진을 위한 3차 배분의 중요성이 강조되면서 기업의 자선과 기부가 급격히 증가한 바 있다.

4. 고립화 탈피의 대외 통상전략의 이중성: 강압성과 개방성

시진핑 주석은 20차 당대회 보고에서 "중국은 세계와 떨어져 발전할 수 없고, 세계의 발전에도 중국이 필요하다. 우리는 계속해서 개혁과 개방을 통해서 고품질 발전을 달성해 갈 것이다"라고 강조했다. 시진핑 시대 대외통상전략의 방향성을 엿볼 수 있는 대목이다. 하나는 세계경제의 중국에 대한 의존성을 이용하여 반反중국 대열에 가담하는 것을 방지하는 것이며, 다른 하나는 외국과 단절될 경우 자신의 고도화 발전도 불가능하다는 인식이다. 이러한 인식에서 중국의 대외 통상전략의 중심이 과거의 '개방을 통한 성장과 국내의 개혁 촉진'에서 시진핑 시대에 접어들면서 '대외 개방에 따른 경제 안보economic security와 국제적 영향력 확대'로 전환되었다.

첫째, 시진핑 시대 중국 통상전략은 국제사회 편입을 넘어서 국제경제에 대한 영향력 확대로 전환되고 있다. 중국의 영향력 확대는 이미 상당한 수준에 이른 중국에 대한 의존도를 더욱 확고히 함으로써 반중국 대열에 서는 것을 방지하는 것이다. 과거 시진핑 집권 10여 년간 세계경제 속에서 중국의 위상도 지속적으로 높아졌다. 중국은 2010년 일본을 제치고 세계 2위 경제 대국으로 부상했다. 시진핑 집권이후 중국의 GDP가 세계경제에서 차지하는 비중은 2012년 11.3%에서 2021년에는 18.5%로 높아졌고, 세계 수출에서 차지하는 비중은 11.0%에서 15.0%로 높아졌다. 중국은 세계 절반 이상의 국가들의 최대 무역대상국으로 부상했다.

미중 마찰 시대의 중요한 과제의 하나는 중국의 우군을 확보하는 것이다. 중국은 일대일로BRI: Belt and Road Initiative, 상하이 협력조직SCO: Shanghai Cooperation Organization, 개도국을 대상으로 하는 운명공동체 추진, 중국에 대한 의존도가 높은 국가들과의 공급망 협력을 강화하기 위한 '국제 협력 이니셔티브(항저우 이니셔티브) 등을 통해 중국의 경제적 영향력을 기반으로 우호 세력을 형성하려 한다. 그러나 중국의 우군 확보가 정치·외교적 신뢰에 기반하기보다는 대규모 자금 투입을 통해 이루어지고 있다. 중국은 일대일로의 이름으로 전 세계 165개 국가의 인프라 건설에 8,470억 달러를 투입했다. 이러한 중국의 투자를 통한 영향력 확대 전략이 '부채 함정 외교dept trap diplomacy'와 중국식 신식민주의Neo-colonialism로 비판받고 있다. 이외에도 경제성이 취약한 투자로 인해 사업에 참여한 중국 금융기관의 회수 부담이 크다는 점이다. 이에 중국도 기존의 인프라 중심의 진출

전략을 디지털 경제 연계성 전략으로 전환하면서 중국이 전 세계의 통신과 인터넷 지배를 추구하려는 전략으로 인지되면서 서방국가는 물론 일부 대상국의 견제에 직면하고 있다. 중국의 우방을 확보하고자 하는 전략이 국내외의 장애로 특별한 대안 전략을 구사할 수 없는 진퇴양난의 상황에 직면했다.

둘째, 중국 고립화에 대한 대응으로써 지역 경제협력체 가입과 일대일로 전략, 중국에 대한 우호 국가와의 협력 확대를 통해 글로벌 거버넌스 제정 과정에서 발언권을 강화하려 하고 있다. 위안화 국제화 추진, 아시아 인프라 투자은행AIIB 설립, 위안화의 국제금융기구IMF의 특별인출권SDR 편입으로 국제금융시장에서 중국의 영향력이 높아졌다. 일대일로 전략 추진과 역내포괄적경제동반자협정RCEP을 발효시킴으로써 아태지역에서 중국의 영향력이 크게 확대되었다. 2021년 9월에는 포괄적·점진적 환태평양동반자협정CPTPP과 디지털경제동반자협정DEPA 가입을 신청했다. 중국이 CPTPP에 가입하거나, DEPA 협정에 참여하기 위해서는 내국민대우와 시장진입, 투자, 국유기업과 독점 지정, 지식재산권, 전자상거래(데이터의 자유로운 이동 등), 노동(결사 자유 및 단체 협상 조항 등) 등 매우 난해한 과제에 대한 개혁과 개방이 수반되어야 한다. 이러한 부담에도 불구하고 중국이 가입을 추진하는 것은 지역경제통합과 디지털 경제협의체에서 중국이 배제되는 것을 피해야 하는 절박감의 표현이라고 할 수 있다.

셋째, 경제안보와 국가안보를 중시하는 대외 개방전략을 강화해 갈 것이다. 미국이 글로벌 공급망으로부터 중국을 격리시키려는 탈중국화 공격을 본격화하면서 중국은 '대외 개방의 안전보장 체계 구축'을 핵심으로 하는 통상전략을 추구하고 있다. 즉, 중국에 대한 압박에 대해 적극적으로 대응하여 경제 안보와 통상을 연계하고 있다. 대외 개방의 안전보장 체계 구축의 과제로서 무역마찰에의 대응, 외국인 투자 안전 심사 및 반독점 심사 강화, 국가 기술 안전 리스트 제정, 신뢰할 수 없는 실체 리스트(중국판 entity list) 도입 등을 제시하고 있다. 다른 한편으로는 중국에 대한 차별적 조치에 대한 보복적 조치를 대폭 강화하고 있다. 이러한 과정에서 시진핑 2기의 대외 통상정책은 다소 강경한 기조를 유지해왔고, 앞으로도 이러한 전략 기조에서 탈중국 움직임에 가담하는 국가에 대해 강압 전략을 지속할 가능성이 크다.

5. '사회주의 시장경제 체제'의 이중성: 개혁과 국진민퇴 가능성

중국은 '중국식 현대화'의 경제체제로서 '사회주의 시장경제 체제'를 완성한다는 방침을 재확인했다. 사회주의 시장경제 체제가 시장화와 민영화를 두 축으로 하는 개혁의 가속화와 시장-국가-당의 삼위일체의 중국식 국가자본주의의 강화라는 양면성을 내포하고 있다.

　첫째, 1992년 10월에 개최된 중국 공산당 제14차 전당대회 보고에서 경제체제 개혁의 목표로 '사회주의 시장경제 체제socialist market economy system' 구축이 제시된 지 30년이 지났다. 30년의 개혁 과정을 거쳐 △'공유제를 주체主体로 하고 다종 소유제 경제가 공동 발전'하는 소유제 △노동에 따른 분배를 주체로 하고 다종 분배방식이 병존하는 분배제도 △'사회주의 시장경제 체제'의 세 가지 요소로 구성된 '중국 특색 사회주의 기본경제 제도'가 구축되었다. 중국의 '사회주의 시장경제 체제'는 사회주의의 근간인 공유제public ownership를 소유제의 기반으로 하고 있으며, 시장이 요소 배분에 있어 '결정적인decisive' 역할을 한다는 점에서 시장경제를 포함하고 있다. '사회주의 시장경제'는 중국이 채택하고 있는 경제체제인 동시에 경제발전 모델이다. 이 시스템은 사회주의의 근간인 공유제와 국유기업이 지배적 위치를 차지하고 있는 시장경제라고 할 수 있다. 즉, 공유제 경제를 근간으로 하고 있다는 점에서 사회주의를 기반으로 하고 시장경제를 혼합한 새로운 혼합 경제체제의 실험이라고도 할 수 있다. 중국의 '사회주의 시장경제 체제'는 과거 30여 년간 생산요소 배분의 시장화와 혼합소유제를 핵심으로 하는 공유제 경제와 비공유제 경제의 공동 발전을 추구해 왔다. 시진핑 시대 역시 사회주의의 기본경제 제도를 유지하는 가운데 점진적인 시장화와 민영화를 추진하는 방향으로 진행될 가능성이 있다. 소유 구조의 변화에 있어서는 '혼합소유제'를 핵심으로 하는 공유제 경제와 비공유제 경제가 상호 출자를 통해 혼합되는 동시에 공동 발전하는 모델을 구축해 가는 것이다. 시장화 측면에서는 생산요소 배분의 시장화에 기초를 두고 시장의 역할이 더욱 강화되는 방향으로 개혁이 이루어질 것으로 보인다.

둘째, 시진핑 시대에는 경제에 대한 당의 간여가 강화되는 시장-정부-당의 삼위일체 통제 체제가 구축될 것이다. 국가 자본 당 조직을 통한 시장과 기업에 대한 당-국가의 잠식encroachment이 이루어지고 있다. 중국은 국유자산관리공사와 국가산업 발전기금을 이용하여 국가 자본의 기업에 대한 지배를 강화하고 있다. 현재 중국의 경제체제를 중국식 '국가자본주의state capitalism'로 정의하기도 하는 이유다. 당의 경제에 관한 간여가 지금까지는 기본 전략과 방향을 설정하는 데 중점이 두어졌다면, 정책의 집행과 감독으로까지 확대될 가능성이 크다. 공산당이 경제를 주도하는 체제가 강화될 가능성이 커지고 있다. 공산당의 경제에 대한 지배는 중국 공산당의 경제 어젠다 및 발전 전략 수립과 통제, 공산당 지도부와 정부 책임자의 겸직, 국유기업의 경영층에 대한 통제, 기업 내 당 조직party cell 설치 강제화를 통한 민영기업에 대한 직접적 영향력 증대 등 다양한 형태로 이루어지고 있다. 당 조직을 통한 기업에 대한 통제가 강화되고 있다는 점에서 당-국가 자본주의party state capitalism'로 불린다. 시진핑 시대 들어서면서 중국 공산당과 정부의 경제에 대한 통제가 강화되는 시장-정부-당의 '삼위일체론'에 기반을 둔 경제관리체제가 정립되어 가고 있다.

셋째, 공동부유와 플랫폼 경제 등 민영기업에 대한 통제가 강화되면서 민영기업을 국유기업화하는 역 민영화(국진민퇴) 우려가 커지고 있다. 개혁·개방 초기 개체호(個體戶)로 시작된 중국의 민영기업은 국유기업의 보충적 주체에서 점차 국유기업과 함께 중국경제발전을 주도하는 공동 발전의 주체로 자리 잡았다. 특히 2002년 장쩌민의 '삼개대표 중요사상'이 중국 공산당의 지도사상의 하나로 격상되면서 민영기업이 폭발적으로 성장했다. 삼개대표 중요사상은 중국 공산당은 △선진사회 생산력(사영기업가) △선진문화 발전(지식인) △광대한 인민(노동자와 농민)의 근본 이익을 대표해야 한다는 것이다. 삼개대표 중요사상이 정립된 이후 민영기업이 성장하고 국유기업이 상대적으로 쇠퇴하는 '국퇴민진(国退民进)' 현상이 나타났다. 민영기업 육성은 후진타오 집권 시기에 더욱 강화되었다. 2003년에 국유자산 관리위원회가 설립되면서 정부와 국유기업 관계가 '행정적 예속' 관계에서 '출자인과 기업'의 관계로 전환되고, 국유기업에 대한 혼합소유제 개혁이 가속화되었다. 국가 핵심 산업을 제외한 대부분의 영역에서 민간기업이 급속히 팽창했고, 인터넷과 디지털 경제의 성장으로 이어졌다.

그러나 시진핑 집권 이후 정경유착을 방지하고, 민영기업의 '건강한 발전'을 도모한다는 명분 아래 민영기업 퇴출론이 제기되었다. 2020년 10월에는 에는 반독점 등 불공정 경쟁에 대한 시정, 개인정보의 보호, 국가 비밀정보 보호를 명분으로 빅테크 기업에 대한 규제를 대폭 강화했다. 2022년 4월에는 개최된 공산당 중앙정치국 회의에서는 체제 리스크를 방지하기 위해 부동산 시장, 자본시장, 플랫폼 경제의 건강한 발전을 유도한다는 방침을 밝혔다. 동년 5월에는 시진핑 주석이 자본의 무질서한 '야만 성장野蛮生长'을 방지해야 한다고 언급했다. 이후 중국은 반 독점, 반 폭리, 반 답합, 반 악의적 조작, 반 불공정 경쟁을 방지한다는 명분 아래 부동산과 플랫폼 기업에 대한 통제를 강화했다. 중국 정부는 대부분의 빅테크 기업을 규제 대상으로 설정하여 기술개발 영역을 제한하고, 교육 플랫폼(에듀테크), 가상 세계 플랫폼(메타버스)의 자체 기술개발을 제한하는 조치를 취했다. 야만 성장을 방지한다는 명분 아래 실질적으로는 이들 기업이 보유한 데이터를 통제하기 위한 것이었다.

민영기업 퇴장론에 기반한 플랫폼 기업 규제가 대표적 민영기업의 퇴출과 쇠락으로 이어졌다. 알리바바阿里巴巴 마윈의 갑작스러운 은퇴, 하이항海航의 창업자인 왕젠王健 회장의 사망, 징둥京东그룹의 CEO 류창둥刘强东의 스캔들, 그리고 완다万达, 안방安邦 등 중국의 대표적 민영기업 CEO들과 관련된 스캔들이 계속해서 터졌다. 중국의 대표적인 민영기업의 자산과 매출도 위축되었다. 후룬胡润의 조사에 따르면 2022년 말 현재 중국 500대 민영기업의 자산은 51조 위안으로 전년에 비해 23%가 감소했으며, 매출액도 21조 위안으로 12.5%가 감소했다.

‘국진민퇴国進民退’ 경향은 시진핑 시대의 경제성장의 동력을 위축시킬 가능성이 있다. 중국의 대표적인 개방론자인 우징롄은 “국가의 경제통제를 추구하는 것은 ‘정실 자본주의’로 빠질 수 있으며, 이는 개인 자산이 강제로 국가의 손에 넘어가고, 결국 소련식 계획경제의 실패로 귀결될 것”이라고 지적했다. 시진핑 시대에는 민영기업의 사회적 영향력 확대를 견제하기 위해 중국 공산당과 정부의 기업에 대한 통제가 지속될 것이며, 이러한 규제는 결국 시진핑 시대 중국경제의 성장 동력 약화로 이어질 수 있다. 민영기업은 중국 투자, 고용, 산업 생산, 수출은 물론 기술혁신에서 핵심적 역할을 담당해 왔다. 2012년 이래 민간투자가 전국 유형자산 투자에서 차지하는 비중이 5년 연속 60% 이상을 기록하고 있고, GDP 기여도는 60% 이상, 기술혁신과 신제품 개발 기여도는 70% 이상, 도시 일자리 창출 기여도는 80% 이상, 신규 일자리 창출 기여도는 90% 이상, 중국 수출 증가에 기여한 비중은 100%에 달한다. 특히 민영기업은 의료, 전기차, 반도체, 인터넷, 오락 등 중국의 신성장 산업을 주도하고 있다. 민영기업이 생산성이 낮은 국유기업화 되는 국진민퇴는 중국의 성장력 약화는 물론 고용 불안으로 이어질 것이다. 따라서 시진핑 시대에도 민영기업을 국유기업으로 전환하는 강력한 조치를 취하기는 어렵다. 이러한 면에서 시진핑 시대에도 국유기업과 대등한 입장에서 민영기업의 공동 발전을 추구하는 기본 기조에는 변화가 없을 것으로 보인다.

넷째, 시진핑 시대의 당-국가-시장의 삼위일체의 경제체제가 과거 사회주의 계획경제 체제로의 회귀 선언으로 인식되면서 자본주의 시장경제 국가와 아주 힘든 경제체제 경쟁을 치러야 할 가능성도 커지고 있다. 개혁·개방의 길로 들어섰던 중국이 지난 40여 년간 고도성장을 달성할 수 있었던 것은 세계경제에 편입하는 과정에서 민영화, 시장화, 개방화를 통해 서방 자본주의 국가들과 협력적 관계를 유지할 수 있었기 때문이다. 서방은 중국이 시장화와 민영화를 통해 개방적 경제체제로 전환되어 갈 것이라고 기대하고 있다.(경로 I) 그러나 시진핑 시대에 들어서면서 사회주의 정치 이념이 경제에 깊숙이 침투하면서 사회주의 시장경제 체제가 사회주의 계획경제 체제로 역행하고 있다고 주장한다.(경로 IV) 즉, 현재 중국이 추구하고 있는 공동부유, 민영기업에 대한 통제 강화, 당의 경제에 대한 통제 강화 등을 근거로 중국이 사회주의 계획경제로 역행하고 있다는 비판이다. 무역과 기술 패권 경쟁은 미중 양자 경쟁으로 치러지고 있으나, 경제체제 경쟁으로 확전될 경우 서방 시장경제 국가와 중국의 대결 구도로 전환될 것이다. EU와 일본 등 기타 서방 경제 국가들은 기존 관세전쟁과 기술 패권 전쟁에 대해서는 관망적인 태도를 보여 왔다. 중국의 사회주의 시장경제 체제에 기반한 '비시장적 관행non market practices'과 '시장 왜곡market distortion' 문제를 시정하려는 데 있어서는 서방 국가들이 미국과 뜻을 같이하고 있다. 중국의 체제 개혁과 개방이 역행하는 경우 국유기업과 산업보조금 문제, 디지털 및 데이터 규범 제정, 환경 관련 규범 제정 논의, 노동과 인권 문제 등 중국의 경제체제와 관련된 현안에서 EU, 일본 등 선진 자본주의 국가들이 미국과 뜻을 같이하게 될 것이고, 압박은 더욱 강해질 것이다.

<그림 3> 중국 사회주의 시장경제 체제의 전개 방향

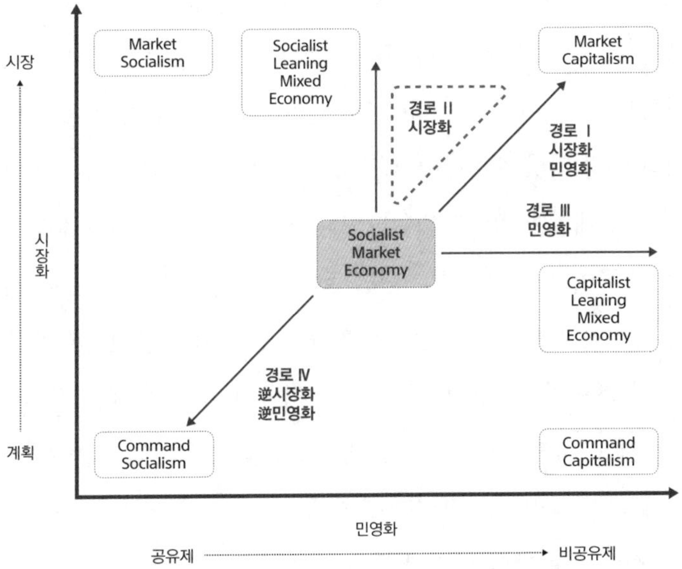

자료: 양평섭 (2022)

6. 시진핑의 강한 리더십과 개혁·개방

시진핑으로의 권력 집중이 중국의 개혁과 개방을 가속화하는 데 도움이 될 수도 있다. 현재 중국이 당면한 다양한 과제에 대한 개혁이 지연되고, 개방이 후퇴할 경우 중국의 성장 잠재력은 더욱 떨어지고, 결국 '중진국 함정middle income trap'과 '경제체제 함정economic system trap'에 빠질 수 있다.

　현재 중국의 개혁과 개방은 '깊은 물 속 구역深水區'을 지나고 있다. 중국이 '사회주의 시장경제 체제'로 가는 과정에서 가장 어렵고도 복잡한 개혁 과제가 남아있음을 의미한다. 이러한 개혁 난제를 해결하는 데 있어서는 강력한 리더십이 필요하다. 지난 40여 년의 개혁과 개방 과정에서 중국 지도자가 강력한 리더십을 가지고 있을 때 개혁과 개방이 가속화되었다. 덩샤오핑은 개혁과 개방을 창시했지만, 중국이 사회주의에 기반을 둔 제도로부터 벗어나는 데 필요했던 핵심적 개혁은 강력한 리더십을 가진 장쩌민 총서기와 주룽지 총리 시대에 이루어졌다. 예컨대, 사회주의 계획경제의 산물인 주택분배제도 개혁, 사회보장 시스템 개혁, 평균주의 임금 체제 타파, 정부에 의한 직업과 직장의 배분 등 중국의 경제발전을 가로막았던 '철밥통铁饭锅' 문제를 해결한 것은 장쩌민 시기다. 더욱이 장쩌민은 '삼개대표 중요사상'을 정립하여 중국 민영기업이 폭발적으로 성장할 수 있는 기반을 닦았고, 중국의 세계무역기구 가입을 유도해 냈다. 지난 40여 년간 누적된 중국의 경제사회 구조 모순을 해결하기 위해서는 기득권층의 반발을 뚫을 수 있는 강력한 리더십이 필요하다. 특히 향후 시진핑 3기 5년은 중국이 글로벌 리더로 자리 잡아 가기 위한 준비 기간으로서, 중국의 제도와 시스템을 국제적인 룰과 시스템에 근접시키려는 개혁이 필요한 시기가 될 것이다. 이러한 개혁은 강력한 리더십을 갖춘 지도자를 필요로 한다는 점에서 시진핑 시대에 중국의 개혁이 빨라질 수도 있다.

또한 중국은 '개방을 통한 개혁 촉진以開放促改革'이라는 대외 개방의 대원칙을 유지해왔고, 이러한 원칙에서 앞으로는 제도형 개방을 강화해 갈 것임을 밝히고 있다. 제20차 당대회 보고에서 시진핑 주석은 '높은 수준의 제도형 대외 개방은 신발전구도의 조력助力'이라는 점을 강조하고, 규범, 규칙, 규제, 표준 등의 4가지 영역에서 제도형 개방을 제시했다. 제도형 개방은 국제규범에 부합하도록 하는 국내 규범과 규칙의 개혁을 필요로 한다. 중국이 추구하고 있는 쌍순환의 신발전 구도는 국내 경제와 국제 경제의 연결성이 전제되어야 한다. 즉, 쌍순환 전략 아래서 중국의 통상전략은 국내와 국제 순환이 상호 촉진하는 선순환 구조를 만들어가는 데 필요한 국내의 시스템 개혁이 추진되어야 한다. 따라서 쌍순환 전략은 폐쇄경제로의 회귀가 아니라 중국의 대외개방을 가속화하는 촉매 역할을 할 가능성도 있다.

3장
시진핑 시대의 새로운 한·중 경제 관계 정립

한·중 경제협력 환경이 근본적으로 변화하고 있다. 경제 안보 논리가 국제경제 질서를 재편하고 있다. 미·중 경쟁은 관세전쟁에서 시작하여 기술 패권 경쟁을 넘어 경제체제 경쟁으로 확산되고 있다. 중국경제가 중속 성장 시대로 진입하고 자립자강을 강조하는 경제발전 전략을 강화하고 있다. 이러한 와중에 한중 경제협력의 기반이었던 상호 보완적 협력관계가 뿌리째 흔들리면서 중국에 진출해 있는 우리 기업들이 구조조정 압박을 받고 있다.

1. 시진핑 시대의 급변하는 한·중 협력 환경

중국의 성장률 둔화, 당-국가-시장의 삼위일체의 경제 관리 체제, 경제 안보와 자립 자강을 강화하고 있는 시진핑 시대의 경제발전 전략과 미중 간 전략 경쟁의 장기화 등 한중 경제협력을 위협하는 요소가 증대되고 있다.

첫째, 중국경제가 고속 성장 시대에서 중속 성장 시대로 진입하면서 협력관계의 근본적 변화가 나타나고 있다. 고성장 시대에는 중국경제의 성장 궤도에 올라타기만 하면 우리에게는 기회가 주어졌지만, 중속 성장을 넘어 저속 성장 시대로 전환되면서 중국 시장은 세계에서 가장 치열한 경쟁시장으로 재편되어 가고 있다. 경쟁력이 없는 제품과 기업에게는 중국의 성장에 따른 편익이 더 이상 존재하지 않음을 의미한다. 중국경제의 성장 둔화에도 불구하고 중국 시장의 성장성이 여전하며, 중국을 대체할 시장도 존재하지 않는 상황이다. 저속 성장 시대에도 중국 내에서 조달이 불가능한 핵심 중간재와 소재 수입이 지속되면서 중국 산업 및 수입 수요 구조 변화에 부합한 공급능력을 갖춘 국가에게는 여전히 기회를 제공할 것이다.

둘째, 쌍순환 전략 아래 중국이 추구하고 있는 기술 자립 자강 전략과 자체 공급망을 강화하기 위한 강소기업 육성 전략은 우리의 대중국 중간재 수출에 부정적 요소로 작용하고 있다. 중국의 산업 생산에서 수입 중간재가 투입되는 비율은 2002년 15.8%에서 2017년에는 9.5%로 급감했다. 이미 중국의 제조업 생산의 국내 자급률이 높아지면서 그동안 한국의 대중국 수출을 주도해왔던 중간재의 대중국 수출 둔화로 이어지고 있다. 시진핑 시대의 핵심 발전전략의 하나인 쌍순환 전략은 국내 자체 공급망을 강화로 이어질 것이다. 그 중심에 있는 제조 강국 전략과 전략성 신흥산업 육성 전략은 중국의 신흥 성장산업에서 우리의 대중국 중간재 수출을 위축시키는 요인으로 작용할 것이다.

셋째, 중국의 사회주의적 성향의 발전전략이 강화되면서 경제외적 요인에 의해 경제협력이 영향받는 빈도와 강도가 증가할 가능성이 있다. 강화되고 있는 당-국가-시장 경제관리체제는 한중 경제 관계가 시장원리보다는 정치·외교적 관계에 영향을 받게 될 가능성이 커지고 있음을 시사한다. 특히 한국과 중국 간 경제 규모의 비대칭성이 커지면서 중국이 경제적 강압을 강화할 가능성이 있다. 고고도미사일THAAD 사태에서 경험한 바와 같은 중국의 경제적 압박coercion이 언제든지 재현될 수 있다.

넷째, 중국의 공세적 통상전략 기조의 강화다. 미중 갈등을 넘어서 선진국과 중국의 공급망과 경제체제 경쟁으로 확전되면서 중국은 안전과 자립을 중시하는 통상전략을 강화하고 있다. 지금까지 중국의 통상전략이 대외 개방의 확대라는 측면에서 전개되었다면 현재의 통상전략은 경제 안보를 중시하는 자기방어 기제를 강화하는 형태로 전환되고 있다. 중국에 대한 중간재 수입의존도가 지속적으로 높아지고 있는 우리로서는 경제 안보 또는 통상마찰을 이유로 중국이 중간재 공급을 제한할 경우 우리의 공급망이 타격을 받게 될 것이다. 시장과 자원을 무기로 미국의 반중국 전선에 참여하는 국가들에 대한 압박을 강화해 갈 것이다. 반외국 제재법 등을 통해 중국에 적대적이거나 불편부당한 조치를 취하는 국가나 기업을 규제할 수 있는 제도적 장치도 강화했다. 더욱이 중국경제가 중속성장 시대로 진입하면서 중국이 강압적인 통상 압박 수단을 사용할 가능성이 커지고 있다.

다섯째, 경제 안보를 명분으로 하는 미중 간 공급망 분리 가능성이 커지고 있다. 2022년 10월에 발표된 미국의 국가안보 전략 보고서에서는 '국제질서를 재구성하려는 의지와 이를 실현할 수 있는 경제, 외교, 군사, 기술력을 갖춘 유일한 국가는 중국이다'라고 규정하고 미국의 중국에 대한 전략 경쟁은 최소한 10년 이상 지속될 것이라고 밝혔다. 한국은 미국과 중국의 기술과 공급망 경쟁의 최전선에 위치하고 있다. 미중 마찰이 한중 간에 긴밀한 협력과 분업 구조를 형성하고 있는 산업에서 이루어지고 있기 때문이다. 미중 공급망 경쟁이 반도체에 이어 배터리, 주요 광물자원으로 확전되고 있고, 인공지능AI, 슈퍼컴퓨팅 등 미래 전략 및 핵심기술 영역으로 확대되어 갈 것이다. 미중 전략 경쟁, 기술 패권 경쟁, 공급망 경쟁이 장기화되는 경우 미래 성장산업에서 한중 협력 공간은 크게 위축될 것이다.

2. 한·중 양자 경제 관계의 구조적 전환기 진입

한·중 양자 경제 관계도 대전환기에 진입했다. 한국경제에 대한 중국의 영향력이 커지고 있는 가운데, 중국이 우리의 수출 시장에서 중간재 조달처로 자리 잡으면서 우리 경제 안보에 미치는 영향력이 커지고 있다.

첫째, 한국과 중국은 무역과 투자를 중심으로 밀접한 협력관계를 유지하고 있고, 이로 인해 중국경제 변화가 한국경제에 미치는 영향은 점차 커지고 있다. 2021년을 기준으로 한국의 중간재 수출의 27.9%, 특히 반도체의 경우 60% 이상이 중국으로 향하고 있다. 이는 중국의 산업 생산과 수출 둔화가 한국의 중간재 수출에 직접적인 영향을 미치고 있음을 시사한다. 특히 한국의 대중국 수출의 40%이상이 가공무역을 위한 수출로서 중국의 수출 둔화는 한국의 대중국 중간재 수출 둔화로 이어질 수밖에 없다. 한국의 중간재 수입에서 중국이 차지하는 비중이 지속적인 상승세를 유지하면서 중국이 한국의 중요한 공급원으로 부상하고 있다. 한국의 중간재 수입 중 중국이 차지하는 비중이 2012년 19.7%에서 지속적으로 상승하여 2022년에는 28.3%로 상승했다. 중국의 제로 코로나 정책에 따른 지역 봉쇄와 조업 중단, 자원 수출 규제, 환경규제에 따른 관련 제품생산 규제가 한국의 중간재 조달에 직접적 영향을 미치기도 했다. 한국의 관광객과 한국 관광 수입의 60% 이상(2019년 기준)이 중국의 관광객에 의해 발생하고 있어 코로나 대확산에 따른 '요우커' 감소가 국내 관광 및 연관 산업의 침체로 이어졌다.

둘째, 한국의 수출 시장으로서 중국의 역할이 약화되고 있다. 한국의 수출에서 중국이 차지하는 비중은 2018년 26.8%를 정점으로 하락세로 전환되어 2022년에는 23%까지 하락했다. 이러한 변화는 중국이 전 세계 시장으로서 역할이 약화되어서라기보다는 중국에서 우리의 경쟁력이 약화된 데 기인한 것이다. 그 증거로 중국 수입 시장에서 한국의 점유율은 2015년 10.4%에서 2022년에는 7.4%로 급락했다. 한국의 중간재 수출 시장으로서 중국이 차지하는 비중도 2009년 30.9%를 정점으로 하락세가 지속되어 2022년에는 25.8%로 낮아졌다. 이러한 결과는 신흥 제조업에서 중국의 중간재의 자급자족이 이루어지고 있는 가운데 한국의 공급력이 약화되고, 전통 제조업의 중간재에서는 중국의 수입처가 동남아 등 신흥국으로 이전되고 있기 때문이다.

셋째, 중국이 한국의 최대 무역수지 흑자 대상 국가에서 적자 대상 국가로 전환되어 가고 있다. 한국의 중국에 대한 무역수지 흑자 규모는 2013년 628억 달러에서 2022년에는 12억 달러로 급감했다. 특히 반도체(HS 8542)를 제외하면 2021년에 이미 한국은 중국에 대해 무역수지 적자를 시현했고, 2022년에는 220억 달러의 적자로 확대되었다. 반도체 이외에 새로운 소재와 부품 산업에서 중국의 자체 공급력이 확대되고 있는 가운데, 중국에 진출한 한국기업의 매출 부진으로 buy back이 늘어나면서 투자에 의한 무역수지 적자가 확대되고 있다.

넷째, 중국이 우리의 공급망에 미치는 영향력도 커지고 있다. 2021년을 기준으로 우리의 수입품목(HS 10단위 기준 12,586개 품목) 중에서 중국 의존도가 90% 이상에 달하는 품목은 1,275개, 80% 이상인 품목은 1,850개에 달한다. 주요 반도체와 배터리의 원료인 마그네슘, 흑연, 규소 실리콘의 대중국 의존도는 각각 94.3%, 87.5%, 56.7%에 달한다. 범용 부품을 넘어서 첨단 제품 제조에 필요한 소재에서도 높은 중국 의존도를 유지하고 있다.

다섯째, 한국기업의 생산기지와 시장으로서 중국의 위상이 약화되면서 중국에 진출한 우리 기업의 대대적인 구조조정이 이루어지고 있다. 한국의 해외투자(누계액 기준)에서 중국이 차지하는 비중은 2006년 말 현재 20.0%에서 점차 하락하여 2022년 6월 말에는 10.2%로 하락했다. 특히 제조업의 해외투자에서 중국이 차지하는 비중도 2007년 말 현재 40.0%에서 2022년 6월 말에는 33.7%로 하락했다. 제조업의 해외 생산기지로서 중국의 기능이 베트남 등 동남아 국가로 전환되고 있다. 더욱이 중국에 진출한 우리 기업들의 현지 경영 상황이 2012년 이후 급격히 악화되면서 중국에 진출한 우리 기업의 구조조정으로 이어지고 있다. 이러한 결과는 중국에 진출한 우리 기업들이 전통 제조업에서는 중국 로컬기업에 비해, 신흥 성장산업에서는 일본, 독일, 미국 등의 다국적 기업에 비해 경쟁력이 크게 약화되었기 때문이다.

3. 새로운 한중 경제 관계 정립 방향 : 편승 전략에서 재균형 전략으로

한·중 수교 이후 30년간 우리가 경험한 한중 경제 관계는 더 이상 기대하기 어려운 시대에 진입했다. 한중 경제협력에서 과거의 '중국 편승 전략'이 더 이상 유효하지 않다. 중국의 성장을 활용하던 시대는 지났지만 시장으로서 중국의 역할이 소멸되는 것도 아니다. 한중 경제 관계의 비대칭성이 커지고 있는 가운데, 한중 경제 관계가 미중 전략 경쟁의 소용돌이 속으로 빠져들고 있다. 이러한 상황에서는 한중 경제협력의 '재균형 전략'이 필요하다. 협력과 경쟁Co-competition이라는 기본에서 출발하여 경제 안보와 한중 경제협력 안정화라는 두 가지 정책 목표 달성을 최적화하는 한중 경제 관계의 '파레토 최적Pareto optimum'을 찾아내야 한다.

첫째, 중속 성장 시대로 진입하는 중국과의 협력 전략을 정립해야 한다. 중국경제가 고속 성장하던 시대에 우리는 우리의 기존 제품과 기술을 가지고 성장하는 중국 시장에 올라탔다. 그러나 중국의 산업과 시장 구조 변화에 맞추어 준비하는 노력은 부족했다. 그 일례로 중국의 수입 상품 구조와 한국의 수출 구조 간 상관계수는 2015년 0.63에서 2019년에는 0.43으로 떨어졌다. 이러한 결과는 한국의 수출 산업 구조가 중국의 수입 수요 구조 변화를 따라가지 못하고 있음을 의미한다. 중국 수입시장에서 우리가 잃어가고 있는 중간재 시장을 아세안 국가와 타이완이 채워가고 있으며, 반도체 장비 및 전기자동차 부품 등 성장 수요 산업에서는 일본과 독일 등 선진국이 차지해 가고 있는 것이다.

중국에 진출한 우리 기업들의 부진은 경쟁력이 약해지면서 저성장 시대에 진입한 중국 시장에서 어려움을 겪고 있는 것이다. 재중 한국기업의 영업이익률은 2013년 7.3%에서 2020년에는 2.7%로 하락했고, 투자 단위당 매출액 배율도 같은 기간 동안 4.90배에서 2.25배로 급락했다. 한국계 브랜드 승용차의 중국 내수시장 점유율은 2014년 9.0%에서 2022년에는 1.6%로 급락하면서 중국 내 사업 구조조정으로 이어지고 있다. 중속 성장 시대로 전환되면서 전통 제조업 분야에서는 치열한 경쟁에 직면하면서 가격경쟁력을 갖춘 중국제품에 시장을 내줄 수밖에 없다. 신성장 산업의 소재와 부품, 설비 분야에서 중국의 수요는 꾸준히 증가하고 있으나, 국내 공급 능력이 아직 취약하다. 더욱이 미중 기술 패권 경쟁으로 중국의 자급화도 지연될 것이다. 중국의 수입 수요는 지속될 것으로 예상되는 첨단 부품과 소재 분야에서 우리의 기술력과 공급능력을 강화하는 기회로 삼아야 한다.

둘째, 우리 산업의 공급망에 대한 중국의 영향력을 관리하기 위한 노력을 강화해야 한다. 중국이 전략 자원을 무기로 미중 마찰에 대응하거나 수출을 통제하는 경우 한국의 중간재와 자원 조달이 심각한 영향을 받게 될 것이다. 우리는 요소수 사태를 경험한 바 있다. 중국의 자원과 희토류에 대한 수출 통제, 탈탄소화 목표 실현을 수출 통제(철강, 비료, 화학 원료, 플라스틱 제품 등)가 한국의 중간재 공급망에 큰 충격을 가하게 될 것이다. 이러한 제품에 대한 수입선 다변화를 통해 국내의 공급망을 안정시키려는 노력과 동시에 중국과는 공급망 안정 문제를 논의하기 위한 협력 채널을 서둘러 구축해야 하는 이유다. 미국과의 경제 안보와 공급망 협력을 강화함으로써 중국의 압박에 대비하는 동시에 중국과의 협력도 지속되어야 한다.

셋째, 중국에 대한 우리 경제(특히 수출) 의존도를 관리하는 노력은 필요하지만, 탈중국이나 중국과의 손절이 되지 않도록 해야 한다. 미중 간의 첨예한 공급망 경쟁에도 불구하고 중국은 여전히 우리에게 중요한 시장이다. 비록 성장 잠재력은 떨어지고 있지만, 성장성의 측면에서 중국을 대체할 수 있는 시장도 찾아볼 수 없다. 한중 양국의 경제협력 관계도 이미 무역 규모 3,000억 달러, 양자 간 상호 직간접 투자 2,600억 달러, 상호 인적교류 1,000만 명으로 전 세계의 양자 경제 관계에 유례가 없는 밀접한 관계다. 실제로 더욱이 글로벌 다국적 기업들은 '탈중국Exit China'이 아닌 '중국 러쉬China Rush'를 지속하고 있다. 미중 마찰이 지속되는 가운데 코로나로 중국경제가 가장 어려운 시기를 지나가던 2022년 중국이 유입한 외국인 투자자 액은 1,891억 달러로 사상 최대치를 기록했으며, 테슬라, BMW, 토요타 등 다국적 자동차 기업들은 중국에 대한 투자를 확대하고 있다. 특히 우리나라의 수출 시장 다변화는 투자와 수출 품목의 다각화 없이 불가능하다. 우리 기업이 1달러를 해외에 투자할 경우 1.06달러(미국 1.50달러, EU 1.36달러, ASEAN 1.24 달러, 중국 0.70달러)의 해외 수출을 유발한다. 우리 제조업의 해외투자로 이루어지는 수출은 연간 약 2,100억 달러로 전체 수출의 1/3에 해당한다. 때문에 우리의 수출 시장 다변화는 해외 투자 다변화로부터 시작되어야 한다.

넷째, 중추 중견 국가로서 상호 존중의 당당한 대중국 통상외교 관계를 구축해야 한다. 중국경제에서 한국의 위상이 낮아지고는 있지만 여전히 중요한 협력 파트너다. 한국은 중국 수출의 4.6%를 차지하는 미국, 일본에 이은 중요한 수출 시장이다. 중국은 중요한 중간재 및 부품의 공급기지다. 중국 반도체의 20%를 한국에서 조달하고 있다. 한국은 중국의 4대 외국인 투자 대상국이며, 한국의 주력 반도체 기업이 모두 중국에 진출해 있다. 중국과는 양자 FTA를 체결하고 있으며, 양국 모두 RCEP의 회원국이다. 이러한 한국의 위상에도 불구하고 양국의 경제 규모의 비대칭성으로 인해 중국과의 통상관계에서 수세적 입장이었던 것은 부인할 수 없다. 중국이 시장을 무기로 불편부당한 경제적 강압을 사용하는 경우 동등한 대응 조치를 강구할 필요가 있다.

또한 중국의 시장화와 개방을 유도하는 과정에서 선진 경제권과 공동보조를 취할 필요가 있다. 중국의 당-국가-시장의 삼위일체의 경제 관리 시스템에 따른 비시장적 요소, 중국의 국유기업의 개혁과 보조금 문제, 중국의 표준과 글로벌 표준과의 불일치 문제, 국내 시장 보호적인 디지털 규범 등 시장 왜곡 관행에 대해서는 서방 국가와 공동 보조를 취할 필요가 있다.

다섯째, 미중 기술, 공급망 및 경제체제 경쟁 속에서 균형적인 새로운 한중관계를 모색해야 한다. 미중 경쟁이 장기화되면서 미국과 중국 전략에 있어 '안보는 미국, 경제는 중국安美經中'은 사라지고 '안보는 미국, 경제는 세계安美經世' 전략이 제기되고 있다. 이러한 기조에서 미국과는 글로벌 포괄적 전략 동맹을 추구하고, 중국과는 경제적으로 거리두기를 하려는 경향이 있다. 미중 간의 전략 경쟁과 경제체제 경쟁 과정에서 한국이 과도하게 미국쪽으로 기울어진 전략을 구사하는 경우 한국의 국가이익과 기업에 대한 피해로 이어질 소지가 크다. 이러한 피해 사례는 반도체와 배터리의 사례에서 드러나고 있다. 미중 전략 경쟁이 한·중 간에는 무역과 투자를 통해 형성된 긴밀한 협력과 분업 관계를 근본적으로 뒤흔들고 있기 때문이다. 한쪽에 경사된 전략에 따른 피해와 리스크도 고려해야 한다. 미국과의 관계 강화에 걸맞는 중국과의 협력 프레임워크를 조속히 구축해야 하는 이유이다. 또한 미중 갈등 관계의 장기화·고착화를 염두에 둔 전략을 구사하는 것은 재고해 볼 필요가 있다. 중국이 보다 전향적인 입장에서 미중 마찰을 해결하기 위한 행동을 취할 가능성도 고려하여 미중 관계 개선에 대비한 출구 전략도 수립해야 한다. 미중 갈등 구조 속에서 한미와 한중관계 모두 피해가 발생하지 않는 파레토 최적을 찾아내려는 노력이 절실히 필요한 때다.

양평섭(대외경제정책연구원 선임연구위원)

제4편

시진핑 신시대와 한중관계

1장
중국의 세계전략과 한반도 문제

1. 중국의 세계 인식 변화의 지향점

미중 전략 경쟁의 시원은 2001년의 9·11테러 사태라는 시대적 사건에서 비롯됐다. 이 사건은 미국의 세계전략에 지각변동을 불러일으키는 결과를 가져다줬기 때문이다. 그 후과로 미국은 아프가니스탄과 이라크 등 두 개의 전쟁을 치르며 지역차원에서도 영향력과 리더십을 발휘할 여력을 상실했다. 이 같은 사실은 미국이 2004년에 발표한 '해외주둔군 재배치 보고서Global Posture Review'에서 볼 수 있었다.[262]

중국의 부상

동아시아에게 이라크전쟁 기간(2003-10)은 미국의 권력 공백기였다. 2010년에서야 미국이 발표한 '아시아로의 회귀Pivot to Asia' 정책은 이의 방증이었다. 이 정책은 미국이 중국의 급속한 부상으로 역내 권력 구조의 변화 조짐을 뒤늦게 깨달은 대응책이었다.

동 기간 동안 중국은 미국의 견제 없이 부상할 수 있었다. 때맞춰 중국 공산당은 2002년 16차 전국공산당 대표대회(이하 '당대회')에서 21세기를 중국의 국력과 위상이 또 한 번 도약할 수 있는 '전략적 기회'로 명명했다. 당시로서 전략적 기회의 방점은 경제발전에 있었던 것이 사실이다. 2001년 세계무역기구WTO의 가입을 시작으로 2008년 베이징 올림픽 준비 사업에도 착수했기 때문이다.

이의 시너지 효과로 중국은 전대미문의 경제성장률을 기록했다. 2002년 10%의 경제성장률을 기록한 후 2007년에는 14.2%로 정점을 찍었다. 이 과정에서 중국은 2004년 세계 최대 수출국이 되었고, 2009년 세계 3위의 경제대국 독일을 제쳤고, 2010년에는 일본을 추월해 세계2대 경제대국의 반열에 올랐다.

축적된 경제력으로 중국은 '전략적 기회'의 시대적 개념을 외교와 국방 영역으로 확대, 적용했다. 그리고 2010년 아세안 외교장관회의에서 그 시작을 공개했다. 양제츠杨洁篪 당시 중국외교부장은 회의 석상에서 '중국은 대국이고 나머지는 소국이다. 이것이 현실이다.'라고 발언하면서 중국의 '전랑외교'의 출발을 알렸다. 2년 뒤인 2012년 11월 중국 공산당 총서기로 선출된 시진핑이 '중국의 꿈中國夢', '인류 운명공동체', '싸워서 반드시 이기는 강군' 개념을 연신 소개했다. 그리고 이듬해인 3월 전국인민대표대회에서 국가

주석으로 선출된 그는 '일대일로' 사업을 개진하기 시작했다.

2012년 시진핑 주석은 부주석의 자격으로 오바마 전 대통령과 캘리포니아 써니랜드에서 비공식 회담을 갖는다. 그 자리에서 시진핑 주석은 태평양이 미중 양국을 모두 담을 수 있을 정도로 크다면서 태평양을 공유하고 싶은 중국의 욕망을 내비쳤다. 이런 중국의 욕망은 오래됐다.[263]

이의 초석 작업으로 중국은 2015년에 남중국해 도서의 요새화의 완공을 선포한다. 이는 시진핑 주석이 오바마 대통령과의 약속을 깬 처사였다. 시 주석은 이런 선언 전에 백악관에서 가진 기자회견장에서 오바마 대통령의 요새화 중단 요청을 수용하는 입장을 밝혔었다. 그러나 귀국 후 상반된 결과를 시 주석이 발표하면서 미국은 낙담을 금할 수 없었다.

중국의 강대국 행보

강대국을 향한 중국의 행보는 계속 이어졌다. 2015년에 중국은 세계 제조업 석권을 목표로 하는 『중국제조 2025』를 발표한다. 2020년에는 『중국표준 2035』를 발표하면서 2035년까지 중국이 세계 기술 기준과 표준을 설정하는 데 앞장설 것이라는 포부도 밝혔다. 이어서 중국은 이 두 목표를 달성한다는 가정 아래 '쌍순환' 전략을 미래 중국경제의 발전 전략으로 소개했다.

이 전략의 핵심은 중국의 내수시장의 성장을 통해 해외시장에 대한 중국의 경제의존도를 감소시켜 나가는 데 있다. 특히 4차 산업

시대의 관점에서 이는 중국에 진출한 해외 과학기술 기업에 대한 통제 강화를 통해 4차 산업을 중국이 주도하면서 해외의존도를 감축하는 전략적 함의를 내포한다.

이를 위해 중국은 우선 2017년부터 법적, 제도적 정지작업을 시작했다. 일련의 정보통신기술 관련 법안을 제정함으로써 빅데이터 구축의 핵심인 중국의 정보가 외국기업을 통해 해외로 반출되고 외국기업이 중국 내에서 점유하는 것을 방지하려 한다. 이의 대표적인 법안으로 2017년의 『국가 정보법』과 2021년의 『데이터 보안법』등이 있다.

더 나아가 『중국표준 2035』의 목적은 중국 기술시장에 외국 기술기업을 겨냥한 진입장벽을 세우는 데 있다. 중국의 표준 기술에 부합하지 않는 외국 과학기술 제품의 중국 시장 진출을 저지하는 제도적 기반의 설립을 의미하기 때문이다. 따라서 2035년 이후부터 외국 기술은 중국의 기준에 부합한다는 의무를 준수해야 중국 시장의 진입이 가능해질 것이다.

이와 더불어 시진핑 주석은 2017년에 사회주의 현대화 강국을 통한 중화민족의 부흥을 실현하려는 결의를 밝혔다.[264] 이는 2035년까지 사회주의 현대화를 이룩한 후, 건국 100주년인 2049년에 사회주의 현대화 강국이 되는 목표를 달성하는 것이다. 중국 공산당의 건국이념과 목표는 아편전쟁(1840) 이후 중화민족이 100년 동안 겪은 수모와 치욕에서 회복하는 것에 있다.

따라서 공산당이 세운 중국은 사회주의 체제를 완성하고 이의 우월성을 세계에 입증했을 때 비로소 건국이념과 목표가 이뤄졌다고 확신한다. 이런 이유에서 시진핑 정권은 민주자본주의 국가와의 관계를 체제경쟁의 관계로 인식한다. 오늘날 미국과 중국의 전략 경쟁 관계가 가치와 이념의 경쟁으로 치달을 수밖에 없는 이유가 여기에 있다.

미중 기술 패권 전쟁의 시작

미국은 중국의 이 같은 거침없는 부상 야욕을 경계할 수밖에 없다. 그리고 이에 제동을 본격적으로 걸기 시작한 이가 트럼프 대통령이었다. 비즈니스맨 출신답게 그는 1983년 이후 미국의 대중국 만성 무역적자 문제에서 명분을 찾았다. 그는 문제의 핵심 원인이 오래된 중국의 불공정하고 불공평한 무역 행위에 있다고 강하게 비판했다. 그러면서 중국이 단기간 내에 기술 강국이 되려는 야심은 오래된 기술 편취와 탈취 등과 같은 불법적인 행위로만 가능하다고 단정했다.[265]

그의 확신을 입증하는 결정적인 사건이 2020년 초에 일어났다. 중국이 코로나 백신 기술을 미국의 한 연구소에서 탈취한 사건이었다.[266] 더 나아가 2021년에 출범한 미국의 바이든 행정부는 중국 배제를 핵심으로 하는 글로벌 공급망의 재편과 기술 탈동조화 등의 전략을 적극 개진하면서 미중 기술 패권 경쟁의 시작을 알렸다.

상기한 바를 종합하면, 미국이 중국의 부상을 견제하기 위해 취한 전략의 목표는 중국 공산당의 행위 교정이다. 미국은 중국의 불공정하고 불법적이고 불공평한 거래 행위와 공세적이고 공격적인 외교 행위를 주도하는 주체로 중국 공산당을 정의했다. 따라서 견제 전략의 대상 역시 중국 공산당으로 정의하기에 이르렀다.

중국 공산당의 체제경쟁 선언, 전체주의와 권위주의의 소환은 미국에 경각심을 불러일으키기에 충분했다. 2013년 중국 공산당은 자본주의가 소멸될 것으로 전망했고,[267] 2017년에는 사회주의 체제의 우월성을 입증하겠다는 결의를 발표했다.[268] 이는 중국 공산당이 미중 관계를 체제경쟁으로 전환하려는 처사로 인식되기에 충분했다.[269] 이런 상황에서 미국은 대중국 견제 전략의 핵심 대상으로 중국 공산당을 규정하게 된다. 이에 중국은 미국의 거센 개입과 간여를 내정간섭이라며 중국의 핵심 이익을 존중할 것을 일관되게 주장하고 있다. 그러면서도 중국은 앞으로 미중 전략 경쟁 관계를 관리하면서 자신의 나아갈 길, 즉 사회주의의 길을 견지하겠다는 의지를 19차 당대회에서 밝혔다.

2. 미국의 인태전략에 대한 중국의 대응 기조

미국은 중국과의 전략 경쟁의 최종 목표를 중국 공산당의 변혁으로 설정했다. 중국 공산당의 교체가 희망 사항이겠으나 현실적으로 불가능하다는 것을 미국도 잘 알고 있다. 이런 현실에서 미국에게 최선의 선택은 최소한 인권과 대외적 행동 영역에서 공산당을 교화하는 것이다. 특히 이는 중국 공산당의 불법적이고 불공정하고 불공평하면서도 공세적이고 공격적인 행동의 본질적인 변화를 핵심으로 한다. 미국의 대중국 압박이 인권에서부터 무역, 기술, 군사 영역에까지 전방위적으로 강경해질 수밖에 없는 이유도 여기에 있다.

미국의 새로운 전략

그러나 현실은 녹록지 않다. 미국은 이를 독자적으로 수행할 수 있는 여력과 능력이 부족하다. 더욱이 미국의 세계 GDP에서 차지하는 비중이 최고에 달했던 냉전 시기의 42%에서 24%로 하락하면서 동맹과 우방에게 협력의 대가로 제공할 수 있는 공공재(자유무역체제, 국제통화, 국제 안보 유지 능력 등)가 고갈되어 가고 있다. 결국 미국은 대등한 조건에서 동맹과 우방의 협력을 모색할 수밖에 없는 상황에 처해 있다.

이런 조건에서 미국은 새로운 전략을 모색할 수밖에 없었다. 이른바 '인도-태평양' 전략, '쿼드QUAD(4개국 안보협의체)', '가치동맹', '클린네트워크', '경제 번영 네트워크EPN', '기술동맹', '반도체 동맹' 등의 전략은 '뜻을 같이하는 나라like-minded states'와 협력을 전제한다. 그리고 이들의 전략 명칭에서 나타나듯 미국은 다양한 명분에서 중국 압박의 당위적 필요성을 모색하고 있다. 그리고 이로 동맹과 우방을 설득하려 한다.

중국은 미국의 견제 전략을 자신에 대한 포위망을 강화하기 위한 것으로 인식한다. 중국이 이를 두고 이른바 '소형 나토', '동아시아의 나토' 등으로 비판하는 이유다. 이에 대한 중국의 대응전략은 자연히 방어 능력과 타파 능력의 강화에 초점이 맞춰질 수밖에 없다.[270]

이런 목적의식은 중국의 해상 방어 작전전략의 수정 및 확대, 그리고 새로운 개념의 도입으로 이어졌다. 가령, 중국이 21세기에 들어와 이른바 '대양해군'의 구축을 가속화하고, 'A2AD(anti-access, ares denial, 반접근-지역거부)' 전략개념의 전력화를 위해 해상 방어의 마지노선인 제1도련선을 중심으로 해상작전전략을 재편하는 노력을 대표적인 사례로 꼽을 수 있다.[271]

미국 포위망과 중국의 대응전략

미국의 포위망에 대항하기 위한 중국의 전략은 다양화되고 있다. 우선 남중국해에서 9단선을 자신의 영해 경계선으로 공식화하려는 외교적 노력을 강화하면서 군사적 방어 능력 또한 증강하고 있다. 남중국해에서 대부분의 도서를 요새화한 것이 이의 방증이다. 또한 중국은 이 해역에 대한 외국 군용기의 진입을 통제하기 위한 목적으로 2013년에 방공식별구역CADIZ을 획정했다.

반면, 중국은 이웃 국가의 방공식별구역은 존중하지 않는 자세로 일관한다. 이유인즉슨 방공식별구역이 국제법적 구속력이 부재한 규범에 불과하다는 것이다. 즉, 규범은 준수 의무가 없고, 위반한다 해도 법에 저촉되지 않는다는 것이 중국의 입장이다. 이런 이유로 중국은 타국의 방공식별구역을 존중하지 않는 도발을 일상화하면서도 국제법을 어기지 않았다고 주장하고 있다.

이밖에 중국은 일대일로 사업을 통해 중국군의 해외 진출을 꾀하고 있다. 중국은 일대일로 사업을 소개한 이듬해인 2014년부터 일대일로의 군사화를 위한 전략개념의 수립에 착수했다.[272] 그러면서 일대일로의 일부 거점지역에 군사적 성격과 기능을 부여하기에 이르렀다.

미국과의 전략적 경쟁 관계에 관해 중국은 관리·통제(중국어 표기로 管控)하는 전략을 구사하려 하고 있다. 시진핑 주석은 이 개념을 이미 2011년 키신저와의 회담에서 소개했다.[273] 그리고 2017년 19차 당대회에서 중국 공산당은 이를 대미 관계의 기본 전략으로 공식화했다. 이렇게 미국과의 관계를 관리·통제할 수 있다는 중국의 자신감은 미국과의 세력균형이 이뤄졌다는 판단에 근거한다. 이 같은 중국의 대외 인식은 지난 19차 당대회에서 공개됐다.[274]

3. 시진핑 신시대 외교정책의 지속과 변화

미중의 전략적 경쟁은 패권 경쟁인가. 미중 경쟁 관계를 패권 경쟁으로 보는 시각이 확산되면서 이를 새로운 냉전의 도래로 예단하는 주장이 속출하고 있다. 그러나 국제정치학의 의미에서 패권의 개념을 보면 미중의 전략적 경쟁은 최소한 지구상에서 패권 경쟁을 의미하지 않는다. 패권은 국제질서와 체제를 주도하는 권력과 권한을 의미한다.

이런 질서와 체제의 기반은 세계가 공유할 수 있는 가치와 이념에 있다. 따라서 패권국은 가치와 이념의 전 지구적인 공유를 위해 세계 차원에서 세력 범위를 모색할 수밖에 없다. 따라서 패권 경쟁은 같은 목적을 가지고 경쟁하는 또 다른 패권국의 출현으로 양산된 결과다.

최소한 오늘날 지구상에서 미중 간의 패권 경쟁 조짐은 보이지 않는다. 비록 중국은 1971년 유엔 상임이사국 의석을 회복한 후부터 국제 신경제 질서와 국제 신정치 질서의 수립을 주장한 전적이 있다. 그러나 개혁개방 이후 중국은 기존의 자유 국제질서와의 융합을 전략적으로 선택했다.[275] 그렇다고 국제 신질서에 대한 중국의 염원이 완전히 사라진 것은 아니었다. 중국은 사회주의 체제의 우월성이 입증될 때까지 지구상에서 국제 신질서의 추진을 한시적으로 보류하고 있다.

미중 전략 경쟁과 우주 공간

그럼 오늘날 미중 전략 경쟁을 패권 경쟁으로 인식하는 이들의 관점에서 보면, 미중 간의 패권 경쟁 가능성이 높은 공간은 가상 세계 즉 사이버공간과 다른 하나는 우주 세계, 즉 우주공간이다. 이 두 공간으로 확산되는 미중 전략 경쟁의 목표는 질서의 주도권을 선점하는 것이다. 즉, 두 나라는 '질서의 수용자rule-taker'가 아닌 '질서의 제정자rule-maker'가 되기 위한 경쟁을 벌이고 있다. 미국 주도의 사이버 질서가 확립되면 중국 공산당의 정치적 이익과 대척될 수 있어 중국과의 갈등은 불가피해진다. 미중 간에 '제2의 지적 재산권'과 같은 분쟁의 원천이 될 소지가 농후하다.

우주 질서의 주도권 경쟁이 민감한 이유는 희귀원고, 희토류 등 우주자원 때문이다. 자원의 확보는 중국이 세계 제조 강국과 4차 산업의 중심 국가로 부상하기 위해 반드시 충족해야 할 필수 불가결한 전제 조건이다. 미국 역시 같은 목적을 가지고 중국과 우주에서 전략 경쟁을 벌이고 있다. 따라서 우주 질서 구축의 당위적 목적은 강대국의 우주자원 독점권을 사전에 방지하는 데 있을 뿐 아니라, 이의 공정한 공급과 배분 체계를 갖춘 시장 질서의 확립에 있다고 할 수 있다.

시진핑 3연임 기간 동안 미국과 중국의 갈등과 경쟁이 지속될 수밖에 없는 이유는 시진핑의 중국이 체제경쟁을 벌이고 있기 때문이다. 2035년의 '사회주의 현대화' 완성과 2049년의 '사회주의 현대화 강국'의 국정 목표 아래 시진핑의 통치 기반은 민주 진영과의 체제경쟁, 전체주의全體主義와 권위주의의 복원에 있다. 그럼으로써 사회주의의 우월성을 입증해야 한다. 중국 시진핑 정권의 전략 경쟁에 대한 결의는 그의 중공 창당 100주년 연설에서도 잘 드러났다. 이를 다음과 같이 정리할 수 있다.

중국의 전략 경쟁 구성 요소

첫째, 중국이 공산국가로 존재하겠다는 결의 때문이다. 시진핑 주석은 중공의 사명 중 하나를 중국의 마르크스주의와 21세기의 마르크스주의를 지속 발전·완성시키는 데 있다고 역설했다. 이것이 가능한 근거로 그는 마르크스주의의 중국화 완성을 꼽았다. 중국이 마르크스주의를 추구하는 데 있어 가장 큰 문제점은 마르크스주의에 입각해 시대를 인지하겠다는 결의에 있다. 즉, 마르크스주의를 통해 세상사를 보고, 시대적 판단을 하겠다는 것이다. 자본주의와 민주주의의 프리즘을 통해 세상을 보는 미국 및 민주 자유 진영과는 인식의 차이가 불가피해질 수밖에 없다고 선언을 한 셈이다.

둘째, 사회주의 노선을 견지하면서 자신의 길로만 가겠다고 천명했기 때문이다. 그러면서 시진핑 주석은 중국이 앞으로 그 어느 누구가 "'선생'처럼 기고만장한 설교" 하는 것을 "절대 듣지 않겠다"는 입장을 명백히 했다. 즉, 외부의 압박과 압력에 굴하지 않고 자신의 판단과 결정에 따라 정진하겠다는 결의를 밝힌 것이다. 그리고 그 결과는 중국식 현대화의 새로운 모델, 인류문명의 새로운 형태가 될 것이라고 단언했다. 이를 위해 중국의 '핵심 이익'을 보호할 수 있는 강력한 군사력이 수반되어야 한다고 강조했다. 즉, 세계 일류의 군사력을 겸비하는 것이 중국의 꿈 중 하나라고 자인했다.

셋째, 중국 중심의 인류 운명공동체 건설이다. 시진핑 주석은 '중국의 꿈' 중 하나를 인류 운명공동체의 실현으로 규정했다. 이의 실체를 잘 파악하지 못한 채 문재인 대통령은 시진핑과의 대화에서 인류공동체의 건설에 동의한다는 입장을 보였다. 문제는 중국이 추구하는 인류 운명공동체를 설명하는 과정에서 드러난 중국의 역사

왜곡 인식에 있었다. 그는 중국이 지난 5000년 역사 동안 정의를 숭배하고 포악한 세력을 두려워하지 않는 민족임을 자부했다. 그러면서 그 어떠한 이민족도 압박하거나 괴롭히거나 노역을 삼지 않았고, 과거에도 없었고, 지금도 없고, 앞으로도 없을 것이라고 주장했다. 게다가 "중화민족의 피DNA에는 남을 침략하고 패권을 칭하는 유전자가 없다"고 부연했다.

더 나아가 시진핑 주석은 같은 맥락에서 대외적인 경고도 마다하지 않았다. 여기서 우리 언론에서 대서특필된 "외세가 중국을 괴롭히면 머리 깨지고 피 흘릴 것"이라는 입장을 밝혔다. 그는 "어떤 외세의 괴롭힘이나 압박도 용납하지 않을 것"이라며 "만약 누구라도 중국을 괴롭히거나 압박하거나 노예로 삼겠다는 망상을 품는다면 14억의 중국 인민이 피와 살로 쌓은 강철 만리장성 앞에서 머리가 깨지고 피가 흐를 것"이라며 전 중국인의 말초신경을 자극했다. 그는 인류 운명공동체 완성의 시기를 "중화민족이 남에게 유린당하고 괴롭힘을 당하던 시대의 종결"로 정의했다.

더 황당한 것은 두 가지 이유 때문이다. 하나는 중국을 세계의 전 인류와 동급화한 데 있다. 중국 공산당이 표방하는 것이 모든 인류를 위한 것이고 중국 공산당이 나아가는 길이 전 인류가 동일하게 추구하는 길이라는 인식을 노골적으로 표명했기 때문이다. 다른 하나는 중국이 세계평화의 건설자이고, 세계 발전의 공헌자이며 국제질서의 수호자라고 천명한 대목 때문이다. 이는 중국이 최근에 보이고 있는 공세적이고 공격적인 대외 행위를 볼 때 상당히 어폐가 있다.

미국과 중국의 가치, 이념, 사상 경쟁

사회주의 가치관, 사상과 이념에 기초한 중국의 공세적인 행위가 대외적으로 지속되면서 미국 역시 수수방관만 할 수 있는 입장이 아니다. 미국의 전략이익에 상당한 위협 요인으로 작용하기 때문이다. 이의 응수로 미국이 들고나온 것이 '인도-태평양 전략', '쿼드', '칩4' 및 일련의 경제 안보협의체 등이다. 미국이 이 같은 전략을 추진하는 의도와 목적은 중국이 보편적 가치를 존중하며 자유 국제질서와 제도에 준수하는 나라로 변환시키는 데 있다.

미국과 중국이 서로 다른 가치, 이념과 사상을 지향하면서 갈등과 대립은 깊어질 수밖에 없다. 특히 시진핑의 중국이 사회주의 노선을 견지하는 동안 이 같은 면모는 미중 관계에서 당분간 지속될 수밖에 없다.

이런 연유에서 시진핑 주석은 대외관계에서도 민주자본주의 국가와의 관계를 체제경쟁의 관계로 인식한다. 오늘날 미국과 중국의 전략 경쟁 관계가 가치와 이념의 경쟁으로 치달을 수밖에 없는 이유다. 그리고 미국과의 경쟁에서 승리할 수 있는 그의 신념은 세계 권력 구도가 균형점에서 이탈하며 중국을 위시한 이른바 '반패주의의 평화 세력'에 힘이 결집하는 유리한 구조로 전환되고 있다는 19차 당대회에서 밝힌 그의 인식에 근거한다.

중국이 대미 관계에서 '머리를 깨부순다', '불에 타죽는다' 등 강한 수사로 임할 수 있는 이유다. 이런 결의로 중국은 미국과의 무역 전쟁에서도 물러서지 않는 '치킨게임'을 펼쳤다. 미국의 '항행의 자유' 원칙에 대해 중국은 '9단선'과 '제1도련선' 내의 해역을 자신의 영해로 주장하며 맞섰다. 첨단과학기술 영역에서도 제도와 규범을 무시하며 편취와 탈취하는 의심을 받고 있다. 2016년 국제중재재판소가 내린 필리핀과의 남중국해 영토 분쟁의 중재안을 거부하면서 자유 국제질서에 도전한 것으로 인식됐다. 그럼에도 중국은 2019년부터 다양한 경로를 통해 자신이 다자주의, 자유 무역 등에 기반하는 국제질서의 수호 세력이라며 오히려 자신을 견제·압박하는 미국을 수정주의로 비판한다. 이념과 체제경쟁에서 승리하겠다는 중국의 일념 때문에 미중의 전략 경쟁의 심화는 지속될 수밖에 없다.

4. 한중관계와 미중 관계의 복합성

시진핑 3기-바이든 후기 미중 관계는 개선되기보다는 더 악화될 개연성이 크다. 이는 현재 한국에 대단히 강력한 외교 안보적 시련과 도전을 안겨주고 있다. 윤석열 정부는 한미 동맹 강화를 통해 우리가 직면한 외교·안보·경제적 난관을 극복한다는 정책을 수립하고 있다. 이는 필연적으로 중국과의 관계가 악화될 개연성이 커진다는 것을 의미한다. 중국에 대한 무역의존도가 크고, 안보적 위협에 크게 직면할 수 있는 한국으로서는 한-중관계를 어떻게 잘 관리하느냐가 윤석열 정부 외교의 최대 도전이 될 것이다.

한국의 전략적 위상

다행히도 한국은 제4차 산업혁명에 필수적인 반도체 생산능력을 갖춘 세계 몇 안 되는 나라 중 하나다. 현 상황에서 미국과 중국은 모두 한국의 지원을 필요로 한다. 한국은 미중 모두에게 핵심 축lynchpin이다. 그리고 지정학적으로는 추축 국가Pivot State로서 단층 선상에 위치한다. 이는 한국이 우크라이나처럼 얼마나 불안정하고 위험한 파쇄국가로 전락할 수도 있는 상황인지 동시에 말해준다. 미중 전략 경쟁의 세계에서 양측으로부터 지지 요청을 받지만, 언제든 강력한 보복을 받아 파쇄될 수 있는 위상이고, 동시에 그러한 압박은 더욱 거세지고 있다.

현재로서는 미국과 포괄적인 전략동맹 강화는 불가피하고 필수적이다. 한국의 외교 안보는 물론이고 주요 기술과 설비를 미국에 의존하고 있기 때문이다. 북한의 핵미사일 역량에 대한 군사적 대응 역량이 부재한 한국으로서는 미국에 대한 안보적 의존은 필수적이다. 더군다나 미국은 우리의 국가 정체성인 자유민주적 가치를 공유하고 있다. 그간의 한중관계는 미중 관계와 긍정적인 함수관계였다. 따라서 미중 전략 경쟁의 격화와 한국 윤석열 정부의 한미 동맹 강화정책은 차기 5년 동안 한중관계에 있어서 큰 격랑을 예상할 수 있다. 향후 미중은 각자의 에너지를 최대한 끌어모아 격돌/대응할 것이다. 미국은 중국의 반 접근지역 거부 전략에 맞서서 대중 미사일 방어체계 구축을 더 적극적으로 추진하고, 한미 동맹에 의거하여 대만 사태에 대한 한국의 참여 보장을 요구할 수 있다. 윤석열 정부는 이에 호응할 개연성이 크다. 미중 간의 전략 경쟁이 한중 간의 마찰과 충돌로 전환한다는 것을 의미한다. 한국은 진퇴양난이다.

한중 간의 충돌은 한국경제에 막대한 부정적인 영향을 미칠 것이다. 미중 간 무력 충돌에 연루될 개연성도 커지고 있다. 이는 현재로서는 동맹의 이익을 넘어서는 비용의 측면이 강화될 개연성도 크다는 것을 의미한다. 최근 미국의 인플레 제한법IRA의 제정과정에서 보여지듯이 미국은 한국의 입장을 충분히 고려할 여력이나 공간이 그리 크지 않다. 한-중간의 대립이 격화되면 미국이 어느 정도까지 개입하여 한국을 지원할 수 있을지도 불확실하다. 한미 간에는 분명히 신뢰의 위기가 존재한다. 이를 극복하기 위한 전략적 소통을 더욱 강화해야 하고, 동시에 미국의 전략적 선택으로 인해 크게 타격을 받을 수 있는 경제 부문에 대한 한국의 손실과 대응에 대해 서로 상의하고 협력하여야 한다. 이 과정은 특히 중요하고 윤석열 정부의 외교 안보 경제역량을 가늠하는 척도가 될 것이다.

'더블 헤징'의 한중관계

중국과의 관계를 잘 관리하는 것은 여전히 국가의 사활적 이익에 중요하다. 세계 최대의 소비시장을 지닌 중국경제는 여전히 한국의 발전에 필수적이다. 중국은 한국에 경제적 기회를 제공하는 동시에 감당할 수 없는 경제·통상적·외교·안보적 위험을 가할 수도 있는 강대국이란 점도 잘 인식할 필요가 있다. 최근 요소수 사태에서 잘 드러났듯이 한국은 국제 분업 구조에서 취약성과 민감성이 강한 국가다. 중국에 80% 이상을 의존하는 수입품목이 1,800여 개가 넘는다.[276] 중국의 군사, 경제적 역량은 한국이 감당하기 어려운 수준의 위협을 안겨줄 수 있다. 한중관계가 악화되면 당장 서해에서 군사적 대치와 충돌 상황이 발생할 수 있다. 중국은 북한의 궁극적인 군사 침략 행동을 억제할 역량도 보유하고 있다.

현재 한중관계는 '더블 헤징' 상태로 서로 얽매여 있다고 진단할 수 있다. 중국은 한국과 북한 사이, 한국은 미국과 중국 사이에서, 일방에 지나치게 기울 때, 상대는 행위자의 이익에 반하는 방향으로 자동적으로 기울게 된다. 따라서 먼저 적대적으로 움직이는 일방이 그 양자관계 파괴의 비난과 책임을 뒤집어쓰게 되는 구조에 놓여 있다. 이러한 파국에 이르지 않게 관리하는 역량은 양국에 모두 필수적이다. 한국은 미중 전략 경쟁에도 불구하고 여전히 한중 전략적 협력 동반자 관계를 존중하면서, 상호 소통강화와 미래지향적 발전 기반을 공고화하는 데 노력해야 한다. 이 글에서 우려한 5년 후 미중의 강요된 타협/공진 시나리오를 고려한다면, 중국을 적으로 상정하는 정책은 최후의 선택지로 남겨두어야 하다.

중국은 당장 미국의 세계질서에 도전하기보다는 기존 국제질서의 현상 유지 속에 개혁 추진이 국가이익에 부합한다고 보고 있다. 한반도 문제 역시 마찬가지다. 한국은 미국의 세계질서를 유지하는 데 주요한 축을 담당하는 동맹이다. 이러한 축을 강화할 북한 비핵화나 한반도 통일과 같은 사안에 대한 중국이 현상을 변경하는 데 일조할 것이라는 기대치는 과감히 낮춰야 한다. 한중 정상회담의 주요 어젠다 순위에서도 이러한 항목에 대해 중국의 지원을 요청하는 것은 조정이 필요하다. 중국 역시 북한의 비핵화나 유엔 제재의 준수, 한반도 안정은 자신의 국가이익에도 중요하다. 모든 강대국 관계는 항상 신중하고 고뇌해야 한다.

향후 미중 간 선택의 압박은 더욱 강해질 것으로 추정된다. 경제 안보, 과학기술 안보가 곧 국가안보인 상황에서 핵심 국가이익의 보호 및 미래 경쟁력 확보를 위해 시급한 체제 정비가 필요하다. 안보-외교-통상-과학기술 정책 간 종합적이고 균형적인 접근이 필요하다. 정부 조직 내 제도적·인적 구성에 대한 재배열이 필요한 시점이다.

객관적인 현상을 애써 무시하고 온통 북한 문제에 집착했던 문재인 정부 이후 국내정치는 윤석열 정부가 들어선 이후에도 대외 및 대내 리스크가 결코 약화되지 않았다. 국내는 심리적으로 거의 내전상황에 준하는 적대감이 팽배하다. 한미 동맹 강화만으로는 현재의 위기와 난관을 극복하는 데 빈 공간이 크다. 윤 정부는 북핵 위협에 대한 합당한 답안은 아직 제시하고 있지도 못하다. 대외정책에 있어서 변수가 커지는 것도 큰 부담이다. 대외정책에 있어서 협치에 기반한 점진적인 전략을 추진할 것을 윤석열 정부에 권고한다. 불확실성이 강한 세계에서 필요한 것은 당파성이 아니라 역량이며, 신중함이다. 적극적으로 전문가들과 협업을 통해 다양한 시나리오를 구성하고 대응책을 논해야 한다.

한국의 핵무장과 확장 억제

마지막으로 한국은 전략적인 사유나 중장기적인 시나리오로서 핵무장을 한층 더 진지하게 고려해야 한다는 점이다. 미국과도 논의를 강화해야 한다. 전통적인 확장 억제만으로 현재 다가오는 미중 전략 경쟁의 악화, 북핵 위협의 가중 등 문제를 돌파할 수 없다. 핵으로 무장한 한국은 한반도 군사 균형과 안정에 기반이 되면서 남북한이 보다 전향적인 평화 협상을 전개할 여건을 마련할 수 있다. 미국의 입장에서는 중국이나 러시아의 위협에 맞설 중요한 보루가 될 수 있다. 한국은 주변 강대국의 고기압을 완화하고 보다 능동적인 외교 안보 정책을 추진할 토대가 된다. 현 국제정치의 상황은 한국의 핵무장이 전혀 불가능하거나 근거 없는 주장이 아니라는 것을 말해준다. 당장 윤석열 외교 안보 정책이 이를 공개적으로 표방할 수는 없지만, 그 개연성을 진지하게 고려해야 할 시기에 도달했다.

한편, 북한의 비핵화 가능성이 희박한 상태에서 한반도에서 새로운 핵 균형을 모색하는 일도 필요하다.[277] 현재 우리는 미국의 '확장 억제'라는 핵우산 아래에서 보호받으며 생존하고 있지만 그 핵우산을 걷어내면 우리는 북한의 핵 위협에 노출되어 있다. 그러나 '확장 억제'가 실제로 작동하느냐 여부는 국제정세의 변화와 미국의 국내 정치가 어떻게 작동하느냐에 달려 있다. 따라서 우리가 필요로 하는 경우에 '확장 억제'가 늘 자동으로 작동되는 게 아니라는 점도 유념해야 한다.

이 지점에서 미국의 최대 군사 동맹 국가인 독일과 일본의 사례에 주목할 필요가 있다. 독일이나 일본의 핵 정책은 일종의 '무기화되지 않는 무기체계'와 같다. 현재 시점에서 이들 두 나라는 핵 국가는 아니지만 유사시 단기에 자체적으로 핵우산을 펼칠 수 있는 역량을 갖추고 있다. 잠재적 적대국은 물론 동맹으로부터도 핵 능력에 관해서 응분의 인정을 받으면서 자체 무게가 있는 국가 위상을 유지하고 있다. 그러나 우리는 북한과 미국을 의식하여 자체적인 핵 능력을 갖추는데 엄두를 내지도 못하고 있다. 그런데 NPT 체제 내에서도 얼마든지, 예를 들어 한미 원자력협정을 발전적으로 개정하는 방식으로 '무기화되지 않는 무기체계' 시스템의 기초를 다질 수 있다. 남과 북이 별개 국가로 공존하면서 정상적 관계를 발전시켜 나아가는 과정에서도 반드시 가야 할 길이다.

한국이 영국이나 프랑스 수준은 아니더라도 독일이나 일본 정도의 자립형 동맹으로 발전되기 위해서는 현재의 '의존형 동맹'의 한미 동맹을 '자립형 동맹'으로 바꿔나가야 한다. 이들은 유사시 미국이 손을 놓아도 설 수 있는 동맹이다. 따라서 한 나라가 취할 수 있는 선택의 여지를 확대하는 예술을 외교라고 부른다면 우리의 외교는 핵 기초 능력을 갖출 수 있는 국제법적 환경 조성과 자립형 동맹의 기반을 구축하는 일에 더욱더 지혜와 에너지를 쏟아야 한다.

북핵 대응의 세 가지 경로

그러나 우리가 핵 능력을 갖추는 것이 바로 핵무장을 의미하는 것은 아니다. 핵 국가와 비핵 국가 사이에 중간 지대가 있다는 점을 눈여겨봐야 한다. 따라서 우리가 취할 수 있는 행동의 여지를 확대하려면 핵무기를 가질 수 있는 여지를 먼저 확보하는 데 노력해야 한다는 사실이다. 예컨대 한미 원자력협정을 개정해서 우리가 발전용 연료인 5~25% 수준의 우라늄 농축을 할 수 있어야 한다는 것이다. NPT 체제에서도 평화적 이용을 위한 우라늄 농축은 가능하다. 대신에 국제사회의 우려를 해소하기 위해서 농축은 철저하게 IAEA의 감시하에 이루어져야 한다. 이 길은 바로 핵무장을 하지 않으면서도 '무기화되지 않는 무기체계'를 구축하고 있는 독일과 일본이 선택하고 있는 길이다. 이건 사실상 미국과 합의만 하면 언제든지 가능하다.

결론적으로 북한 핵에 대한 대응에는 크게 세 가지 경로가 존재한다. 하나는 한미 동맹의 틀 내에서 미국의 핵우산을 강화하면서 북한과 과감한 협상을 하는 것이다. 그러나 이러한 접근은 북한의 핵 개발 저지에는 유효할지 몰라도 이미 북한이 핵을 개발한 이상 그 유효성은 낮다. 두 번째 방식은 미국의 핵우산과 더불어 우리가 '3축 체계'(탐지와 사전 타격 장치, 미사일 방어 체계, 압도적 보복 능력)를 보완하는 것이다. 그러나 3축 체계는 군사적으로는 북핵 위협과 위험을 사전에 대응하고 제어하는데 충분하지 않다는 비판적인 견해도 적지 않다. 셋째, 한국 자체 핵 능력, 즉 '무기화하지 않는 무기체계'를 갖추면서 핵 협상에서 자체 위상을 높이고, 핵 위기가 도래하면 즉각 스스로 대응할 수 있는 태세에 돌입하는 것이다. 위에서 언급한 이

세 가지는 상호 배타적이지 않으며 상호 보완적으로 병행, 운용되어야 한다.

5. 미중 전략 경쟁과 한중관계의 전략 공간

1992년 한중 수교 이후 양국 관계는 중국 공산당 집단지도부(당 상임위원회)나 지도자의 성향보다, 중국 공산당의 정치 일정에 따라 발전했다. 중국 공산당은 당과 국가의 역사적 목표와 소명과 이를 수반하는 정치 일정에 따라 역대 지도부를 구성했기 때문이다. 가령, 개혁개방 시대에는 개혁파가 대거 등용됐다. 2003년 3월 제10차 전국인민대표대회에서 향후 20년을 '전략적 발전 기회'로 규정한 후 최고지도부는 이른바 '기술지도부(테크노크랫, technocrat)'들로 이뤄졌다. 시진핑 시기에는 사회주의 우월성 증명과 체제경쟁의 승리를 위해 공산주의 이념으로 무장한 인물들로 가득 찼다.

이에 따른 한중관계의 발전 양상도 다르게 나타났다. 경제발전에 집중했던 시기에 한중관계는 양국의 상호 보완적인 경제구조를 명분으로 비약적인 발전을 경험했다. 그러나 체제경쟁에 진입한 이후부터 중국의 대한반도전략 및 목표도 변화되면서 한중관계도 바뀌었다. 중국은 이제 한반도에 영향력을 확대하는 데 집중하고 있다. 이는 중국이 한국뿐 아니라 북한에도 영향력 확대라는 동일한 동기와 목표를 가지고 있기 때문이다. 그 결과 중국은 2013년부터 북한에, 2016년부터 한국에 단독 제재를 취하고 있다. 한반도 분단 이후 남북한에 동시에 제재를 가한 것은 사상 처음이다.

또한 2017년과 2018년에 남북한에 각기 다른 '3불' 원칙을 내세우며 영향력을 증강시키고 있다. 남한에 대해서는 사드 3불, 북한에 대해서는 사회주의국가 관계의 3불, 즉 중·북 관계의 공고와 발전에 대한 확고한 입장, 중국의 대북 우호와 우정, 그리고 사회주의 북한에 대한 지지의 불변 원칙을 제시했다.

미중 전략 경쟁의 심화 속에 한미 동맹과 한미일 군사협력 강화는 체제경쟁에 집중하는 시진핑의 중국과 대척점이 될 수 있다. 이런 이유로 한중관계가 사드 이전의 상황으로 회복될 가능성은 희박하다. 다만 미중 전략 경쟁에서 미중 양국 모두로부터 협력을 요구받는 상황은 우리의 지정학적, 지경학적 가치가 상승하는 반증이다. 따라서 한중관계의 발전 여지도 존재한다. 미국 주도의 전략구상 참여에 우리의 목적, 역할, 기능과 의사 결정권만 분명하면 중국의 소통창구가 될 수 있다. 중국과 여타 참여국과의 관계가 우리보다 좋지 않은 상황 때문이다.

이런 상황 때문에 우리의 첫 번째 대중 전략은 주변국 외교를 통해 중국을 견제하고 이용하고 활용해야 한다. 여기서 접점과 절충점을 찾고 대책을 강구해야 한다. 둘째, 강한 한미 동맹관계에 기반한 한중관계의 발전 전략 마련이다. 미중 전략 경쟁에서 미국 편에서 미국과 공조해야 하는 것이 우리의 운명이고 사명이다. 작금의 미중 전략 경쟁에서 미국은 4차 산업의 핵심 원천기술력을 가지고 중국을 압박하며 판세를 주도하고 있다. 중국이 수세에 몰릴 수밖에 없는 이유다. 미국이 중국에 '선을 좀 더 넘는push the envelop'식의 압박전략을 지속할 때 이에 적극 동참하여 우리에 유리한 판세 변화를 꾀해야 할 것이다. 셋째, 한미 안보동맹에 대한 중국의 도전에 공동으로 대응하는 전략 마련이다. 중국의 대표적인 전략은 '이이제이以夷制夷'다. 즉, 사드가 명백히 주한미군의 것임을 중국은 분명히 알면서도 배치의 책임을 우리에게 전가시켜 우리 사회의 동맹에 대한 반감과 불만을 부추기는 이간질로 동맹의 근간을 흔들려 한다. 따라서 미 의회에 계류 중인 '경제적 강압 대응 법안'의 입법을 촉구하는 등, 한미 안보동맹이 외부 요인 때문에 피해 보지 않는 방어책을 공동으로 마련해야 할 것이다.

6. 북한 체제의 존속과 북중 관계의 진화

2018년 관계 회복 이후, 중국은 대북 관계의 특수성을 유지하기 위한 노력을 부단히 진행하고 있다. 두 가지 측면에서 이를 볼 수 있는데, 하나는 한반도 통일에 대한 중국 측의 지지 입장, 다른 하나는 대북 관계에 대해 시진핑 국가주석이 2018년에 천명한 이른바 '3개의 불변三個不變 사항'(이하 '대북 3불')이다.[278] 이 중 '대북 3불'은 북중 관계의 공고와 발전에 대한 확고한 입장, 중국의 대북 우호와 우정, 그리고 사회주의 북한에 대한 지지가 불변할 것임을 의미한다. 즉, 북한의 생존 문제에 있어 최소한 중국의 지지를 시진핑이 김정은에게 확인시킨 대목이다. 통일은 북한의 국정 최대 목표다. 시진핑의 '대북 3불'은 북한 생존을 보장하는 중국 측의 약속이다.

중국과 북한의 공조 강화

이를 실현하기 위한 세 가지 전략방침도 부연되었다. 시진핑 주석은 김정은에 우선 전략적 소통과 교류를 거울삼으면 북중 관계에 새로운 의미를 부여할 수 있을 것이라고 설명했다. 그리고 우호적인 교류와 실무협력으로 북중 관계가 새로운 동력을 가지게 될 것이고 강조했다. 마지막으로, 소통, 대화와 조율을 위한 협력 강화는 지역의 평화와 안정에 새로운 국면을 창출할 것이라고 덧붙였다. 이런 맥락에서 보면 중국은 동맹 차원에서 북중 관계의 부단한 발전을 기대하고 있다. 중국이 북한과의 공조 강화의 의지와 결의를 적극 드러낸 대목이다.

중국의 지지는 2019년 6월 시진핑의 방북에서 다시 한번 공개된다. 그는 북중 우호 관계를 불변한 입장을 가지고 견지하면 '3가지 새로운 국면의 장'을 열어갈 수 있다고 확신했다. 그가 언급한 3가지 새로운 국면의 장은 다음과 같다. 첫째, 전략적 소통과 교류 강화를 통해 서로의 장점을 배우면, 북중 우호에 새로운 함의를 양산할 수 있는 새로운 조건과 환경의 장의 창출이 가능하다. 둘째, 양국 간의 우호 왕래와 실무협력의 강화로 북중 관계의 발전에 새로운 동력이 제공되는 새로운 장을 개막한다. 셋째, 의사소통과 협력을 통해 양국이 지역의 안정과 평화를 위한 새로운 국면을 연출한다.

1차 북미정상회담이 나름의 '성과'를 거두고 2차 회담 개최에 대한 모종의 합의가 이뤄지자 중국은 대북 관계를 더 강화하려는 입장을 밝힌다. 6월의 북중 회담에서 시진핑 주석은 다음과 같은 세 가지 발언으로 이를 강조했다. 첫째, 북중 관계가 '초심을 잃지 말 것中朝雙方不忘初心'을 지적했다. 둘째, '시시때때로 변하지 말 것不應也不會因一時一事而變化'을 강조하면서 상황 변화에 유의할 것을 당부했다. 셋째, '지역의 평화와 안정을 위해 새로운 공헌을 하자為地區和平穩定作出新的貢獻'며 양국 간 협력 강화의 필요성을 역설했다.

2차 북미정상회담을 앞두고 2019년 1월 7일에 김정은의 4차 방중이 이뤄졌다. 김정은의 방중은 중국이 2차 회담을 중재한 데서 비롯되었다. 인민일보 해외 판 기사에 따르면, 2018년 12월 1일 아르헨티나 G-20 회의 기간 중 트럼프는 시진핑과 만찬을 가진 자리에서 교착상태에 빠진 2차 북미정상회담 준비 논의에 중국이 협조해줄 것을 당부했다(『人民日報海外版』, 2019年 1月 8日). 이후 신년사를 발표한 지 1주일이 채 안 되어 김정은의 방중이 이어졌다.

시진핑 주석은 회담에서 이번 김정은의 방문을 북미중 3국이 하나가 된 협력의 결과이자, 한반도 비핵화를 위한 중국의 외교가 실질적으로 공헌하고 있음을 입증한 징표라고 평가했다(『人民日報海外版』, 2019年 1月 8日). 즉, 비핵화에서 북미중 3국의 협상의 필요성과 중요성을 강조한 것이다. 그는 또한 2차 북미회담을 앞둔 상황에서 이번 김정은의 방문을 북한이 중국과 '시간표'를 같이 하겠다는 의지의 의미로 해석했다. 그리고 북미중 3국의 협력에서 중국의 역할을 강조했다. 그는 한반도 정세가 역사적 분기점에 놓여 있다면서 북미 간 '병목(난관)'을 극복해야 할 필요성을 지적했다. 여기서 그는 중국의 참여와 역할의 중요성을 역설한다.

김정은의 4차 방중은 미중 간의 필요성에 대한 의견 일치와 북한의 협조하에 이뤄졌다. 그래서 북미중 3국의 협력의 결과물인 것은 사실이다. 이런 맥락에서 2차 북미정상회담을 위한 중국의 중재 역할은 새삼 눈에 띄는 부분이다. 북한 비핵화에 대한 미중의 입장이 일치하기 때문이다. 현재로서는 이 문제에 있어 중국에 대한 미국 측의 신뢰가 증가하였음을 추론할 수 있다.

회담 내용에 따르면, 4차 북중 정상회담에서 두 정상은 2차 북미 정상회담에 대한 전략을 논의했다. 시진핑 주석은 김정은에 2차 북미정상회담에 참석하기 전, '한반도 문제의 정치적 해결'에 대비할 것을 촉구했다. 또한 '새로운 길'을 이미 표명한 김정은은 만약의 실패에 대비해 중국에 의존할 수 있는 '헤징 전략'의 의미를 간접적으로 표명했다. 그는 시진핑에 중국 개혁개방을 견습하기 위해 중국을 더 자주 오가겠다는 결의를 드러냈다.[279]

북중 사이의 공생관계는 지속될 것이다. 이는 2018-2019년 다섯 차례 북중 정상회담에서 확인되었기 때문이다. 중국은 정상회담 때마다 이 같은 입장을 확인하고 재확인했다. 여기에는 몇 가지 이유가 있다. 하나는 우크라이나 전쟁이 예상보다 오래 지속되기 때문이다. 전쟁의 결과에 따라 중국이 취해야 할 지정학적, 지경학적 전략 위치가 결정될 것이다. 우크라이나 전쟁이 러시아의 패전으로 끝날 경우 중국은 북한과 함께 고립 국면을 피하지 못할 것이다. 러시아의 패전은 푸틴 정권의 퇴출과 친서방 정권의 출현을 의미하기 때문이다. 전쟁이 평화 협상으로 종결되어도 푸틴 정권은 생존을 위해 서방과 협력하거나 고립을 선택할 수밖에 없는 딜레마에 빠질 것이다. 후자의 경우 중국의 외교적 입지는 축소될 것이다. 북한과 러시아를 지원해야 하는 이중 부담을 안을 수밖에 없기 때문이다. 러시아의 승리는 중국이 북한과 함께 이른바 '북방3각'관계를 더욱 공고히 할 수 있는 계기가 될 것이다.

미중 전략 경쟁과 한미일 협력

한편, 미중 전략 경쟁의 격화로 인한 한미, 미일, 한미일 관계가 어느 정도 수준으로까지 강화되느냐가 중대한 변수로 작용할 것이다. 특히 러시아의 패전과 코로나로 인한 중국경제의 장기 불황은 중국에게 녹록지 않은 외부 안보 환경을 가져다줄 것이다. 이런 상황에서 엎친 데 덮친 격으로 중국 주변 국가, 특히 한미일 간의 군사 안보 협력관계의 강화는 중국을 더욱 더 고립되게 만들 것이다. 중국의 고립이 장기화될수록 북한과의 공생구조는 두 가지 면모를 띨 수밖에 없을 것이다. 하나는 최저 생계비를 북한에 제공하면서 중국이 경제적으로 회복할 때까지 북중 두 나라가 고난의 행군을 하는 것이다. 다른 하나는 중국이 북한만은 상실할 수 없다는 일념하에 북한과의 관계를 더욱 강화함으로써 동맹 수준 이상의 단결과 결집을 보이는 것이다. 그리고 그 결과는 중국이 무조건적으로 북한을 일방적으로 지지하는 관계를 유지하고 강화하는 것이다. 북한 핵 문제와 북한 문제에 대해 중국은 국제사회와 척을 지고 비협조적인 태도로 일관할 수밖에 없을 것이다. 따라서 상기한 세 가지 변수의 결과에 따라 북중 간의 생존 모델이 결정될 것이라 할 수 있겠다.

7. 중국에게 북한은 전략 자산인가? 부채인가?

북한은 핵무기 하나로 한미 동맹과 미국의 위협에 대응하고, 핵무기 하나로 평화와 안정을 보장받고, 핵무기 하나로 미국과의 관계 개선을 획득하려는 생존게임을 펼치고 있다. 이런 북한의 생존게임에서 중국이 취할 수 있는 입장은 단 한가지다. 북한을 일방적으로 지지해주는 것뿐이다. 핵무기가 북한 생존의 만병통치약임을 중국도 잘 알고 있기 때문이다. 핵무기의 이용 가치를 극대화하는 것이 유일한 북한의 생존 수단인 상황에서 중국은 이를 저지하거나 자제하라고 개입할 상황이 아니다. 북한이 핵무기를 지역 평화와 안정을 깨지 않는 위협의 수준에까지만 이용하면 중국도 묵인할 수 있다는 의미다.

중국의 묵인과 북한의 도발

이런 중국의 입장은 2017년 북핵 해법을 '쌍중단, 쌍궤병행'으로 공식화한 이후 일관되게 유지해왔다. 그리고 최근에는 역시 G20에서 가진 미중 정상회담과 한중 정상회담에서 또다시 확인되었다. 따라서 중국은 북한이 선을 넘지 않고, 도를 넘지 않는 상황에서 핵무기를 북한의 국익을 극대화하는 데 활용하면 이를 묵인할 수밖에 없다. 그러나 중국의 안전과 안보를 위해하는 수준을 넘어서게 된다면 불가피하게 반응할 수밖에 없을 것이다.

북한도 나름 자신의 생존게임을 극대화하기 위한 전략적 행보를 취하고 있다. 이는 미사일 도발과 핵실험 가능성을 의미하지 않는다. 대신 북한이 획득할 수 있는 '파이'를 최대한 키우기 위한 작전을 펼쳐야 하는 것이다. 중국이 북한의 도발을 묵인하는 상태지만 북한으로서도 현재 도발 중심의 생존게임을 제대로 플레이하지 못하는 것도 현실이다. 왜냐면 아직 판세가 북한이 먹을 게 충분하지 않기 때문이다. 즉, 먹을 수 있는 판돈이 적다는 뜻이다. 북한의 생존게임의 법칙은 판돈이 최고로 쌓였을 때, 그리고 자신이 그런 판세에서 주변국과의 관계가 모두 양호할 때 핵실험과 같은 도발을 한다. 그래야만 핵 문제를 가지고 흥정하기가 좋은 위치를 확보할 수 있기 때문이다.

또 다른 경우는 북한이 주변국으로부터 고립되었다고 판단했을 때 도발을 자행한다. 이들의 관계가 양호하고 발전하는 상황에서 북한이 고립감을 느끼면 이들의 즉각적이고 단합된 반응을 유발할 수 있기 때문이다. 이들의 단합된 반응은 결국 이들로부터 더 많은 '파이'를 획득할 수 있는 기회가 된다. 이들이 북한에 제공할 '파이'

를 위해 일사천리로 정책 조율이 이뤄지기 때문이다. 따라서 북한은 주변국, 특히 미중, 한중, 한미중 관계가 좋을 때 도발을 감행하면서 이들로부터 더 많은 이익을 확보할 수 있는 기회로 삼는다.

2006년 이후 북한의 핵실험은 이 두 가지 경우에서 모두 자행되었다. 북한은 6자회담의 참여로 주변국과의 관계가 좋았던 해인 2006년, 2009년에 핵실험을 단행했다. 3차에서 5차까지 핵실험이 있었던 2013-2016년에는 미중관계, 한중관계가 모두 좋았고 오히려 이런 상황에서 북한의 고립감은 더욱 커졌다. 북한의 핵실험으로 제재도 한 층 더 강화되었지만, 북한은 두 가지 목표를 달성할 수 있었다. 하나는 북한의 최대 생존 무기인 핵무기의 고도화를 이루면서, 완성도를 높일 수 있었다. 당시로서는 불가피한 선택이었다.

북한의 생존 게임과 중국의 최소 지원

또 다른 하나는 비록 제재가 강화되었지만, 역설적으로 강화될수록 중국의 지원은 끊이지 않았다. 북한이 붕괴되지 않고 명맥만 유지할 수 있는 최저생계비용만 중국이 제공한 것으로 알려졌지만, 북한이 최고의 병기를 완성하는데 충분했다. 2017년의 북한 핵실험은 타이밍상으로 북한이 얻을 수 있는 이익의 '파이'가 커져갈 것이라는 예상을 할 수 있었던 시기에 이뤄졌다. 북한은 당시 미국과 외교적 설전을 강하게 펼치면서 '치킨게임'을 벌이고 있었다. 그러면서 '한반도 위기설'이 몇 번 제기되었지만 2017년 6월부터 상황이 바뀌기 시작한 것이다. 북한이 평창올림픽을 전환의 계기로 삼으려 한 것이다. 6월에 우리 측에 참가 의사를 비공식적으로 밝혔다. 그리고 11월에 이런 의사를 미국 측에 전하기 전에 북한으로서는 9월에 핵실험을 단행하는 것이 바람직한 선택이었다. 핵보유국을 선언하고 미국과 동등한(?) 입장에서 협상이 가능한 발판을 마련하는데 6차 핵실험이 필요했기 때문이다.

따라서 중국이 북한의 생존게임을 관리할 수 있는 여지는 거의 없다고 할 수 있다. 북한의 생존게임을 관리하기 위해서는 중국도 북한의 생존게임의 법칙에 따라 같이 '행동(플레이)'을 할 수 있는, 보조를 같이할 수 있어야 하는데 그렇지 못하다. 북한은 자신의 전략 계산에 따라 행동하기 때문이다.

중국이 북한이 생존하는데 묵인할 수밖에 없고 일방적으로 지원할 수밖에 없는 이유다. 다만 북한의 도발 행위가 수준을 넘어 중국의 안보와 안전을 직접적으로 위해할 때 중국도 반응할 수밖에 없다. 이런 사례가 2013-14년에 중국이 북한에 독자적인 제재 카드를 꺼내든 사례에서 볼 있다. 당시에 북한이 고농축우라늄으로 처음 실시한 핵실험이었기에 중국은 이로 인해 중국 동북지역이 방사능 유출에 노출되었을까 봐 상당히 우려했다. 그리고 자체적으로 이를 검사하기까지 했다. 이런 우려와 북중 관계의 악화 등의 요인으로 중국이 독자적인 제재를 가한 것이다. 그러면서도 북한이 고립된 상황에서 북한의 붕괴를 저지하기 위한 중국은 최소한의 지원을 하면서 북한 생존게임에 최소한 참여했다.

2장
시진핑 신시대와 한중관계

1. 불편한 동반자 관계로서 한중관계

한국과 중국은 지리적 인접성, 문화적 유사성, 경제적 상호 보완성 등 공통 속성을 적지 않게 갖고 있다. 그리고 이러한 유사한 속성은 개혁개방 시기 30여 년 동안 양국 관계를 비약적인 수준으로 발전시키는 데 큰 도움이 되었다. 한국과 중국은 이러한 상호 유사성에도 불구하고 체제, 이념, 가치 등 측면에서 큰 차이를 드러내 보이고 있는 것도 사실이다. 다만, 이러한 차이가 경제적 상호 필요성에 의해서 그동안 억눌려 왔으며, 심지어 관심 영역 밖에 있도록 강제하기도 했다.

한중관계의 전환

그러나 양국의 경제적 상호의존이 상호 경쟁으로 변화하고, 양국의 인문 사회적 유사성이 갈등과 대립의 소재가 되면서 양국 관계는 새로운 전환점을 맞고 있다. 여기에 세계를 인식하고 주변을 인식하는 중국의 새로운 세계관과 강력한 힘을 기반으로 집권을 연장한 시진핑 체제의 등장은 한국과 중국이 협력보다는 경쟁 관계로 나아가는 데 힘을 보탰다. 부쩍 커버린 중국의 세계 영향력, 이를 보는 우리의 여러 인식이 교차하면서 한중관계는 새로운 단계로 진입하고 있다.

지난 한중 수교 30여년 동안 한중관계는 비약적인 발전에도 불구하고 사드 배치를 둘러싼 갈등을 계기로 양국의 민낯을 노출했다. 특히, 중국은 자신들이 가진 시장의 힘을 적극적으로 양국 관계 조정에 활용했다. 이러한 중국의 접근은 자신들의 기대와 달리 한국 국민의 중국과 중국인에 대한 우호적 인식을 급속히 비호감으로 바꿔놓았다. 물론, 한국의 사드 배치를 둘러싼 움직임 역시 중국인에게 한국과 한국인의 이미지를 바꾸는 계기가 되었다. 2016년 사드 갈등을 이후로 한국과 중국은 빠른 관계 격상이 아니라 매우 빠르게 악화하는 양국 이미지를 걱정해야 하는 상황에 이르게 되었다.

이러한 흐름은 국제사회에서 규칙 기반 국제질서를 가치동맹으로 연결하려는 미국의 압력이 강화하면서 한중관계 또한 불편한 동반자 관계를 지속하고 있다. 중국은 한국의 대중국 움직임을 양국 관계 차원에서 사고하기보다는 글로벌 차원, 특히 미중 관계 차원에서 벌어지는 하위변수의 문제로 간주하고 한국에 접근하고 있다. 빠른 관계 격상을 통해서 양국 관계가 비약적으로 발전해 온 것처럼 양국 관계의 악화도 매우 빠르게 진행되고 있다. 이러한 상황에서 한국과 중국의 이른바 전략적 협력 동반자 관계는 점점 소원해지고 있다.

심지어 시진핑 체제의 집권 연장, 가치와 규범을 중시하는 한국의 새로운 정부 출현은 이러한 소원 관계를 더욱 가속화 했다. 그러나 지난 30년 한중관계를 되돌아보면 한중관계는 언제나 양자 간 관계로만 작동된 적은 거의 없었다. 양국 관계는 미중 전략 경쟁이 본격화하면서 필연적으로 국제질서 변화에 더욱 많은 영향을 받고 있다. 즉, 가치와 규범을 중시하는 새로운 현상의 만연은 한중 양국 관계를 더욱 어렵게 하고 있다. 여기에 더해서 양국 국민의 비호감은 점점 고착화하고 있다.

불편한 동반자 관계

향후 한중관계는 동반자 관계를 유지하면서도 불편한 관계에 놓이게 될 것이다. 이미 사드, 신장위구르자치구 인권 문제 등으로 한국과 중국은 역내뿐만 아니라 국제사회에서도 상호 이견을 노출하고 있고, 그 횟수도 잦아지고 있다. 그러나 역사적 추이나 거시적인 맥락에서 보면 양국 관계는 이미 불편한 관계가 일상화되었기 때문에 과거 문제가 다시 양국 관계에 직접 영향을 주지는 못한다. 사드나 국제사회에서 신장위구르자치구 인권 문제 등은 이미 양국 사이에 기정사실화되어 있는 문제일 뿐이다. 그러므로 앞서 언급한 문제로 인해서 양국 관계가 더욱 더 나락으로 떨어질 가능성은 현재로서는 기우에 불과하다.

다만 양국의 전략적 지향점이 점점 분명해지는 상황에서 국익을 둘러싸고 벌어지는 각축장에서 새로운 이슈들이 부상하고 있다는 것은 유념할 필요가 있다, 양국이 치열하게 경쟁하면서도 양국 관계를 파국으로까지 몰고 갈 것으로 생각하고 있지 않기 때문에 서로 확전을 원하지 않는다. 그렇다면 양국은 기정사실화되어 있는 문제보다는 양국 사이에 새롭게 부상하는 문제에 대해서 서로 관심을 더 많이 기울여야 한다. 가령, 영해, 영공, 영토 등 주권에 관련된 문제는 민감성이 매우 높은 이슈들이다. 이러한 양국 사이에 새롭게 부상하는 문제들을 동반자 차원에서 잘 관리하지 않으면 예기치 않은 상황에서 지엽적인 충돌 발생의 가능성도 배제할 수 없기 때문이다.

다음으로 중국은 북핵 문제 해결 관련하여 중국의 건설적인 역할이 더욱 필요하다는 국내외 인식에 대해서도 전향적으로 사고할 필요가 있다. 한국이 중국에게 북핵 문제 해결을 위한 건설적인 역할을 요구하는 것은 군비 증강 경쟁 등 역내 전체의 안정과 관련된 발생 가능할 수도 있는 여러 가지 위기와 연결되어 있기 때문이다. 지금처럼 중국이 북한 핵 문제 등 한반도와 역내 안정을 위협할 수 있는 문제를 둘러싼 위기 상황에 대해서도 다분히 원론적인 입장을 피력하거나 심지어 북한의 행동을 옹호하거나 지지, 용인하는 움직임을 보일 경우 미국은 더욱 지역의 평화와 안전을 이유로 한반도를 포함한 동아시아 지역에 전략 자산을 증강하여 군사적 긴장을 높일 것이다.

그럼 동아시아 지역은 세계에서 군사적 충돌 가능성이 가장 높은 긴장 지역 가운데 하나가 될 것이다. 이러한 위험한 상황은 중국이 기대하는 역내 평화와 발전에도 부합하지 않는다. 따라서 북핵 문제의 평화적 해결을 통한 한반도 주변의 긴장 완화는 중국의 국익에도 부합하는바 중국이 적극적으로 자신의 역할을 재정립하고 실제 행동에 나서야 한다. 만약 중국이 역내 평화와 안정을 위해서 건설적인 노력을 기울인다면 한국도 한중관계를 고려하여 적극적으로 역내 안정을 만들어 가는 동반자 역할에 더욱 매진할 것은 불문가지다.

2. 시진핑 시대는 왜 우리에게 도전인가?

이 같은 시진핑 시대가 한중계에 갖는 함의는 무엇인가? 전혀 새로운 한중관계를 생각해야 한다는 점이다. 왜 그런가? 한중수교는 덩샤오핑의 개혁개방이라는 커다란 그림 속에서 이뤄진 것이다. 그런데 지금 시진핑이 자신의 시대를 덩의 시대와는 다르게 가져가고 있기 때문이다. 크게 경제와 안보로 나눠 보자. 우선 경제와 관련해 중국에 커다란 변화가 일어나고 있다. 덩샤오핑의 개혁개방 정책에 힘입어 비약적으로 성장했던 민영기업이 시진핑 집권 이후 활력을 잃고 있다. 시진핑은 국유기업 위주의 경제 운용을 생각한다. 강한 국유기업 간의 합병을 통해 더 크고 강한 신新국유기업을 탄생시키고 있다. 또 덩샤오핑이 시장경제의 효율을 강조했다면 시진핑은 국가 주도의 독점을 말한다. 다른 하나는 안보다. 덩샤오핑은 경제 발전을 위해 평화로운 외부 환경을 원했고 그런 분위기 조성을 위해 대외적으로 몸을 낮췄다. 어둠 속에서 조용히 힘을 기른다는 '도광양회韜光養晦'가 그것이다. 그러나 시진핑은 이제 그런 시대는 지났다고 말한다. 미국이 쇠퇴하고 중국이 약진하는 '100년에 없을 대변국百年未有之大變局'의 시기를 맞았다고 주장한다. 미국에 태평양의 반을 나누자는 대담한 제안을 내놓는가 하면 세계 각국을 상대로 늑대와 같이 거친 전랑외교戰狼外交를 서슴지 않고 구사한다.

　덩샤오핑 시대와 달라진 시진핑 시대의 모습은 한중관계에 변화를 강요한다. 수교 당시 중국은 1989년 천안문天安門 사태의 결과로 빚어진 미국의 제재를 탈피하기 위해 한국과의 경제협력이 절실했다. 그러나 몸집이 커지자 생각이 바뀌기 시작했다. 물론 지금도 한국과의 경제협력이 중요하지만 사드 사태 때 한국에 무차별 경제보복을 가할 정도로 훌쩍 커진 중국의 경제력을 십분 활용해 한국을 압박한다. 안보적으로도 북한 편향으로 경도될 것이다. 미국과의 대결 구도가 격화되며 전략 자산으로서의 북한의 중요성이 강조되고 있다. 2022년 북한의 엄청난 미사일 도발의 뒷배로 중국이 의심

을 받을 정도다. 또 중국의 지역 패권 움직임이 가시화되며 서해에
출몰하는 중국 해군의 숫자가 늘었고 중국 공군기들은 수시로 우리
의 방공식별구역을 제 집 드나들 듯이 넘나든다.

중국의 고위 외교 당국자는 "소국은 대국을 따라야 한다"며 이웃
나라를 겁박한다. 중국의 부상에 따라 한중관계가 수교 당시로부터
30년이 흐른 지금 완전히 달라진 상황에 놓이게 된 것이다. 여기에
이 같은 기조를 이어가는 시진핑 집권이 장기화할 조짐이다. 이는
우리에게 시진핑 집권 3기 이후 장기 집권의 시대를 제대로 연구해
야 한다는 커다란 숙제를 던진다. 한마디로 시진핑 시대는 우리에
겐 도전의 시대다. 매일 부단히 부딪치는 중국, 그런 중국을 이끄는
시진핑의 집권 3기 이후 장기 집권의 시대가 어떻게 흐를지를 올바
로 전망하지 못한다면 한중관계의 미래는 꽤나 암울하다 하겠다.

3. 대만 유사시 우리의 대응

미국의 군사 전략가들이 군사적 차원에서 여러 가능성을 제기하
고 우려를 표하는 것은 참고할 가치가 있지만,[280] 전쟁에 대한 과도
한 두려움 조성은 자기실현적 예언의 측면이 있다는 점에서 유의해
서 해석해야 한다. 대만해협에서의 유사 사태는 우리의 안보에 커
다란 영향을 미칠 수 있다. 대만해협에서의 전쟁 발발은 미·중 충

돌을 야기하게 되고 이는 주한미군의 전략적 유연성과 연계되어 있다. 미국의 필요에 따라 주한미군 전력을 한반도 역외로 전개하는 것을 '주한미군의 전략적 유연성'이라고 하는데 이 문제는 노무현 정부 시기 한미 간 중요한 논쟁이 되었다. 주한미군이 한반도를 이탈할 경우 북한의 도발 가능성도 염두에 두어야 한다. 요컨대 대만해협에서의 유사 사태가 한반도의 안보 위기로 확산될 수 있다는 것이다.

대만해협 유사 사태와 한반도 안보 위기

펠로시의 대만 방문에 따른 제4차 대만해협 위기 상황에서 대만을 포위하는 형태로 진행된 중국군의 군사훈련은 군사 작전 시나리오 점검의 성격도 엿보였다. 중국군의 대만 봉쇄 훈련의 위치를 보면 대만의 남서부(남중국해)와 대만의 동부(서태평양)에서 진입하는 미군을 차단하고 대만의 북동부에서 한반도와 일본에서 전개되는 미군 군사 자산을 차단할 목적이 있는 것으로 분석된다. 또한 대만 주위에서의 군사훈련 후 서해에서 실탄 사격을 하며 군사훈련을 이어 갔는데 이는 유사시 주한미군과 주일 미군의 대만 지원을 차단하기 위한 훈련으로 해석된다. 중국도 대만 봉쇄 작전에서 주일미군과 주한미군을 크게 의식하고 있음이 드러난 것이다.

만약 미·중 간에 군사적 충돌이 발생할 경우, 한국은 동맹국인 미국으로부터 지원 압력을 받을 수밖에 없고 최소한 군수 지원 등 협조는 불가피하다. 이는 중국의 불만을 야기할 수 있고, 북한이

'중조中朝 우호 협조 및 상호 원조 조약'에 따라 전쟁에 참여하는 최악의 경우도 발생할 수 있으며, 이는 핵무력 사용의 가능성으로 이어질 수 있다. 대만 해협 유사시 중국군의 최우선 타격점에는 괌과 일본의 오키나와가 포함될 확률이 높다. 오키나와에 주일미군의 70% 이상이 집중돼 있기 때문이며 대만 유사에 가장 신속하게 개입할 수 있는 위치에 있기 때문이다. 이의 연장선에서 주한미군 기지도 목표물이 될 수 있다. 결론적으로 미국과 일본이라는 변수를 함께 생각하면 중국의 대만 침공 시 한국 또한 휘말릴 가능성이 크다는 의미다.

따라서 대만 유사의 발생은 한국에게 큰 부담이 된다. 중국은 한국이 대만해협 문제를 거론하는 것에 대해 매우 강경한 입장이다. 2021년 5월 21일 문재인 정부 시기에 열린 한미 정상회담에서는 "대만해협의 평화와 안정의 유지'라는 문구가 들어가자 중국은 내정간섭이라며 강력히 반발했다. 한국이 대만해협 문제를 처음 언급했다는 점과 바이든 행정부 출범 이후 첫 한미 정상회담에서 한국에 대한 '미사일 지침 해제'와 함께 반도체 등 첨단산업 협력이 동시에 제기되면서 한국의 대미 경도가 두드러져 보였기 때문이다. 북한은 이러한 기회를 놓치지 않고 양안 관계를 둘러싼 미중 갈등 상황에서 노골적으로 중국 편을 들고 나섰다. 북한은 특히 대만 정세가 한반도 정세와 결코 무관하지 않다는 주장을 펼치기도 했다. 대만해협에서의 무력 충돌은 동아시아의 안전과 평화를 심각히 훼손할 것이고 한국은 미국과 중국 사이에서 매우 곤란한 선택을 강요받게 될 것이 자명하다.

대만해협 사태와 한국의 국익

시진핑 3기 체제의 노선은 분명하다. 특히 대만 문제에 관해서는 중국 공산당은 제3차 역사결의에서 처음 제시한 '신시대 대만 문제 해결을 위한 당의 총체 방략'에 근거하여 대만 문제를 다룰 것이다. 총체 방략은 대만 문제 해결의 최상위 방침으로 정치적 입장, 실천 방안, 행동 강령 및 정책 등을 총괄 정리하고 있다. 여기에 20차 당대회에서의 분명한 대만 독립 반대와 대만 문제에 대한 외세 개입 반대가 향후 시진핑과 중국 공산당의 대만 정책의 핵심 과제가 될 것이며 '중화민족의 부흥을 위한 대만과의 통일'을 계속 내세울 것이다.[281]

특히 미국의 의지를 시험하면서 대만을 압박하는 중국의 과도한 군사행동은 중국이 그토록 원치 않는 대만의 '탈중국화'를 가속화하고, 그렇지 않아도 우호적이지 않은 국제사회의 인식을 더욱 악화시킬 소지가 있다. 물론 중국의 대만 경제제재에서 중국의 아킬레스건인 반도체 분야가 제외되고, G20 회의에서 마주한 시진핑과 바이든 정상회담에서 서로 갈등이 충돌로 비화되지 않도록 관리하자는 기본 메시지는 주고받았지만 이 전략 경쟁은 이제 상수常數다. 한국이 '대만해협의 안정과 평화'를 언급했다고 중국 세관이 중국 현지 한국기업에 대만산 원산지 표기가 있는 부품 수입을 금지했다는 소식이 들려오는 등 파장이 만만치 않다.

특히 '사드 3불'을 다시 들고나오면서 한국의 인도·태평양 경제 프레임워크IPEF 가입, 반도체 협의체인 칩4 참여에 극도의 우려를 표하는 중국에 빌미를 주지 않도록 정교한 전략 수립과 대응이 요구된다. 따라서 한국은 글로벌 중추 국가로서 동아시아의 평화와 안정을 지지하는 선언을 주도하며 국제사회의 협력을 촉구하면서 다자주의적 입장에서 '대만해협의 평화와 안정'이 한국의 국익에 매우 중요함을 피력해야 한다.

또한 정부 차원에서는 미국과의 전략 대화를 통해 대만해협 유사시의 시나리오를 협의할 필요가 있다. 대만분쟁은 단순한 지역분쟁이 아니며, 중국진출 한국기업의 전략적 선택 공간을 옥죌 수 있다. 중국은 한국의 대미 경사와 한미일 3각 협력 구도에서 가장 약한 고리인 한국을 압박할 가능성이 크며, 미국은 지속적으로 한국의 대중 편승을 억제하기 위해 대만 문제에 대한 이슈 파이팅을 지속할 가능성이 있기 때문이다. 미·중 갈등의 지속이 양안 관계의 불안을 증폭시킬 것이 자명한 상황에서 20차 당대회를 통해 구성된 왕이王毅 외교담당 정치국원과 새로운 외교부장의 강성 외교 라인에 대한 대비도 필요하다.

4. 중국의 한국 침투에 대한 대응

중국의 한국 공략은 전방위적으로 봐야 한다. 고대 역사에서 문

화 등 민족의 정체성에 관한 사안부터 현대의 경제와 안보 등 깊고
도 넓다. 중국의 한국 공략 목적도 예의 주시해야 한다. 단순히 과
거와 같이 한국을 중국의 세력 범위로 편입하고 싶은 것인지, 아
니면 대륙에서 활약하다 스러진 수많은 민족과도 같이 한韓족을
한漢족 속으로 견인하려는 것인지 정신 똑바로 차리고 중국의 말과
행동을 봐야 한다. 왜? 중국의 동북공정과 문화공정 등 최근 전개
되는 중국의 행태를 볼 때 절대로 심상치 않다는 생각을 갖게 되기
때문이다.

중국의 '공정'과 문화 침탈

동북공정은 우리에겐 중국의 고구려사 빼앗기로 잘 알려져 있다.
한반도는 물론 한반도 이북의 너른 만주 벌판에서 활약했던 고구
려를 중국 고대의 지방정권으로 간주해 중국사로 편입시키는 작업
이다. 당시 한국의 격렬한 반발 속에 2004년 중국 공산당 권력 서열
4위인 자칭린賈慶林이 방한해 5개 항에 걸친 구두 합의로 일단 풍파
를 가라앉혔다. 주요 내용은 한중이 이 문제를 학술 영역에서 다루
기로 합의한 것이다. 사실 이 합의는 중국에 시간을 벌어주는 것으
로 활용된 측면이 크다. 아무튼 우리 고구려 역사를 송두리째 앗아
가는 중국의 동북공정은 2002년 시작해 2007년 끝난 것으로 알려
져 있지만 후속 작업은 계속되고 있다.

장성長城 보호 공정이 2005년부터 시작해 2012년에 일단락됐는
데 이 작업으로 만리장성이 기존의 10배가 넘는 2만Km로 확대되

며 그 과정에서 백두산 일대 고구려의 성벽과 봉수대 역시 만리장성의 일부가 됐다고 한다. 산해관에서 그쳐야 할 만리장성이 한반도까지 파고드는 형국이다. 최근엔 중국에서 2000년부터 시작됐다고 하는 장백산 문화론이란 말까지 나온다. 태고적부터 백두산과 그 일대가 중국사의 일부였다는 주장이다. 한민족의 뿌리가 흔들리게 됐다. 어디 그뿐인가. 중국에선 백두산을 중심으로 동해안으로 이어지는 백두대간도 중국사에 편입하는 이론적 토대를 마련 중이라고 한다.[282]

한편, 중국이 한반도에 대한 단순한 영향력 회복 차원 이상의 노력을 기울이는 게 아닌가 하는 의심을 갖게 되는 건 '김치 공정'으로도 일컬어지는 중국의 한국의 문화 빼앗기 움직임 때문이다. 코로나가 한창이던 2020년 말 중국 인민일보의 자매지 환구시보環球時報가 마치 김치의 종주국이 중국인양 보도해 물의를 빚은 건 잘 알려진 사실이다. 그러나 이는 단순 해프닝으로 넘기기에는 파생 문제가 크다. 이 사태 이후 얼마 지나지 않아 중국의 가장 인기 있는 유튜버 중 하나인 리즈치李子柒가 김치 담그는 모습을 찍은 뒤 이를 #차이니스푸드 라는 태그를 붙여 전 세계에 알렸는가 하면 유엔 주재 중국 대사 장쥔張軍도 김치를 담그는 모습을 트윗에 올리기도 했다.

사실 중국에서 '파오차이泡菜'라 하면 일반 중국인 대부분은 이를 '한국 김치'라 생각한다. 굳이 '한궈韓國 파오차이'라고 하지 않아도 '파오차이는 한국 것'이란 인식이 자리잡고 있다. 한데 중국은 이런 관념을 깨겠다는 것이다. 쓰촨四川성의 절인 야채를 뜻하는 '파오차이'가 김치의 원조라고 주장한다. 왜 이런 말을 하나? 한국 고유 문화의 뿌리가 중국에 있다고 주장하려는 것이다. 비단 김치뿐이랴. 한복 등 한국이 자신의 고유 문화라고 생각했던 모든 것들에 대해 중국은 그 뿌리가 중국에 있다는 걸 주장하는 작업을 펼칠 것으로 전망된다. 그렇다면 그 궁극적 목적은 단순한 영향력 회복에 있지 않다. 대륙을 누비다 사라진 수많은 아시아 민족의 운명으로 한민족의 운명 또한 떨어지지 않는다고 누가 장담할 수 있겠나.

중국의 한국 공략

중국의 한국 공략은 깊고도 넓지만 보다 현실적으로 다가오기도 한다. 한중 수교를 가능하게 했던 경제 분야는 중국이 상당히 공을 들이는 영역이다. 경제 부문에서 중국의 대전략은 한국을 경제적으로 중국에 의존시키는 것이라 생각된다. 중국은 한국경제 없이는 살아도 한국은 중국경제 없이는 살지 못하게 구조를 짜는 게 이에 해당한다. 기술이든 물건이든 부품이든 중국에서 공급이 되지 않으면 한국경제가 작동할 수 없도록 만드는 것이다. 우리는 그 단면을 지난 2016년 사드 사태 이후 어느 정도 볼 수 있었다.

당시 중국은 한국에 사드 보복을 가하기 위해 한중 교류 품목 전체를 검토한 후 중국에 피해가 가지 않고 한국이 타격을 받을 분야와 품목을 선별해 보복을 가한 것으로 알려진다. 아직까지 남아 있는 중국의 보복은 두 가지다. 하나는 한국에 대한 중국인의 자유 관광을 허용하지 않는 것 즉 금한령禁韓令이고, 다른 하나는 한류의 중국 진출을 막는 것인 한한령限韓令이다. 중국은 또 한국 주요 기업의 지분을 사들이는데도 관심이 큰 것으로 알려진다. 한국 재계가 정가에 일정 부분 영향력을 미친다고 보고 한국 정치에 발언권이 큰 기업과의 관계를 이용해 한국 정가에 대한 발언권을 높이고 싶기 때문이다. 다음은 한국인에 대한 공략이다. 중국 쪽으로 견인하는 게 필요하다.

그렇다면 한국에도 중국의 간자가 있을까. 이 대목에서 우리의 깊은 각성이 필요하다. 본의 아니게 또는 자신도 모르게 그러한 간자의 역할을 하는 이들이 적지 않을 수 있기 때문이다. 중국이 언제 당신이 간자가 되어주는 게 좋겠다고 접근하는가. 저도 모르게 간자가 되는 것이다. 중국은 어디를 노리나. 정계와 재계, 학계, 언론계 등 모든 분야라 해도 과언이 아닐 것이다. 우선 경제계는 기술 분야 가능성이 높다. 반도체 첨단기술이 절실한 중국이 이 분야에서 얼마나 많은 공을 들일지는 삼척동자도 짐작할 수 있을 것이다. 한국의 현역 기술자나 경제인을 상대론 몇 배의 연봉을 약속하고 중국으로 스카우트해 기술과 경영 노하우를 빼먹을 것이고, 은퇴 기술자 등에게도 고액의 임금을 미끼로 중국으로 데려가는 경우가 다반사다. 산업 스파이 문제는 별도로 친다고 해도 이처럼 일반인을 대상으로 한 중국의 작업에 대해 우리로선 경제나 산업 전반에 걸쳐 스크린 하는 작업을 해야 할 것이다.

경계감이 필요한 중국의 공공외교

다음은 중국의 정계 침투다. 중국 입장에선 미국의 동맹인 한국을 어떻게 미국과 분리해 중국 쪽으로 끌어당길 수 있나 노심초사한다. 한국의 정치에서 매우 중요한 사람들이 국회의원이다. 중국이 이 분야에 들이는 공은 지대한 것으로 알려지고 있다. 국회의원 매 개인에 대해 그 사람의 삼대에 걸친 족보 사항은 물론, 매 국회의원의 장단점, 특히 약점이나 그 국회의원이 무엇을 필요로 하는가를 집중적으로 캐 자신의 사람으로 만드는 것이다. 이러한 작업은 중국 입장에선 너무나 쉽다. 한중 우호를 내세운 다양한 연회를 계기로 요리와 빼갈 속 우애 다지기 공세가 펼쳐진다. 특히 한국의 유망 정치인에 대한 초청 외교를 통해 한국 내 중국의 '라오펑유老朋友(친구)'가 양산된다. 중국 특유의 환대에 우리 정치인은 아무 의심도 갖지 않는다. 자칫 이 과정에서 미인계라도 걸리면 중국의 꼭두각시가 될 수밖에 없다.

한국의 학계와 전문가에 대한 중국의 접근 역시 부지기수로 이뤄진다. 이들이 중요 정보에 접근하는 기회가 많고 또 한국 여론에 커다란 영향력을 미치기 때문이다. 학자나 전문가 낚기는 크게 두 가지 방법이 이용되는 것으로 보인다. 하나는 학자나 전문가의 열정을 이용하는 방법이다. 학문적으로 또는 전문가 입장에서 중요한 정보를 그에게만 알려주는 방식이다. 중국 당국의 주도 면밀한 계산에 의해 제공된 정보를 얻게 된 학자나 전문가는 흥분한다. 이를 갖고 한국에서 대단한 행세를 할 수 있기 때문이다.

다른 하나는 약점이 잡히는 경우다. 중국의 향응에 빠져 약점을 잡히거나 아니면 처음엔 별 것 아닌 정보 한두 가지를 중국에 제공했다가 더 큰 함정에 빠지는 것이다. 문제는 이처럼 중국에 낚인 학자나 전문가가 정부 요직으로 발탁됐을 경우다. 약점이 잡힌 그는 처음에는 보안등급이 낮은 자료부터 중국에 넘기기 시작하다가 끝내는 돌이킬 수 없는 상황을 맞을 수 있기 때문이다. 바늘 도둑이 소도둑이 된다는 속담이 있다. 별것도 아닌 중국의 청을 들어주다가 그게 약점으로 잡혀 훗날 국가에 씻을 수 없는 죄까지 짓는 우는 범하지 말아야 한다. 이런 측면에서 중국의 공공외교를 표방하는 여러 활동에 대해서 경계심도 놓쳐서는 안된다.

3장
시진핑 외교와 우리의 대응 전략

1. 시진핑의 한반도 문제 인식과 우리의 도전과제

지금까지 시진핑 3기 시대에 중국과 한국, 중국과 북한 관계를 양자 차원에서 살펴봤다. 그리고 이에 대해 우리가 고려해볼 수 있는 대응 전략도 조망했다. 양자 차원에서 드러나는 문제 해결이 반드시 한반도 차원에서의 문제 해결에 도움이 되는 것은 아니다. 양자 차원에서의 현안은 한반도라는 지역 차원의 문제와 본질적인 차이가 있기 때문이다. 가령, 양자 차원에서 한반도의 평화 문제는 국가 관계가 개선되고 우호적으로 발전한다 해서 완전히 해결될 수 없는 구조적인 문제가 있다. 이런 이유 중에는 중국과 북한의 동맹, 한국과 미국의 동맹이 있다. 한반도의 영구적인 평화 정착은 이 같은 동맹 문제의 해결을 전제한다는 의미다.

한반도에 대한 중국의 불변적 사고

중국은 전통적으로 한반도에 대해 영속적인 영향력을 미치기 원한다. 중국의 이런 불변적인 사고는 한반도를 통치하는 방식에도 일관성 있게 지속되고 있다. 특히 중국 공산당의 출현과 한반도의 분단 이후 중국이 한반도에 대해 영향력을 발휘하는 데 있어 지금까지 유효하게 활용하는 통치 전략이 하나가 있는데, 바로 분열과 통제다. 이는 공산주의가 주창하는 가장 기본적인 혁명 전략과도 맥을 같이한다. 계급 간에 갈등과 마찰을 조장하여 사회를 분열시켜 득세할 때 상대 진영을 전복시키는 것이다. '평화로운' 전복이 불가능할 경우 혁명이라는 폭력의 수단이 동원된다. 혁명의 성공은 공산주의의 권위적인 전제주의 통치로 이어진다. 즉, 모든 구성원이 공산주의와 공산당에 종속된다는 것이다.

중국 공산당은 우리의 6.25전쟁 때부터 이 같은 전략으로 한반도를 통제하려는 시도를 끊임없이 해왔다. 냉전 때는 북한과 동맹을 유지하면서 한미 동맹을 이간시켜 와해를 이끌어내려한다. 이러한 중국의 노력은 탈 냉전시기에도 유지되고 있다. 더 나아가 중국은 주변 지역뿐 아니라 영향력이 미치는 지역과 국가에 대해서도 분열과 통제를 시도하고 있다. 동남아에서는 아세안ASEAN 협의체에서 모든 나라들이 미얀마 군사정권에 반대하면서 이들의 참여를 거부한다. 그러나 중국의 시진핑은 코로나 창궐 이전에 미얀마를 방문했고, 코로나 시기인 2022년 7월에는 왕이 전 외교부장이 미얀마를 방문했다. 또한 중국이 서남아시아에서는 파키스탄을 계속 지지하며 인도와의 분열을 조장해온 사실은 우리가 익히 잘 알고 있다. 중앙아시아에서는 2001년 9.11 테러 이후 미국이 우즈베키스탄에 공군기지를 설립하자 중국이 이에 반대하며 우즈베키스탄 정부가 이를 철수하도록 종용한 것도 주지의 사실이다. 중국은 친서방에 배타적이어서 지역에서 고립된 나라를 지원하는 것은 물론 자신의 전략이익에 부합한 나라를 자신을 향해 경사하도록 강력한 유인책을 발휘하고 있다.

따라서 본 장에서 동북아 및 한반도라는 지역 차원에서 우리의 대응 전략을 논하기에 앞서 몇 가지 지역 현안에 대한 중국의 도전 사안을 짚고 넘어갈 필요가 있다.

우선 지역 차원에서 북중관계의 의미를 살펴보자. 동북아지역에서 국제관계의 권력 구조는 동맹 체제이기 때문에 그 세력균형이 이뤄지는 한 중국이 북한과의 관계, 특히 동맹을 포기하기는 어불성설인 게 현실이다. 한미 동맹, 미일 동맹이 유지되는 한 북중 동맹은 필수 불가결한 전략적 요소가 됐다. 여기에 북러 양국이 오늘날과 같은 준동맹 수준의 관계를 유지하는 것은 중국에게 금상천화에 다름 없다. 여기에는 중국과 러시아의 관계 또한 준동맹 수준으로 유지되는 것도 중대한 변수가 된다. 이러한 일련의 상황은 특히 오늘날과 같은 미중 전략 경쟁 시대에서 중국이 2022년 2월 러시아와 '무제한 협력' 파트너임을 천명한 연유를 이해할 수 있는 대목이다.

이런 맥락에서 북한의 핵 보유 문제에 중국이 외교적인 수사로 일관하는 이유도 유추가 가능하다고 하겠다. 따라서 북한 비핵화에 대해 '당사국 원칙'을 견지하며 이들 간의 평화로운 해결을 주장하는 이유도 이런 의미에서 유지되고 있는 것이다. 중국은 북한의 핵 개발이 외부(미국과 한미동맹)로부터 받는 과도한 위협 때문에 이뤄진 불가피한 선택이라는 입장과 주장을 시종일관 견지해왔다. 즉 북한의 안보 주권, 안보적 정당성을 수용하는 것이다. 이는 역으로 중국이 북한의 안보가 보장될 때 비핵화가 가능하다는 인식을 가지고 있다는 것을 보여주는 대목이다. 그리고 이것은 중국이 2017년에 북한 비핵화의 해결 공식으로 '쌍중단'과 '쌍궤병행'을 제시하고 지금까지 견지해온 이유이기도 하다. 쌍중단은 한미 연합군사훈련과 북한의 핵·미사일 실험의 동시적 중단을 의미한다. 쌍궤병행은 비핵화와 정전체제를 평화체제로 전환하는 것을 동시에 추진하자는 것이다.

북한의 핵무기와 한반도 평화

미중 전략 경쟁 시대에 지정학적인 경쟁 상태가 두드러지는 상황에서 중국은 북한의 군사력 강화를 마다할 필요가 없는 입장으로 전환되었다. 또한 중국이 북한의 핵무기에 위협을 느끼지 않는 것은 북한에 대한 신뢰 문제 때문이 아니다. 중국이 북한에 비해 핵보복 능력second strike capability이 현저하게 월등하기 때문이다. 이는 곧 중국의 핵무기 능력이 북한에 대한 억지력을 가지고 있다는 것이다. 혹자는 이 대목에서 미국의 핵우산 억제 능력으로 반론을 제기할 수 있다. 그러나 북한은 지난 10여 년 동안 남한에 대한 핵 공격을 서슴지 않겠다는 입장을 무수히 반복하며 밝혀왔다. 이는 북한에게 남한과 한미 동맹은 주적의 대상이기 때문에 미국이 공격을 감행했을 경우 북한은 이판사판으로 갈 수밖에 없는 전투 의식을 강력하게 가지고 있다는 방증이다. 반면, 현재는 북한이 중국에 이 같은 안보 의식을 가질 필요가 없는 단계다. 남북 관계와 북미 관계가 북한의 안보 보장의 기제로서 해결이 되면 중국은 그때 가서야 북한의 핵무기를 우려하게 될 것이다.

한반도 평화 문제는 북한 핵 문제 해결에 변수가 될 것이다. 한반도의 영구적인 평화가 제도적으로 안착된다는 의미를 내포하기 때문이다. 그러나 이를 위한 주변국의 긴밀한 협조가 전제된다. 한반도의 평화 보장을 위해 우리가 상상할 수 있는 수단과 방법은 무궁무진하다. 북한의 비핵화가 이의 시발점이다. 그리고 북한이 주장해왔듯 한반도의 비핵화는 한반도 지역을 비핵화 지대로 전환하는 것이다. 여기에는 주변 핵보유국의 적극적인 참여와 협력이 보장되어야 한다. 특히 러시아의 연해주 일대의 핵기지와 중국의 산동반도와 랴오닝반도 지역 일대에 배치된 핵미사일 기지의 이전이 전제될 것이다. 러시아가 블라디보스토크와 하바롭스크에서 이를 실현할 경우 점령하고 있는 '일본의' 북방영토를 더 이상 양도하지 않을 수 없는 정당성을 잃을 것이다. 그러면 일본은 북방영토의 반환을 강력하게 요구하고 나설 것이다.

더 나아가 한반도 평화 문제의 해결로 발생하는 후폭풍에 대한 전략적 이익계산은 그 어느 주변국도 지금까지 한 적이 거의 없다 해도 과언이 아니다. 한반도 비핵화와 평화 정착을 위한 경제적 손익비용은 간헐적으로 계산된 적이 있었다. 경제건설지원, 에너지 지원, 식량지원 등과 같은 북한에 대한 경제적 보상책의 수준에서 말이다. 그러나 한반도 평화 문제 해결로 양산될 정치·외교적인 대가, 군사안보적인 손익계산은 이뤄진 적이 없다. 가령, 북미 관계의 개선으로 북미 양국이 수교할 경우, 중국의 입장에서는 어떠한 전략적 변화의 의미를 가지고 있을까, 북미 수교로 북미가 동맹이 될 경우 중국이 과연 한반도 평화 정착을 위해 적극적으로 나갈 수 있을까 라고 반문할 수 있겠다. 한반도를 비핵화 지대로 설정할 경우 과연 일본에 핵우산을 제공해야 하는 미국이 이를 수용할 수 있을까. 한반도가 비핵화 지대가 될 경우 반경 몇 백 킬로미터 내에 핵무기, 핵물질 등 핵과 관련된 모든 것을 수송하는 비행과 항행이 금지될 수 있기 때문이다. 북한 비핵화와 한반도 평화 보장이 인과관계에서 해결될 경우 주변국에게는 마치 판도라상자가 열리는 결과를 가져다주는 것을 의미할 것이다. 다시 말해 최소한 동북아 및 한반도 지역의 외교 군사 안보 지형의 대변혁을 의미할 뿐 아니라 우리가 상상도 하지 못한 문제들이 속출할 것이다. 북한 비핵화와 한반도 평화는 단순히 정치 외교적인 해결의 문제가 아니다. 최대한 많은 상상력을 동원하여 다양한 수많은 변수를 고려한 대응 전략이 마련되어야할 것이다.

한국의 핵무장과 중국의 반응

최근에 우리 사회에서 회자되는 안보 현안 중 하나가 미국의 확장 핵 억지력의 강화 방안이다. 여기에는 미국의 전술핵 재배치 문제가 포함된다. 그러나 미국 역시 한반도의 비핵화 원칙을 견지하는 상황에서 이런 조치가 여의치는 않다. 이런 이유로 북한의 핵 위협에 대한 우리 국민의 안보 불안감이 증폭되면서 미국의 확장 핵 억지력에 대한 불신을 초래하고 있다. 그러면서 우리 사회 일각에서는 자체 핵무장을 주장하는 목소리가 점점 설득력 있게 전파되고 있다.

이런 우리 사회 일부의 목소리에 중국의 공식적인 반응은 없었다. 그러나 과거의 행적과 앞서 살펴본 중국의 입장에서 보면 다음과 같이 중국의 반응을 유추할 수 있겠다. 우선 우리의 자체 핵무장 논쟁을 중국은 반길 수 있겠다. 한미 양국 간에 갈등을 유발하기 때문이다. 미국은 비확산과 비핵화 등의 이유로 우리의 핵무장 자체를 수용하지 못하는 입장을 견지해왔다. 그러나 중국에게는 한국의 핵무장 주장으로 미국과의 갈등이 심화되면 비용보다 이익이 더 많은 계산이 설 수 있다. 미국 등 한국의 핵무장을 반대하는 이들이 주장하는 비 확산조약NPT 보호 문제는 문제가 아니다. 문제 시 되었으면 북한 핵 개발 때부터 이 문제를 해결하려 노력했을 것이다. 중국의 입장에서는 한미 갈등이 핵무장으로 심화되는 것이 더욱더 이익이다.

중국은 한반도 비핵화에 소극적인 양상을 보여 왔는데 한국의 핵무장에 대해서도 외교적인 입장에서 대응할 공산이 역시 크다고 할수 있겠다. 남한의 핵무장은 북한 입장에서 핵무기를 더욱더 발전시킬 수 있는 정당한 촉매제가 될 것이다. 중국의 동맹인 북한이 군사적으로 강해지는데 마다할 리 없을 것이다. 또한 경제적으로도 북한이 발전할 수 있는 매개로 활용할 수 있을 것이다. 남한의 핵무장으로 북한의 핵 개발로 인한 제재가 무의미해지기 때문이다. 그러면 중국은 자연스럽게 무조건적으로 대북 지원을 강화할 수 있을 것이다 (이 점에서 남한의 핵무장의 파장이 상당하다. 유엔의 제재 결의안이 무의미해지면서 유엔의 존재 자체가 위험에 빠질 수 있다).

마지막으로 우리가 핵무장에 성공하여 한미 동맹을 지속할 필요가 없다는 판단에서 한미 동맹을 폐기할 경우, 중국은 이를 대대적으로 환영할 것이다. 우리의 핵무장 논쟁은 한미 동맹 갈등의 시작일 뿐이다. 이의 완성이 중국에게 주는 전략적 의미를 본다면 중국으로서는 마다할 수 없는 최고의 결과가 될 것이다.

2. 한국의 인태 전략 프레임에서 바라본 대중국 인식

한국은 지난 2022년 말 우리 역사상 최초로 포괄적인 외교 전략인 한국형 인태 전략을 발표했다. 이번 우리의 인태 전략 발표는 한반도와 동북아를 넘어서 우리의 외교 지평을 인도 태평양 지역으로 확대하는 것으로 보편적 가치의 수호와 증진을 대외 전략의 핵심으로 명시하고 있다. 즉, 우리 정부는 포용, 신뢰, 호혜의 3대 협력 원칙을 바탕으로 자유, 평화, 번영 등 3대 비전을 제시했다. 이를 바탕으로 글로벌 중추 국가GPS, Global Pivotal State 구상을 실현하는데 전략의 중점을 두고 있다. 이러한 원칙과 구상에 따라 전략의 지역적 범위를 한반도와 동북아를 넘어 북태평양, 동남아 아세안, 남아시아. 오세아니아, 인도양 연안 아프리카 지역으로 협력 범위를 확대했다.

한국의 인태 전략과 맞춤형 지역 협력

또한 이번 인태 전략은 기존 한반도와 동북아 문제에만 국한했던 것에서 벗어나 소지역별 맞춤형 지역 협력을 추진하고 이를 위해 9개 중점 추진과제[283]를 중심으로 구체적인 협력 사업 추진을 발표했다. 한편, 인태 전략에서 우리는 특정 국가를 겨냥해서 배제하는 길로 나아가지 않을 것이며 호혜적인 전략을 통해서 자유와 평화, 번영을 추구하겠다는 것을 분명히 밝히고 있다. 이는 일각에서 제기하는 우리의 인태 전략이 중국을 배제하는 것이 아니라는 것을 명확히 한 것이다. 다만, 보고서는 남중국해의 평화와 안정이 인태 지역에서 긴요함을 재확인하고 국제법 원칙에 기초한 해양 질서 준수 및 다자 간 연합훈련 참가를 분명히 밝혔다.

특히 한국은 미국과 일본의 국가전략이 중국을 배제하는 내용을 담고 있는 것에 비해서 중국을 '주요 협력국'으로 명시하여 국제 규범의 규칙에 입각해서 상호존중과 호혜를 기반으로 공동 이익을 추구하는 한층 건강하고 성숙한 한중관계를 언급했다. 또한 한국과 일본, 중국이 녹색 전환과 디지털 전환 분야에서 공조 체제를 구축한다는 내용도 담겼다. '중국은 이사 갈 수 없는 우리의 이웃'이라는 우리 정부의 설명도 우리의 인태 전략이 중국을 배제하지 않는다는 점은 분명하다. 새로운 인태 전략에서 밝힌 바와 같이 중국에 대한 우리의 입장은 영원히 공존해 나가야 하는 나라로 중국을 상정한 것이다. 그러나 점점 격화하는 미중 전략 경쟁은 체제경쟁을 향하고 있다.

미중 양국은 각자 자신들이 견지하는 가치와 체제의 우월성에 대한 확신을 갖고 다양한 분야에서 전략적 경쟁을 벌이고 있다. 이러한 전략적 경쟁이 체제경쟁을 불러오고 있다. 이러한 이유로 미중 양국은 상호 대응 전략이나 방식에서 극명한 차이를 보이고 있다. 그리고 이러한 양국의 가치와 체제 차이가 미중 관계를 더욱 치열한 경쟁 관계로 몰아가고 있다. 미국은 인권, 자유, 민주주의 등 자유 국제질서의 보편적 가치를 중국이 수용할 것을 요구하고 있다. 이와 달리 중국은 자신들이 국가적 상황에 따라 선택한 가치와 체제인 만큼 국제사회가 이를 존중해야 할 의무가 있다고 주장한다. 미국은 중국이 자유 국제질서의 일원으로 참여하는 한 인원, 자유, 민주주의 등 보편적 가치를 존중할 것을 요구한다. 그러나 중국의 그동안의 행태를 보면 미국의 이러한 요구 기준을 충족시키지 못하고 있다고 평가받고 있다. 미국의 대중 공세가 중국 공산당을 향하고 중국의 대외 행위를 변경하려는 데 있다는 것을 알 수 있는 대목이기도 하다.

미중 전략 경쟁과 우리의 선택지

이러한 미중 전략 경쟁 상황에서 우리의 선택은 다음 세 가지로 정리할 수 있다. 첫째, 미중 전략 경쟁에서 우리의 전략적 선택은 우리의 가치와 체제 이익에서 출발해야 한다. 우리의 기본 가치가 인권, 자유, 민주주의에 있다면, 이를 수호하기 위한 우리의 전략적 선택은 논쟁의 대상이 될 수 없다. 둘째, 우리의 영토주권 수호를 최우선시되는 전략이 필요하다. 중국의 유사시 군사작전 전략개념에서 우리의 위치가 어디에 있는지를 되짚어봐야 한다. 중국은 최근 한반도 주변에서 자주 군사작전과 훈련을 벌이고 있다. 우리의 바다와 하늘에서 벌어지는 중국의 잦은 작전과 훈련은 우리 영토가 중국의 방어 대상 지역으로 간주되기 때문이다. 우리의 영토주권의 안전이 확고히 보장되지 않는 상태에서 경제발전과 번영, 국민의 안위와 행복을 기대하는 것은 어불성설이다. 따라서 우리가 독자적으로 영토주권을 수호할 능력이 부족하거나 취약하다면 우선 동맹이나 우방과의 전략적 제휴, 연대나 연합의 방식을 선택할 수밖에 없다. 한미 동맹과 미국의 동맹 체제 강화 전략에 우리가 적극적으로 참여를 고려해야 하는 이유이기도 하다.

마지막으로 우리는 우주와 사이버 질서 구축에 적극 참여해야 한다. 조기에 참여할수록 '질서 제정자'로서 더 많은 지분을 확보할 수 있다. 미중 갈등 관계를 지나치게 의식하여 참여 시기를 놓치면 우리는 '질서 제정자'가 아닌 '질서 수용자'로 전락할 수밖에 없다. 따라서 우주와 사이버 질서 두 공간의 질서 구축의 조기 참여는 우리의 미래 국익의 극대화는 물론 국익의 손실을 최소화할 수 있는 최선의 전략적 선택이다. 현재 이 영역에서 미국의 노력은 국제사회의 보편적 지지를 받고 있기 때문에 우리는 더욱 미국과의 공조를 모색해야 한다. 그리고 이 공간 질서 제정과 운용에 중국의 참여를 유도하는 데도 협력해야 할 것이다.

물론, 위에서 언급한 여러 전략적 선택에는 정치와 경제 리스크가 수반되기 마련이다. 외교가 이러한 위험 부담과 실제 손실을 최소화할 수 있어야 하기 때문에 우리의 현명한 외교 전략이 필요하다. 우리의 국익 중심의 선택이 중국의 불만으로 이어져 경제적 손실을 야기할 수도 있다는 우려 역시 존재한다. 그러나 중국이 우리에게 일방적으로 보복을 취할 수 있는 상황은 아니다. 예컨대 우리와 중국 간에는 반도체 등을 포함하여 핵심 과학기술의 격차가 존재하기 때문이다. 그리고 중국이 그동안 우리와 미국을 포함한 여러 가지 일련의 경제·무역보복사건을 보면 중국 자국 경제발전에 기여하고 있는 핵심 산업의 제품은 보복대상에서 제외하거나 우회하는 경향을 보여준 바 있다.[284]

우리가 한미일 공조를 주도하는 것도 중국의 불만을 해소할 수 있는 유익한 대안이 될 수 있다는 점도 깊이 고려해야 한다. 중국이 일본을 두려워하고 있는 상황을 우리가 적극적으로 활용할 수 있다. 미일 동맹 대신 한미 동맹이 중심이 되어 일본의 '정상 국가화'와 '군국주의'의 부활 등에 대한 중국의 우려를 잠식시키는 효과를 기대할 수 있기 때문이다. 또한 대북 문제 관련하여 중국의 협력 문제도 그 추동 요인을 정확히 파악하면 역내에서 우리의 위험 부담을 현저히 줄여나갈 수 있다. 사실 중국의 협력을 이끌어낼 수 있는 근본적인 요인은 미국에 있다. 미국이 그동안 대북한 또는 대중국을 압박할 경우 북핵 문제 등에서 중국의 협조적인 행동을 이끌어낸 적이 있었기 때문이다.[285]

3. 미중 경쟁에 대한 우리의 전략

미국과 중국 간의 전략 경쟁은 최소한 2024년까지 '치킨게임'의 양상을 보이며 이어질 것이다. 2024년 1월 대만의 총통(대통령) 선거도 예정되어 있다. 미중 양국은 대만해협 지역에서 전략적 우위를 점하기 위한 포석을 경쟁적으로 둘 것으로 예상할 수 있다. 미국은 2023년 하반기부터 대선 정국에 들어간다. 현재 미국의 초당적인 반중국 정서를 감안하면 대통령 후보자 경선에 참여하는 이들이 중국에 강한 입장과 태도로 나설 가능성이 농후하다. 이런 상황에서 한중관계 또한 녹록지 않을 것이다. 미국은 대만해협 지역에서의 전략이익을 수호하기 위한 전략을 적극 추진할 것이다. 여기에서 한미일 군사관계의 강화뿐 아니라 중국을 견제하고 압박하기 위한 정책과 법안을 연속적으로 채택할 가능성이 많다.

이런 상황에서 우리가 우리의 국익을 확보하기 위한 움직임의 관건은 미국의 행보를 미리 전망하고 우리의 대응책을 마련하는 것이다. 우리가 선제적으로 대응책을 마련하지 못한 상황에서 '반도체 법안Chip4', '인플레이션 감축 법안IRA(일명 '배터리 보조법')', '바이오 법' 등과 같은 상황이 벌어졌다. 미국은 지금도 중국 과학기술의 도약을 견제하기 위한 일련의 법안을 구상하고 있다. 예를 들어, 정보통신기술에서부터 희토류·광물자원의 확보, 식량·에너지 자원에 이르기까지 다양한 법안을 논의 중이다. 여기에 더해서 대만을 군사적으로 무장하기 위한 법안도 다수 논의하고 있다.

우리는 미국의 이러한 법안과 전략구상 움직임에 맞서 우리의 국익 증대와 국익 손실의 최소화할 수 있는 전략 방안을 적극적으로 그리고 심도 있게 검토해야 한다. 우리가 미국 전략구상 참여에 대한 중국의 반응을 신경 쓰기에 앞서서 미국의 전략 의도, 취지와 목표를 먼저 간파하는 것이 급선무다. 이런 노력이 선행되어야 우리가 중국 반응에 독자적으로나 미국과 공동 대응할 수 있는 기반이 마련될 수 있다. 미국과의 긴밀한 협의, 소통과 논의가 그 어느 때보다 필요한 시기가 도래했다.

4. 한미일 군사 협력관계와 한중관계 전략

외교에는 항상 대상이 있는 법이다. 그리고 그 대상의 뒷면에는 또 다른 대상이 있다. 이들 간의 관계가 늘 좋은 것이 아니기 때문에 외교는 입체적, 복합적, 고차원 방정식적 차원으로 접근해야 한다. 한·일 관계 개선만이 능사가 아니라는 얘기다. 중·일 관계가 악화 일로를 거듭하는 가운데 한·일 관계의 개선이 한·중 관계에 어떠한 영향을 미칠지는 당연히 고민해야 하는 문제다.

한미일 협력의 고차방정식

우선, 글로벌 중추 국가로 발전하려면 외교에 전략과 대안이 수반돼야 한다. 세계 자유와 번영, 평화에 기여하는 전략을 세우고 이를 실천하는 데 있어서 한국의 특정 외교 대상국은 물론 또 다른 대상국과의 관계를 반드시 숙지해야 한다. 한·일 관계 개선 덕분에 이어질 한·미·일 3국 관계의 발전을 두 손 들고 환영할만한 사안이 아님을 인지해야 한다. 미국과 중국, 일본과 중국의 관계가 좋지 못하기 때문이다. 혹자는 한·중 관계도 좋지 않기 때문에 대동소이하지 않느냐고 반문할 수 있으나 미국과 일본은 맹목적으로 중국을 무시하면서 국익을 희생하진 않는다.

중국은 한국에게 2017년 도출된 '3불(사드 추가 배치, 미국 미사일방어체계 참여, 한·미·일 군사 동맹을 하지 않음)'에서 이미 한·미·일 군사 관계 발전의 반대를 지적했었다고 경고하고 있다. 윤 대통령이 후보자 시절 이 3불을 폐기하겠다는 의지를 보였던 만큼 한·미·일 3국의 군사 관계 발전을 역으로 활용해 폐기 의사를 간접적으로 표명할 수도 있다. 그러나 이는 한국만의 일방적인 희망에 찬 생각wishful thinking에 불과하다.

외교는 쌍방의 소통과 교류의 행위다. 한·미·일 3국의 군사 관계

발전을 진정으로 원한다면, 3불 폐기를 직접 선언하는 것이 정정당당한 외교의 첫걸음일 수 있다. 3불이 약속, 합의 또는 조약의 것이 아니라고 해서 무조건 무시할 수는 없다. 중국의 인식은 다르기 때문이다. 중국은 이를 약속한 합의 사항으로 간주하기 때문에 불필요한 마찰과 갈등을 피하기 위한 전략적 복안을 마련하는 것도 필요하다.

둘째, 상대방의 니즈needs를 파악하는 접근법이 필요하다. 강대국이 외교를 잘하는 이유 중 하나가 상대의 니즈를 간파하고 행동하기 때문이다. 가령, 한·일 관계에서 '김대중·오부치 공동성명'의 정신에 입각한 외교관계와 역사 문제를 구분하는 투트랙 접근법을 되살리자는 것이 국내 외교계의 모토가 됐다. 그러나 이를 일본이 수용할지에 대해서는 고민한 흔적이 없어 보인다. 일본은 당시 공동성명으로 역사 문제가 해결됐다고 생각하기 때문이다. 일본에게 우리의 제안은 역사 문제가 또다시 쟁점화할 수 있는 여지를 남겨두자는 것으로밖에 들리지 않는다.

마지막으로 '딜'을 할 줄 아는 외교가 필요하다. 현재 판세에서 우리의 지정학적·지경학적 전략 가치는 매우 높다. 한국은 모든 나라가 자국의 4차 산업의 지속적 발전을 희망하고, 환경 문제를 해결하는 데 가장 핵심적인 기술과 제품을 공급할 수 있는 능력을 갖췄기 때문이다. 지정학적으로는 인도·태평양 지역 내 미국과 중국의 각축전에서 한국이 중국의 최후 방어선인 '제1도련선'의 핵심적인 지리적 위치에 있다. 군 병력 면에서는 일본의 5배, 호주의 10배에 달하는 군사적 역량을 구비하고 있다. 이제는 이런 국력에 부합하는 외교 협상을 벌여야 세계 자유와 번영, 평화에 진정으로 기여할 수 있을 것이다.

국력에 부합하는 전략사고

지금까지 한국 외교가 국력에 부합하는 능력을 발휘하지 못한 가장 큰 이유는 외교적 전략 사고가 분야별로 분산·집중됐기 때문이다. 다시 말해, 분야를 넘나드는 딜을 하지 못했기 때문이다. 한국은 군 당국이 군사 현안을 해결하는 것을 당연시했다. 때문에 군사 현안을 경제 현안으로 해결하려는 사고는 시도조차 하지 못해왔다. 이번 나토 정상회의에서 튀르키예는 스웨덴과 핀란드의 나토 가입을 용인하는 대신, 그 나라에 있는 자국 정치범의 소환, 서방의 쿠르드 지원 금지, 미국 F-35 전투기 판매 등을 확보하면서 국익을 극대화했다. 튀르키예는 정치, 외교, 군사적 이익을 모두 챙겼다.

한국은 세계가 갈망하는 반도체, 소형원자로SMR, 원자력 발전소, 2차 전지, 디스플레이 등의 분야에서 선도적 위치를 점했다. 그럼에도 이를 외교력에 접목시키지 못하고 있다. 세계가 이 분야에서 한국과의 협력을 요구할 때 우리의 국익도 챙겨야 한다. 그 국익이 이들 분야 외의 것이라 할지라도 말이다. 그러나 한국은 의제의 영역을 넘나들지 못하는, 경직되고 분할된 사고로 협상에 접근하는 외교적 관행을 버리지 못하고 있다. 이제는 이를 버리고 영역을 넘나들며 유연하게 접근하는 사고와 자세를 갖춰야 하는 시기가 됐다.

5. 미국 주도 전략구상 조기 참여와 영향력 확보

미국과 중국 간의 전략적 경쟁이 심화되면서 한반도의 지정학적 전략 가치도 덩달아 올라가고 있다. 미·중 양국 모두 한반도를 자기편으로 끌어들이고 싶은 마음이 점점 더 간절해지고 있다. 인·태 지역에서 한반도는 미국에게 더할 나위 없이 소중한 전략 자산이다. 한·미동맹을 비롯해 경제 안보 측면에서도 한반도의 중요한 가치는 2021년 5월 한·미 정상회담에서 발표한 공동성명문에서도 분명히 드러났다. 글로벌 공급망의 재편을 꾀하는 미국에게 우리의 과학기술 경쟁력은 매우 중요한 요소 중 하나다. 공동성명문에서 강조했듯 반도체, 수소에너지, 바이오 기술, 2차 전지, 소형원자로SMR 등에서 우리의 기술과 능력은 일본을 능가할 정도로 독보적이다.

한반도의 지정학적 전략 가치

군사 안보적인 측면에서 주한미군기지도 중요한 요소다. 특히 주한미군 공군기지가 대만에서 제일 가까운 거리에 위치하고 있다. 대만 유사시 주한미군 공군 전투기가 가장 먼저 출격할 가능성이 높다. 주한미군 공군기지에서 대만까지의 직선거리는 800해리, 일본 아오모리현의 주일미군 미사와 공군기지와는 1,400해리, 괌과는 1,500해리다. 박근혜 정부 때 우리나라가 공중급유주유기를 3대 도입한 것도 이와 무관하지 않다. 평시 비행에 전투기의 비행거리

능력은 500해리다. 따라서 유사시 한반도에서 출격하는 전투기는 도중에 공중급유가 필요하다.

이밖에 일본은 인태 지역에서 유사시에 미국을 군사적으로 지원하는 데 한계가 있다. 지난 2015년 미·일 간에 '가이드라인'이 수정되면서 일본 자위대의 활동 반경이 대만해협 근처까지 확대되었다. 그러나 일본 '평화헌법' 등의 제약 요소를 차치하더라도 일본 자위대의 병력 규모나 무기체계는 우리 군과 비교해 현격한 차이를 보이고 있다. 일본 자위대는 우리 군의 약 절반 수준(25만 명)이고 전투병력도 현저히 적다. 미국 인태 전략의 핵심국인 호주의 병력 규모 역시 우리의 10분의 1 수준에 불과하다. 그럼에도 미국이 50년대에 결성한 동남아조직기구SEATO에서 호주는 동맹국으로서 미국의 동아시아 지역 전략에 적극 나섰다. 하지만 지리적인 위치에서부터 군사적 능력 등의 원인으로 미국에게 별 도움이 되지 않고 있다.

중국에게 한반도의 지정학적 전략 가치는 지대하다. 러시아와 몽골 다음으로 가장 긴 국경을 우리 한반도(북한)와 맞대고 있다. 또한 미국의 동맹국 중 지리적으로도 제일 가까운 자리에 위치하고 있다. 따라서 중국으로서는 한반도 이남의 주한미군과 한·미동맹의 존재를 우려할 수밖에 없다. 더욱이 미국이 2019년에 '중거리 핵전력 협정INF'을 폐기하고, 2021년에 우리나라의 미사일 사거리 지침을 해제했다. 이것은 중국 국방과 안보에 상당한 위협이 될 것이다. 특히 우리나라의 미사일 사거리 지침 해제는 우리의 미사일 사거리에 대한 제한을 해제한 것만이 아니다. 주한미군기지에 배치될 미사일에도 적용된다. 지금까지 이러한 제한 때문에 주한미군기지에 패트리엇 미사일만 공식적으로 배치되었다. 그래서 중국은 우리의 인태 전략과 쿼드에 대한 입장을 예의 주시할 수밖에 없다. 중국이 우리의 결정에 영향을 미치기 위한 전략은 두 가지뿐이다. 제재 또는 유화책이다.

지정학적 전략이나 경제 안보적인 측면에서 우리 대한민국의 가치는 상당하다. 미국과 중국은 자신의 전략과 국익을 위해 우리가 필요할 것이다. 이런 관점에서 우리는 우리의 국익을 위한 시대적, 전략적 판단과 결정을 해야 한다. 또한 미·중 간의 전략 경쟁에서 이들의 지정학적 전략 구상도 읽어내야 한다. 중국은 인태 전략을 자신에 대한 군사 안보적 포위망으로 간주한다. 반면 미국은 이를 중국의 부상과 중국 공산당의 대외적 행위를 교정할 수 있는 '평화적인' 압박 수단으로 생각한다. 이를 위해 미국에게는 한국 등 동맹의 적극적인 참여가 관건이다. 미국이 인태 전략과 쿼드의 목표를 독자적으로 달성하기 어렵기 때문이다.

미중 전략 경쟁과 군사외교 강화의 당위성

우리의 군사 외교도 더욱더 강화할 필요가 있다. 미중 간 군사 경쟁은 점점 일상화되어가고 있다. 특히 대만 지역을 두고 양국의 전략 경쟁은 치열해질 것이다. 이 과정에서 미국은 인도-태평양 전략의 실체화, 한미일 군사 관계 강화와 여타 관련 전략구상(쿼드)의 실천 등에 주력할 것이다. 이러한 상황 변화에 부합하는 우리의 외교 대응 전략도 리셋이 필요하다. 우선, 외교의 주체에 국방이 포함되어야 한다. 우리의 군 당국의 외교력 또한 국가 외교에 추가 되어야 한다. 우리 군 당국도 외교 분야에서 역할과 기능, 그리고 역량과 능력을 발휘해야 할 시기가 도래했다.

둘째, 한미 동맹에서 우리 국익을 위한 군 당국의 더 적극적인 외교가 필요하다. 그동안 우리나라에 외교가 없었다는 일각의 비판도 사실 동맹관계에서 군이 외교에 소극적이었기 때문이다. 미국에 일방적으로 의존하는 구조에서 자주 독립적인 외교를 기대하기 어렵다. 일본도 예외는 아니다. 일본과 같이 우리 군 당국도 외교 국방 (2+2) 전략 대화에 더 적극적으로 참가하면서 외교 목소리와 역량을 높여야 한다.

마지막으로 우리의 군사 이익을 기타 영역에서의 국익을 보호하는 장치로 활용해야 한다. 우리의 국방이익은 우선 우리의 영해와 영공을 지켜내는 데 있다. 우리가 중국의 위협으로부터 이를 독자적으로 지켜내지 못하는 현실에서 역으로 미국 주도의 전략구상 내에 우리의 군사 전략적 위치와 위상을 대중국 협상 레버리지로 이용해야 한다. 군사 외교로 중국의 보복을 억제하고 우리의 경제이익, 외교관의 이익을 보호하는 효과를 기대할 수 있을 것이다. 우리의 국력과 국익의 확대로 우리 외교가 이제 군사, 국방, 안보, 경제, 무역, 영사 등의 영역을 넘나드는 협상 전술을 고도화해야 할 시기가 왔다.

6. 중국의 공격 포인트

우리에 대한 중국의 공격 포인트는 '기정사실화fait accompli'하는 것이다. 통일전선부를 통해 두 가지 경로를 통해 이뤄진다. 하나는 우리의 전통을 포함한 문화유산, 가치, 사상, 역사 등에 대한 중국의 해석과 기록을 지속적으로 홍보, 선전함으로써 이를 우리 국민의 무의식 속의 한켠에 자리 잡게 만드는 것이다. 어찌 보면 우리의 역사관, 세계관, 인식을 그루밍하는 것이다. 다른 하나는 우리의 영해와 공해, 영공과 상공에 대한 반복적인 접근과 진입을 통해 우리의 안전 불감증과 안일함을 우리의 머릿속에 정착하게 만드는 것이다. 중국군의 지속적이고 반복적인 행위를 통해 우리가 이런 중국의 행동에 우리 주권과 안보에 대한 심각성을 느끼지 못하게 하는 것이다.

중국의 이런 행동에는 나름 자기만의 명분과 논리가 존재한다. 시진핑 주석이 2017년 4월 도널드 트럼프 전 대통령의 오찬 만찬자리에서 한반도와 중국의 관계에 관해 한 발언이 이의 방증이다. 시 주석은 이를 설명하기 위한 명제로 "실제로 한반도는 중국의 일부였다"를 제기했다. 이런 그의 역사관과 세계관이 허튼소리가 아닌 진심이었음을 알 수 있는 증거자료도 많다. 시 주석이 권좌에 오르기 전 중국은 이미 21세기 초부터 "동북공정" 등 우리의 고대사를 왜곡하려는 시도가 많았다. 그리고 그가 중국 공산당을 집권한 이후(2012)부터는 김치, 한복, 태권도 등 우리의 전통음식 문화에서 전통 의복, 전통 무예 등을 중국의 것이라고 주장하기에 이르렀다.

최근에는 한중일 역사 전시회를 베이징에서 개최한 자리에 우리의 발해 시기를 우리의 고대사 연표에서 제거하는 행각까지 벌였다. 의도적이라 하지 않을 수 없다.

우리의 영해와 공해, 영공과 상공에서도 중국의 군함과 전투기는 무단 진입과 근접 항행을 일삼고 있다. 특히 2016년부터 중국 인민해방공군 소속의 전투기는 우리의 방공식별구역KADIZ에 무단 진입은 물론 근접 비행을 수백 차례 진행했다. 이와 비슷한 시기부터 우리와 중국 간의 '그레이존gray zone(관할이 불명확한 안보 지역)'에서 중국의 인민해방해군의 군함이 자주 출몰한다. 서해상에서 우리와 중국 간의 해상경계선을 뜻하는 경도 124도의 이른바 '중간선'에 중국 군함이 거의 매일 접근한다. 때로는 이를 넘나드는 행각까지 벌이고 있다. 2020년 12월에는 우리의 백령도 앞바다 전경 40km에까지 중국 군함이 들어온 바 있다. 물론 이들의 출몰에 대해 우리 군 역시 즉각 대응했다. 우리의 전투기도 즉각 대응 비행을 했으며, 우리의 군함 역시 중간선에서 경쟁적 억지 전략을 구사하고 있다.

그러나 이런 중국의 행위가 지속적으로 지구전으로 진행될 경우 우리의 불안감과 긴장감을 완화시키면서 종국적으로 무마시킬 수 있는 효과를 볼 수 있다. 일상적인 것으로 치부할 수 있다. 반복적인 행태에 대한 불감증이 생겨날 수 있기 때문이다. 중국이 이런 반복 학습효과를 통해 노리는 것은 이를 기정사실화하는 것이다. 그리고 그 결과로 중국은 자신의 반복적인 행위로 우리가 저항이나 반발할 수 있는 여지마저 없애는 효과를 기대하는 것이다.

7. 중국의 샤프 파워 외교와 우리의 대책

중국은 현재 다양한 차원에서 다양한 방식으로 샤프 파워를 전개하고 있다. 그럼에도 불구하고 우리가 이를 포착해 내지 못하는 즉 중국의 샤프 파워 외교 접근 전략에 우리가 속수무책인 이유는 단 한 가지다. 바로 유무형으로 전개되는 중국의 샤프 파워 활동을 저지하거나 제어하고 발본할 수 있는 법적 근거가 없기 때문이다. 즉, 우리가 중국의 샤프 파워 침투에 대응할 수 있는 법적 명분과 기반이 전혀 존재하지 않기 때문이다. 현재 한국에는 다양한 방식으로 중국의 샤프 파워가 전개되고 있다. 물론 중국의 샤프 파워가 비단 한국만을 상대로 전개되는 것은 아니라고 해서 안심할 수는 없다.

우리나라에서 중국의 샤프 파워는 다양한 방식으로 그리고 여러 가지 의도와 취지, 목적과 목표가 복합적으로 뒤섞여 나타나고 있다. 그러나 앞서 언급한 대로 법적 토대가 취약하여 우리 공권력으로 중국 샤프 파워에 대한 조사, 수사, 검열, 검사 등을 할 수 없다. 중국의 샤프 파워 행위가 우리 사회를 교란, 분열, 선동해 궁극적으로 우리의 이념과 가치를 대체시키고, 최악의 경우 체제와 정권을 전복시킨다 해도 법적으로 저지할 수 있는 근거가 현재로서는 없다. 왜냐면 외국인이 내국에서 벌이는 국가와 사회에 대한 위해 행위와 간첩 활동을 방지할 수 있는 방첩법防諜法같은 입법 조치가 없기 때문이다. 따라서 이 법안을 하루빨리 마련해야 샤프 파워를 합당하게 법의 테두리 안에서 차단할 수 있다.

8. 중국 핵심 이익과 우리의 대응

시진핑 3기 시대의 중국 핵심 이익에는 변화가 없을 것이다. 만약 있다 해도 본래 설정한 개념의 범주를 벗어나는 게 아니고 지금까지 그래왔듯 개념을 구체화하는 데 불과할 것이다. 가령, 영토완정領土完整, 영토주권을 대만에서 신장, 티벳, 그리고 남중국해와 동중국해로 확대해석하는 정도의 수준에 불과할 것이다. 핵심 이익의 개념 자체가 매우 광범위하기 때문이다. 즉, 코에 걸면 코걸이, 귀에 걸면 귀걸이의 것이기 때문에 핵심 이익의 변화는 큰 문제가 아니다.

이를 강화하는 문제도 상황적, 시대적, 역사적 배경에 따라 방점이 찍히는 데가 다를 것이다. 대만, 신장, 티벳 문제가 심각해지면 이에 대한 개념 강화를 할 수 있다. 지금처럼 미국과 중국이 기술 분야에서 치열한 경쟁을 하면 중국의 발전권리가 위협받기 때문에 핵심 이익의 두 번째 항목인 발전의 권리를 강화할 수 있다. 그리고 이에 부합하는 대응이나 반응을 할 수도 있다. 그러나 핵심 이익이라고 개념을 강화하거나 이를 보완하기 위해서 대외적으로 증대/증진 활동을 강화하기는 현실적으로 상당히 어렵다. 강화하겠다는 것은 결국 외국과 대척하겠다는 의미이고, 방어하겠다는 것은 보호주의로 가는 것이기 때문이다.

중국의 핵심 이익은 우리와 직접 갈등이나 마찰의 소지가 크지 않기 때문에 우리의 입장에서는 오히려 미중 경쟁관계에서 파생되는 것에 대해서 우리의 대책을 마련하는 데 집중해야 한다. 미중 경쟁 관계에서 사드가 배치되고 불이익은 우리가 받았다. 앞으로도 이런 파생적인 사건이 발생하면 우리에게 불똥이 떨어질 것이다. 여기에 대한 대비를 하는 수밖에 없다. 그러기 위해서는 미국과의 철저하고 긴밀한 협의, 협상이 요구되고, 중국으로부터 파생되는 응징 조치에 미국과 공동 대응할 수 있는 공조 체제의 마련이 더욱 시급하다.

중국으로부터 얻을 수 있는 국익

전통적인 관점에서 우리가 중국으로부터 얻을 수 있는 국익은 다양한 차원과 영역에서 나눠서 생각해볼 수 있다. 우선, 지리적으로 우리는 중국과 가장 인접한 국가다. 가장 빈번하게 왕래하며 가장 많은 교류를 쉽게 할 수 있는 이점을 가지고 있다. 이런 이점을 활용해 그 어느 나라보다도 중국과 신뢰를 쌓을 수 있다. 경제적으로는 중국은 구매력을 갖춘 세계에서 가장 큰 시장 가운데 하나다. 이런 시장을 지척에 두고 있다는 사실 하나만으로도 우리의 경제적 이익은 여느 국가와 비할 바가 되지 못한다. 외교 안보 분야에서도 중국과 협력할 수 있는 공간과 현안들이 많다. 한반도의 평화와 안정뿐만 아니라 동북아, 동남아를 아우르는 동아시아, 심지어는 아시아대륙의 평화와 안정에도 양국의 협력과 협조가 여러 부분에서 기여할 수 있다. 아시아의 평화와 안정이야말로 우리의 외교 안보 이익 중 가장 중요한 이익이기 때문이다.

그러나 이제는 새로운 시대에 새로운 환경에서 우리의 대중국경제와 외교 안보 분야에서의 국익은 새로운 공존방식에서 찾아내야할 것이다. 중국과 비대칭적인 전략 관계를 가지고 있기 때문에 우리 국익이 보다 현실적으로 설정되어야 한다. 또한 현실적인 국익을 추구하기 위해서는 보다 현실적인 접근 방법과 전략이 필요하다. 우리의 생존방식은 이미 미국 주도의 전략구상에 참여하면서 달라졌다. 소 다자주의에 적극 참여하면서 우리의 국익을 추구하는 방식으로 전환되었다. 문제는 이런 소 다자주의에 대한 우리의 전략이 아직 구체적으로 마련되고 있지 않다. 참여만으로 끝나는 게 아니기 때문이다. 미국이 추구하는 소 다자주의가 어떠한 의도와 취지, 목적과 목표를 가지고 추진되는지를 명확히 알아야 한다. 그러나 아직 이런 정도의 정교한 외교 작업이 이뤄지지 않고 있는 것 같다.

소 다자주의에 참여하기로 한 이상 우리의 중국에 대한 국익도 달라질 수밖에 없다. 우선 전략이익 차원에서 과거와 같이 양자 간의 협력을 통해 우리의 국익을 확보하는 것은 기대하기 어렵게 되었다. 양국 간에 비대칭적인 전력 구조에서 양자 간의 협의와 협력이 순조롭지 않기 때문이다. 따라서 양자 차원에서 우리가 추구할 수 있는 국익은 제한적으로 바뀌고 있다. 이는 양국이 직접적으로 당면한 의제와 현안으로만 국한된다는 의미다. 그래서 순수하게 양자의 성질과 본질을 가진 현안을 찾기란 쉽지 않다. 따라서 양자 차원에서 추구할 수 있는 국익은 상당히 축소되었다.

대신 소 다자주의를 통해서 우리가 추구할 수 있는 국익은 더욱 커졌다. 소 다자주의 내에서 참여국과의 협력과 공조를 통해 중국을 같이 공동으로 통제하고 관리하고 대응하는 데서 파생되는 이익에서 우리가 차지할 부분이 많다는 의미다. 쉽게 말하면 공동구매 방식이다. 더 적은 비용으로 효과와 실익을 극대화하는 것이다. 가령, 경제영역에서 역할과 기능에 따라 분업화된 소 다자주의에서 우리의 기여도에 따라 우리의 지분과 이윤은 확대될 것이다. 그리고 리스크를 안을 가능성도 적어진다. 따라서 우리의 경제적 이익도 기존의 것부터 새로운 것을 창출하는 데까지 소 다자주의를 적극 이용해야 한다.

외교 안보 이익도 마찬가지다. 소 다자주의 협력 구조에서 우리의 발언권, 의사 결정권, 영향력을 얼마만큼 확보하느냐에 따라 동 분야에서 우리의 국익 범위와 수준도 결정될 것이다. 따라서 한미동맹 때문에 미국의 소 다자주의에 맹목적으로 무작정 참여해서는 안된다. 소 다자주의의 참여가 우리의 국익, 특히 대중국의 국익의 범위, 영역, 수준 등을 모두 결정할 것이기 때문이다.

9. 국가 정체성의 충돌과 공존 관계의 숙명 사이

한국은 지난 30여 년 동안 가치, 체제, 이념의 차이에도 불구하고 비약적인 관계 발전을 이루었다. 한중관계는 1992년 수교 당시 우호 관계에서 2008년 전략적 협력동반자관계로 빠르게 발전했다. 경제 상호의존에 의한 협력관계의 시너지 효과로 양국 관계는 매우 빠르게 밀착하였으나 동시에 관계의 폭과 깊이가 심화할수록 사회 문화적 갈등이 분출하고 정치 외교, 군사 안보적 갈등이 중첩되어 나타나기 시작했다. 특히 2016년 사드 배치를 둘러싼 양국 갈등은 2023년 초 현재까지도 이어져 양국 관계 회복을 더디게 하고 있다. 그러나 한국형 인태 전략에서도 밝히고 있듯이 우리에게 중국은 공동 이익을 위해 협력하는 파트너이자 협력 대상자다.

그러나 한중 양국 관계는 미중 전략 경쟁이라는 외적인 요인의 영향을 직간접으로 받기 시작하면서 협력을 통한 공동 이익 창출보다는 서로 경쟁하는 대상으로 점점 내달리고 있다. 특히 중국의 급속한 경제성장과 세계경제에서의 영향력 증대, 시장으로서의 위치 등은 우리에게 중국에 대한 새로운 인식을 요구하고 있다. 강대국으로서의 전략 목표를 설정한 중국에게 우리는 점점 협력 대상보다는 경쟁 대상으로 진화하고 있다. 양국 사이에는 외교 안보나 군사 안보의 울타리에 이어 경제 안보의 울타리가 양국 사이 깊이 자리하고 있고, 이것이 갈등과 대립을 더욱 심화시키고 있다. 이 과정에서 미중 전략 경쟁의 영향을 직간접으로 받는 중국은 자신의 정체성을 강화하는 이른바 정체성 정치를 노골화하고 있다. 이러한 변화된 환경은 점차 양국 관계를 협력과 공존보다는 대립과 갈등의 길로 내몰고 있고 관계는 점점 더 삐걱거리고 있다.

중국은 현재 시진핑 주석 세 번째 집권 시기를 시작했다. 중국은 내부적으로 강력한 지도력과 당의 통치력을 확대하고 있고, 대외적으로는 한층 공세적이고 적극적인 외교를 펼쳐가고 있다. 그리고 정체성의 정치를 강화하면서 경제뿐만 아니라 인문 사회, 정치 외교와 군사 안보 등 다양한 분야에서 우리와 갈등, 대립이 증가하고 있다. 한중 양국 사이에는 현재 갈등 관계의 일상화가 진행되고 있고, 그 폭과 깊이는 점점 더 넓어지고 깊어지고 있다. 이런 변화 환경에서 우리는 장기적으로 중국과 공존의 방향성을 지켜나가며 단기적으로는 시진핑 시대의 전략 변화에 맞서서 우리의 주권, 생존, 정체성을 지키기 위해서 더욱 노력해야 한다.

물론, 장기적인 안목에서 보면 한국과 중국은 공존의 이익이 대립과 갈등의 이익보다 크고 넓다. 그러나 단기적으로 보면 변화된 국가전략에 따라 국익을 추구하는 중국과 우리는 여러 방면에서 갈등과 충돌의 가능성도 배제할 수 없다. 그래서 한국과 중국은 정체성의 충돌과 공존 관계의 숙명 사이에서 다소 오래 걸리더라도 양국이 함께 살아갈 수 있는 길을 찾아야 한다. 미중 전략 경쟁이 심화하고 양국 갈등이 고조될수록 장기적 안목을 가지고 양국 모두 균형점을 찾는 노력이 필요하다.

주재우(경희대학교 교수)

북경회상北京回想

   2003년 8월 북경대학교에서 첫 강의를 시작했다. 강의 내용은 경제사회 발전론이었다. 한국을 모델로 삼아 최빈국이 중진국 함정을 벗어나 선진국의 길로 들어서려면 어떤 성취를 이루어야 하고 어떤 고난을 극복해야 하는지, 그리고 경제적 성공이 만들어내는 사회 문제인 양극화와 단층화의 문제, 풍요로운 세상에서 반드시 따라오는 저출산, 고령화의 문제 등을 핵심 주제로 삼아 깊이 있는 강의와 토론이 이루어졌다. 아울러, 국내 자본 축적이 부족한 최빈국 중국은 불가피하게 해외 자본 도입을 늘려나가야 하는데 이때 직접투자FDI 우선의 외자 도입과 해외 금융 자본 도입의 장단점과 선택에 따른 비용 요소들을 자세히 강의했다. 그때 북경대 학생들의 영롱하고 날카로웠던 눈빛을 잊지 못한다.

아내와 나는 캠퍼스 내 무명호無名湖, Weiming Lake 옆에 지어진 누각에서 지냈다. 서태후 시대 여름 별장이었던 티자이라는 누각을 미국 휴렛 패커드 그룹HP INCORPORATED의 후원으로 현대화한 집이었다. 모두 6개의 객실이 있었는데, 우리는 1층 첫 번째 객실에서 지냈다. 집에서 강의실까지는 약 15분 정도 걸어서 다녔고 학생은 경제학부, 대학원 학생 포함 60명 정도였다. 누각을 나서면 노란 단풍이 길을 덮고 호수 주변에는 많은 남녀학생들이 돌계단에 걸터앉아 담소를 나누는 모습이 정겨웠다. 아침에 시먼西門을 나서면 자전거 행렬이 줄을 잇고 대부분의 자전거 뒤편에는 대나무 광주리가 묶여 있었다. 그 안에는 어린 자녀 한 명이 타고 있었는데 자녀를 학교에 데려다주려는 교육열의 행렬이었다. 두부와 돼지고기를 사서 돌아오며 초소에 배달된 한국 신문을 가져다 읽곤 했다. 중간고사 1주일 전에는 예상 문제를 30개 나누어 주었다. 잘 모르는 부분이 있는 학생들은 보충 수업을 위해 우리 숙소에 찾아오곤 했다. 어떤 때는 10여 명이 한꺼번에 찾아오기도 했다. 이때 아내는 모두에게 카레라이스를 만들어주었고, 다 함께 먹으며 둘러앉아 담소를 나누곤 했다. 화제는 주로 한국 학생들의 캠퍼스 생활, 취직 문제, 심지어 성형에까지 넓어지기도 했다. 그때 우리 숙소에는 중국의 명사들이나 학자들이 자주 찾았다. 내가 찾아갈 때도 많았다. 한 학기 동안 약 30여 명의 명사, 대학자들과 면담하며 중국의 미래에 대해 토론했다. 그 결과물이 『거대 중국과의 대화』다.

다음 해에 한국에 국회의원이 되어 돌아왔다. 북경대 학기 도중에 노무현 대통령이 두 차례 관저 만찬에 초대했고 그와 오가피주를 마시며 많은 토론을 벌일 기회가 있었다. 그것이 계기가 되었다고 믿는다. 그러나 정치에 대한 부적응증과 함께 내 마음속 깊이 자리 잡고 있는 중국에 대한 관심, 우려와 두려움이 나를 국회 밖으로 끌어내었다. 그리고 2007년 1월 NEAR재단을 창립했다.

중국 런민대학人民大學 재정금융대학원에서 국제통화제도에 대해 1년에 한 번씩 3학기 강의를 하게 되었는데 몇 년 사이에 중국 학생들의 외모나 옷차림이 많이 서구화되고 있음을 알 수 있었다. 이와 함께 중국 당국의 태도나 표현이 조금씩 자신감 있고 도도해 보이기 시작했다. 그 사이 나에게 몇 명의 절친이 생겼는데 그들도 이 부분을 매우 우려하고 있었다. 중국의 미래에 대해 과잉 자신감over confidence을 갖고 있는듯했다. 가끔 강의 내용에 대해 젊은 유학파 교수를 보내 체크하는 듯 한 감을 느끼기도 했다. 그 사이 많은 중국 친구들이 생겼다. 그들과 공산당과 중국에 대해 토론하고 논쟁하기도 했다. 학기가 끝나고 종강 날에 학생들이 개인별로 사진을 붙여 석별의 글을 담아 앨범을 만들어주었다. 그리고 학생 대표가 명필이 쓴 것으로 보이는 족자를 기념품으로 주었다, 그 글자에는 이념도 국가도 공산당도 보이지 않았다.

「細 雨 无 声 润 草 緑
春 光 有 色 染 花 紅」

　　그 족자는 오랫동안 내 책상 앞에 걸려있다. 가끔 앨범을 꺼내 보며 나의 북경시대에 대한 깊은 회상에 잠긴다. 2013년에 나는 중국사회과학원Chinese Academy of Social Sciences; CASS의 정책고문Policy Advisor에 임명되었다. 주 임무는 10여개 정부 부처 내 개혁·개방 전략 담당 공무원들을 상대로 특강을 하고 언론 인터뷰를 통해 개혁·개방의 두려움을 불식시키는 것이었다. 이때는 시진핑 주석 1기 시대였는데 중국 당국이 한국을 바라보는 눈빛이 더욱 날카로워지고 한국에 대한 경외심은 점점 사라지고 있었다. 중국사회과학원에 설치되었던 한국 연구소는 폐지되고 일본 연구소의 한쪽에 붙어있게 되었다. 나에 대한 그들의 질문 내용도 점점 달라졌다. 미국과 금융, 통상 협상 경험을 묻고 미국의 약한 고리를 찾으려는데 관심이 집중되고 있었다. 그리고 북한에 대한 동정심을 나타내면서 리비아가 만약 핵 보유국이었다면 미국이 그렇게 무자비하게 공격할 수 있었겠느냐고 반문했다. 나는 그들에게 북한의 핵미사일이 한국, 일본, 미국만 겨냥하고 있는 것이 아니고 중국 본토에 가장 근접해 있다는 엄연한 사실을 직시해야 한다고 반문하기도 했다. 시진핑 2기 집권 시대에 이르러 한국은 중국을 두려움의 대상으로 바라보기 시작했다. 사회주의로 다시 색칠해가는 모습을 보며 한중 간에 존재하는 국가 정체성의 거리가 크게 벌어지고 있는 것을 느꼈다.

중국에 대한 합리적 의심을 품다

나의 합리적 의심은 2013년부터 솟아오르기 시작했다. 중국사회과학원CASS 정책 고문으로 초청되었을 때 많은 정부 부처 관료들과 대화하고 오래된 나의 친구들과 깊이 논의했다. 이를 바탕으로 『한국을 보는 중국의 본심』을 썼다. 1만 권이 넘게 팔린 이 책을 읽고 많은 한국인들이 놀라움을 금치 못했다. 나는 부제를 『이성적 친구, 감성적 타인』이라고 붙였다. '착각하지 마라. 이제 중국은 진정한 친구에서 멀어지고 있다'라는 뜻이다. 그리고 만 10여 년이 지났다. 그 사이 중국은 나의 친한 친구의 나라에서 급격하게 변심한 애인의 나라로 변했다. 순한 양처럼 내 말 한마디, 한마디를 경청하며 메모하던 중국 관리들의 모습은 거만한 미소와 손에 숨겨왔던 발톱을 내보이며 한국을 폄하하는 공산당 간부의 모습으로 변했다. 무엇이 그들이 내 눈에 변심한 애인으로 비치게 했는가? 그것은 시진핑의 본심이자 중국의 본심이었던 것이다. 대국이 하는 일을 소국이 따라야 한다는 대국주의의 눈으로 한국을 내려다본다. 무엇보다도 공안 통치는 편안해 보였던 중국의 지식인들의 얼굴을 일그러지게 했고 그들의 입을 굳게 닫혀버리게 했다. 2015년에 이르러 사드THAAD(고고도 미사일방어체계) 파동을 겪으며 최후의 보루였던 정경분리 원칙이 무너졌다. 나는 올 것이 왔구나하는 생각에 이르렀다. 사회주의정치와 자본주의경제라는 두 개의 가죽을 실로 꿰매어 단순봉합縫合했던 중국식 사회주의 시장경제 체제는 기본부터 흔들리기 시작했다.

그래도 나는 지금 시진핑의 야심과 생각, 그리고 그의 철학을 탓할지라도 중국이라는 나라를 비난하지 않는다. 중국인들은 웬만한 일로는 도발하지 않고 굴종하는 듯, 순종하는 듯하며 살아간다. 그러던 그들의 손에 백지가 들려지고 "공산당 물러가라", '시진핑 물러가라"를 외치게 했다. 엄청난 변화다. 나는 중국이 2003년에 내가 알던 중국으로 돌아가길 기원한다.

나의 친구들은 지금 어떻게 살고 있을까?

나는 2011년 5월부터 중국 칭화대학과 함께 『NEAR-TSING-HUA 안보전략대화』를 개설하여 오래 운영해 왔다. 북핵 문제, 북중 관계, 한반도 평화 문제를 주제로 6차례 중국과 한국을 번갈아 가며 열었다. 어느 날 중국 측으로부터 더 이상 계속하기 힘들 것 같다는 통보를 받았고 얼마 후 코로나19 팬데믹이 나의 중국 왕래를 봉쇄했다. 지금도 나는 중국에 있는 나의 절친들의 얼굴을 잊지 못한다. 그들의 사고 체계는 나와 그리 차이가 나지 않았다. 중국이 중진국함정에서 벗어나는 길을 묻고 또 물었던 젊은 조교수의 해맑은 얼굴이 떠오른다. 그들은 지금 어떻게 살고 있을까? 기존의 생각을 중국 특색 사회주의에 맞추어 변화하며 적응하고 있을까? 작년 10월 말 시진핑 3기 체제의 정치국 구성을 보고 많은 이가 놀랐다. 그러나 그것은 빙산의 일각일 것이다. 이제 오랫동안 시진핑 시대에서 이러한 중국의 모습을 자주 바라보게 될 것이다. 앞으로 중국에는 무슨 일들이 벌어질 것인가? 시진핑 한 사람의 생각과 판단에 따라 세계 정치는 요동 칠 것이다.

이것은 학문적 호기심을 훨씬 넘어서는 치열한 현실의 문제이며 지금 우리 앞에 다가서고 있는 것이다. 우리는 시진핑 시대의 중국 체제에 맞추기 위해 그동안 우리가 쌓아왔던 유형, 무형의 축적을 버릴 수는 없다. 그것이 우리의 마지노선인 것이다. 이제 중국 전역에 번져 나갔던 백지 시위도 잠잠해졌다. 그러나 그들의 자유를 위한 항거는 시진핑 시대의 출발선에서 시진핑 체제에 치명상을 입힌 것이 분명하다. 앞으로 그 백지에 무엇이 쓰여질 것인지, 이에 대해 중국 당국은 천안문 사태 때처럼 강경 진압을 할 것인지, 병원을 새로 짓고 의료체계 확립에 나서며 국민 위생 관리에 재정을 투입하고, 생활, 생계, 생존에 있어서 기본적 자유를 허용할 것인지 그 귀추가 주목된다. 나는 시진핑 주석이 대만을 넘보기 전에 중국 국민의 기본 생활 문제 해결에 더 치중하기를 기대한다.

중국은 진정 무겁고 깊은 마음을 가진 나라임에 틀림없다. 그러나 지금 중국에는 긴 겨울이 다가오고 있다. 어두움이 휘몰아가며 중국의 아름다운 모든 것을 감춘다. 이 중국에 언젠가는 봄이 올 것이라고 믿는다. 두터운 얼음 밑으로 흐르는 강물의 온도가 서서히 오르고, 이윽고 얼음의 두께를 얇게 할 것이다. 우리는 시진핑 주석의 일거수일투족에만 얽매어 일희일비해서는 안 된다. 그 대신 시진핑 체제에 가려 있는 깊고 아름다운 중국의 모습을 떠올리며 오랜 시간 기다려야 한다. 중국 국민의 일인당 GDP가 2만불, 3만불이 되었을 때, 그들의 욕구 체계는 우리와 크게 다르지 않을 것이고 중국에는 화창한 봄이 찾아올 것이라고 기대해 본다.

정덕구(NEAR재단 이사장)

미주

1) The White House, *National Security Strategy*, October 12, 2022. https://www.whitehouse. gov/wp-content/uploads/2022/10/Biden-Harris-Administrations-National-Security-Strategy-10.2022.pdf

2) U.S. Department of State, U.S. Secretary of State, Antony J. Blinken, *The Administration's Approach to the People's Republic of China*, May 26, 2022.
https://www.state.gov/the-administrations-approach-to-the-peoples-republic-of-china/

3) John J. Mearsheimer, "Bound to Fail: The Rise and Fall of the Liberal International Order," *International Security*, Vol. 43, No. 4 (Spring 2019), pp.7-50,
https://doi.org/10.1162/ISEC_a_00342

4) G. John Ikenberry, "The end of liberal international order?" *International Affairs*, Vol.94, No. 1 (January 2018), pp.7-23, https://doi.org/10.1093/ia/iix241: G. John Ikenberry, "Why American Power Endures: The U.S.-Led Order Isn't in Decline", *Foreign Affairs*, (November-December 2022).

5) *Financial Times*, "Vladimir Putin says liberalism has 'become obsolete'", June 28, 2019, https://www.ft.com/content/670039ec-98f3-11e9-9573-ee5cbb98ed36

6) Economic Intelligence Unit, "*Democracy Index 2021: less than half the world lives in a democracy*," February 10, 2022.

7) 그러나 이 같은 미국인들의 기대는 달성되지 못했고 앞으로도 희망이 없다는 미국 정계 지도자들의 초당적 인식이 트럼프 행정부 출범 이후 중국에 대한 포용전략의 기조를 버리고 대결 전략으로 전환하게 된 근본 원인이 되었다. 사실 이미 훨씬 전에 미국의 중국에 대한 기대가 이뤄지지 못할 것이라는 의심은 있었다. 닉슨 대통령은 사망하기 전 자신의 연설담당 보좌관이었던 William Safire가 중국과의 무역 증대가 가져올 긍정적 정치효과에 대해 미국 국민들에게 너무 과한 기대를 심어주었던 것 아니냐는 질문에 대해, "약간 슬픈 표정을 지으며," "우리는 프랑켄슈타인을 만들어냈는지도 모르겠다"고 답했다. William Safire, "The Biggest Vote," *The New York Times*, May 18, 2000.
https://www.nytimes.com/2000/05/18/opinion/essay-the-biggest-vote.html

8) *Statistics Times*, "Sources based on the World Bank and the IMF", May 15, 2021.

9) Paul Kennedy, *The Rise and Fall of the Great Powers: Economic Change and Military Conflict from 1500 to 2000* (Vintage Books, New York: 1989).

10) Katharina Buchholz, "China Steps Up Military Spending", *Statista*, June 9, 2021.
https://www.statista.com/chart/16878/military-expenditure-by-the-us-china-and-russia/

11) Young-kwan Yoon, "Power cycle theory and the practice of international relations", *International Political Science Review*, Vol.24, No.1, New Jersey: International Political Science Association. (pp. 5-12), 2003.

12) CRS Report for Congress, Wanyne M. Morrison and Marc Labonte, *China's Holdings of U.S. Securities: Implications for the U.S. Economy*, November 20, 2008.

13) Data source: World Wealth and Income Database. Chart by Ray Dalio, "Our Biggest Economic, Social, and Political Issue." (October 2017)

14) Michael Dimock & Richard Wike, "America Is Exceptional in Its Political Divide: The pandemic has revealed how pervasive the divide in American politics is relative to other nations," The Pew Charitable Trusts, *Trust Magazine*, March 29, 2021.
https://www.pewtrusts.org/en/trust/archive/winter-2021/america-is-exceptional-in-its-political-divide

15) David Brunnstrom, Michael Martina, "Xi denies China turning artificial islands into military bases", *Reuters*, September 26, 2015.
https://www.reuters.com/article/us-usa-china-pacific-idUSKCN0RP1ZH20150925

16) Post Opinions Staff, "Opinion: A transcript of Donald Trump's meeting with The Washington Post editorial board," *The Washington Post*, March 21, 2016.
https://www.washingtonpost.com/blogs/post-partisan/wp/2016/03/21/a-transcript-of-donald-trumps-meeting-with-the-washington-post-editorial-board/

17) *NBC News*, "Putin: Soviet collapse a 'genuine tragedy'", April 26, 2005. nbcnews.com/id/wbna7632057

18) Olivier Knox, "Some Americans (and others) are questioning Putin's mental state", *The Washington Post*, February 28, 2022.
https://www.washingtonpost.com/politics/2022/02/28/some-americans-others-are-questioning-putin-mental-state/

19) Can Kasapoğlu, "A Winning Strategy in Ukraine," Hudson Institute, March 27, 2022.
https://www.hudson.org/research/17637-a-winning-strategy-in-ukraine

20) *BBC*, "Ukraine war: US estimates 200,000 military casualties on all sides," November 10, 2022. https://www.bbc.com/news/world-europe-63580372

21) 서유진, ""전세기까지 동원"…러 징집 30만인데, 이미 20만 해외로 떴다," 중앙일보, 2022.09.29.

https://www.joongang.co.kr/article/25105623

22) *Financial Times*, ""We hit them with slingshots': Ukraine's 'iron general' shows his mettle," November 18, 2022.

23) *The Guardian*, "Jake Sullivan: US will act 'decisively' if Russia uses nuclear weapons in Ukraine," September 25, 2022.

https://www.theguardian.com/us-news/2022/sep/25/us-russia-ukraine-war-nuclear-weapons-jake-sullivan

24) *Financial Times*, July 30, 2022.

25) *Financial Times*, Aug. 9, 2022.

26) European Commission, Economy and Finance, "Autumn 2022 Economic Forecast: The EU economy at a turning point,"

https://economy-finance.ec.europa.eu/economic-forecast-and-surveys/economic-forecasts/autumn-2022-economic-forecast-eu-economy-turning-point_en

27) IMF는 2022년 4월 러시아 경제가 8.5%까지 마이너스 성장을 기록할 것이라고 예측한 바 있다. *Financial Times*, "Russia's economy enters recession with 4% contraction," November 17, 2022. https://www.ft.com/content/e4f0cb9b-695c-4cc3-92c8-f8371de2ac38

28) Joint Statement of the Russian Federation and the People's Republic of China on the International Relations Entering a New Era and the Global Sustainable Development, February 4, 2022.

29) CSIS, China's Power: Up for Debate, November 17, 2022. Yun Sun's comment. https://www.youtube.com/watch?v=xbQVndVAWMk

30) 光明日報, 2013년 7월 25일, 정재호, 『생존의 기로: 21세기 미중관계와 한국』 (서울, 서울대학교출판문화원, 2021), p.160에서 재인용.

31) *Renmin Ribao (People's Daily)*, "Xi Jinping Gives Joint Interview to Media from BRICS Countries," March 20, 2013.

32) Michael D. Swaine, "Xi Jinping's Address to the Central Conference on Work Relating to Foreign Affairs: Assessing and Advancing Major Power Diplomacy with Chinese Characteristics," Carnegie Endowment for International Peace, 2015.

https://carnegieendowment.org/files/Michael_Swaine_CLM_46.pdf

33) Christopher K. Johnson, "Why China Will Play It Safe: Xi Would Prefer Détente—Not War—With America," *Foreign Affairs*, November 14, 2022.
https://www.foreignaffairs.com/china/why-china-will-play-it-safe

34) Green Finance and Development Center, Countries of the Belt and Road Initiative (BRI), February 2022.

35) The White House, Office of the Press Secretary, Remarks by President Obama and President Xi Jinping of the People's Republic of China Before Bilateral Meeting, June 07, 2013, Sunnylands Retreat, Palm Springs, California.
https://obamawhitehouse.archives.gov/the-press-office/2013/06/07/remarks-president-obama-and-president-xi-jinping-peoples-republic-china-

36) Michaël Tanchum, "China's new military base in Africa: What it means for Europe and America," European Council on Foreign Relations, Commentary, December 14, 2021.
https://ecfr.eu/article/chinas-new-military-base-in-africa-what-it-means-for-europe-and-america/

37) Andrew Rennemo, "How China Joined the Sanctions Game," *The Diplomat*, February 08, 2021. https://thediplomat.com/2021/02/how-china-joined-the-sanctions-game/

38) The White House, Remarks By President Obama to the Australian Parliament, November 17, 2011.

39) 헤징은 미래의 불확실한 위험에 대비한다는 의미로, 중국이 미국에 협력하지 않고 도전할 가능성에 대비한다는 의미이다.

40) Saroj Bishoy, "7th US-China Strategic & Economic Dialogue: Key Takeaways," *The Pioneer*, July 18, 2015.
https://www.dailypioneer.com/2015/columnists/7th-us-china-strategic-and-economic-dialogue-key-takeaways.html

41) The White House, National Security Strategy of the United States of America, December 2017.

42) Vivek Mishraf, "From Trump to Biden, Continuity and Change in the US's China Policy," *ORF Issue Brief*, No. 577, September 2022, Observer Research Foundation.
https://www.orfonline.org/research/from-trump-to-biden-continuity-and-change-in-the-uss-china-policy/

43) Bob Davis and Lingling Wei, "Who won the U.S.-China Trade War?," *The Wall Street Jour-*

nal, May 20, 2022.

44) Bethany Allen-Ebrahimian, Special report: Trump's U.S.-China transformation, *Axios*, Jan. 20, 2021. https://www.axios.com/2021/01/19/trump-china-policy-special-report

45) Hui Feng, "Trump took a sledgehammer to US-China relations. It won't be an easy fix, even if Biden wins," *ABC News*, October 20, 2020, https://www.abc.net.au/news/2020-10-20/

trump-took-a-sledgehammer-to-us-china-relations-easy-fix-biden/12782848

46) Josh Rogin, "Biden doesn't want to change China. He wants to beat it." *The Washington Post*, February 10, 2022.

https://www.washingtonpost.com/opinions/2022/02/10/biden-chinastrategy-competition/

47) U.S. Department of State, "The Administration's Approach to the People's Republic of China," May 26, 2022.

48) NATO 2022 Strategic Concept, Adopted by Heads of State and Government at the NATO Summit in Madrid, 29 June 2022. https://www.nato.int/strategic-concept/

49) Helena Legarda, "China and Russia Bring NATO and the Indo-Pacific Together," *Internationale Politik Quarterly*, July 14, 2022

50) Jessica Chen Weiss, "The China Trap: U.S. Foreign Policy and the Perilous Logic of Zero-Sum Competition," *Foreign Affairs* (September/October 2022).

51) 영역별(재래식, 핵, 사이버, 우주, 정보), 전구(분쟁지역 간), 갈등의 스펙트럼 (고강도 전쟁, 회색지대 전술), 국력의 모든 도구 (특히 동맹과 파트너들의 국력)를 통합해서 적대국을 억제한다는 개념이다. U.S. Department of Defence, DOD News, C. Todd Lopez, "Integrated Deterrence at Center of Upcoming National Defense Strategy," March 4, 2022.

https://www.defense.gov/News/News-Stories/Article/Article/2954945/integrated-deterrence-at-center-of-upcoming-national-defense-strategy/#:~:text=At%20the%20core%20of%20the,USS%20Louisiana

52) Christopher K. Johnson, "Why China Will Play It Safe Xi Would Prefer Détente—Not War—With America," *Foreign Affairs*, November 14, 2022.

https://www.foreignaffairs.com/china/why-china-will-play-it-safe

53) The White House, Readout of President Joe Biden's Meeting with President Xi Jinping of the People's Republic of China, November 14, 2022.

https://www.whitehouse.gov/briefing-room/statements-releases/2022/11/14/readout-of-president-joe-bidens-meeting-with-president-xi-jinping-of-the-peoples-republic-of-china/

54) Bret Stephens, "China's Decline Became Undeniable This Week. Now What?" *The New York Times*, January 17, 2023.

https://www.nytimes.com/2023/01/17/opinion/china-population-decline.html

55) Ruchir Sharma, "The Demographics of Stagnation: Why People Matter for Economic Growth," *Foreign Affairs* (March/April 2016).

56) Chris Buckley, Joy Dong and Amy Chang Chien, "Shrinking, Aging China May Have Backed Itself Into a Corner," *The New York Times*, January 18, 2023.

https://www.nytimes.com/2023/01/18/world/asia/china-population-politics.html?-searchResultPosition=1

57) "Shrinking, Aging China," *The New York Times*, Hal Brands and Michael Beckley, *Danger Zone: The Coming Conflict with China* (New York: W.W. Norton, 2022).

58) *DW News*, "Can China still become the world's largest economy?" January 2023. https://www.youtube.com/watch?v=maH4gy3tpiI

59) *DW News*, "Can China still become the world's largest economy?"

60) Yoon Young-kwan, "Will Europe's Past be East Asia's Future?", *Politique Etrangère*, 2014, Issue 1, pp.173-85.

https://www.cairn-int.info/journal-politique-etrangere-2014-1-page-173.htm

61) 윤영관, "너무 빨리 도광양회 버린 중국의 대가," 중앙선데이, 2023.02.04.

62) Yuen Yuen Ang, "An Era Just Ended in China," *The New York Times*, October 26, 2022.

63) "US admiral sounds alarm on China's military ambitions in Asia," *CNN*, March 10, 2021.

https://edition.cnn.com/videos/world/2021/03/10/admiral-davidson-china-taiwan-concerns-kirby-sot-vpx-amanpour.cnn

64) Richard Haass and David Sacks, "American Support for Taiwan Must Be Unambiguous," *Foreign Affairs*, September 2, 2020.

https://www.foreignaffairs.com/articles/united-states/american-support-taiwan-must-be-unambiguous

65) *CBS NEWS*, 60 MINUTES, "President Joe Biden: The 2022 60 Minutes Interview," September 18, 2022.

https://www.cbsnews.com/news/president-joe-biden-60-minutes-interview-transcript-2022-09-18/

66) Dexter Filkins, "A Dangerous Game Over Taiwan," *The New Yorker*, November지 21, 2022.

https://www.newyorker.com/magazine/2022/11/21/a-dangerous-game-over-taiwan

67) 정상원, ""트럼프가 핵전쟁 일으킬라" 중국과 통화까지 하며 막았던 미국 합참의장", 한국일보, 2021.09.15. https://m.hankookilbo.com/News/Read/A2021091510580000193

68) *Reuters*, T-Day: The Battle for Taiwan, Nov.5, 2021 by David Lague and Maryanne Murray.

69) *Reuters*, T-Day: The Battle for Taiwan, November 5, 2021 by David Lague and Maryanne Murray.

70) John K. Culver의 견해, CSIS, China's Power: Up for Debate, November 17, 2022. https://www.youtube.com/watch?v=xbQVndVAWMk

71) Alexander Huang의 견해, CSIS, China's Power: Up for Debate, November 17, 2022. https://www.youtube.com/watch?v=xbQVndVAWMk

72) "Contingency plans: South Korea and cross-Strait security," *The Interpreter*, June 27, 2022

73) Japanese Former Defense Minister Morimoto Satoshi on a Taiwan Contingency, *The Diplomat*, June 8, 2022,

74) Blake Harzinger, "Abandoning Taiwan Makes Zero Moral or Strategic Sense," *Foreign Policy*, May 3, 2021.

75) Yun Sun, "SK and the Taiwan Contingency: The Chinese View," Stimson Center, February 23, 2022.

76) "윤석열 정부 '인·태 전략' 최종보고서 발표…"중국과의 협력 포함"" 경향신문, 2022. 12. 28. https://www.khan.co.kr/politics/president/article/202212281816001

77) 2021년 19기 6중전회에서 "20차 당대회 2022년 하반기 베이징에서 개최"한다고 발표했다. 2022년 8월 30일 정치국 회의에서는 "20차 당대회 2022년 10월 16일 개막"을 발표했다. 그리고 2022년 9월 9일 정치국 회의를 개최하여 "19기 7중전회 토론 원고 3건 심의" 발표하여 당대회 보고 문건의 내용을 사전에 알렸다. 즉, 20차 당대회 〈보고〉 원고, 당장 수정안 원고, 19기 중앙기율검사위원회 업무 보고 원고 등에 대한 논의를 알려 20차 당대회에서 이에 기초한 논의가 진행될 것임을 보여주었다. 당대회 준비는 관행에 따른 예측가능한 정치가 작동하고 있음을 잘 보여주었다.

78) "中共中央政治局召开会议 习近平主持会议", http://www.gov.cn/govweb/xinwen/2022-09/09/content_5709163.htm (검색일: 2022년 10월 10일). 회의에서는 3개 문건 논의 외에 〈19기 중앙정치국 중앙 8항 규정 관철 집행 규정 상황 보고(十九届中央政治局贯彻执行中央八项规定情况报告)〉, 〈당의 19대 이래 기층 부담 감경 위한 형식주의 시정 업무 상황에 관한 보고(关于党的十九大以来整治形式主义为基层减负工作情况的报告)〉 등 심의

79) 20차 당대회 〈보고〉는 '중국식 현대화'로 △인구 규모 거대한 현대화 △전체 인민 공동
부유의 현대화 △물질문명과 정신문명의 상호 협조의 현대화 △사람과 자연의 조화와
공생의 현대화 △평화발전의 길로 나아가는 현대화 등 다섯 가지를 제시했다.

80) 20차 당대회 미디어센터의 보고에 따르면 중앙위원 선거에서 차액비율을 8% 이상 정
도로 유지한다는 점이 기존 관행과는 다른 지점이다. 19차 당대회에서는 차액 비율을
15% 정도로 맞췄기 때문이다.

81) 물론, 시진핑 주석이 비토권(veto power)을 행사했다는 명확한 자료가 공개된 적은 없
다. 그러나 마오쩌둥이 1943년 공산당 확대회의에서 비토권을 부여받고, 덩샤오핑이
1987년 중앙위원회에서 비포권을 부여받은 전례가 있기 때문에 시진핑 주석 또한 사실
상 비토권을 부여받은 것으로 논리적 추론이 가능하다.

82) 〈표 1〉 중국 공산당 제20기 정치국 상무위원

(20기 1중전회, 2022년 10월 23일)

	출생년월	연령	당 가입	당령	학력(학사)	19대	20대 직무
시진핑 (習近平)	1953.6	69	1974.1	48	칭화대학 화공과	국가주석, 총서기, 중앙군사위주석	좌동
리창 (李强)	1959.	63	1983.4	39	저장농업대학 닝뽀분교 농업기계과	정치국위원(상하이시 서기)	국무원 총리
자오러지 (趙樂際)	1957.3	65	1975.7	47	베이징대학 철학과	정시국상무위원(중앙기율위서기)	전국인대 상무위원장
왕후닝 (王滬寧)	1955.10	67	1984.4	38	상하이사범대학 불어과(푸단대학 국제정치석사)	정치국 상무위원 (중앙서기처서기)	전국정협주석
차이치 (蔡奇)	1955.12	67	1975.8	47	푸젠사범대학 정치교육과	정치국 위원(베이징시 서기)	중앙서기처 서기
딩쉐샹 (丁薛祥)	1962.9	60	1984.10	38	동베이중형기계학원 기계공정과	정치국 위원(중앙판공청주임)	국무원 부총리
리시 (李希)	1956.10	66	1982.1	40	시베이사범학원 중문과	정치국 위원(광동성서기)	중앙기율검사위서기

83) 〈표 2〉 20기 정치국 위원 기본 현황

(2022년 10월 23일, 정치국 상무위원 7명 제외)

성명	생년월(연령)	당가입(당력)	학력(대학)	19대 직무(위)	20대 직무(위)	비고
마싱루이 (馬興瑞)	1959.10(63)	1988.1(34)	랴오닝공정기술대학 기전공정과	광동성 성장 신장위구르자치구서기	신장위구르자치구서기	신임
왕이 (王毅)	1953.10(69)	1981.5(41)	베이징제2외국어학원 아시아아프리카어과	외교부장 국무위원	중앙외사공작위원회 판공실 주임(예정)	신임
인리 (尹力)	1962.8(60)	1983.6(39)	산동의과대학 의학과	쓰촨성 성장 푸젠성 서기	베이징시 서기	신임

스타이펑 (石泰峰)	1956.9(66)	1982.6(40)	베이징대학 법률과	닝샤, 네이멍구 서기 13기 전국인대 교육과학문화위생위원회 부주임 위원	중앙통전부장 중앙서기처 서기	신임
류궈중 (劉國中)	1962.7(60)	1986.11(36)	화동공정학원 포탄과	산시(陝西)성 서기	임용 대기	신임
리간제 (李幹傑)	1964.11(58)	1984.12(38)	칭화대학 공정 물리과	환경보호부장 산동성 서기	중앙서기처 서기	신임
리수레이 (李書磊)	1964.1(58)	1984.12(38)	베이징대학 도서관학과	중앙기율위 부서기 중앙당교 부교장 중앙선전부 부부장	중앙서기처 서기 중앙선전부장	신임
리훙중 (李鴻忠)	1956.8(66)	1976.12(46)	지린대학 역사과	톈진시 서기	임용 대기	연임
허웨이둥 (何衛東)	1957.5(65)	1978.11(44)	육군지휘학원	동부전구사령원	중앙군위 부주석	신임
허리펑 (何立峰)	1955.2(67)	1981.6(41)	샤먼대학 경제과	국가발개위 주임 전국정협 부주석	임용 대기	신임
장여우샤 (張又俠)	1950.7(72)	1969.5(53)	군사학원 기본과	중앙군사위 부주석	중앙군사위 부주석	연임
장궈칭 (張國淸)	1964.8(58)	1984.7(38)	창춘광학정밀기계학원	톈진시장 랴오닝성 서기	임용 대기	신임
천원칭 (陳文淸)	1960.1(62)	1983.3(39)	시난정법학원 법률과	국가안전부장	중앙정법위 서기 중앙서기처 서기	신임
천지닝 (陳吉寧)	1964.2(58)	1984.6(38)	칭화대학 토목환경공정과	베이징시 시장	상하이시 서기	신임
천민얼 (陳敏爾)	1960.9(62)	1982.9(40)	샤오싱사범전문학교 중문과	충칭시 서기	톈진시 서기	연임
위안자쥔 (袁家軍)	1962.9(60)	1992.11(30)	베이징항공학원 비행기 설계응용역학과	저장성 서기	충칭시 서기	신임
황쿤밍 (黃坤明)	1956.11(66)	1976.10(46)	푸젠사범대학 정교과	중앙선전부장	광동성 서기	연임

출처: 20기 1중전회 결과 참고하여 작성(인사 현황은 2022년 12월 26일 현재 기준)

84) 통전부장을 중앙위원이 맡았던 관행과 달리 정치국 위원이 맡음으로써 향후 통전 업무가 비중있게 다뤄지고 중시될 것임을 전망할 수 있다. 통전은 지난 10년 간 시진핑 주석이 줄곧 강조했던 과업이기도 하다.

85) 〈표 3〉 시진핑 집권 시기 당대회 〈보고〉 목차

목차	18차 당대회	목차	19차 당대회	목차	20차 당대회
1장	과거 5년의 업무와 10년 기본 총결	1장	과거 5년의 업무와 역사적 변혁	1장	과거 5년의 업무와 신시대 10년의 위대한 변혁
2장	중국특색 사회주의의 새로운 승리 달성	2장	신시대 중국 공산당의 역사적 사명	2장	마르크스주의 중국화와 시대화의 새로운 경지 개척

3장	전면적 소강사회 완성과 개혁개방의 전면적 심화 목표	3장	신시대 중국특색 사회주의 사상과 기본 방략	3장	신시대 새로운 여정의 길에서 중국 공산당의 사명과 임무
4장	사회주의시장경제 빠른 체제 완비와 경제발전방식의 빠른 전환	4장	전면적인 소강사회건설의 결정적 승리 및 전면적인 사회주의 현대화 국가 건설의 새로운 여정을 시작	4장	신발전 구도의 힘써 구축 및 고품질 발전의 적극 추진
5장	중국특색 사회주의 정치발전 경로 고수와 정치체제 개혁추진	5장	신발전 이념 관철 및 현대화 경제체계 건설	5장	'과학기술·교육흥국(科教兴国)'에 의한 국가진흥전략 실시 및 현대화 건설에서 인재의 버팀목 역할 강화
6장	사회주의 문화강국 건설 내실화	6장	인민이 주인되는 제도체계의 건전화 및 사회주의 민주정치 발전	6장	전과정 인민민주 발전과 나라의 주인으로서 인민의 권리 보장
7장	민생 개선과 관리 혁신에서의 사회건설 강화	7장	문화자신의 확고한 견지와 사회주의 문화의 번영과 흥성(興盛) 추진	7장	전면적인 의법치국(依法治国) 견지와 법치중국 건설 추진
8장	생태문명 건설 힘있게 추진	8장	민생수준 보장과 개선 제고, 사회 거버넌스의 강화와 혁신	8장	문화 자신과 자강 추진 및 사회주의 문화의 새로운 휘황 이룩
9장	국방과 군대 현대화 빠른 추진	9장	생태 문명 체제 개혁 가속 및 아름다운 중국 건설	9장	민생복지 증진과 인민의 삶의 질 향상
10장	'일국양제' 실천 풍부화와 조국통일 추진	10장	중국 특색 강군의 길로 확실하게 가고, 국방과 군대 현대화의 전면 추진	10장	녹색발전 추진 및 인간과 자연의 조화와 공생 촉진
11장	인류평화와 발전의 숭고한 사업 계속 촉진	11장	'일국양제' 견지와 조국통일 추진	11장	국가안보 체계와 능력의 현대화 추진 및 국가안전과 사회 안정 확고히 수호
12장	당 건설의 과학화 수준 전면 제고	12장	평화발전의 길 견지 및 인류운명공동체 구축 추동	12장	건군 백년의 분투 목표 실현 및 국방과 군대 현대화의 새로운 국면 개척
		13장	흔들림없는 전면적인 엄격한 당관리와 당의 집권 능력과 영도 수준의 끊임없는 제고	13장	'일국양제'의 견지와 보완 및 조국통일 추진
				14장	세계 평화와 발전 추진 및 인류운명공동체 구축 추동
				15장	확고부동하고 전면적으로 종엄치당, 신시대 당건설의 새로운 위대한 프로젝트 심도 있게 추진

출처: 18대, 19대, 20대 보고를 토대로 필자 작성

86) 즉, 중국 공산당이 전국 각 민족과 인민을 단합으로 이끌어서 △전면적으로 사회주의 현대화 강국을 건설하고, △두 번째 백 년 분투 목표를 달성하며, △중국식 현대화로 전면적으로 중화민족의 위대한 부흥을 추진한다는 정책 방향을 명확히 제기했다.

87) 〈보고〉에서 시진핑 주석은 이른바 고품질 성장을 위해서 다음 다섯 가지를 구체적인 덕

목으로 제시했다. 즉, ①당의 전면 영도 견지와 강화 ②중국특색사회주의 길 견지 ③인민 중심 발전사상 견지 ④개혁개방 심화 견지 ⑤투쟁 정신 고양 견지 등이다.

88) 국가혁신체계 구축을 위한 구체적인 조치로서 ①글로벌 경쟁력 구비 ②개방과 혁신의 생태계 조성 ③전과정 인민민주 강화 ④의법치국(依法治國) ⑤사회주의문화 현대화 ⑥분배제도 완비 ⑦신형 에너지체계 건설 등을 제시했다.

89) 예를 들어, 중앙후보위원에 웨이타오(韦韬, 壮族), 총량(丛亮), 류제(刘捷), 류창(刘强), 류홍젠(刘洪建), 리윈저(李云泽), 양진바이(杨晋柏), 롄마오쥔(连茂君), 스광후이(时光辉), 우하오(吴浩), 궈닝닝(郭宁宁, 여), 주거위제(诸葛宇杰), 황즈창(黄志强), 추이용후이(崔永辉), 차이리신(蔡丽新, 여), 양파선(杨发森) 등 30여 명 가까이가 진입했다.

〈표 4〉 '70후' 중앙후보위원 주요 인사

성명	출생연월	현직
스광후이(時光輝)	1970.1	구이저우성 당위원회 상무위원, 정법위 서기
류제(劉捷)	1970.1	저장성 당위원회 상무위원, 항저우시 서기
샤린마오(夏林茂)	1970.5	베이징시 당위원회 상무위원, 교육공작위원회 서기
리윈저(李雲澤)	1970.9	쓰촨성 당위원회 상무위원, 부성장
롄마오쥔(連茂君)	1970.11	톈진시 당위원회 상무위원, 빈하이신구(濱海新區) 서기
류창(劉强)	1971.3	산둥성 당위원회 상무위원, 지난시 서기
주거위제(諸葛宇傑)	1971.5	상하이시 당위원회 부서기
페이가오윈(費高雲)	1971.8	장쑤성 당위원회 상무위원, 부성장
류훙젠(刘洪建)	1973.1	윈난성(云南省) 당위원회 상무위원, 쿤밍시 서기
우하오(吳浩)	1972.2	장시성 당위원회 상무위원, 조직부장
궈닝닝(郭寧寧, 여)	1970.7	푸젠성 당위원회 상무위원, 부성장

출처: 20대 중앙후보위원 명단을 토대로 필자 작성(페이가오윈은 2022년 12월 말 현재 안후이성위원회 상무위원으로 이동)

90) 시진핑 주석은 18대, 19대, 20대 〈보고〉 기초조 조장을 맡으면서 자신의 구상을 〈보고〉에 담았다. 그리고 〈보고〉의 내용 구성 또한 18대 12장, 19대 13장, 20대 15장으로 계속 늘려왔다. 또한, 자신의 미래 중국 건설과 비전에 대한 종합 구상을 〈당장〉에 삽입하여 권위를 공식적으로 확보했다

91) 예를 들어, 시진핑 주석이 기초조 조장으로 참여한 〈보고〉의 주제는 일관되게 "중국 특색의 사회주의"를 지향했다. 18대는 "확고부동하게 중국 특색의 사회주의의 길을 따라 전진하여 소강사회를 전면적으로 실현하기 위해서 분투하자", 19대는 "전면적인 소강사회 건설에 결정적으로 승리하고 신시대 중국 특색 사회주의의 위대한 승리를 쟁취하자", 20대는 "중국 특색 사회주의의 위대한 기치를 높이 들고 사회주의 현대화 국가를 전면적으로 건설하기 위해서 단결 분투하자"였다.

92) 1년 6개월 전부터 〈보고〉에 대한 의견 수렴 작업이 시작되었다. 2021년 19기 6중전회에서 20차 당대회의 2022년 하반기 개최를 공식 발표했다. 2022년 8월 30일 정치국 회의에서는 20차 당대회 개최 날짜를 확정 발표했다. 당대회에서 논의할 내용은 2022년 9월 9일 정치국 회의에서 19기 7중전회 토론 내용 제안 형식으로 발표했다. 그리고 마지막으로 2022년 10월 15일 대회 주석단 회의에서 최종적으로 대회 일정을 공지하면서 회의 개최를 둘러싼 일련의 과정이 기존 관행에서 크게 벗어나지 않고 있음을 알 수 있다.

93) 우선, '7상 7하(七上八下)'나 '격대지정(隔代指定)' 등 지도부 교체에 관련된 덩샤오핑의 유산은 더이상 관행의 이름으로 유전되지 않았다. 19대에서 왕치산의 은퇴 등 엄격하게 적용했던 '7상 8하'는 이번 20차 당대회에서 적용되지 않았다. '격대지정'은 이미 19차 당대회에서 후계자를 지정하지 않음으로써 그 용도가 사실상 폐기되었다.

94) 〈표 5〉 20대 중앙 선강단(宣讲團)

성명	직무(위)	선강 시간	선전과 강연 지점
리수레이(李书磊)	정치국위원, 중앙선전부장	10월 31일	중국 공산당역사전람관
취칭산(曲青山)	중앙당사문헌연구원장	10월 31일	퇴역군인사무부
		11월 1일	중국 화넝(华能)그룹
		11월 1일	중국인민대외우호협회
황쿤밍(黄坤明)	정치국위원, 광둥성 서기	11월 2일	광둥 광저우
한원슈(韩文秀)	중앙재경위원회 판공실 부주임	11월 2일	산둥 지난
멍샹펑(孟祥锋)	중앙판공청 부주임	11월 2일	산시(山西) 타이위안
왕샤오후이(王晓晖)	쓰촨성 서기	11월 2일	쓰촨 청두
린상리(林尚立)	런민대학 총장, 당위 부서기	11월 2일	중국런민대학
후허핑(胡和平)	중앙선전부 부부장, 문화여유부장, 당조 서기	11월 3일	저장 항저우

출처: 〈인민일보〉의 선강단 활동 기사를 토대로 필자 작성

95) 예를 들어, 정치국 위원의 구성은 18대 25명, 19대 25명, 20대 24명으로 크게 변하지 않았다. 정치국 위원 교체 흐름 또한 큰 변화는 없었다. 18대에서는 정치국 위원 가운데 류옌둥, 왕양, 리위안차오 등 세 명만이 연임했고, 19대에서는 쉬치량과 순춘란, 후준화 등 세 명만이 연임하고 나머지는 모두 교체되었다. 20대에서는 장여우샤, 천민얼, 황쿤밍, 리훙중 등 네 명이 연임하고 나머지 13명은 모두 신규 인사로 교체되었다.

96) 후진타오 시기에는 1990년대 중반 이후 급격한 시장화와 상품화로 많은 타격을 입은 사회에 대한 보호적 조치들이 "조화로운 사회(和諧社會)"라는 슬로건 속에서 행해졌다. 대중들의 불만 속에서 여러 탄원이나 군체성 사건 등이 많이 발생하자 인민들의 권리를 보호하고 사회적 갈등을 협상과 제도 개선을 통해 해결하려는 경향이 나타났다. 하지만 시진핑 시기 들어서는 사회에 대한 감시와 통제를 통해 사회적 갈등을 해결하려 하고 관련해 치안과 관련한 공안 기구들의 힘을 늘리고 이에 대한 당의 통제 역시 강화했다.

97) 심지어 20차 당대회 개최를 앞두고 베이징 중심가의 쓰통차오에서 현수막 시위가 벌어졌다. 쓰통차오의 시위 현수막에는 다음과 같은 문구가 써 있었다. "不要核酸要吃饭, 不要封控要自由, 不要谎言要尊严, 不要文革要改革, 不要领袖要选票, 不做奴才做公民罢课罢工罢免独裁国贼习近平. PCR 검사가 아닌, 밥을 원한다. 봉쇄와 통제가 아닌, 자유를 원한다. 거짓말이 아닌 존엄을 원한다. 문화대혁명이 아닌 개혁을 원한다. 영수가 아닌 선거를 원한다. 노예가 아니라, 공민이 되자. 수업 거부! 파업! 독재자 매국노 시진핑 파면!"

98) 2023년 1월 17일 당국의 공식발표에 따르면 중국의 2022년 경제성장률은 3%로 목표치였던 5.5%에 한참 미달했다. 이는 2022년 지속되었던 제로 코로나 정책으로 인한 봉쇄조치, 부동산 침체, 수출 부진 등이 겹쳐서 나타난 현상으로 현재 코로나 감염이 더 확대되고 미중경쟁이 격화되고 있으며, 세계경제 자체가 침체인 상황 속에서 쉽게 이 추세를 반등시키기가 어려울 것으로 예상되고 있다.

99) 2023년 1월 17일 당국 공식발표에 따르면 중국 인구는 14억 1175만 명으로 전년 대비 85만 명이 감소했다. 이런 인구 감소세는 1961년 중국이 대약진 운동 속에서 수많은 인구가 아사했던 1961년 이후로 처음이다.

100) "中国共産党の習新体制、指導部7人の横顔 - 忠誠心が最大の昇格基準か", https://news.yahoo.co.jp/articles/a2ed7d6a10385a193a8cc09c09064db7b790b46e (검색일: 2022년 10월 23일).

101) "习近平:我人生第一步所学到的都是在梁家河", http://news.cctv.com/2018/06/27/ARTIZ5xlYR6riAfsqxtedCxc180627.shtml (검색일: 2023년 2월 3일).

102) "习近平自述:永远是黄土地的儿子", http://politics.people.com.cn/n/2015/0214/c1001-26567403.html (검색일: 2023년 2월 3일).

103) https://www.millonpersonality.com/theory/functional-structural-domains/ (검색일: 2023년 2월 4일).

104) "The Personality Profile of China's President Xi Jinping", http://personality-politics.org/china (검색일: 2023년 2월 4일).

105) "中포용하면서도 "보편가치 도전 우려"…딜레마 품은 韓인태 전략(종합)", https://www.yna.co.kr/view/AKR20221228098651504?input=1179m (검색일: 2023년 1월 3일).

106) 周晓蕾,「人类命运同体与"中韩命运共同体":对韩国舆论的分析」,『国际论坛』2021年 第1期, 120쪽. 중국 관방이 처음 운명공동체를 제안한 2011년 9월 6일부터 2020년 5월 31일까지 한국의 10개 신문기사를 대상으로 인류운명공동체와 한중 운명공동체에 대한 기사를 분석하였음.

107) 장주영,「노영민 주중대사 '이웃이 사촌' 한중 양국 관계 비유에 매우 적절」,『서울경제』, 2017.10.10.

108) 이승우,「추미애, 자위 이유 다른 나라 위협 용납안돼… 한·중관계 회복이 평화지키는 큰힘」,『세계일보』, 2017.12.03.

109) 홍제표,「문 대통령은 과연 '한중 운명공동체'라 말했나」, CBS 노컷뉴스, 2020.2.23.

110) 양갑용,「시진핑 사상의 이름이 길고 긴 이유」,『경향신문』, 2017.10.26.

111) 임영신,「한중관계 '변곡점'…민간서 활로 뚫어야」,『매일경제』, 2017.10.25.

112) 김현정·두보,「网络权力理论和人类命运共同体理念下的中国一带一路战略构想」,『세계지역연구논총』 35집.

113) 허야페이(何亞非) 저, 김도훈 번역,『선택, 중국과 글로벌 거버넌스』, 동아대학교 출판부, 2017, 9~10쪽.

114) 何伟文,「一带一路和江东区的历史机遇」,『2015中国(宁波)海商文化国际论坛』, 2015年 6月 18日.

115)「習近平在周邊外交工作座談會上發表重要講話強調 爲我國發展爭取良好的周邊環境 推动我国发展更 多惠及周边国家」,『人民日報』, 2013.10.26.

116) 〈표 6〉 현재 중국이 맺은 동반자 관계

번호	동반자 관계명	참여국
1	신시대 포괄적인 전략적 협작 동반자 관계 (新时代全面战略协作伙伴关系)	러시아
2	전천후 전략적 합작 동반자 관계 (全天候战略合作伙伴关系)	파키스탄
3	포괄적 전략적 합작 동반자 관계 (全面战略合作伙伴关系)	베트남, 태국, 미얀마, 캄보디아, 라오스, 모잠비크, 콩고, 시에라리온, 세네갈, 나미비아, 짐바브웨, 기니, 에티오피아, 케냐(14개국)
4	전략적 합작 동반자 관계(战略合作伙伴关系)	한국, 인도, 스리랑카, 아프가니스탄, 브루나이, 방글라데시, 키프로스 공화국(7개국)
5	포괄적 합작 동반자 관계(全面合作伙伴关系)	크로아티아, 네팔, 네덜란드, 동티모르, 탄자니아, 라이베리아, 적도기니, 가봉, 마다가스카르, 상투메, 프린시페, 우간다(13개국)
6	중요 합작 동반자 관계(重要合作伙伴关系)	피지
7	신형 합작 동반자 관계(新型合作伙伴关系)	핀란드
8	전방위 우호 합작 동반자 관계 (全方位友好合作伙伴关系)	벨기에
9	전방위 합작 동반자 관계(全方位合作伙伴关系)	싱가폴
10	21세기 글로벌 포괄적 전략적 동반자 관계 (面向21世纪全球全面战略伙伴关系)	영국
11	영구 포괄적 전략적 동반자 관계 (永久全面战略伙伴关系)	카자흐스탄

12	포괄적 전략적 동반자 관계 (全面战略伙伴关系)	이탈리아, 페루, 말레이시아, 스페인, 덴마크, 인도네시아, 멕시코, 몽골, 아르헨티나, 베네수엘라, 브라질, 프랑스, 알제리, 벨라루스, 그리스, 호주, 뉴질랜드, 이집트, 사우디아라비아, 이란, 세르비아, 폴란드, 우즈베키스탄, 칠레, 에콰도르, 헝가리, 타지키스탄, 남아프리카, 키르기스스탄, 아랍에미리트, 우즈베키스탄, 튀르기예 (32개국)
13	전방위 전략적 동반자 관계 (全方位战略伙伴关系)	독일
14	전략적 동반자 관계 (战略伙伴关系)	체코, 이라크, 투르크메니스탄, 통가, 나이지리아, 캐나다, 사모아, 미크로네시아, 바누아트, 파푸아뉴기니, 아일랜드, 우크라이나, 앙골라, 카타르, 코스타리카, 요르단, 수단, 체코, 모로코, 우루과이, 지부티, 볼리비아, 콩고, 불가리아(24개국)
15	혁신적 전략적 동반자 관계(创新战略伙伴关系)	스위스
16	혁신적 포괄적 동반자 관계(创新全面伙伴关系)	이스라엘
17	포괄적 우호 합작 동반자 관계 (全面友好合作伙伴关系)	몰디브, 루마니아
18	우호 동반자 관계(友好伙伴关系)	자메이카
19	우호 전략적 동반자 관계(友好战略伙伴关系)	오스트리아

전체(105개국)

117) 郑必坚, 『世界热议中国:寻求共同繁荣之路』, 中信出版社 , 2013, 5쪽.

118) 国务院新闻办公室, 「中国的和平发展」, 『人民日报』, 2011.9.7.

119) 徐进·郭楚, 「命运共同体概念辨析」, 『战略决策研究』 2016年 第6期, 14쪽.

120) 〈표 7〉 중국이 맺은 운명공동체 종류

포괄 범위	명칭	해당 국가
세계	인류운명공동체	
	인터넷 공간 운명공동체	
	핵 안전 운명공동체	
지역	중국-아프리카 운명공동체	
	중국-중동부 유럽 운명공동체	
	아시아 운명공동체	
	상하이협력기구(SCO) 운명공동체	중국, 러시아, 키르기스스탄, 타지키스탄, 우즈베키스탄, 파키스탄, 인도, 카자흐스탄, 이란
	아시아-태평양 운명공동체	
	중국-동남아운명공동체	
	중국-라틴아메리카 운명공동체	
	중국-아라비아 운명공동체	
	G20 운명공동체	G20에 속하는 국가들
	주변 운명공동체	중국 국경을 마주한 20개 국가 및 국경으로 마주하지는 않았지만, 지리적으로 중국과 밀접한 관련이 있는 26개국
	중국-태평양 도서 국가 운명공동체	

국가	중국-파키스탄 운명공동체	
	중국-베트남 운명공동체	
	중국-우즈베키스탄 운명공동체	
	중국-벨라루스 운명공동체	
	중국-카자흐스탄 운명공동체	
	중국-라오스 운명공동체	

121) 王海东·张小劲,「新时代中国国际战略:以"命运共同体"论述为重点的解读」,『国际论坛』 2019年 第6 期, 73쪽을 참고로 필자가 수정하였음.

122) 习近平,「加强和改进国际传播工作展示真实立体全面的中国」,『人民日报』, 2021年 6月 2日.

123) 胡锦涛,「坚定不移沿着中国特色社会主义道路前进 为全面建成小康社会而奋斗」,『中国共产党第十八次全国代表大会上的报告』, 人民出版社 , 2012, 47쪽.

124) 王海东·张小劲,「新时代中国国际战略:以"命运共同体"论述为重点的解读」,『国际论坛』 2019年 第6 期, 72쪽.

125) 习近平「携手构建合作共赢新伙伴同心打造人类命运共同体-在第七十届联合国大会一般性辩论时的讲话,『人民日报』, 2015.9.29.

126) 「践行人类命运共同体理念的中国担当」,『光明网-理论频道』, 2022년 1월 26일.

127) 『中華人民共和國憲法修正案』第35條. 2018年 3月 11日.

128) 习近平,『论坚持推动构建人类命运共同体』, 中央文献出版社, 2018, 5~6.

129) 「外交部:中国的发展是全世界的机遇, 不是任何人的威胁」,『新华网』, 2022年 4月 11日.

130) 胡鞍钢·李萍,「习近平构建人类命运共同体思想与中国方案」,『新疆师范大学学报(哲学社会科学版)』第39卷 第5期, 2018年 9月, 7~8쪽.

131) 胡鞍钢·李萍,「习近平构建人类命运共同体思想与中国方案」,『新疆师范大学学报(哲学社会科学版)』第39卷 第5期, 2018年 9月, 10쪽.

132) 张海鹏,「从世界历史进程看人类文明新形态」,『中国社会科学网』, 中国历史研究院, 2022年 3月 2日.

133) 习近平,「在中国共产党与世界政党高层对话会上的主旨讲话」, 2017年12月1日.

134) 『禮記』「禮運」"大道之行也 天下爲公. 進賢與能 講信修睦. 故人不獨親其親 不獨子其子. 使老有所終 壯有所用 幼有所長. 矜寡孤獨廢疾者皆有所養. 男有分 女有歸. 貨惡其棄於地也 不必藏於己 力惡其不出於身也 不必爲己. 是故謀閉而不興 盜竊亂賊而不作 故外戶而不閉. 是謂大同."

135) 卡尔 马克思·弗里德里希 恩格斯,『马克思恩格斯文集』第1卷, 人民出版社, 2009, 537쪽.

136) 李雪,「人类命运共同体的理想性与现实性」,『探索』2017年 第5期, 106쪽.

137) 高奇琦,「全球共治:中西方世界秩序观的差异及其调和」,『世界经济与政治』2015年 第4期,

67~87쪽.

138) 习近平,「加强和改进国际传播工作展示真实立体全面的中国」,『人民日报』, 2021年 6月 2日.

139) 罗海兵·史元丰,「柯乐山:何为"世界伦理"的文明基础？」,『中国新闻网』, 2022年 4月 11日.

140) 周信言,「文化全球化视域下中国文化世界传播的探索与策略研究」,『新闻文化建设』, 2020, 38쪽.

141)「探索后疫情时代国际中文教育实践路径」,『中国社会科学网-中国社会科学报』, 2021. 9. 25.

142) 朴現圭·朱剛焄,「한국 孔子學院 교재의 내용 실태에 관한 분석」,『中國文學研究』 제85집, 2021, 277쪽.

143) https://www.telegraph.co.uk/news/2022/10/25/ban-chinese-institutes-uk-universities-drawn-rishi-sunaks-pledge/

144) PRAMESINIKHAMTAB,『文化软实力思想与弘扬中国传统文化—基于孔子学院的文化传播工作』, 华南理工大学博士学位论文, 2018年, 82쪽.

145) 송의달,「시진핑 자료실·공자학원. 서울대·연대, 왜 中 침투에 협조하나」,『조선일보』, 2022. 10.9.

146)「为世界和平与发展作出更大贡献」,『人民日报』, 2022년 1월 3일.

147)「向世界传播中国传统文化正能量（国际论坛）」,『人民日报』, 2022년 4월 5일.

148) 刘旭,「韩国学者:中国外交智慧将为全球治理作出更大贡献」,『中新社』, 2022년 10월 23일.

149) 郑永年,「中国国家间关系的构建:从"天下"到国际秩序」,『当代亚太』2009年 第5期.

150) 周信言,「文化全球化视域下中国文化世界传播的探索与策略研究」,『新闻文化建设』, 2020, 38쪽.

151) 徐梦,「人类命运共同体理念的世界秩序观意蕴-兼论"天下主义"与"世界主义"的当代价值」, 『国际观察』2020年 第1期, 7~9쪽.

152) 徐进·郭楚,「"命运共同体"概念辨析」,『战略决策研究』2016年 第6期, 10쪽.

153) 이 도표는 이왕휘 교수와의 대화에서 영감을 받아 작성한 것이다.

154) 이를 세 차원에서 분석한 글로는 김흥규, 2020.「바이든시대 미중 전략 경쟁」,『신 외교 안보 방정식』(서울: 전략문화연구센터), 287-297.

155) 이 보고서는 PEW, September 2022. "How Global Public Opinion of China Has Shifted in the Xi Era," https://www.pewresearch.org/global/2022/09/28/how-global-public-opinion-of-china-has-shifted-in-the-xi-era/ (검색일: 2022.10.30.); PEW, June 2022. "Negative Views of China Tied to Critical Views of Its Policies on Human Rights," https://www.pewresearch.org/global/2022/06/29/negative-views-of-china-tied-to-critical-views-of-its-policies-on-human-rights/ (검색일: 2022.10.15.)

156) White House, 2022. National Security Strategy, https://www.whitehouse.gov/wp-content/uploads/2022/10/Biden-Harris-Administrations-National-Security-Strategy-10.2022.pdf (검색일: 2022.10.30.); Department of Defense, 2022. National Defense StrategyNDS, https://media.defense.gov/2022/Oct/27/2003103845/-1/-1/1/2022-NATIONAL-DEFENSE-STRATEGY-NPR-MDR.PDF (검색일: 2022.10.30.). 이 NDS안에 2022 NUCLEAR POSTURE REVIEW와 2022 MISSILE DEFENSE REVIEW에 동시에 포함되어 있다; Office of the Director of National Intelligence, 2022. 2022 ANNUAL THREAT ASSESSMENT OF THE U.S. INTELLIGENCE COMMUNITY; https://www.dni.gov/index.php/newsroom/reports-publications/reports-publications-2022/item/2279-2022-annual-threat-assessment-of-the-u-s-intelligence-community (검색일: 2022.10.15.); NATO, 2022. NATO 2022 STRATEGIC CONCEPT, https://www.nato.int/nato_static_fl2014/assets/pdf/2022/6/pdf/290622-strategic-concept.pdf (검색일: 2022.10.20.)

157) 원제국의 부마국 지위를 수용했고, 신흥 명나라에 조공을 바치는 국가로 스스로를 정치 시켜으며, 명나라가 쇠약해지자 신흥 강국인 청나라의 침략을 받아 결국 그 후견체제를 수용하였다. 청나라가 쇠약하여 후견을 할 수 없는 상황에 이르자 대한제국은 국권을 상실했다. 세계 제2차 대전이후에는 미국의 후견아래 산업화, 민주화, 정보화를 차례로 이룩했고, 세계 최빈국에서 세계 10대 경제강국으로 부상하였다. 미래 세계 제4차 산업 혁명의 핵심 분야인 반도체와 배터리 분야에서 여전히 세계 선두권에 진입해 있다. 더 구나 한미동맹은 군사적으로 위협적이고 최근 핵무력까지 완성한 북한을 상대하기 위 한 한국의 최적의 기제로 남아있다.

158) 이에 대한 분석은 김흥규. 2018. 「미국의 대중 정책 변환과 새로운 냉전의 시작?」 『국제 정치논총』 제58집 3호.

159) 〈표 9〉 탈냉전시기-트럼프 이전 미중관계의 변화 추이

중국의 전략	기간	미·중 관계	미 지도자	중 지도자	주요사건
對美 동행 전략	1990~1992	전략적 관계 약화기	부시(Sr.)	장쩌민	1989년 천안문 사태 1991년 사회주의 체제 붕괴
	1993~1994	갈등 속 협력 모색기	클린턴	장쩌민	클린턴의 인권 및 민주주의 신장 외교 1993년 중국 위협론 대두
	1995.6~1996.3	군사적 대립	클린턴	장쩌민	대만해협 위기 발생
	1996.3~1998	전략적 동반자 관계 모색기	클린턴	장쩌민	장쩌민과 클린턴의 상호 교차 방문 군사안보 협력모색

	1999~2000	전략적 갈등 강화	클린턴	장쩌민	Cox 보고서 대만안보강화법안 발의 유고 중국대사관 오폭
	2001~2001.9	갈등의 증폭기	부시(Jr.)	장쩌민	부시의 전략적 경쟁자 선언 2001년 미정찰기 충돌사건
	2001.9~2004	반테러·비확산 협력기	부시(Jr.)	장쩌민, 후진타오	9.11사태 장쩌민-부시 크로포트 정상회담, 6자회담
	2005.1~2005.7	냉각기	부시(Jr.)	후진타오	부시 2기 행정부의 '중국위협론' 제기
	2005.8~2008	지역적 이해상관자 관계 정립기, 헤징	부시(Jr.)	후진타오	졸릭 국무부 부장관의 '이해상관자' 발언과 정책조정. 대중 헤징전략 추진 미·중 전략대화 시작
지역 패권 추진	2009.1~12	세계적 이해상관자 관계 정립 모색기	오바마	후진타오	금융위기와 세계적 차원에서 미·중간 협력 모색 단계 긍정적, 협력적, 전면적 미·중 관계의 추진
	2010.1~12	전략적 균형의 모색	오바마	후진타오	게임의 규칙 재정립을 둘러싼 갈등 핵심이익을 둘러 싼 논쟁의 점화
	2011.1~12	상호존중과 호혜의 협력 동반자 추진	오바마	후진타오	갈등의 수습노력
	2012.1~12	잠재적 경쟁 강화 미국 새 대중 전략 모색	오바마	후진타오	미국의 신안보전략 채택, 대중 억제전략의 가동과 갈등의 재점화
	2013.1~2016	중국 신형 대국관계 제안과 미국 재균형 전략 추진	오바마	시진핑	미중 간 새로운 강대국 관계의 모색

160) 이러한 관점은 David M. Lampton, Fall 2005. "Paradigm Lost: The Demise of Weak China," National Interest, p. 69.

161) 이는 카터 대통령의 국가안보보좌관이었던 Zbigniew Brzezinski, 2006. The Grand Cessboard: American Primacy and Its Geostrategic Imperatives (The US: Basic Books).

162) 이에 대한 분석은 김흥규. 2018.「미국의 대중 정책 변환과 새로운 냉전의 시작」,『국제정치논총』58권 3호

163) 오바마 행정부 시기 "Pivot to Asia," "아·태 재균형 전략" 커트 캠벌(Kurt Campbell)은 오바마 행정부에서 인도태평양을 전략을 총괄하는 '아시아 짜르' 직책에 임명되었다. 그의 생각은 Kurt Campbell M. 2016. The Pivot (NY: Twelve)에 정리되어 있다.

164) 김흥규 2020.「바이든시대 미중 전략 경쟁」,『신 외교안보 방정식』(서울: 전략문화연구센터), p. 289.

165) Anthony H. Cordesman, 2018. China and the US: https://www.csis.org/analysis/choos-

ing-between-four-cs-conflict-and-containment-versus-competition-and-cooperation (검색
일: 2021.12.1.)

166) 〈표 10〉 미국내 대중 정책 정향

정책정향	Engagement/Cooperation	Containment/Conflict	Competition
주요시기	오바마 행정부	트럼프 행정부	바이든 행정부
중국의 정책의도	불분명 혹은 국내 초점	세계 패권 추구	지역패권 추구 점진적인 세계 패권 추구
대표 주장인물	Henry Kissinger, Michel Swaine, Max Baucus, Jeffry Bader, Susan Shirk, David Lampton, Kenneth Lieberthal, Lyle Goldstein, Peter Beinart, Chas Freeman, Mike O'Hanlon, Robert Zoellick, Jim Steinberg.	Michael Pillsbury, Mike Pence, Peter Navaro, Matt Pottinger, Dan Coates, Dan Blumenthal, Jonathan Ward, Martin Jacque, Avery Goldstein, Aron L. Friedberg, Ashley Tellis, John Mearsheimer	Curt Campbell, Anthony Blinken, Jake Sullivan, Ruth Doshi, Josep Biden
주요 싱크탱크	Quincy Institutes, Brookings Institute, Canegie Endowment, Center for American Progress	Hudson Institute, Atlantic Council	Brookings Institutes, Woodrow Wilson Center, Center for New American Security
중국의 전략	국내문제 초점 공산당 체제의 안정	세계를 공간으로 장기적이고 정교한 대전략 추구	지역에서의 영향력 확보 점차 그 영역 진화중 국내문제 처리 역시 중요
미국의 대응전략	헤징 전략 관여정책/전략소통 강화 통해 평화적 전이 미국 중심 국제체제에 순응하게 책임성 부여 상호 보증 하나의 중국 원칙 준수 상호의존적 분업체계추진	신냉전/전략적 투쟁 전방위적 강한 압박과 견제 통한 중국 고립 추진 군사적 충돌 대비 하나의 중국원칙 무시 중국 체제 변환 가능한 한 경제 탈동조화	전략적 경쟁 전략 우방과 협력하여 중국억제 가치 외교 중시 외교 우선/군사적 대비 하나의 중국 원칙 인정/대만과 관계강화 전략 산업 탈동조화 범지구적 문제는 협력

167) David Shambaugh는 중국 시진핑 체제의 권위주의화를 가장 먼저 경고한 중국통 중 하나이다. Shambaugh 이를 Hard Authoritarianism이라 규정하였다. 그리고 그 결과는 중국의 쇠퇴로 귀결될 것이라 규정하였다. 이에 대해서는 David Shambaugh, 2016. China's Future (Polity Press).

168) 이러한 미국의 당시 지식집단내에서 상황에 대한 분석은 김흥규 2018.

169) 이를 주도한 인물들은 커트 캠벌, 탐 도닐란이다.

170) The White House, 2017. National Security Strategy of the United States of America: file:///C:/Users/ajou/Downloads/806478.pdf (검색일: 2021-9-20)

171) Rush Doshi, 2021. The Long Game (NY: Oxford University Press), 6.

172) 구매력 기준으로는 2020년에는 중국이 미국의 115% 수준으로 앞서 있다. 이를 2026년으로 확장해 추정해보면, 중국의 국내총생산은 미국의 87% 수준에 이를 것으로 추정되고 있다. 구매력 기준으로는 중국의 미국의 138%에 다다르고 있다. IMF. 2021. World Economic Outlook Database: https://www.imf.org/en/Publications/WEO/weo-data-

base/2021/April (검색일: 2021.12.1.)

173) Mike Pence, "Remarks on the Administration's Policy Towards China." https://www.hudson.org/events/1610-vice-president-mike-pence-s-remarks-on-the-administration-s-policy-towards-china102018 (검색일 2021.12.15)

174) 시진핑 주석을 한 국가의 지도자 내지 공화국의 대표자인 국가주석(President)이 아니라 공산당 지도자인 총서기(General Secretary)로 불러야 한다고 주장한 것도 이 부류들의 입장을 잘 설명해준다. 이들은 그간 미중 관계의 전제로 불려왔고 중국이 핵심이익이라 선언한 '하나의 중국 원칙'도 존중하지 않을 수 있다는 것을 내 비쳤다.

175) 이에 대한 자료는 Katharina Buchholz, "U.S.-Chinese Trade War: A Timeline," Statista August 17, 2020.

176) 이에 대한 평가는 David Barboza, "Ken Lieberthal on Washington's Major China Challenges," The Wire China, April 24, 2022.

177) 이러한 인식이 張蘊岭의 주장으로 인민일보 사설에 처음 제기된 것은 張蘊岭. 2019年 3月 15日. "人民日报人民要论:在大变局中把握发展趋势": http://opinion.people.com.cn/n1/2019/0315/c1003-30976769.html; 시진핑의 중앙당교 연설은 习近平, 2019. http://www.xinhuanet.com/2019-09/03/c_1124956081.htm (검색일: 2022.4.15)

178) The White House, 2017. National Security Strategy of the United States of America: file:///C:/Users/ajou/Downloads/806478.pdf (검색일: 2021-9-20)

179) 〈표 11〉 트럼프 이후 미중 관계 변화

중국의 전략	기간	미·중 관계	미 지도자	중 지도자	주요사건
세계 패권 추진	2017.1~2019	전략적 경쟁 전환기	트럼프	시진핑	전면적인 무역전쟁, 새로운 냉전의 시작?
	2020	신냉전 초입기	트럼프	시진핑	체제와 이념 경쟁으로 확대 상대를 '적' 개념으로 인식
	2021	중장기 '전략적 경쟁'의 포석 깔기	바이든	시진핑	신냉전 개념 거부 중장기적인 전략 경쟁 추진
	2022.1~9	'전략적 경쟁'의 일시적 소강기	바이든	시진핑	미국 중간선거+중국 제20차 공산당 대회와 시진핑의 장기집권 전야 우크라이나-러시아 전쟁으로 상호 신중
	2022.9	갈등의 증폭기	바이든	시진핑	낸시 펠로시의 대만 방문이후 대만문제로 갈등 증폭 미 중간선거전야 대중국 압박 강화

180) Mike Pence, "Remarks on the Administration's Policy Towards China." https://www.hudson.org/events/1610-vice-president-mike-pence-s-remarks-on-the-administration-s-policy-towards-china102018 (검색일 2021.12.15)

181) 이에 대한 자료는 Katharina Buchholz, "U.S.-Chinese Trade War: A Timeline," Statista August 17, 2020.

182) 이에 대한 평가는 David Barboza, "Ken Lieberthal on Washington's Major China Challenges," The Wire China, April 24, 2022.

183) 이러한 인식이 張蘊岭의 주장으로 인민일보 사설에 처음 제기된 것은 張蘊岭. 2019年 3月 15日. "人民日报人民要论:在大变局中把握发展趋势": http://opinion.people.com.cn/n1/2019/0315/c1003-30976769.html; 시진핑의 중앙당교 연설은 習近平, 2019. http://www.xinhuanet.com/2019-09/03/c_1124956081.htm (검색일: 2022.4.15)

184) Idid. 그리고 Kinling Ko, "US watchers in Beijing urge closer look at Biden's tough new 'China hands'," South China Morning Post, 20 March, 2022.

185) Kurt M. Campbell and Jake Sullivan, 2019. "Competition Without Catastrophe", Foreign Affairs, Sep./Oct. 2019, Vol 98., pp.96-110.

186) 이 보고서는 https://www.whitehouse.gov/wp-content/uploads/2021/03/NSC-1v2.pdf (검색일: 2022.5.10)

187) 이러한 관점으로는 Hal Brands et al., 2020. COVID-19 and World Order (Baltimore: Johans Hopkins University Press)

188) Campbell, Kurt M. and Jake Sullivan, September/October 2019. "Competition Without Catastrophe," Foreign Affairs: https://www.foreignaffairs.com/articles/china/competition-with-china-without-catastrophe (검색일: 2021-11-20)

189) 〈표 12〉 제이크 설리번의 대 중국 전략 4가지

가치경쟁	코로나-19 이후 중국식 정치 모델의 확산을 경계하고 민주주의와 시장자유주의 기반의 정치모델 우월성을 유지해야 한다면서 미국 국내에 존재하는 내부 갈등을 해소하며 재정비해야 한다는 내용
동맹규합	유럽과 아시아 지역의 민주적 동맹, 파트너 등과 보조를 맞추며 중국을 견제하며 자유롭고 번영하는 공정한 사회 비전을 세워야한다고 주장, 세계경제에서 미국 비중이 25%, 동맹과 합치면 50% 차지하기 때문에 레버리지 확보가 가능하다고 판단한다는 내용
기술경쟁	AI, 바이오공학, 양자컴퓨터, 재생에너지 등 최첨단 핵심 기술에서 미국이 우위를 유지하도록 동맹과 협력하며 미국의 공격적 투자가 필요하다는 내용
행동준비	미 대통령부터 세계 곳곳의 대사관까지 일관되고 분명한 목소리를 내야 한다며, 중국의 신장, 홍콩, 티벳 인권이슈, 양안문제 등에 있어 중국이 '대가를 치르게 할 준비'를 해야 한다는 내용

자료: 이창주, 2021. 「중국 일대일로 전략과 미중경쟁」, 『미국 바이든 행정부 시대 미중 전략 경쟁과 한국의 선택연구』 (서울: KIEP).

190) Daniel Strieff, 2021. "America must heal itself First": https://www.chathamhouse.org/publications/the-world-today/2021-02/america- must-heal-itself-first (검색일: 2022.5.10)

191) Kinling Ko, 2022. "US watchers in Beijing urge closer look at Biden's tough new 'China

hands'," South China Morning Post, 20 March, 2022.

192) Financial Times. 2021. "The three pillars of US foreign policy under Biden," https://www.ft.com/content/6f85ae61-2e16-4272-8974-a38123ed994f (검색일: 2022.5.10.)

193) 이 회의에 대한 설명은 https://en.wikipedia.org/wiki/United_States%E2%80%93China_talks_in_Alaska. 중국측 보도는 "Alaska talks: officials' take on 'one-China' reveals two opinions on Taiwan". South China Morning Post. 2021-03-21. (검색일: 2021. 11. 15)

194) 이에 대한 최근의 연구는 백서인, 윤여진, 성경보, 양승우. 2022. 「미·중·EU의 국가·경제·기술안보 전략과 시사점」, 『STEPI Insight』, Vol. 300 (2022. 8. 16).

195) 이에 대한 자세한 분석은 백서인, 윤여진, 조용래, 「미중 기술패권 경쟁과 대외 환경변화에 대비하는 국가전략」, 『STEPI Insight』, Vol. 264 (2020. 12. 23).

196) 관련하여 김흥규, 장기현. 2022. 「미중 전략 경쟁시기 과학기술 패권경쟁과 한국의 대비 자세」, 『US-China Watching』 Vol. 38, 2022. 1. 17.

197) 孫永岩, "拜登的外交政策團隊與對華政策認知," iGCU報告: https://www.thepaper.cn/news-Detail_forward_9986227 (검색일: 2020.11.22)

198) 习近平, 2022. 中国共产党第二十次全国代表大会报告全文, https://mp.weixin.qq.com/s?__biz=MzU3NDAxNDY3OA==&mid=2247517993&idx=1&sn=1a13f-55cb56e7093542aa362678b8fb7&chksm=fd3a1290ca4d9b86804c89c43db20d64ce-6c41aa91004410cf997893316c130973b3e98d05b3&scene=27 (검색일: 2022.11.1.)

199) 人民日报, 2022. 永葆"赶考"的清醒和坚定, (2022年08月04日01版), https://baijiahao.baidu.com/s?id=1740178247994843492&wfr=spider&for=pc (검색일: 2022.10.15.)

200) PEW September 2022.

201) 2022 National Defense Strategy, p. 2.

202) 이러한 지적은 Kenneth Lierberthal. Daved Barvoza. 2022. "Ken Lieberthal on Washington's Major China Challenges," The Wire China. APRIL 24, 2022: https://www.thewire-china.com/2022/04/24/ken-lieberthal-on-washingtons-major-china-challenges/ (검색일: 2022.9.30.)

203) Pew Research Center, 2022. How Global Public Opinion of China Has Shifted in the Xi Era, September 28, 2022: https://www.pewresearch.org/global/2022/09/28/how-global-public-opinion-of-china-has-shifted-in-the-xi-era/ (검색일: 2022.9.30.)

204) Ibid.

205) 이는 미국과 국내의 일분 여론의 우려에도 불구하고 독일 슐츠 수상이 주요 기업대표들과 11월 초 중국을 방문하는 이유이기도 하다.

206) 〈그림 4〉 우크라이나 전쟁이후 주요 각국의 대러시아 무역현황

United States
-35%

Sweden
-76%

Brazil
+106%

United Kingdom
-79%

South Korea
-17%

Belgium
+81%

Japan
+13%

Trade volume after invasion

Netherlands
+32%

China
+64%

Germany
-3%

India
+310%

Spain
+57%

■ Increase
■ Decrease

Turkey
+198%

Arrows sized by post-invasion monthly trade value with Russia. Percent
change is the monthly average trade value after the invasion compared
with the monthly average in 2017-2021.

207) Lazaro Gamio and Ana Swanson, 2022. "How Russia Pays for War," New York Times, October 30, 2022: https://www.nytimes.com/interactive/2022/10/30/business/economy/russia-trade-ukraine-war.html (검색일:2022.11.1.)

208) 백서인 2021.

209) Graham Allison, Kevin Klyman, Karina Barbesino, and Hugo Yen, The Great Tech Rivalry: China vs the U.S. (Belfer Center, December 2021); US STAR Subcommittee on U.S.-China: Winning the Economic Competition (S. HRG. 116-385, July 22, 2020), https://www.govinfo.gov/content/pkg/CHRG-116shrg42704/pdf/CHRG-116shrg42704.pdf (검색일: 2021. 12.15); Robert D. Atkinson, July 2022. "Is the United States Really One of the Most Competitive Economics in the World? No." ITIF. Hamilton Center on Industrial Strategy: https://itif.org/publications/2022/07/18/is-the-united-states-really-one-of-the-most-competitive-economies-in-the-world-no/ (검색일:2022.9.30.)

210) Melissa Cyrill, "How Will the US-China Trade War End? We Explore 3 Scenarios," China Briefing, June 25, 2019.

211) 〈표 13〉 미중 관계의 미래 시나리오

		안보	
		대립	협력
경제/ 공공재	대립	신냉전 - 트럼프 시기. 강한 미국/강한 중국 체제와 이념의 대립 강력하고 배타적인 민족주의와 경제 보호주의 전략/신기술 차단과 광범위한 탈동조화 추진 미중의 지역분할과 양극체제	전략적 협력속 경쟁 - 트럼프 이전 시기. 미국 중심의 국제질서 강한 미국/중국의 부상 세계적인 상호의존의 세계
	협력	전략 경쟁속 제한된 협력 - 바이든 시기. 강한 미국/각축하는 중국 중러 동맹의 억제 전략/신기술 차단과 부분적인 탈동조화 추진 공동의 문제는 협력용의	강요된 미중 타협/공진(共進) - 2022년, 미래? 약하고 분열된 미국+시진핑 3기체제의 중국 국내정치 일정, 경제 침체문제 등으로 미중 충 돌의 여력부족 미국의 자국 우선주의 강화 중국의 지역 영향력 확대로 귀결 '천하 3분론' 적용

212) 손열. 2021. 「미중경쟁 2050과 동아시아 질서의 미래」, 『태재아카데미 동북아협력 워킹
페이퍼 #2』. 2021.10.15.

213) The Lowy Institute. 2020 & 2021. Asia Power Index 2020 & 2021.

214) 양안관계, 대만 관련 내용은 강준영(한국외대), 장영희(성균관대) 책임 집필

215) 2015년 말 시작된 중국인민해방군(이하 '중국군')의 개혁으로 중국군 병력이 230여만 명
에서 200여만 명으로 감축됐다. 현재 육군은 약 100만 명, 해군은 30만 명, 공군은 40만
명, 로켓군은 10만 명, 전략지원부대는 15만 명으로 알려져 있다. 해군은 항공모함을 포
함한 각종 함정의 수가 증가했기 때문에 향후 지속적인 병력 증가가 예상된다. 특히 주
목할 것은 중국 해병대(해군 육전대) 규모가 2015년 약 1만 명에서 2020년 8개 여단 4만
여 명으로 크게 증가했다는 점이다.

216) 보고서는 대만해협의 정세와 관련해 양안 간 전쟁 억제의 상황이 위태롭고 불확실한 시
기에 진입했다고 진단했다. 특히 중국군이 대만 침공에 필요한 초기 능력을 확보했다고
평가하면서, 2만 5000명 이상의 병력을 상륙시키고 민간 선박을 동원하는 등 침공 작전
초기 단계에 필요한 능력을 갖췄다고 분석했다. 중국 지도부의 대만 침공 능력 확보 의
지가 커지면서, 중국군이 이미 대만에 대한 공중·해상 봉쇄, 사이버 공격, 미사일 공격
등에 필요한 능력을 획득한 것으로 평가했다.

217) http://www.news.cn/politics/2022-10/25/c_1129079429.htm 〈신화사〉 2022년 10월 25일
자.

218) 중국 〈인민망〉 2015년 11월 6일자 기사 참조: 대만 국가안보국 국장을 역임한 차이더성
(蔡得勝)은 언론 인터뷰에서 시진핑에 대해 "지방 지도자 시절의 경력과 대만 기업인들

과의 접촉의 경험이 풍부하여 대만에 대해 심도 있는 이해를 하고 있다. 역대 대만을 가장 잘 아는 중국의 지도자이다."라고 평함.

219) 대만 〈경제일보〉 2022년 9월 10일자 "大陸官媒:九二共識只有一中, 沒有各表" 기사 참조.

220) 刘结一, "在新时代新征程上奋力推进祖国统一进程". 〈인민일보〉 2022년 7월 7일자.

221) 대만 〈중앙통신사〉 2022년 8월 11일자:
https://www.cna.com.tw/news/acn/202208110379.aspx

222) 중국 국무원 대만사무판공실 《台湾问题与新时代中国统一事业》(2022년 8월 10일)

223) 대만 시사지 〈遠見〉 2022년 10월 26일 분석 기사 참조.

224) 강준영(2022). 중국-대만, 양안 무력 충돌 위기의 함의: 미국의 대만 지원 및 갈등 시나리오를 중심으로, 《한중사회과학연구》, 20(1), 9-32.

225) 〈그림 5〉 양안관계 주요 행위자

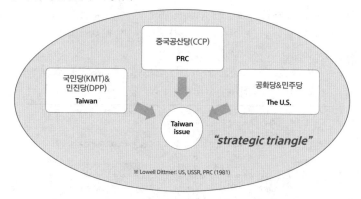

226) 2021년 3월 24일 미국 CNN 보도. https://edition.cnn.com/2021/03/24/asia/indo-pacific-commander-aquilino-hearing-taiwan-intl-hnk-ml/index.html (검색일: 2022년 10월 23일)

227) 강준영(2022). 중국-대만, 양안 무력 충돌 위기의 함의: 미국의 대만 지원 및 갈등 시나리오를 중심으로, 《한중사회과학연구》, 20 (1), 9-32.

228) Benjamin Jensen, et al., Shadow Risk: What Crisis Simulations Reveal about the Dangers of Deferring U.S. Responses to China's Gray Zone Campaign against Taiwan. February 16, 2022. https://www.csis.org/analysis/shadow-risk-what-crisis-simulations-reveal-about-dangers-deferring-us-responses-chinas-gray (검색일: 2022년 10월 23일)

229) Richard Bush, et al., Don't Help China By Hyping Risk Of War Over Taiwan, April 8, 2021. 미국 공영라디오 방송(National Public Radio) 보도. https://www.npr.

org/2021/04/08/984524521/opinion-dont-help-china-by-hyping-risk-of-war-over-tai-wan (검색일: 2022년 10월 23일)

230) 중국외교부. 2021年3月10日外交部发言人赵立坚主持例行记者会. https://www.fmprc.gov.
cn/ce/ceus/chn/fyrth/t1859958.htm. (검색일: 2022년 10월 23일)

231) 대만 〈자유시보(自由時報)〉 2021년 4월 15일 보도. https://news.ltn.com.tw/news/politics/
breakingnews/3500285 (검색일: 2022년 10월 23일)

232) 대만 국방부의 역대 국방보고서는 다음의 사이트를 참조:

https://www.mnd.gov.tw/PublishForReport.aspx?&title=%E8%BB%8D%E4%BA%8B%E5
%88%8A%E7%89%A9&SelectStyle=%E6%AD%B7%E5%B9%B4%E5%9C%8B%E9%98%B
2%E5%A0%B1%E5%91%8A%E6%9B%B8%E5%B0%88%E5%8D%80 (검색일: 2022년 10월
29일)

233) 自由時報, "國防部:共軍資通電作戰具癱瘓我軍能力." 2020年9月1日; 신종호 등, "미중 전략 경쟁과 한국의 대응: 역사적 사례와 시사점," 통일연구원 (2021).

234) 중국 〈신화사〉 2022년 10월 25일자 보도.

http://www.news.cn/politics/2022-10/25/c_1129079429.htm (검색일: 2022년 10월 29일)

235) 〈표 14〉 '하나의 중국'에 대한 양안 각 정치 주체의 입장과 내용

| 92컨센서스
(共識) | \multicolumn{2}{l}{1992 대만의 海峽兩岸基金協會(海基會) / 중국의 海峽兩岸關係協會(海峽會)
'하나의 중국' 전제, 각자 표현 / '一個中國, 各自表術'(一中各表)
1996 중국 江澤民, 一中各表를 '92컨센서스(共識)'로 대체
1999 대만 李登輝, 양안은 특수한 국가대 국가의 관계'特殊國與國關係'(兩國論)
2002 대만 陳水扁, 一邊一國(one side one country)論
- 2015 마잉주/시진핑 회담. '92共識 확인, '각자 표현' 언급하지 않음
- 2016 대만 蔡英文, 92년 역사적 사실 인정하나 92컨센서스 불인정
- 2019 習近平, 하나의 중국 원칙 고수, 一國兩制의 대만방안(臺灣方案) 모색
대만 蔡英文, 92컨센서스 불인정. 양안관계 현상유지} | |

정당	주장	내용
중국 공산당	하나의 중국 (一個中國)	- 세계에는 하나의 중국만이 존재, 대륙과 대만은 하나의 중국에 속함. (世界上只有一個中國, 大陸和台灣同屬一個中國) - 2020.1.18, 대만은 중화인민공화국의 불가분한 부분(不可分割的一部分) 재언급. 양안 관계에 있어서 모호성 제거 - 2019.1.2., 시진핑, 92컨센서스(共識)와 대만독립반대 재천명, 일국양제로서 평화통일 추구. 무력사용 불 배제 천명
중국국민당	일중각표 (一中各表)	- 中華人民共和國(중국)과 中華民國(대만)은 각자의 해석에 따라 하나의 중국을 각자 표출(各自表述). 양안은 헌정(憲政)상의 지배권(治權)을 부정하지 않음. - 대만 국민당 : 중화민국/통일중국·미래 중국 민진당 : 92공식 불인정. 중화민국 헌정질서 유지
중국국민당	일중동표 (一中同表)	- 2015.6 洪秀柱 당시 중국국민당 총통 후보의 주장. "양안 관계는 '중국이라는 전체'에 속하는 내부 관계로 국제 관계가 아니며, 양안 간의 주권이 중첩되고 헌정(憲政)상의 지배권(治權)은 분리되어 있다."고 주장. 국민당 내부 일부 지지.

민주진보당	하나의 중국 부정·중화민국 헌정설	- 차이잉원, 중국의 일국양제 통일 방안 절대 반대, 대만의 미래는 대만인들이 결정. - 대만은 주권 국가이며, 공식 국호는 중화민국. 중화민국헌법에 의해 통치(中華民國憲政說)

자료 출처 : 필자 정리. 관련 분석으로 위홍위·강준영, 「차이잉원(蔡英文)정부 집권 1기의 대만주체 의 식과 양안 현황」, 『臺灣硏究』 제15.16호,(서울:한국외국어대학교 대만연구센터),2020년 6월호 참고.

236) 대만 〈경제일보〉 2022년 9월 10일자 "大陸官媒:九二共識只有一中, 沒有各表" 기사 참조.

237) 폴 라캐머라 주한미군 사령관은 미국 상원 군사위원회 인사청문회에서 "주한미군은 역외 우발 사태나 지역적 위협에 대응하는 데 있어서 인도태평양 사령관에 여러 선택지를 제공할 위치에 있으며, 인도태평양 사령부의 우발 상황 및 작전 계획 상에서 주한 미군의 능력을 포함시키는 것을 옹호하겠다"고 발언했다.

238) 북한은 1970년대 베트남전쟁에서 베트민과 동맹도 아닌 상황이었지만 베트민을 군사적으로 지원하고 참전했다. 공산국가 간 '국제주의(혁명에 성공한 나라고 후발 혁명국가를 지원하는 의무)'를 실천하기 위함 때문이었다.

239) https://www.thenewslens.com/article/151253/fullpage

240) 왕신셴(王信賢), "미중 경쟁 시대 대만의 안보전략과 도전 요인," (동아시아연구원 EAI 스페셜리포트,2021.6.17.)

241) https://esc.nccu.edu.tw/upload/44/doc/6960/People202206.jpg

242) 여기에 러시아의 우크라이나 침공 이후 미국이 대만을 지켜줄 것이라는 대만 대중들의 믿음은 하락하면서 미국 회의론이 높아졌다. 지난 4월 대만민의기금회(台灣民意基會)의 여론조사에서 미국이 군대를 파견하여 대만을 방어할 것이라고 믿는 대만인들은 36%에서 머물렀다. 중국이 대만을 침공할 때 미국의 파병을 신뢰하느냐는 질문에 대만인들의 8.5%만 매우 신뢰한다고 대답했고, 27.8%가 대략 신뢰한다고 답했다. 29%가 별로 신뢰하지 않는다, 24.8%가 전혀 신뢰하지 않는다고 답했다. 54% 정도가 비관적으로 보고 있는 것이다. 2020년 9월 이후 대만인들의 미국의 방어 의지에 대한 신뢰도가 매우 극적으로 하락하고 있음을 보여준다.

243) 현 상황에서는 2024년 대선에서 민진당이 승리할 가능성이 높은데, 이는 민진당의 유력 후보인 현 부총통 라이칭더(賴淸德)의 인기와 신망이 높기 때문이다. 대만 독립 강경파인 민진당의 유력 후보 라이칭더 당선되면 대만의 탈 중국화가 가속화되고 양안관계 긴장이 심화될 수 있다. 혹은 반대로 라이칭더가 노선을 변경하여 대만의 안보를 위해 중국과의 협상을 시도할 가능성도 완전히 배제할 수는 없다. 한편 대만 사회가 중국의 지속적인 위협 속에서 안보 우려를 고려해 국민당을 더 많이 지지할 가능성도 여전히

남아 있다. 반면, 중국과의 협력을 강조해 왔던 국민당은 현재 확실한 리더십의 부재로 인해 의석수 5석의 민중당에게도 지지율이 추월당한 형국이다. 다만 국민당-민중당 연합 시 민진당 지지율을 상회할 수 있다는 분석이 제기되는 등 2024 대만 대선에서 양대 야당의 연합 여부도 중요한 관전 포인트이다.

244) https://www.globalasia.org/v17no3/cover/no-room-to-move-public-opinion-in-taiwan-offers-few-options-on-china_hsin-hsin-panwen-chin-wuchien-huei-wu

245) 〈표 15〉 중국 공산당과 대만민진당의 양안 관계

차이잉원 집권 이후 중국 공산당과 대만민진당 양측 사이의 양안관계 원칙 주장 및 내용			
정당	주장		내용
중국 공산당	하나의 중국	시진핑 5개 항 주장 (習五點)	2019년 1월 2일, 《告台灣同胞書》 발표 40주년 기념5가지 요점 발표. 평화통일과 일국양제의 목표를 실현할 것이며,양안 간의 교류를 심화하고 동포 간의 정신적 유대를 실현할 것임을 천명. 대만에 대해 무력 사용을 하지 않겠다는 약속을 하지 않고 통일을 위해 모든 필요한 수단을 취하겠다는 입장
민주진보당	대만의식	차이잉원 6개 항 주장 (蔡六點)	첫째, 대만은 독립국가로서 주권은 대만 국민에게 있으며 대만의 전도는 대만 국민만이 결정, 둘째, 대만은 주권 독립국가이며 중국도 하나의 국가로서 중국과 대만은 국가 대 국가의 관계, 셋째, 92 컨센서스(共識)는 대만 컨센서스(臺灣共識)로 대체되어야 하며, 넷째, 전제조건이 없는 대륙과의 교류 희망. 다섯째, 전 세계경제무역의 균형적 배치를 전제로 양안 경제무역 관계 발전에 신중론을 견지. 여섯째, '대만 우선' 원칙하에 대만의 장기적 이익을 견지하며 효과적 리스크 관리 주장

출처: 필자 작성

246) 李登輝,中嶋嶺雄,駱文森,楊明珠譯,『亞洲的智略』(臺北:遠流圖書公司, 2000), pp.35-36. 중국 학자들은 이러한 인식이 소위 대만 독립 의식의 근거라고 주장한다. 이에 관한 내용은 屈從文, 「解讀'臺灣意識'的三種形態」, 『中國評論』(香港) 2005年 7月號, 總第91期를 참조할 것.

247) 미국 〈Financial Times〉 2022년 10월 20일자 등.

248) 트럼프 행정부에서 국가안보보좌관을 역임한 맥 매스터 등의 평가: 스탠포드대 후버연구소 맥 매스터 발언 모음 참조. https://www.hoover.org/profiles/h-r-mcmaster

249) 대만 〈중국시보〉 2021년 5월 1일자 사설 참조.

250) 싱가포르 〈연합조보〉 2022년 10월 24일자. 싱가포르 남양공대 리밍장(李明江) 교수 분석 인용.

251) 〈표 16〉 중국과 대만의 군사력 비교

	중국	대만
현역 총병력	203.5만 명	16.9만 명
육군	96.5만 명	9.4만 명
해군	26만 명	4만 명
공군	39.5만 명	3.5만 명
예비군	51만 명	165.7만 명
전차	5400량	650량
전투기	3,227기+	504기+
잠수함	59척	4척
수상 전투함*	86척	26척
대포	9,834문+	2093문

* 항공모함, 순양함, 구축함, 프리깃함 등 주요 전력으로 분류된 선박만 포함.

출처: The Military Balance 2022, IISS

252) 〈표 17〉 중국의 대만 침공 조건

	조건 내용
대만 국방부	① 대만의 독립 선포 또는 중국이 대만의 정책을 대만독립행위로 해석 ② 협상에 대한 대만의 장기적 거절 또는 통일문제 고의적 지연 ③ 대만의 정치·경제 상황에 대규모 혼란 발생 ④ 대만의 "실무외교" 추진으로 인해 중국의 "두개의 중국, 하나의 중국, 하나의 대만"에 대한 인내 초월 ⑤ 유엔 등 국제조직에 가입하기 위한 대만의 노력 ⑥ 대만의 핵무기 개발로 중국에 명확하고 즉각적인 위험 발생 ⑦ 대만 내 미국의 MD 체계 도입 또는 외국군의 대만 주둔
중국 군부	① 대만당국의 독립 선포 ② 대만당국의 독립에 관한 국민 투표 실시 ③ 대만 섬 내 외국군 배치 ④ 대만의 핵무기 연구개발 재개 ⑤ 군사수단을 사용한 대만군의 대륙 공격 ⑥ 대만 섬 내 대규모 동란 발생
미국 전문가	① 대만의 공식적인 독립 선언 ② 대만 독립을 위한 막연한 행동 ③ 대만의 내부불안 ④ 대만의 핵무기 획득 ⑤ 통일에 관한 양안 간 대화 재개의 무기한 연기 ⑥ 대만 내정에 대한 외국의 개입 ⑦ 외국군대의 대만 주둔

자료: 각종 보도를 종합하여 필자 정리

253) '하이브리드 전'은 사이버전과 정보전을 혼합(hybrid)한 개념으로 사이버 공격으로 사회를 교란하거나 통신망 차단 등 혼란을 야기하는 전략이다. 또한 매체를 활용한 군사훈련 모습을 공개하거나 대만에 대한 공격 가능성을 내비치는 언론 보도, 그리고 어업 마찰 등을 통해 민심을 동요시킬 수 있다. 더불어 대만 해역 주변에서 중국 군용기 및 군함의 빈번한 임무 수행을 알리거나, 동부전구 지상군 및 로켓군의 실탄훈련을 진행하

기도 한다. 대만 정부 및 중요기관에 대한 사이버 공격을 통해 대만의 금융과 증시 불안 및 사회동요를 도모할 수도 있다.

254) 미국 군사전문 온라인 저널:

https://warontherocks.com/2021/06/the-ambiguity-of-strategic-clarity/

255) 미국 스팀슨 연구원 보고서:

https://www.stimson.org/2021/strengthening-dual-deterrence-on-tai-wan-the-key-to-us-china-strategic-stability/

256) 미국 안보전문 온라인 저널:

https://www.thedefensepost.com/2021/12/01/us-strategic-ambiguity-taiwan/; https://www.justsecurity.org/82912/strategic-ambiguity-isnt-working-to-deter-china-on-taiwan-it-will-invade-anyway-its-time-to-commit/

257) https://www.nationalreview.com/news/kirby-says-u-s-doesnt-support-taiwan-independence-as-china-threatens-pelosi-ahead-of-expected-taiwan-trip/

258) https://www.thechicagocouncil.org/research/public-opinion-survey/americans-favor-aiding-taiwan-against-china

259) 〈표 18〉 바이든 행정부의 대중국경제안전보장 강화(decoupling) 조치 예시

목표	우위성 강화	독립성 확보	안전성 확보
대상품목(핀셋규제)	- Critical 기술관련제품 - 반도체	- 높은 대외의존 품목 - 배터리, 희토류, 의약품	- 미래 신흥기술 - AI, 양자컴퓨팅 10대 기술
국내 투자(Invest)	- 생산거점 국내회귀 - R&D 투자 확대 - 동맹국 기업 유치	- 생산거점 국내 회귀 - 에너지절약, 대체 재료 및 신기술 개발	- Buy America 강화 - R&D 투자 확대
대중 경쟁(Compete)	- 수출관리, 투자 규제(미상장기업 관리 강화) - 중국 군복합기업 주식상장 금지 - 대중투자 제한(CHIPs Act)	- 대중국 의존도 축소 - 공급원 다원화, 중국 이외 지역으로의 생산거점 이전 지원 - 중국산 사용 배제(IRA)	- 대중 수출 및 투자 제한 - 정부조달 시장 참여 배제 - 중국제품/ 서비스 사용 제한
다자제휴(align)	- 수출관리 및 투자규제 등 조화(다자간 대중 수출관리틀 구축) - 국제표준/규칙 제정 협력 - 공동R&D - 중국 배제 Supply Chain	- 공동연구개발 - 중국 배제 Supply Chain - 공급국 대체를 위한 제3국 지원	- 중국 제품/서비스 제한 - 안전 기술 공동 개발 - 제3국 인프라 지원
IPEF(2022.5), US-EU TTC(2021.6), QUAD 안전망(SCRI), CHIP4, MSP(2022.6)			

자료 : 저자 작성

260) 중국국가발전개혁위원회에 따르면 2021년 대학 졸업자 중 창업자가 차지하는 비중은 2014년 6.57%에서 2021년 10.13%로 높아졌다. 「2021 中國大学生創業報告

261) 日本経済研究センター(2022.12.14.), 中国 GDP, 米国超え困難に: 標準シナリオ、習氏図期目

で逆風 - 2030 年代,1％台成長定着の可能性,

https://www.jcer.or.jp/jcer_download_log.php?f=eyJwb3N0X2lkIjo5OTQyNCwiZmlsZ-V9wb3N0X2lkIjo5OTQyMX0=&post_id=99424&file_post_id=99421

262) The Global Posture Review of the United States Military Forces Stationed Overseas, Hearing before the Committee on Armed Services United States Senate One Hundred Eighth Congress, Second Session, September 23, 2004 (Washington, D.C.: U.S. Government Printing Office, 2008); and Department of Defence, Strenthening U.S. Global Defense Posture, Report to Congress, September 7, 2004.

263) 이미 1903년에 중국의 사상가 량치차오(梁啓超)는 태평양을 미중이 나눠가질 수 있을 정도로 광활하다며 중국의 태평양 진출 필요성을 시사했다.

264) 习近平, 『决胜全面建成小康社会, 夺取新时代中国特色社会主义伟大胜利』, (北京: 人民出版社, 2017年).

265) Robert O'Brien, "The Chinese Communist Party's Ideology and Global Ambitions," The Department of Justice, June 26, 2020,

https://www.justice.gov/opa/speech/attorney-general-william-p-barr-delivers-remarks-china-policy-gerald-r-ford-presidential, (검색일: 2020년 6월 28일); Christopher Wray, "The Threat Posed by the Chinese Government and the Chinese Communist Party to the Economic and National Security of the United States," The Hudson Institute, July 7, 2020,

https://www.hudson.org/research/16201-transcript-the-threat-posed-by-the-chinese-government-and-the-chinese-communist-party-to-the-economic-and-national-security-of-the-united-states, (검색일: 2020년 7월 8일); William P. Barr, "Transcript of Attorney General Barr's Remarks on China Policy," The Department of Justice, July 17, 2020,

https://www.justice.gov/opa/speech/transcript-attorney-general-barr-s-remarks-china-policy-gerald-r-ford-presidential-museum, (검색일: 2020년 7월 20일); Michael R. Pompeo, "Communist China and the Free World's Future," The State Department, July 23, 2020,

https://2017-2021.state.gov/communist-china-and-the-free-worlds-future-2/index.html, (검색일: 2020년 7월 25일) 등 참조.

266) 이 사건으로 미국은 2020년 7월 미국 휴스턴 주재 중국영사관을 폐쇄했다. 중국도 청두 주재 미 영사관을 폐쇄하는 것으로 맞대응했다. 오늘날까지 두 영사관은 폐쇄상태로 남아 있다. Bob Woodward, Rage (N.Y.: Simon & Schuster, 2020).

267) "关于坚持和发展中国特色社会主义的几个问题", 『中国共产党新闻』, 2019年 3月 31日. 본 연설은 이는 2013년 1월 5일 신진 중앙위원회 위원과 후보위원이 18대 정신을 토론하

기 위해 참여한 학습회의 석상에서 시진핑이 연설한 것 중 일부이다. (这是习近平总书记 2013年1月5日在新进中央委员会的委员, 候补委员学习贯彻党的十八大精神研讨班上讲话的一部分.)

268) 习近平, 『决胜全面建成小康社会, 夺取新时代中国特色社会主义伟大胜利』.

269) National Security Council, United States Strategic Approach to the People's Republic of China (Washington, D.C.: The White House, May 26, 2020).

270) 2021년 4월 7일 중국 외교부 부장 왕이와 대변인은 같은 날 이 같은 평가를 동시에 밝혔다.

271) 제1도련선은 극동러시아지역의 쿠릴 열도에서 시작해 일본, 중화민국, 필리핀, 말라카 해협에 이르는 중국 본토 근해를 따라가는 선으로 중국에게 이는 미국의 침략을 막아야하는 최후의 방어선이고, 미국에게는 중국의 태평양 진입을 막아야 하는 최전방의 방어선이라는 전략적 의미를 함의.

272) "习近平接见第五次全国边海防工作会议代表, 李克强张高丽参加", 『新华社』 2014年 6月 27日; 白永秀, 王颂吉, "丝绸之路的纵深背景与地缘战略", 『改革』 2014 年 第3期, p. 68; 刘海泉, "'一带一路'战略的安全挑战与中国的选择", 『太平洋学报』 2015年 第23卷 第2期, pp. 72-79; "姚云竹: 人民军队在'一带一路'中的战略和作用", 『祖国网』 2017년 9月 14日, http://www.zgzzs.com.cn/index.php/Article/detail/id/9120.html (검색일: 2019년 4월 2일).

273) "习近平会见美国前国务卿基辛格", 『新华网』 2011年 6月 28日, http://news.xinhuanet.com/2011-06/28/c_121593256.htm。(검색일: 2020년 12월 11일). 이후 오바마 대통령도 2014년 6차 미중전략경제대화 개막 연설에서 이를 인용한 바 있다. "Obama's Statement to the U.S.-China Strategic and Economic Dialogue," The White House, July 8, 2014, http://iipdigital.usembassy.gov/st/english/texttrans/2014/07/20140709303557.html#axzz3HUqT0ohj (검색일: 2020년 12월 11일). 지난 11월 16일 바이든 대통령도 시진핑 주석과의 화상 정상회담에서 이를 의미하는 표현을 인용했다.

274) 习近平, 『决胜全面建成小康社会, 夺取新时代中国特色社会主义伟大胜利』.

275) G. John Ikenberry, "The Rise of China and the Future of the West: Can the Liberal System Survive?" Foreign Affairs, Vol. 87, No. 1 (January/February 2008), pp. 23-37.

276) 전병서 교수의 "중국경제 전망과 한중경제관계," 플라자 프로젝트 발표내용에서 발췌 (2021)

277) 한국의 핵 균형과 핵 대응 태세 관련 내용은 송민순 전 외교부장관의 견해를 인용함. 한국의 새 길을 찾는 원로 그룹, NEAR재단 편저, 『한국의 새 길을 찾다』(서울: 청림출판,

2023), pp.492-495.

278) 『新華社』, 2018年 5月 8日

279) 『新華社』, 2019年 1月 10日

280) 미국 〈Financial Times〉 2022년 10월 20일자 등.

281) 장영희, 〈20차 당대회와 중국 공산당의 대만정책 변화〉, IFES 연구보고서, 경남대 극동 문제연구소. 2022년 11월 7일.

282) 중앙일보 2022.12.30. 강인욱의 문화재전쟁/ 장백산문화론의 속셈

283) 인태 전략이 구체 협력 사업으로 제시하고 있는 9개 중점 추진 과제는 다음과 같다. ① 규범과 규칙에 기반한 인태 지역 질서 구축 ②법치주의와 인권 증진 협력 ③비확산 대 테러 협력 강화 ④포괄안보 협력 확대 ⑤경제안보 네트워크 확충 ⑥첨단과학기술 분야 협력 강화 및 역내 디지털 격차 해소 기여 ⑦기후변화, 에너지 안보 관련 역내 협력 주 도 ⑧맞춤형 개발협력 파트너십 증진을 통한 적극적 기여 외교 ⑨상호 이해와 교류 증 진 등

284) 유현정, 주재우, "한국의 사드배치 결정에 대한 중국의 대한(對韓) 경제보복과 한국의 대응방안", 『세계지역연구논총』, 35권 2호, 2017, 167-186쪽.

285) 주재우, 『북미관계사』, (서울: 경계, 2022).

KI신서 10747

시진핑 新시대 왜 한국에 도전인가?

1판 1쇄 인쇄 2023년 2월 24일
1판 1쇄 발행 2023년 3월 15일

지은이 정덕구·윤영관 외, NEAR재단 편저
펴낸이 김영곤
펴낸곳 (주)북이십일 21세기북스

TF팀 이사 신승철
TF팀 이종배
출판마케팅영업본부장 민안기
마케팅1팀 배상현 한경화 김신우 강효원
출판영업팀 최명열 김다운
제작팀 이영민 권경민
진행·디자인 다함미디어 | 함성주 유예지

출판등록 2000년 5월 6일 제406-2003-061호
주소 (10881) 경기도 파주시 회동길 201(문발동)
대표전화 031-955-2100 **팩스** 031-955-2151 **이메일** book21@book21.co.kr

© NEAR재단, 2023

ISBN 978-89-509-3391-3 03340

(주)북이십일 경계를 허무는 콘텐츠 리더

21세기북스 채널에서 도서 정보와 다양한 영상자료, 이벤트를 만나세요!
페이스북 facebook.com/jiinpill21 포스트 post.naver.com/21c_editors
인스타그램 instagram.com/jiinpill21 홈페이지 www.book21.com
유튜브 youtube.com/book21pub